总 主 编：苏文菁
副总主编：许 通　陈 幸　曹宛红　李道振　谢小燕

闽商发展史
·南平卷

吴邦才　主编

图书在版编目(CIP)数据

闽商发展史. 南平卷/吴邦才主编. —厦门:厦门大学出版社,2016.6
ISBN 978-7-5615-6086-0

Ⅰ.①闽… Ⅱ.①吴… Ⅲ.①商业史-福建省②商业史-南平市 Ⅳ.①F729

中国版本图书馆 CIP 数据核字(2016)第 125000 号

出 版 人	蒋东明
责任编辑	韩轲轲
装帧设计	李夏凌　张雨秋
责任印制	朱　楷

出版发行 厦门大学出版社

社　　址	厦门市软件园二期望海路 39 号
邮政编码	361008
总 编 办	0592-2182177　0592-2181253(传真)
营销中心	0592-2184458　0592-2181365
网　　址	http://www.xmupress.com
邮　　箱	xmupress@126.com
印　　刷	厦门集大印刷厂

开本	889mm×1194mm　1/16
印张	16.25
插页	4
字数	360 千字
印数	1~2 000 册
版次	2016 年 6 月第 1 版
印次	2016 年 6 月第 1 次印刷
定价	66.00 元

本书如有印装质量问题请直接寄承印厂调换

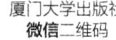
厦门大学出版社
微信二维码

厦门大学出版社
微博二维码

《闽商发展史》编纂委员会成员名单

编委会主任：雷春美　张燮飞　王光远　李祖可
编委会副主任：翁　卡　臧杰斌　王　玲　张剑珍　陈永正
编委会成员：

陈爱钦	陈春玖	陈　飞	陈国平	陈建强	陈鉴明	陈景河	陈其春
陈秋平	陈少平	陈祥健	陈小平	邓菊芳	冯潮华	冯志农	傅光明
郭锡文	洪　杰	洪仕建	胡　钢	黄海英	黄健平	黄　菱	黄如论
黄　涛	黄信熀	黄忠勇	黄子曦	江尔雄	江荣全	景　浓	柯希平
雷成才	李海波	李家荣	李建发	李建南	李　韧	李新炎	连　锋
林国耀	林积灿	林荣滨	林素钦	林腾蛟	林　云	林志进	刘登健
刘用辉	欧阳建	阮开森	苏文菁	王亚君	王炎平	翁祖根	吴国盛
吴华新	吴辉体	吴泉水	徐启源	许连捷	许明金	杨　辉	杨仁慧
姚佑波	姚志胜	游婉玲	张琳光	张轩松	张祯锦	张志猛	郑玉琳
周少雄	周永伟	庄奕贤	庄振生				

专家指导组成员：

苏文菁　徐晓望　王日根　唐文基　王连茂　洪卜仁　郑有国　罗肇前
黄家骅

总　主　编：苏文菁
副总主编：许　通　陈　幸　曹宛红　李道振　谢小燕

闽商发展史·南平卷
编 委 会

编委会主任： 黄健平　吴邦才　傅光明

编委会副主任： 吴晓丽　黄雄杰　黄益水

编委会成员：

　　王土城　杨　华　陈缃凤　刘子骥　林贻彬

　　柯秀红　凌建军　陈高宏　吴海舰　董礼仪

　　林元昌

专家指导组成员：

　　吴邦才　李　子　张品端　路善全　陈利华

　　叶琪瑛　兰宗荣　廖　斌　程　楷　傅唤民

　　邹全荣　朱燕涛　赖少波　吴雪浩　丁文龙

　　林芝强　余奎元　官茂友　吴登林　熊源泉

主　编： 吴邦才

副主编： 李　子　张品端

作　者： 吴邦才　李　子　张品端　路善全　陈利华

　　叶琪瑛　兰宗荣　廖　斌

总　　序

　　闽商是孕育于八闽大地并对福建、中国乃至世界都具有巨大贡献和影响的商人群体，是活跃于国际商界的劲旅，是福建进步和发展的重要力量。千百年来，为了开拓新天地，闽商奔走四方，闯荡大江南北；漂洋过海，足迹遍及五大洲，是海上丝绸之路最重要的参与者与见证者。他们以其吃苦耐劳的秉性，超人的胆略，纵横打拼于商海，展示了"善观时变、顺势有为，敢冒风险、爱拼会赢，合群团结、豪爽义气，恋祖爱乡、回馈桑梓"的闽商精神，赢得了世人的尊敬。

　　盛世修史，以史为鉴，利在当下，功在千秋。为了不断丰富闽商文化内涵，更好地打造闽文化品牌形象，持续提升"世界闽商大会"品牌价值，凝聚人心、汇聚力量，推进福建科学发展、跨越发展，我们把《闽商发展史》研究编纂工作作为闽商文化研究的重大工程，并于2010年8月正式启动。《闽商发展史》全书十五卷，除"总论卷"之外，还包含福建省九个设区市，港、澳、台、海外以及国内异地商会分卷，时间上从福建目前可追溯的文明史开始。2013年6月，我们在第四届世界闽商大会召开前夕出版了《闽商发展史·总论卷》，并以此作为献给大会的贺仪。今天，呈现在各位读者面前、还带着淡淡的油墨芳香的是《闽商发展史》各分卷。《闽商发展史·总论卷》和《闽商发展史》各分卷都是《闽商发展史》的重要组成部分。《闽商发展史·总论卷》的总论注重闽商发展历史的普遍性和统一性；设区市卷和港、澳、台、海外、国内异地商会卷侧重展示闽商发展历史的特殊性和多样性，以丰富的史料与鲜活的案例，为福建的21世纪"海上丝绸之路"核心区文化建设增添了厚实的基础，为中国海洋文化、商业文化建设提供了本土的文化基因。

　　欣逢伟大的时代，是我们每个八闽儿女的幸运；实现伟大的梦想，是我们每个八闽儿女的责任。今后，我们仍将一如既往地深入开展闽商文化研究，以闽商文化研究的优秀成果激励广大闽商，引领弘扬闽商精神，让广大闽商更加积极主动地把爱国热情、创业激情和自身优势转化成实际行动，融入"再上新台阶、建设新福建"的伟大实践中，为全面建成小康社会、实现中华民族伟大复兴的中国梦做出更大贡献！

中共福建省委常委
省委统战部部长　雷春美

序 言

闽商,是中国最重要的海洋商帮。

由于历史的迷失和传统"重农抑商"思想的影响,闽北珍贵的闽商文化,一直未受到足够的认识和重视,其源远流长的精神价值,亦未能得到充分的展示并发挥出应有的作用。现在,由中共福建省委统战部统筹,由南平市委统战部组织闽北的专家学者,开展《闽商发展史·南平卷》的研究编纂,填补了这一历史空白,再现了闽北闽商的历史辉煌,揭示了闽北闽商在闽商发展史中至关重要的历史地位,更为可贵的,是为我们提炼出了流淌在闽商身上生生不息的精神血脉。

《闽商发展史·南平卷》引领我们穿越时光隧道,探寻到了福建文明的源头。闽北是闽江源头地区一个习惯上的地理概念,古时涵括了闽江流域的大片区域,今天指代福建省南平市的行政管辖范围。这块土地,从邈远的"燕山造山运动"开始,就成了福建山的源头、水的源头。进入上古社会后,她率闽地之先,一直是古闽文明的开端、闽越文明的中心、汉化文明的前站。古代各历史时期,闽北始终站在福建文明开发的前沿,闽文明从闽北开始,她是福建历史文明的源头。

《闽商发展史·南平卷》引领我们查找这片土地的记忆,探寻到了闽商的源头。劈开大山深处的历史丛莽,一系列的考古发现既印证了"福建的文化发源于闽北",更颠覆了闽商发端于"汉唐海商"的史观,将福建闽商史大大推前:早在商周时期,闽北规模化生产的龙窑,其所烧制的印纹硬陶黑衣陶等产品,不但畅销闽地,而且越过闽山闽水覆盖到古越吴楚,古闽族人在闽江之源开始了闽北最早的商品生产和流通活动;春秋之际,闽北走出了福建最早的商帮"欧冶子";秦汉之时闽北"筑六城",崛起了闽越商城群带。无论是上古时代的古闽族人,还是秦汉时代的闽越人,闽北先民都在闽江之源书写下了领先于世的瑰丽商业华章。

在经过魏晋南北朝和隋唐时期的短暂低迷后,厚重的文明积淀让闽北的经济文化在唐末五代再度勃兴。进入宋代后,闽北不仅是"道南理窟"的全国文化重地,而且商品经济伴随着昌盛文化异常兴盛,建茶、建盏、建本等行业都属全国一流,这些商品出关入海,无远不至,成为享誉华夏和世界的"闽北制造"。明清时期的闽北茶商,一方面翻越重重关隘,沿着茶马古道,北上恰克图进入俄罗斯,一方面开启海上丝绸之路的端点,冲破"建茶不得入海"的海禁,把茶香飘向欧美。近代以来,闽北从传统商业向近代商业转型,外向型经济让闽北发生了深刻的变化。故人们常说,福建古代文明起源在闽北,闽商的发展源头也在闽北,一部闽商发展史,是一部展述山商走向海商的历史。

《闽商发展史·南平卷》引领我们通过解读闽商文化，探寻到了闽商的精神源头。三面环山、一面向海是闽地独特的地理环境，山海之围锻造了闽地先人突破山海阻隔交换产品、谋取财富、建设家园的生存智慧和奋斗意志。因此从古闽族制陶冶剑开始，闽商踏上历史征程的那一刻起，就锻造出了自己独有的特征与特质。

闽商初起，就以"以工带商"的显著特征站到了市场潮头。商周闽北的"中国商代龙窑的鼻祖"，一窑可烧制上百件陶器，你能想象出他们商品生产的工场化和专业化，而他们生产的产品能够远销吴楚越，你能想象到他们商品批发销售能力；春秋闽江流域享誉华夏的宝剑铸造业和闽地第一代商帮"欧冶子"，更是携着无与伦比的技艺，以天下为市场，走到哪里就经销到哪里。古闽先人铺就的"以工带商"的基石，奠下了数千年来闽商勇立潮头的商业个性。闽商初兴，又以"不怕涉险"的显著特质站到了市场潮头。闽地山在海后，海在山前，非山即水，这种不利生存之境，培养了先民外向型的商业视野，锻造了闽商北上中原、东向出海，勇于翻越大山、善于扬波大海的历险开拓精神。所以从第一代闽商"欧冶子"开始，他们就多出了"仗剑走天涯"的胆气和不惧风浪、放眼全球的商业品性。

"以工代商"和"不怕涉险"的特征特质，是闽商区别于古代中国其他商帮而勇立潮头的宝贵财富。"以工带商"使他们能够有谋生和发展的本事，走到哪里都能扎下铺子生根发芽枝繁叶茂；"不怕涉险"使他们能够面对着山高路险恶浪滔天，咬住意志与坚韧去涛头弄潮。闽商先祖传下的"以工代商"和"不怕涉险"的商业秉赋，在后世转成了闽商的天生气魄：不管他们是"生产商"还是"经销商"，都把祖先的品性发挥得淋漓尽致，从此更有雄视阔见，更具全球胸襟，从山商走向海商，推起海外商业大潮，搅动世界商业风云。近现代以来至今，这种闽商精神内化为他们奔涌的血液，使他们成为觥觥男儿、骄骄英杰，作别一亩三分地的农业社会，义无反顾地背上行囊，把《爱拼才会赢》唱响世界的各个角落，在异国他乡为自己赚得盆满钵盈，写下动人心弦的闽商传奇。改革开放以来，闽商在早春时节敢于冲破寒冰，从"三来一补"起步，再到"三资企业"上路，最后到"民营经济"迈大步，高高擎起"以工带商"和"不怕涉险"的闽商大旗，在春天里绽放出闽商生命的本色，在闽地、在全国、在世界商海驰骋，搅起闽商大潮，写就闽商绚丽的乐章。同时，在闽商发展进程中，还逐渐形成了报效桑梓、兼济天下的价值取向，这种价值取向高扬出了闽商的人格魅力，彰显出了闽商的正能量。

"以史为鉴，可以知兴替"。《闽商发展史·南平卷》通过全面深入系统地收集、整理闽北闽商的历史史料、历史过程，深刻揭示了闽北闽商发展的客观规律、历史特色、文化内涵，为推动南平和我省科学发展、跨越发展提供了重要的历史资鉴和软实力资源。希望《闽商发展史·南平卷》的编纂发行能够激励我们继承和弘扬闽北闽商精神，激发我们爱国爱乡的创业激情，投身于"一带一路"建设，为我省崛起繁荣做出积极贡献。

闽商潮起，如火如荼，方兴未艾！

黄健平
2016年3月30日

目录 contents

第一章　先秦至汉唐时期闽北闽商的发端/1

第一节　闽文明从闽北开始/1
第二节　闽商从闽北出发/9
第三节　闽北最早的商品生产和输出/16
第四节　闽北最早的闽商及技术输出/25
第五节　汉唐闽北闽商的商业运作/30

第二章　宋元时期闽北闽商的崛起/38

第一节　经济文化重心南移与闽北闽商的崛起/38
第二节　闽商商业资本的累积与商贸条件的改善/55
第三节　闽北商贸集市、海外贸易的活跃与商人商事/59
第四节　闽北闽商文化的价值取向/68

第三章　明清时期闽北闽商的发展/73

第一节　农业、手工业的商品化/73
第二节　墟市贸易的兴旺发达/89
第三节　传统商贸展拓与新贸易商路开发/105
第四节　活跃四海的闽北闽商/119

第四章　近代闽北商人商事/130

第一节　近代闽北的茶商、木商和纸商/130
第二节　近代闽北的加工制造商与服务商/140
第三节　近代闽北商人的市场展拓/158
第四节　近代闽北商人组织的变化/167
第五节　闽北苏区的"红色商帮"/177

第五章　新中国成立后三十年间闽北商事活动/185

第一节　所有制与管理/185

第二节　集市网点/190

第三节　商品购销/193

第四节　特色商业/197

第五节　"小三线"与工业品生产/208

第六章　改革开放三十年闽北闽商的复兴/212

第一节　改革开放中的闽北商业/212

第二节　市场经济体系下闽北闽商的发展/222

第三节　当代闽北闽商活动与闽商精神/236

后　记/251

第一章

先秦至汉唐时期闽北闽商的发端

福建自古称"闽",南平市位于福建北部,简称闽北。我省史学界共认"福建的文化发源于闽北",她无疑也是闽商的发源地。劈开大山深处的历史丛莽,不断出土的文物印证了闽北不仅是闽地山的源头、水的源头,亦是文明的源头、闽商的源头;商周中原进入青铜文明和商品文化的时候,闽江之源的闽北率闽地之先奏起了青铜文明和商品文化的交响;春秋时期,站出了第一代闽商瓯冶子的形象,并走出了以瓯冶子为代表的跨越山关向越吴楚行商的闽商商帮雄姿。闽商的历史是从山商走海商的历史,而闽北是闽商最初的发祥地和数千年带动闽地商品经济的热土。

大量的考古发现和有限的史籍资料相结合,既是打开闽江之源文明的金钥,也是揭示闽江之源闽商历史的路径。只有掌握了闽北深层的文化背景,我们才能清晰地认识到,为何闽商文化会从这片土地上发端。

第一节 闽文明从闽北开始

远古至春秋战国时期,福建经历了漫长的第一历史阶段,即古闽文明时期,而闽江之源的闽北,恰是古闽文明的源头;秦汉时期,闽越文化取代古闽文化,成为福建历史上的第二历史阶段,即闽越文明时期,而闽江之源,又正是闽越文明的源头;魏晋以后,江淮入闽带动汉文化入闽,福建自此开始直到清末为第三历史阶段,即汉化文明阶段,而闽江之源,又是闽地汉文明的开端。纵观福建古代各历史阶段,闽北都处于各历史文明的中心源,有着无比厚重的文明积淀。因此闽北的山脉和江河既奔涌着水流,也漫散出文化,传导出千载历史脉络和闽商记忆。

一、闽北是古闽文明的源头

福建的原始居民是古闽族。如果说商品生产和交换是商周黄河流域进入文明时代的表征、青铜文化是中原进入文明时期的历史特征的话,那么以同样眼光去考量闽北,商周之时闽江之源的古闽族就以他们独异的身姿迈开了文明的步伐。

考古用实物诉说了古闽族人商周时即在闽江之源的闽北开始了闽地最早的产品工场化生产和产品的批量交换活动。1990年至1992年，我省考古人员对武夷山市葫芦山进行考古，清理出一个22座商代窑群的遗址。考古人员发现，窑群周边田地，并非用于农作物种植，而是用于制陶的取土和陶器成品的置放。这个窑群表明这里的古闽族人并不从事农业耕作而是从事陶器的专业生产，那么他们生活所需的粮食、牲畜、布匹等，无疑必须用他们生产的陶器去做交换而获取。2005年，我省考古人员对浦城县仙阳镇猫耳垄进行抢救性考古，清理出一个9座陶窑的商代古窑群，同时还清理出古闽族陶工墓葬21座。这个考古发现吸引了考古界的眼球，被列为2005年全国"大考古新发现"之一。① 该遗址中最引人关注的是2座龙窑，这是中国迄今发现的最早的商代龙窑，被喻为"中国商代龙窑的鼻祖"：当华夏大地还在用圆形、椭圆形窑一次烧制三五件成品的时候，这里的龙窑一次便可上百件地烧制陶器。这种批量烧制既体现了他们的规模化生产程度，也体现了陶工们的专业化程度，而这样规模化生产出的产品可以肯定绝非是用于陶工们自己的消费，也可以肯定他们绝不可能边种粮食边造陶器，而必须"弃农经商"专心制陶换取生活所需及财富。此外，在闽北古城建瓯，文物工作者还曾采集到一枚商代贝币，意味着闽江之源商周时就与滨海存在商品流通的可能；闽北没有玉石矿，而武夷山马仔山商周遗址出土的玉器，

浦城商代龙窑遗址

也表明商周时闽北有向中原方向进行商品交换的可能。同时，中国的竹木产品加工、纺织生产都可以在闽江之源找到源头。这一切都表明，商周之时，闽江之源已形成商品生产和交换的初步形态。

珍贵的史籍资料和丰富的考古发现为我们破解了这块土地的文明密码。

"闽"的古称最早见于《山海经·海内南经》：闽，"海内东南陬以西者。瓯居海中。闽在海中，其西北有山，一曰闽中山在海中"。《山海经》所记的"闽"，犹如今天的"海西区"，非常准确地描述了"闽"的地理方位和地理特征：闽，在华夏东南边陲以西，这一片地方包括闽江流域和瓯江流域，雄峙于其西北部的，是一座叫作"闽中山"亦即今天叫作武夷山

---

① 《2005年全国十大考古新发现》，《浦城文史资料》2011年，第26辑。

的大山脉——《山海经》记述的是上古时代的"大闽地",它与福建今天的情形以及"海西区"的情形是相吻合的。

闽北正处在《山海经》所述的"西北闽中山"下、闽江和瓯江的发端和交集之处,上古因之称为"瓯闽之地"。《福建通史》记述了福建考古的相关发现:旧石器直到新石器时代早期,福建滨海江口地区的文化遗址密集而且具有代表性,仅2011年福建省博物院考古人员就在沿海闽江口地区田野调查发现了23处石器时代遗址,①沿海江口一带的昙石山遗址、黄土仑遗址、壳丘头遗址等都是福建石器文化的典型代表,因此石器时代"沿海低山丘陵是人类的主要活动区","是福建经济比较发达地区"。这时期山地文化的遗存除了三明万寿岩遗址外,闽北比较典型的是武夷山黄泥岗遗址,该遗址属距今50000～30000年的更新世晚期的砾石石器文化时期,是我国迄今所知这类文化最东的遗址。其他新石器早期以前的发现均零散而不具代表性,表明闽北彼时是"经济发展比较落后"地区。

但从新石器晚期开始到青铜文明时代,大量文化遗址汇聚在闽北山地。1986年,考古工作者在建溪上游南浦溪的浦城县管厝乡党溪村牛鼻山调查中,发现一个距今约5000～4000年的古人类生活后废弃形成的厚达2米的文化堆积层,范围约3万平方米,共清理出新石器时代墓葬19座,灰坑8个,出土石器、陶器、玉器300多件,该遗址因此被命名为"牛鼻山文化遗址"。牛鼻山文化遗址属新石器时代晚期,以牛鼻山文化遗址为典型代表,这一类新石器晚期的遗存,在闽江之源密集发现,例如浦城石排下、下山尾、明溪南山、邵武斗米山、武夷山梅溪岗等遗址,这些遗址从主体面貌上构成了一个群体性特征的文化圈,因此在考古学中被统一命名为"牛鼻山文化"。闽江之源新石器晚期到青铜器时期,考古发现的3000多处文化遗存多在闽江干支流两岸上,这些遗存点广泛分布在闽江上游孤立小山丘或台地上,遗址的山丘基本坡度平缓,高度在50米左右,山顶平坦开阔,周边常有宽阔的河滩、田地,体现出"随陵陆而耕种"的生活特点。例如2010年厦门大学历史系考古队挖掘的武夷山赤石渡头岗遗址群,就属"土著先民河岸低山群落形态的代表"。闽江干流富屯溪源头的光泽县,已发掘的商周文化遗址达110多处,其中仅"国家级重点文物保护单位"的池湖文化遗址面积就达成6万平方米,光泽出土的商周文物达3000余件,为迄今我省最大型的商周墓葬群;2013年修建邵光高速公路,再次在光泽县砂坪村山地发现一处东西长约4公里、南北宽约2.5公里、面积达10平方公里的"商周部落"遗址,亦是福建所罕见;浦城新石器至青铜器时期的遗址达21处,武夷山和建阳各有13处,顺昌9处,闽北各地今天仍不断有新发现。福建的青铜文化遗存最早出土现世在闽北,比如武夷山的商周船棺、建瓯的商周青铜大铙和编钟、浦城周初的铜剑、政和的商周岩圈、浦城松溪建瓯等地的周初至春秋青铜宝剑等,福建的这些青铜遗存,均集拢在闽北。商周时期闽北山地闪耀出惊人的文明光焰,传统史学认为的"福建历史上从未进入青铜文明时期"的话语,在闽北考古发现面前显得喑哑。2009年3月,全省考

---

① 《闽江下游史前遗址》,《海峡都市报》2011年4月17日。

古界和史学界在南平召开"古闽族源流座谈会",共同探讨李子提出的"商周时期闽北已进入青铜文明时期"的史学观点,此后我省史学界基本接受了古闽文明是福建最初的文明阶段及"闽文明起源于闽北"的事实。

石器时代属于"文化时期",青铜时代属于"文明时期"。从上述石器时代和青铜器时代的反差变化中,我们可以描述出古闽文明的发展轨迹:古闽文化滥觞于滨海江口,而后沿江河北上西渐,在江河上游的丘陵谷地,受到中原商周文化的辐射而成熟为古闽文明。

考古发现所揭示出的这一轨迹和史籍的记载就因此接头对榫起来了。《周礼·夏官司马》篇记载:"职方氏掌天下图,以掌天下之地。辨其邦国、都鄙、四夷、八蛮、七闽、九貉、五戎、六狄之人民,与其财用九谷、六畜之数要,周知其利害";《周礼·秋官司寇》篇里记载:"象胥掌蛮夷闽貉戎狄之国"。① 郑玄注《周礼·夏官·职方氏》指出"蛮夷戎狄"这些大方域"东方曰夷,南方曰蛮,西方曰戎,北方曰貉狄",而"闽"呢,郑玄说"闽,蛮之别也,故曰蛮",也就是说介乎东夷与南蛮之间的"大闽族"是蛮的另外一支,也可以叫作蛮。② 从郑玄的解答,可以看出,商周时福建是个被编序为七的、听调于周王朝的"大闽国"。

有人认为"大闽国"是一个部落氏族组成的"方国",它是古代对一个特殊群体居住地之所称,史籍和考古发现推翻了这一种推测。《秋官司寇》篇里同时又记载:"闽隶百二十人……掌役掌畜,养鸟而阜蕃教扰之,掌与鸟言。其守王宫者,与其守厉禁者,如蛮隶之事"③,从这个大闽国向周王室纳贡奴隶,以及《华阳国志》记周初闽濮族首领听从周王号令率兵参加武王伐纣的关系来看,显然是附属国与宗主国之间的关系,"闽国"相当于周王室的附庸诸侯国。

另外,古代"国之大事,在祀与戎"④,如是一个特殊群体的居住地,那它只是氏族的涣散群落,既不一定有"祀与戎"这样的"国之大事",也不可能有"国之重器"来进行这样的"国之大事"。只有周王室承认的王侯等级的政体诸侯国才可以从事这样的"大事"。1978年闽北建瓯小桥出土的商末青铜大铙、十年后建瓯南雅出土的一组周初青铜编钟、1992年在小桥再次出土的一件青铜瓠,都为"国之重器"。其中特别是铙,它也叫作"钲"或"执钟",存世时间是商代晚期和周初,属国家一级国宝,是赫赫王权的象征。建瓯铙是新中国成立后我国出土的同类器中最大最重的一件,它是典型的具有"祀与戎"双重意义的器物:铙的第一个作用,是诸侯王用以"以金铙止鼓"⑤,即古代作战时必须击鼓进军,而退军罢战则停鼓从而停战。如何指挥停鼓?停战的命令由"王"下达,下令的方式就是大王敲响金铙,鼓手听到铙声就把鼓点停下,军队听到鼓停从而停战;铙的第二个作用,是用于宫殿祭祀或宴乐,古代向天向神灵向祖先作祷是宫廷大事,铙是"百乐之首"的"第

---

① 《周礼正义》卷六三,北京:中华书局,1983年。
② 《十三经注疏》(上)卷三三至卷三八,北京:中华书局,1979年。
③ 《十三经注疏》(上)卷三四,北京:中华书局,1979年。
④ 《十三经注疏》(下)卷二七,北京:中华书局,1979年。
⑤ 《周礼正义》卷二三《地官·鼓人》,北京:中华书局,1983年。

一礼器",祭祀时敲响它是"必需的"。所以铙这种"祀与戎"的国器,非王侯使用莫属!所有这些史籍与考古实物都意味着《周礼》所记"古闽国"不再只是传统史学所认为的"当地土著",他们的形态也不只是氏族部落,而是实质政体国制。

关于铙,此处特做出说明。由于中国史籍向来对中国南方历史记载缺如,对古闽国更其如此。加之漫长的古代福建考古落后,故也有学者持"铙非闽地所有,可能是北方带入"的观点。对此一说我们简做分析如下:其一,众所周知,商周时期未曾有外来王者入闽的历史记载,民间传说中,也没有外来王者入闽的一丝半缕的传闻,如有中原王者受遣入闽或流散入闽或客死于闽这样的人事调配"重大事件",不是中国史书少不了记载,就是闽北民间也会有传说留痕,不可能没有一点蛛丝马迹,所以中原"王者入闽说"是可以否定的;其二,中原华夏自古创造出文字,所以

建瓯商末青铜大铙

中原器皿基本都镌有铭文,而古闽族是只有语言而未创造文字的族群,建瓯出土的这口铙与所有古闽族的陶器青铜器一样没有铭文,可知为闽族之物;其三,建瓯铙铸造精细,通体纹饰以商周时期流行的云雷纹为母样,鼓部以较细的云雷纹组成变体饕餮纹,它的纹饰与中原同类器有很大不同,而与闽北印纹陶器常有的纹饰相类似,显示出很强的闽北地域特色。因此原福建省博物院研究员林忠干先生在《闽北五千年》里作如是说:"像这样的国之重器,一般都是由当地铸造并使用。"当地谁有权铸造并使用这样的国之重器?毫无疑问那个时候闽地没有别的诸侯记载,只有古闽国国君!

因此,上古时期的闽北是古闽文明的中心,闽江之源以灿烂文明站到了时代的前列。

二、闽北是闽越文明的中心

"此间曾有无诸国,风景依稀识故乡",闽越国是福建继古闽文明之后的第二个历史文明阶段。强盛东南的无诸给中国历史烙下了深刻的印痕,闽江上游的草木丛中掩埋着太多的闽越国秘密,包括它不可思议的商业秘密。

东周的春秋战国之时,就在三面环山一面向海的古闽国人与偏蜷一隅,与世隔绝,不修武备,过着安逸富足日子的时候,当时中国处于封建制取代奴隶制的转型时期,天下失序礼崩乐坏,到处是诸侯割据烽烟四起,到处是拓土图霸的厮杀。古闽国北边的古越族,在这场争夺大战中通过"越人之俗,好相攻击"不断扩张逐渐壮大,在越王勾践手上成就了霸业。周显王三十五年(前334年)的战国末年,勾践的越国传至无强手上,无强对楚发动"楚越战争",结果反被楚威王反戈一击所打败,并把越国版图照单全收,越亡于楚。

越人溃败后泛海而下散逃到古闽国,不修武备的古闽族猝不及防就丢失了古闽地。越楚战争的结局是:发动战争的越国被楚国吞并了国土,战局之外的古闽族却被古越族

人夺取了生存空间,经过30余年的清剿,古闽文明从此消散,闽越国从此取代古闽国而登上历史舞台,闽越文化成为这块地方的主流文化。

自古学界多以为"闽本越",即闽族自始即属古越族,闽地自始即为古越地,主要的依据是西汉司马迁的《史记·东越列传》和东汉许慎的《说文解字》"闽,东南越"的记述。这是一种误识。我们在"闽北是古闽文明的源头"这一部分里,已经论述了福建最早的族群是闽族。我们还可以从以下几个方面再加考辨:一是季羡林先生晚年多次指出"中国通史是北方的历史",古来史学者对中国南方历史源流多不甚了解。① 司马迁著史亦逃不出此局限,许慎"解字"从"说文"而来,他以《史记》为本当然也以讹传讹。二是最早记述闽族闽地的《山海经》以及《周礼》,均表明闽与越无干,那么最早由族称而带来的地称显然也不是越地或闽越地。三是可作信史采信的第一次出现"古越"记载的是战国时的《管子》"越之水,浊重而洎,故其民愚疾而垢"一句,最早出现"百越之地"一称的是秦相吕不韦的《吕氏春秋》一书,历史上有闽之时尚无越,"越"见于信史记载远迟于"闽"。四是从考古学上看,古闽地有独异于越地的船棺葬俗,棺中遗骸被鉴定为有"马来血统"的"蒙古人种南亚类型",即有被学界称为"闽濮人"的"丛林黑矮人"体貌特征,其文化特征也是与越人崇蛇完全不同的龟崇拜、狗崇拜、鸟崇拜、卵崇拜和太阳神崇拜。五是现代生命科学人类遗传学研究的结果也表明,"以浙江为中心的(越人)M119突变类型中的M110突变亚类型,更具东越特色……福建的类型不一样,有8%的西越特有的M88突变"。② 故我省考古学家欧潭生曾多次撰文指出上古先秦闽族和闽地"闽非越"、"闽非闽越"。

越人入主闽地为闽越人后,尤其是无诸受汉封为闽越王后,闽地因王称而带来国称和族称"闽越国"和"闽越族"。闽越王国存世90余年,无诸执政时对外遵守汉朝号令,发展睦邻友好关系,对内勤勉亲政,休养生息鼓励生产,因此闽越国很快就成为鼎盛东南的诸侯强国。考古现象表明此时期闽江上游的建溪、富屯溪的聚落遗址就达50余处,说明闽越国经济繁荣,人口繁盛。无诸之后闽越国峙强称霸更加强悍,至今在闽北邵武、延平、浦城等都留下了大量"闽越王台"遗址,尤其武夷山市城村的古汉城,经过40余年的考古清理,一座深埋地下荒山野岭沉睡2000多年的闽越城址重现世人眼中,它是中国江南至今保存最为完整、最为恢宏的古城池,被国际史学界称为"中国的庞贝城"。

从战争中锤炼过来的闽越贵族所组建的闽越王国,他们的商品生产、商业贸易和商业运作,都基本和军备有关。这个政府的政治依托,依靠以血缘为纽带的宗族,以宗族参与国事,以宗族掌管一切,包括商品生产和流通。一个极其重视武备的王国,她的注意力一定放在发展粮储和武器上,铁铸冷兵器和铁制农具,被闽越国发挥到极致。武夷山城村古汉城考古出土了数百件铁器及其残片,大量兵器种类中有剑、矛、匕、戟、刀、箭镞等等,还有大量编号从"三百十丁"到"四千五百四十四甲"的从汉朝河内工官处购进的铁弩机;而在农业生产工具上,有锸、锄、犁、镢、镰、耙、斧、锛、凿、錾、镂、锤、锯、钩、钉、铲等,

---

① 蔡德贵:《季羡林之谜》,北京:中国书店,2008年,第113~121页。
② 李辉:《百越遗传结构的一元二分迹象》,《广西民族研究》2002年第4期。

生活用具有釜、勺、鱼叉、拨铲、三足架包括圈、环、门臼、镣铐等，这些铁具"与当时先进发达的中原地区相比，应当说毫不逊色"。①《福建通史》认为"最晚在汉武帝时，闽越人已进入全盛的铁器时代"。

闽越国时的商品流通交换是一个令人费解的谜。唐代独孤及曾说福建"闽越旧风，机巧剽轻，资产货利，与巴蜀埒富"②，闽越国人被认为最会"资产货利"。大量购进的弩机，以及古汉城汉室墓中出土的和田玉带勾，也证明当时闽越与中原及各地确有通商贸易；从闽越王赠送给江都王建的礼物中有"珠玑"这样的礼品来看，肯定还有海上通商；闽越国生产的一种名叫"吉贝"的纺织品，名传闽越域外，也是闽越国对外贸易的重要商品。令我们纳闷的是，这个被认为最能经商逐利的族群和王国，考古至今未发现一枚钱币！这种罕见现象，当然表明他们极可能是用大批的闽越土特产作"以物易物"的交换，不过，对外贸易大宗商品往来，仅此一途似乎不太可能。

闽越的商业运作虽然令我们费解，但闽越时期在闽北留下的大量的物质文化遗产和非物质文化遗产，表明闽江之源既是闽越与汉廷对抗的军事重镇、政治重心，又是闽越炉火通红的商品生产地，当然，更是闽越文明的中心。

三、闽北是闽地汉化文明的端口

闽越被荡平后，福建由此进入了第三个历史文明阶段，即闽地汉化阶段。2100年前一炬焚毁闽越王城的通天大火既照亮了闽江，也照亮了闽地终结地方族群割据归并汉族的新世纪。闽江之源的闽北是中原入闽汉化福建的首途。仙霞岭、渔梁驿、杉关、分水关……任何关山都不能阻挡中华统一的脚步，任何关山都转成民族同化的通道坦途。闽北开关纳汉率先接受汉化，由此汉化源源顺闽江向全闽播展。

汉中央如何汉化福建？根据福建"东越狭多阻，闽越悍，数反复"③的地域和族群特点，汉化的措施是对闽地人种大洗牌：第一步用"虚其地"的做法"诏军吏皆将其民徙处江淮间，东越地遂虚"④，使闽越遗民远离故土，以铲除继续产生族群割据的土壤；第二步用"迁江淮入闽"的做法迁调江淮汉人入闽开发，以保证闽地汉化和王化。从汉代江淮入闽开始，引动了魏晋所谓"衣冠南渡"、"八姓入闽"及中原入闽的移民大潮，福建以后历史上著名的开疆拓土领袖诸如开闽之王王审知兄弟、开漳圣祖陈元光父子、渡台英雄郑成功家族都和迁徙入闽有关。这个闽地强制汉化的过程也许很残酷，"这一时期是近2000年福建历史上最荒凉的时代。关于这300年里闽中的情况，至今我们不很清楚，因为在史书上很难找到有关冶县的记载，而且这一时期的考古发现也不多。当时的闽中是十分荒凉的"。但在当时的历史条件下采取这样的措施实现中华民族的统一也许是必须经受的

---

① 李子：《古闽国青铜文明揭秘》引摘吉林文博专家陈相伟言，(台湾)《历史》2008年10月。
② 道光《福建通志》卷六二，独孤及：《都督府儒学记》。
③ 《史记·东越列传》。
④ 《史记·东越列传》。

阵痛。

闽江之源的闽北,既是中原入闽的首途、福建汉化的首站,更兼闽北资源丰富,渐渐吸引了北人聚集屯田垦荒,故松溪、崇阳溪、南浦溪三河交汇的建瓯成了汉化后兵民重聚之地,而闽江之源从古闽以来的文化积淀成了建立汉化政权的首选地。闽地汉化设立的首县首郡皆在闽北。汉代福建曾经有一个神龙见首不见尾的冶县,向来有许多争议,根据《汉书》记载闽越国覆灭25年后,闽越遗民从深山复出"自立冶县"来看,其应设于今天的闽北;汉末朝廷在建瓯设立福建首县建安,嗣后建安设郡:260年,吴景帝在建瓯设立建安郡,领建安、建平、吴兴、东平、将乐、昭武、绥安、南平、侯官、东安等10县,撇开秦代曾虚设的闽中郡,建安郡是福建实质意义上的首郡,它标志着福建成为独立的行政建制。

汉化从闽北顺着闽江向全闽推展。晋武帝太康三年(283年),随着人口增长,从建安郡分立出一个郡治设于侯官(今福州)的管理闽江下游及沿海的晋安郡;南朝梁时,再从晋安郡析出个南安郡;武则天垂拱二年(686年),设立漳州;唐玄宗开元年间,设立汀州。从冶县开始历经800年,福建至此全部纳入中央王朝统治。至唐玄宗开元二十一年(733年),从闽地具有代表性的福州和建州各取一名成立了"福建经略使",统管闽地地方军事、财政、民政,"福建"之名自此得来。

中原入闽大移民,使得闽北转承汉祚而享受文化福祉。中原入闽使闽北"大率流寓者多"①而"建备五方之俗"②,中原的教化文明也由此进入闽北。唐代汉化完成后,唐贞元二十年,前朝宰相常衮被派任为建州刺史,常衮又延请欧阳詹教福建子弟念书,设乡校编"月光光,照池塘;骑竹马,过洪塘;洪塘水深难得过,侬仔撑船来接郎"之类儿歌来教习文化,自此后到中唐"比屋连墙,弦诵相闻"③,"今世言衣冠文物之盛,必称七闽",闽北渐成"文儒之乡",文人辈出,星空璀璨。从此闽地化剑为犁,呈现出"女织麻,男种粟,多置田,少起屋,养鱼苗,喂猪犊"的陶然安康社会情景。

时代文明必然带来繁华商业。闽地自三国起相对远离战争旋涡,社会相对安定,因此商品生产提速,商业发展蓬勃。商品生产首推造船业,整个福建基本成为三国东吴的造船基地。其次是陶瓷业,魏晋南北朝闽北各县均进入青瓷时代,到唐末时开始建造"建窑"烧制"建盏"。再次是制茶业,汉末闽北茶已开始享誉,唐末"北苑"茶已登上市场;纺织业颇负盛名,闽北的丝织品被誉为"锦文织成菩萨幡";造纸业也很兴盛,闽北所产的纸被中原人士誉为"纸寿千年";矿冶业遍地开花,唐时闽北金银铜铁产量相当惊人,闽国对唐王朝献贡,手脚大气,动辄即"金花银器各一百件各五千两"④,而铜铁更是"铜铁泛于番国,取金贝而还",为闽北出口贸易的大宗商品。此外,唐时大量的农土产品,诸如稻、麦、粟、笋干、香菇以及蛇胆、药材、生姜和木材等都成了闽北特产的商品。

给商业发展提供流通支持的是货币,唐代建瓯开铸货币,重要事件就是开设"永丰

---

① 民国《建瓯县志》卷十九《礼俗志》。
② 康熙《建宁府志·风俗》,南平地区方志委点校印行,1993年。
③ 何乔远:《闽书》卷三六。
④ 吴任臣:《十国春秋》卷九〇《闽太祖世家》。

监"。据《旧五代史·食货志》记载"后周广顺元年,因唐旧制,在建州设永丰监",从"因唐旧制"上看,永丰监应在唐时就已设立,到五代末南唐灭时终止。该监专司铸钱,铸的钱币叫"天德钱",时人称为"天德通宝"和"天德重宝",有铜钱和铁钱和铅钱三种,最珍贵的是天德铜钱,有"天德珍钱,一面难见"之说,最次为铅钱,所铸较粗糙。此外,王延政在建瓯立殷国称帝时永丰监还曾铸一百文一枚的大铁钱,表明该监产钱颇具规模。

在福建汉化文明的过程中,作为中原入闽的通道,闽北无疑是福建汉化的源头。立于今建瓯城关的"五凤楼"就折射出这段辉煌。

第二节 闽商从闽北出发

闽商,即自古及今闽地制售商品的商人,兼及他们的商品制售活动,它从"生产商"和"经营商"两个方面涵括了闽地历史以来的商人和商事。

闽地的商品生产和流通的最初形式,即产品的生产和交换萌芽于闽北,闽商起源于闽江之源。闽江之源的深厚文明积淀,使闽商在这片土地上破土发芽并扶摇成长。那么闽北闽商是通过怎样的渠道实施他们的商品流通的?毫无疑问,大山之中的闽北闽商必须借助水路和陆路施展他们经商的拳脚,以实现他们东向出海和北上内陆的商品交通。"轻舟已过万重山"是把深山的产品贩运出去的必要,而"地接羊肠一岭通"也是他们把沿海商品输向中原之必须。闽北闽商从这两途出发,从而把闽北的商品源源不断地向外输出,并打造出了古代闽江之源商业繁华的城市群。

一、闽北江河与闽北商帆

距今一亿四千万年的远古史上,我国东部沿海发生了地质史上的"燕山造山运动",武夷山脉和大闽水系主要在这时形成。武夷山脉地理分割出了一个以发源于此山脉的水系为分野,上达今天瓯江流域、下至今天韩江流域的三面环山、一面临海的"大闽流域"。

在这个"大闽流域"中有数条江河,闽江既是最大的一支,也是"大闽流域"江河的代表。《山海经》中说的"闽在海中",这个"闽"主要就是指闽江。闽江流域有三大支流建溪、富屯溪和沙溪。建溪发端于浦城县的柘岭,是三大支流中流量最大、覆盖最大的一支;富屯溪发端于邵武市桂林村的茶花隘下,其流量在三大支流中居第二位;沙溪发端于建宁县的严峰山,是流量最小但流程最长的一支。汩汩山溪亘古流来,流向福建古代军事政治经济文化的首邑建瓯城,流向闽北今天的政治经济文化的中心南平城。三条河流汇聚成云蒸霞蔚的延平湖,以此为闽江之首涌流向东,流域面积6万余平方公里,呈扇形覆盖了半个福建省。全程奔流近600公里后,在福建省省会福州的琅歧岛注入东海。

600公里的闽江流域虽只占黄河流域的1/12,但它的年平均流量却大过黄河,显出"短而壮"直接面海的特点,这个特点显示出了"海在山下,山在海前"的山海近距离优势,赋予了闽江流域显著的海洋特性。依据考古学我们曾做出过这样的概括：古闽文化滥觞于滨海江口，顺河道西渐北上，于江河上游的闽北山地成熟为古闽文明。这个结论一样有人类迁徙学的考古结果，它表明闽江是闽族从"海龟派"到"大陆派"嬗变的舞台：考古发现上古闽江口的福州闽侯昙石山人和闽江头的武夷山船棺中人遗骸的一致性，昙石山人身高均未超出160 cm，而船棺提取的一具年龄55～60岁之间的男性遗骸身高也在162 cm以内，两者同属马来血统的"蒙古人种南亚类型"，表明江口与江头一江上下的古闽族同具有海洋属性。

闽江的特性使其除了成为一条文化之江外，还赋予了它商业经营的便利。闽江流域均"山皆北来，水皆东去"①，上游有120多条分支流，河道水系密布，古代皆可通航。一条大江的历史，就是一个地方的文明发展史，因为古代河路就是公路，河脉就是商脉。不仅"民间日用之物并糊口贸易"仰赖于它："千里航线万吨船，三千艄公万人桨"，商帆点点桨声灯影，欸乃之声不绝于耳；而且城镇农村布局也依靠它：沿大河形成兵民重聚货物集散的商埠，形成了闽北的城市群，顺小溪散布着无数种植作物的农家村庄，绵绵不绝提供产品。因此短而壮直接面海的闽江，永远奔涌着"舟车辐辏，物阜人彩"的无限商机。短而壮直接面海的特点和优势，也赋予了闽商与长江、黄河及其他流域培植出来的浙商、徽商、晋商等不一样的商业特质：黄河、长江由于发端于腹地的内陆，在农耕的土地上蜿蜒太长，因此它们滋育出的商人遭遇了很多农耕文化的包围与蚕食，掺杂有太多的农业意识，商业视野具有内向性；而闽江滋育出的商人，他们的商业意识自始就少了许多中土所有的"重农抑商"观念道德的干扰，增了很多北上中原东向出海的市场开拓精神，具有背负大山、面向大海、独步东南的精神内核，锻铸了他们不怕涉险、包容各方、放眼全球的商业品性。

无论是人类迁徙还是行商走贩，浩瀚的江河是商业之路也是生命之路。江河上的载体只有一个，这就是舟船。闽人自古便有"剡木为舟，剡木为楫"的本能，因此从商周船棺以来，从古闽族、闽越族到汉化后的闽人，都善于造船和用舟，从独木舟到"了鸟船"及至后来的"福船"，数千年不绝。

水道在汉魏六朝以前，是闽江之源人民的主要通途，甚至不只是航向滨海，就是交通中原也以驿船为主。闽越至六朝时与内陆交通的航驿路线基本是闽越时期开辟出的战略通道，即发自金陵，沿浙江上游一直通向闽北的浦城边界，翻过泉山之后，顺南浦溪、建溪南下，直抵福州。而闽江被闽人视为"黄金水道"，自然是闽北闽贾第一个出征的方向。延平溯西溪（富屯溪）而上可达杉关，为赣东孔道；溯东溪（建溪）而上可抵仙霞岭，为入浙南要冲；顺水下福州水位高于福州百米，直通省会而直接东南海口。从西晋"衣冠南渡"开始，闽北就利用这一黄金水道贩卖茶盐干鲜果。江上货运以"大肚船"、"了鸟船"为主，也兼有长梢木排，支流及其分支流河汊，则多行"鸡公船"和竹排，以作小型贩运。基本到唐代时，干流支流商贾航运已成大观，如邵武水路，既可上溯光泽而北通江浙，又可下入

---

① 《建宁府志》卷四《山川上》，南平地区方志委点校印行，1993年。

闽江源头

顺昌至延平最后到福州。唐文宗太和八年下诏鼓励海上通商"岭南、福建及扬州蕃客……除舶脚、收市、进奉处,任其来往通流,自为交易,不得重加率税"[1],此政策不但鼓励海商,也鼓励了内陆与海通商,因此处于崇阳、南浦、松溪三溪之会,水运咽喉的建瓯,码头林立,上控腹地而直下闽江口,繁荣为商品集散地。最兴盛的时候通济门码头可泊近千艘木帆船,管门到葡萄架下一带一字儿摆开10多处码头,码头一多就自然形成了"建州港",而那个路段也兴盛成了"管葡街",彼时闽北的粮、茶、瓷器及木材、矿产等可通过"建州港"输向福州抵至江口海上。而《松溪交通志》载,唐德宗时松溪境内可停泊30艘木帆船以上的码头就有大南门码头、大西门码头、梅口码头、大市码头、旧县码头等5个。

二、闽北关隘与闽北商旅

燕山造山运动更造出了纵列于祖国东南沿海的瑰丽武夷山脉。武夷山脉北接仙霞岭,南接九连山,纵贯江西福建两省的交界处,无数或高耸或低缓的峰峦让它延绵万里。在这些山体或沟壑里,行走了多少代多少人,瘞埋了多少挑夫走贩的残躯白骨。

武夷山脉初名叫作"闽中山",或名"天子都山"或"南山",汉武帝世把此山诰封为"武夷山"。这是条大山脉,它的峰峦叠嶂造成了闽地区域的独立性,这条横亘的大山脉,既是闭锁的雄关,又是开放的阻碍,闽商要实现北上中原,就必须从其身上寻找闽地交通中原的必经之途,必须从峰垭山隘中打通商旅出行的关口。

关隘是古代重要的交通和商旅通道。闽北最早开通的关隘,当为今浦城县的仙霞

---

[1] (宋)宋敏求:《唐大诏令集》卷十。

关、武夷山市的分水关、光泽县的杉关等三关。根据《史记》、《汉书》等记载汉武灭闽越时取此三关进剿闽越地来看,此三关当在此前的秦朝时即以开辟。处闽浙交界的渔梁岭为仙霞岭的第一道岭,先秦时应已开通商路,唐时黄巢起义军"刊山开道七百里",①开通仙霞古道,仙霞岭亦被称为"八闽咽喉",关口位置也从渔梁关改到了仙霞关,故后世不称"渔梁关"而称"仙霞关"。仙霞关寨宋时以条石砌成,《读史方舆纪要》描述此关:"仙霞隘处,仅容一马,至关,岭益陡峻。……函关剑阁,仿佛可拟,诚天设之雄关也。"分水关居于武夷山的闽赣两省交界的黄岗山,是一处险峻壮丽的峰脊,《武夷山市志》记述此关"秦汉时期,武夷山渐与外界交往,各路文人、名士渐至",意即秦汉时此关已通,不过若从当年闽越国无诸北上反秦就过此关来看,或许它通关的时间要更长,即应于秦之前的战国时就已开通。分水关自古既是兵家必争之要冲,同时也是走卒贩夫的必由之路,明代王世懋《闽部疏》记载道:"凡福之丝绸,漳之纱绢,泉之蓝(蓝靛),福延之铁,福泉之桔,福兴之荔枝,泉漳之糖,顺昌之纸,无日不走分水岭及浦城小关,下吴越如流水。"杉关则如屏障雄立于闽赣边界上,至今关墙俨然,墙高4~5米下宽上窄,长约1500米,利用山体为基础条石垒砌,关内为闽地,地势险要高峻,关外为赣境,地势渐平缓,古时被称为"瓯闽西户",当年也是汉武灭闽越的入口,故此关势必也在秦时即通关,至今"闽西第一关"阴刻大字尚在。

六朝以后驿道的作用渐渐突显,始时闽地驿路为"水陆混行",根据《三山志》记载:"西路(即古时福州通向闽北的出省大路)旧无车道抵中国,缘江乘舟……凡四百六十二里,始接邮路",古时"闽省腹地,山脉绵亘,道路崎岖,鸟道盘纡,羊肠逼隘,陆行百里,动须旬日",山路本难行,又陆又船多为不便。于是汉唐人以这三关为纽结,特别是唐时按唐朝福建观察使陆庶"铲峰淹谷,停舟续流,跨木引绳,抵延平、富沙,以通京师"之令②,开辟三条"晋京官路"(即驿道)。最早辟为晋京官路的是杉关,《福建省志》记:"汉、唐建都长安,福建各地都以杉关为晋京官道";唐以后崇安的分水关、浦城的仙霞岭渐次辟为晋京大路。杉关驿道基本为:福州—延平—邵武—逾光泽杉关—通江西南昌;分水关驿道基本为:福州—延平—建阳—逾武夷山分水关—通江西余干;仙霞关驿道基本为:福州—建瓯—逾浦城仙霞关—通浙江江山。

以三大关隘三条"官马大道"为干线,闽北各县还辟有出关路线,如光泽还开辟通往江西铅山的云际关,顺昌开辟经将乐、建泰宁转闽西而至广东的旅路;邵武取和平古镇开辟通往江西黎川的愁思岭隘道,松溪开辟通浙江丽水路线等,组成纵横交错的商路网络。"官马大道"最初的作用并非为商,但是必然为商旅所利用,必然为古代闽北的商业发展带来福利。由于这些官道或者说商道,使得闽北的丰富物产、福建从海口输入的商品,都有可能沿着这些陆路源源不竭地向内地输送。

驿路商道并非坦途,闽江之源山重水复,山路往往欹纡曲折,沟壑往往两山耸峙,缙

---

① 《新唐书》卷二二五《黄巢传》。
② (宋)梁克家:《三山志》卷五《地理五》。

绅往往可航不可涉。古代闽北的挑贩大贾,要走出重重关山商业往来,往往还阻于崇山峻岭岜然其巍,"往来之人苦于病涉,舟楫不可得而济,车马不可得而通,必资桥以渡焉"①,打造桥梁使"人骑鳌背两岸过,地接羊肠一岭通"②就势所必然。

桥梁特别是古廊桥,这种浮架的彩虹,比造船更体现了古代闽江之源打通隔绝打开山门的地域特色,它既表达了闽江之源人民交通外界的渴望又反映出了古代闽北人民高度的智慧及审美意识。著名桥梁专家茅以升20世纪80年代主持编写《中国古桥技术史》时,原以为古代民间俗称为"虹桥"的古廊桥,只能在《清明上河图》上看到,意外地发现古廊桥竟在闽浙大地的山峡乡间星罗棋布！闽江之源的古廊桥让专家欣喜地夸赞为具有"活化石的价值",是"古老概念的现代遗存"。

据《三山志》等史料记载,闽越国时闽江之源就开始向山津要通衢。闽北今天廊桥的史籍大多已散佚难考,只在山壑间默默地诉说着自己悠久的历史。现在能确切见载于史料的闽北最早廊桥,是627—649年唐贞观中延平人吴益所建的延平南山镇"清风桥"。廊桥往往就地取材而建造,山间木材富集取之所造叫"木拱廊桥",山间岩石甚丰取之所造则为"石拱廊桥"。它们既经受着自古以来的沧桑风雨,也为商旅遮挡风雨,故称为"风雨桥"。

闽北古代所遗的廊桥

闽北古代所遗至今的廊桥以木拱廊桥为多,既有梁式,也有廊式。经对古代《福建通志》、《建宁府志》、《延平府志》、《邵武府志》查对,有明确记载的廊桥就有226座。今天通过文物部门田野调查,登记在册的还有167座。这些廊桥不但是商旅的通道,大多数本身就是乡村庙会交流的场所、集市贸易的地方,流传了无数自古以来的贸易情形和商业故事,今天仍然"往来辐辏歌平坦,共仰人为胜化工",让后世子孙享受前人福荫。

---

① （宋）黄元亮:《乘驷桥记》。
② 周宏烈:《咏赤溪桥》。

三、闽北城镇与商埠街市

古代"城"与"市"是各有指意的两个词。"内筑墙而卫君,外筑墙而卫民",即筑有墙的供人聚居之处谓之"城",而"买卖之所者"即作一次交易或者交换一把斧子一把豆子的地方都谓之"市"。今天"城市"是一个词,它是指人口集中、工商业发达、居民以非农业人口为主的地区。"城市"不管是古意还是今意,都意味着它是有别于农业和农村的商品经济的产物,它是商品交换的据点,是社会文明达到一定阶段的必然结果。

闽江之源的文明率先于全闽,闽北商品生产和交易最早出现,那么无疑闽北城市开埠历史必然早于全闽。从历史上考察,闽地最早的城市群即在闽北:古闽时期,应有古闽国都设于闽北;闽越时期,筑六城于闽北;汉末时闽地最初为四县,三县设于闽北。闽北十县(市、区)建县史都逾千年之上,70%以上县(市、区)为唐以前立县,而其开埠时间则更为久远。

扼守在松溪、崇阳溪、南浦溪交汇处的建瓯城,按史志载该城自东汉末年汉献帝时始设"建安县"开始,但细考其开埠历史,按《周礼》所记商周时闽地为古闽国,而被疑为古闽国的"国之重器"大铙和编钟,正为该城西南29公里处所出土,此外还有一批商周青铜礼器、兵器。诚使商周时闽北有古闽国,则建瓯城或应为该国都城;而史上一直未详的冶城和冶县,也很可能与此地有关,其久远城垣遗迹疑可能被今建瓯城所覆盖,有待考古发现证实。该城于东汉末设为建安县后,旋即于汉献帝建安八年为贺齐在此开设都尉府,三国时又升为管理全闽的首郡"建安郡"。唐末王延政在此称帝,为殷国国都。数千年的经营,建瓯城关已成为福建历史最悠久的代表城市之一,城区街巷以人民路与中山路交叉为"十"字骨架,其余街巷依次布设,构成棋盘式街巷格局,素有"三十六条街,七十二条巷"之说。最罕见的是该城据考有24处城门,而且每城门规格之高,都是帝都之设,被称为"城门博物馆"。历史上该城还因居民过盛一度一城分设建安、瓯宁两个县治,也曾因府辖地域过大而一再被分割出其他州府,所以曾出现一城两县衙双庙学现象。中山路有唐末所置的钟鼓楼"五凤楼",传导出当年的都市繁华,即使小巷,也散发出浓重的历史文化,如大甲巷又名"大葛巷",风火墙夹道小巷深深,两边大宅比肩接踵,旧时的富商大贾如泉圃茶庄、元升当铺、正盛布店、同丰钱店及大木材商老板的住宅皆在此巷内。

闽北许多城市的开埠和闽越国有关。闽越"筑六城以拒汉",所建的六城均集中在闽江之源的闽北。朱维幹先生《福建史稿》记此六城为:乌阪城、大潭城、汉城、汉阳城、临浦城、临江城,均筑于闽北。六城中有些为军事城堡,也有些是军民共同屯扎生活的聚居处,有些至今已颓毁不再,有些却从此发展成为今天的县城。

颓废者中,汉阳城是被正史记载的"闽越第一城"。司马迁在《史记》中记载:"越衍侯吴阳以其七百人反,攻越军于汉阳。"该城今已颓废。关于该城具体地点,史籍原认为"汉阳城在浦城县北"①，清光绪《续修浦城县志》标示在今浦城县北部管九村处。而根据2003年以来对浦城县南部临江镇锦城村的考古，发现此处出土了疑为"汉阳未央"的"□阳□央"残缺瓦当；此处还发现大型墓葬区，在发掘的2座等级很高的土坑墓中，出土了一批陶璧、玉璧和玉佩，特别是玉佩，由18件玉饰、玉环、玉璜精美组成，显示出王者之尊；而遗址上还立有祭祀闽越王馀善的"东越王庙"，庙中有宋人题诗"碑因苔蚀无完字，城为田侵失旧基。当日东瓯知几战，如今赢得一荒祠"记此庙事。因此汉阳城的准确地点应在今浦城县南部的临江镇锦城村。

颓毁者中，最典型的是武夷山市城村的古"汉城"，亦叫"古粤城"。该城坐落在群山环抱之中，以三座连绵的山丘联建，全城南北长约860米，东西宽约550米，周长2896米，面积48万平方米。以版筑法杵土夯筑城墙，城墙残高一般4~6米，宽6~7米。东部城墙外还挖造护城壕，城壕底宽4米，上宽10米，深逾5米。城内遗址有较完整的排水系统及道路，居中最高处为宫殿式建筑，坐北朝南，整体由大门、庭院、主殿、侧殿、厢房、天井、回廊等组成，十分恢宏。全城东南北三面为崇阳溪缠绕，东北面是一片开阔地，城村即建造在此开阔地上。城内遗址散有"万岁"、"乐未央"的瓦当，可见城内主人的"皇帝"梦。从全城结构来看，王室与臣僚聚居在花费了不少财力、物力、人力，驱使了不少匠工民役建造的城内，而百姓则在城外从事渔猎农耕和手工业生产，给王城提供供给。遗址陶器上往往"物勒工名"，戳印烧制夫唐、气、吴、黄、卢、根、邓、狼、辕、林等40多个工匠姓名文字或符号，驳杂的姓名符号意味着古粤城族系繁杂，人口众多，也表达出其巫医乐师百工之盛。

延续发展成为今天城关的，有浦城和建阳城。闽越所建的"临浦城"即今浦城城关所在地，它当是闽越国后期政治、军事中心所在地，时东越王馀善、繇王居股、大臣建成侯敖、大将多军等都居住在此城或附近的汉阳城中，闽越的主力最终也被消灭在这一带。②汉化后浦城于建安初时立县，县名为"汉兴"，为福建最早设立的侯官、建安、汉兴、南平四县之一，是闽北最北端的一城。"大潭城"即今建阳城关所在地，该城今天仍简称为"潭城"，闽越当时为扼守崇阳溪和麻阳溪，在此靠山面河，沿潭山而筑墙建造大潭城，东汉末在闽地最初四县的基础上，从建安县"析建安之桐乡"分立出今天的建阳，时取县名为"建平"，亦是紧追建安、汉兴、南平、侯官之后福建最早设立的县城之一。

汉末建安初年福建最早设立的县治还有延平，时取名为"南平"，延平居于闽江之首，建溪、富屯溪、沙溪、尤溪皆汇于此，在军事地理和商业交通上极为重要，被喻为"铜南平"。汉晋时起中原入闽，北人从延平的"延福门"码头上岸，沿江筑城，逐渐往西山、梅山、紫云岗扩展，人口渐众，于是小商小贩从事京果、农产、水海产商品交易的胜利街、古楼街等相继成型。

闽江支流富屯溪上游的邵武城，其军事与商旅交通地位亦为重要，被称为"铁邵武"，

---

① （清）顾祖禹：《读史方舆纪要》卷九七。
② 邱文彬：《浦城在闽越文化中的重要地位》，《武夷文化研究》2011年第3期。

至今简称"铁城"。该城于西汉始筑城邑,三国吴永安三年(260年)取名"昭武"立县而为城。据《桃溪冯氏族谱》载,该城嗣后于隋开皇年间由兵部尚书冯世基率兵马10万镇抚和开发,冯将军亲率12000子弟兵屯扎此城,组织军民兴修水利、改造沼泽河道、开垦良田数千亩,此地原为桃溪冲积平原,垦殖后土地平坦、土质肥沃,盛产优质稻米,后世称之为"邵武的乌克兰"。

从吴景帝永安三年(260年)在建瓯设置"建安郡"下辖建安(今建瓯)、南平、昭武(今邵武)、建平(今建阳)、吴兴(今浦城)、东平(疑为今松溪)、将乐、绥安、侯官、东安等10县来看,三国时期闽江之源已沿建溪、崇阳溪、富屯溪布点6座城市,构成了闽北泱泱大观的城市群。

除以上县城外,今天全省五处"国家历史文化名镇"中,闽北占其二。古时闽北农业生产商业繁华的镇邑多如列星,其中最显著的为跻身于"国家历史文化名镇"的武夷山五夫镇和邵武和平镇。五夫镇开埠于晋代中期,原为镇中蒋氏官至朝廷五刑大夫,故该镇以"五夫"命名,取名"五夫里",理学先儒胡安国一家五贤,刘氏宗族"三忠一文",一代词圣柳永,抗金名将吴玠、吴璘等,均出其里,而理学宗师朱熹更于此"琴书五十载",留下了朱子故居(紫阳楼)、屏山书院、兴贤书院、刘氏家祠、连氏节孝坊、朱子巷、朱子社仓、五贤井、石坊门、三市街及众多的古街巷和朱子文化遗迹,故该镇被誉为"邹鲁渊源"。位处邵武南部的和平古镇,为唐天成元年开辟,是古代邵武通往江西、泰宁、建宁、汀州的咽喉要道,亦是全国罕见的城堡式大村镇。城堡内连接南北城门的街,随形就势形成"九曲十三弯",贯穿古和平镇的古街巷,被誉为"福建第一街"。街道两侧均为木板商店,大小巷道中间铺青石板,两边铺河卵石。镇中除了南唐时黄氏所设立的"和平书院"透射出浓浓的文教气息外,更有众多的"旧市三宫"、"旧市义仓"、"谢氏庄仓"等诉说着当年盛唐繁华。

第三节 闽北最早的商品生产和输出

闽北闽商之所以能够彪炳史册,不仅在于它商品生产的历史长度,还在于它的商品以显著的地域特色独占市场,并且不断进取,保持了它延绵不绝的历史时空跨度。这些鲜明打上"闽北制造"印记的商品,几千年来总是以它的量与质刺激着内陆和海洋的市场需求,引领着中原和世界的消费时尚。

一、古闽船棺和舟船制造

1400多年前的南北朝,12岁的顾野王在他的《建安地记》里,首次对船棺做了记述:"武夷山高五百仞……半崖有悬棺数千。"顾野王笔下的悬棺,在自古以来的武夷山当地百姓口中不叫它"悬棺"而称之为"架壑船"。"棺"之为"船",表明上古闽江之源的古闽族有"水生居民"转化而来的特殊血统背景,意味着他们上岸转身为"内陆居民"后依然择水而居,渔猎以至农耕生产及其产品交换都深赖着舟船,就连死后也离不开舟船,须让船棺载浮他们的灵魂到达仙界。闽江之源自古与舟船结下了不解之缘,闽北祖先打一开始就深谙造船之术。

舟船是商品运输的载体客旅的代步工具。早期的水上航具也好,船棺也好,多是独木舟形制,而闽北能够满足这样的条件:闽江之源极其丰富的森林资源为制造舟船提供了优质材质来源;制造独木舟需要先进的加工工具,而商周在北方把鼎制造得炉火纯青时,古闽族就独辟市场率先在打造金属利器上拔了头筹,让他们得以运用当时领先的科技能力保障了他们舟船生产技术达到无人比拟的境地。

武夷山船棺,就反映出了闽江之源千古以来的制造舟船的高度智慧。1973年3个盗贼用自制铁链缒险而上爬到武夷山观音洞,将一具船棺锯成三截盗取下来,此案告破后船棺被追缴,该棺被编号为"武夷山一号船棺"。1978年,福建省博物馆科考人员在武夷山西北部莲花峰的白岩洞取下另一具船棺,被编号为"武夷山二号船棺",现存于福建省博物院为"镇馆之宝"。二号棺如同一号棺,亦用整根闽楠木刳成,亦分底盖两部分上下套合,形状亦如篷船。该棺全长4.89米,高0.73米,宽0.55米,该棺比之一号棺体型更大,加工更加规整,全貌更加"雍容华贵"。学者们对两具船棺的工艺制作表达了如下惊叹:"船棺造型规整,四周砍凿成直角,且修削极整齐,子母口套合紧密,盖底凿孔对称,创制均匀;棺枢内四壁平整,壁厚仅2至3厘米……反映了木工的熟练和应用刀具的娴熟,表明生活在武夷山区的武夷闽人,已能制造和使用锐利的金属工具。"船棺所显示出来的古闽族人造船能力,在后来于闽江中下游出土的独木舟实物中再次展现。2003年9月,在闽江的闽侯荆溪段,村民从江中掘挖出一艘先秦时期的独木舟,它由一根直径约1米的闽楠制成,长约11米,宽0.95米。该舟结构更为复杂,一侧船舷有四组方孔和凹槽,表明可能是与村民所反映的江中尚有另一艘独木舟一起拼连为一种"连体双舟",保持航行时的平衡,以增强抗风浪的能力;舟尾底部有一圆孔为装舵所用,表明已能利用舟舵掌握航向。

古闽族人的造船本领,在从江南水乡过来的闽越人手中得到更进一步地推进。时闽江之源应已出现造船业。闽越人的生活习惯是"饭稻羹鱼",这种生活习惯在武夷山古汉城遗址的城内城外均大量采集到的陶网坠中得到证实;除了生活习性如此外,水乡过来的闽越人还被认为有"闽越悍"、"好相攻击"的脾性,祖辈身处江南水乡之地,使他们长于水战:"以船为车,以楫为马,往若飘风,去则难从"①,"习于水斗,便于用舟"②,因此他们入主闽地以后,无论是生产生活还是行军作战,势必要大肆"伐材造船"。

《汉书·严助传》记载,严助建议汉武帝向闽越用兵时,说闽越国能造多种船舶,其中有舫、弋船、楼船等,有一种特别的大船叫作"舩",这种"舩"可从江河航行入海。而《史记·东越列传》也记元鼎五年南越反时,"馀善上书,请以卒八千人从楼船将军击吕嘉等。兵至揭扬,以海风波为解,不行",说明闽越人确实能从海上航行;又记载馀善曾谈到与汉

---

① 《越绝书》卷八。
② 《汉书》卷六四。

军对抗,如若"不胜,即亡入海",再参考徐善与汉武帝兵力对抗的战略意图——重兵集结浦城汉阳城,胜则越过武夷山脉进入鄱阳湖进而顺长江而下重回越故地"以践勾践之迹",败则从南浦溪—建溪—闽江这一战略通道逃亡海外——可知,他们航行的海域北达山东半岛,东到台湾,南甚至到达东南亚一带!可以说在那个时期,闽越国具有人们无法比拟的大集团航海能力,装备有包括载运军需在内的宠大船队。

后来三国东吴经营闽地,闽江之源便利的航道条件、深厚的造船传统、取之不尽的造船原料,让东吴选中闽北成为船舶制造的"大工场"。当时吴国把闽地纳为其一个郡,这个建安郡的整体功用,主要就是为其造船。吴国在建安郡设立"典船校尉"和"温麻船屯",典船校尉的主要职责就是督造大船,温麻船屯就是将造好的船只囤积于港以作备战和出海之需。史料记吴国罪臣张弘、郭诞等先后都被谪配到建安来造船。虽然"典船校尉"和"温麻船屯"的地点是设在福州和霞浦,但造船的基地却在闽江之源,即时建安今建瓯的西门外大洲。船在这里造好后,顺建溪、下闽江、到福州,或再从福州出江口集结到霞浦,最后源源不断往长江吴地输送。

建瓯的这个造船工场自三国之始经历朝历代,直到20世纪"文化大革命"时期仍在旺盛生产,所建造的船只不停地调拨至闽东、浙江和广东。

古代闽北的造船业,既让闽江之源"纵一苇之所如"而凌东海"万顷之茫然",与大海拉近了距离,实现了闽北与滨海及海上的商品交换和商旅流通,又让闽江之源摸索总结出来的造船材质和造船技术,得以为福建宋元时期所利用,为闽地海商打造出世界航海史上闻名遐迩的"福船"打下了坚实的基础,也为后世的"海上丝绸之路"奠定了基础。

二、商代龙窑和陶瓷生产

从考古发现和史籍记载上看,古代闽江之源的陶器生产极具地域特色,而漫长的古代社会里,闽北生产的特色陶瓷常引世人谥美,始终是让人说不完的话题。

闽江上游山谷河滩众多,生态极好,气候极佳,适宜人类早期生产生活。大约在距今四五千年前,闽江源头的古闽族人从渔猎开始走向农耕,开始了水稻的种植。丰富的食物需要盛装和炊煮,这就向容器和炊具提出了需求。陶器因此快速发展起来,故此新石器时代晚期,即距今4000年时闽江之源普遍烧制陶器。

一般来说,制陶被认为是新石器时代的重要特征。但陶器的制作历史肯定是与人类用火的历史相伴的,也就是说在旧石器时代人类就摸索进入了陶器的幼年期。从闽北的情形来看,旧石器时代就已经出现陶器生产,根据建阳市考古工作人员对旧石器遗址的调查,其时闽北的陶器多为软陶类,以泥质灰陶、夹砂红陶为主,器形以豆最为常见,其余已有钵、盂、盘、碗、杯、提桶等;炊具中已出现釜、罐等,制作工艺多为手工捏造,或泥条盘筑,基本火候偏低,胎质疏松,厚薄不匀。考古未发现这个时期的陶窑址,估计旧石器时代烧制陶器为原始的"露烧"。

印纹硬陶被视为典型的"闽北制造"。所谓印纹硬陶,是流行在古时"大闽地"今闽浙赣的显示区域主特色的陶器,它区别于火候低的软陶,烧成温度在800度以上,有的已达

1200多度高温,近于或相等于原始瓷的火候,质感坚硬,扣之有声,早期饰以刻纹,后来发展为用陶拍印制纹饰,一般拍印有方格纹、绳纹、席纹、云雷纹、波浪纹、网纹或几何图纹等,因此被叫作"印纹硬陶"。建阳田野考古调查发现,印纹硬陶在旧石器时代就已零星出现。进入新石器时代,从光泽大干河东岸一带的马岭遗址、池湖遗址以及邵武斗米山遗址、肖家坊遗址、武夷山梅溪岗遗址来看,印纹硬陶已约占出土陶器的三分之一。

而浦城牛鼻山文化遗址,印纹硬陶则上升为主打陶品。由于商周时闽江之源的印纹硬陶大量出现仿制青铜器的鼎、尊、壶等形制,因此它被认为成熟于青铜文化时期,故印纹硬陶也是商周时期闽北进入青铜时代的有力证据。闽北的印纹硬陶中最代表性的是黑衣陶,它是"闽北制造"中的典型。黑衣陶即黑色陶器,也叫"黑陶"或"黑皮陶"。它的成色和陶土的成分及烧成的焰氛有一定关系,即陶土中含有铁化物起助熔的作用,可降低陶器的烧成温度;而在火焰烧制过程中,它是在强还原气氛中进行渗碳烧成的。出炉冷却后由表及里通体呈黑褐色,或仅表皮呈黑褐色。黑衣陶烧成温度高,其陶器制品坚而薄,因此也被誉为"蛋壳陶"。黑衣陶标志着陶器烧成技术的更加进步,被认为是瓷器的前身。

西周印纹硬陶罐

闽江之源的闽北被发现是"黑衣陶的大本营"。黑衣陶古代在闽地周边的地区皆有分布,但均未找到生产窑址,不知黑衣陶的生产源头和流通管道。2005年,我省考古工作者在浦城对管九商周墓葬进行抢救性考古,就出土了大量伴葬的黑衣陶器,考古工作者继而对浦城猫耳垄窑址开展抢救考古,结果清理出2座被誉为"中国商代龙窑鼻祖"的大型龙窑和7个叠压下方的圆形、椭圆形窑。猫儿垄遗址位于闽北浦城县的东北部,处南浦溪上游一个地势平缓的丘陵盆地中,遗址分布范围东西约1000米、南北约800米,总面积达80万平方米,其中的2座被称为"龙窑"的斜坡长条形窑,一个残长5.6米,一个残长6.5米,从窑址及周边窑工墓葬中出土完整器形的黑衣陶器262件,还有大量的黑衣陶碎片。[①] 这是中国考古史上首次发现一个以生产黑衣陶器为主的商代大型窑群,从而揭开了中国黑衣陶生产的谜底,并理顺了以浦城龙窑黑衣陶专业生产为中心、产品交换至古吴楚越和中原的源流关系。

汉代陶器生产也是闽越国经济发展的代表标尺,闽越国的制陶工艺尽在武夷山古汉城中集中展示出来,古汉城出土的大批陶器可复原的就有2000余件,而残陶片达数十万计,似乎日常生活所需和生产所需的所有器皿尽在陶器制作范围内,时闽越人炊煮器、饮食器、漱洗器、贮藏器无不囊括在陶器中,甚至扩展到建筑材料的砖、瓦、水管、井栏,生产工具的纺轮、网坠等等,足见其陶器制作的水平。从古汉城陶器出土情形可知,闽越国的陶器生产与以往陶器私营生产不同,其专门化制陶作坊是在官署统一管理下从事生产

---

① 《2005年全国十大考古新发现》,《浦城文史资料》2011年第26辑。

的,犹如今日的"国营",且实行分工流水线式生产,陶工如同今日大生产中的流水线工人,受着"生产责任制"管理,每制一陶品都"物勒工名,以示其诚"。

春秋时期闽北出现原始瓷。建阳小湖镇山林仔遗址出土的瓷豆是闽北迄今发现最早的原始瓷之一。从建溪、富屯溪流域田野调查所获的原始瓷器来判断,距今三千年时闽北开始原始瓷的烧制。到汉魏六朝时闽江之源已从原始瓷发展为瓷器生产,即陶瓷史上所称"南青北白"青瓷阶段,这个阶段从考古上看,建瓯、南平、邵武、光泽、建阳、松溪、政和均有青瓷出土。从陶到瓷,是一个质的飞跃,一个划时代的进步。建瓯大庙、峡头、阳泽烧制的青瓷碗具,釉色光亮滋润,凤鸟图案生动精美,做工精细;座落在邵武下沙村的下沙窑,窑址总面积1100余平方米,所产碗、碟、钵、罐、灯盏、墨砚等,均为青瓷,瓷厂设于富屯溪支流洒溪边,距富屯溪晒口码头仅2公里,产品一烧成即可用竹筏或"鸡公船"送往富屯溪大船再往外营销,十分便利。

商周闽北出现的龙窑,在唐代大显身手。唐时闽北处处建造龙窑或大型窑场烧制青瓷,迄今全省发现的7座大型唐窑5座在闽北,即建阳水吉镇的庵尾山窑、建阳将口镇的唐窑、浦城石陂镇的朱塘窑、浦城水北罗源窑、松溪县河东乡的牛牯窑。将口窑长52米,朱塘窑长70米,而庵尾山窑达74.6米,罗源窑残长约30米,松溪河东牛牯窑近50米。将口唐窑最早被发现时被称为"全国最长的唐窑",该窑于20世纪70年代中期为当地农民开挖水渠时被打破暴露,于1978年由省考古队进行考古发掘,坐落于距建阳市18公里处、通往武夷山景区的崇阳公路旁,窑址前方是一片宽阔的河岸平地,平地前是汩汩而流的崇阳溪,为古代瓷器的外销提供了便利的水路交通。该窑利用自然陡坡依山而筑,窑炉头部宽2.3～2.7米,窑身宽2.3～2.8米,清理时出土了大量的青瓷,瓷釉厚且均匀,器物上饰有花卉草木、飞禽走兽图纹,最引人注意的是成品,多刻有毛、丘、杨介炎、余记、吉利等作坊主或窑匠姓名,这些姓名符号,可以视为是古代商品的商标标识,从中透射出强烈的商品经济氛围,表达出唐代闽北闽商的商品竞争意识。

唐末五代时,一种被宋代标注为"建窑"的瓷厂悄然出现在建瓯小松到水吉(现属建阳)一带,这一带瓷土矿藏丰富,木炭燃料充足,水运交通便利,据记载唐末五代时这一带有99座建窑,其烧造出的油滴黑釉瓷器,就是后来营销四方无远不至的"建盏"。同时一种类似于今天"商业沙龙"的"茗战"活动也悄然兴起,这就是宋以后的"斗茶"之俗。建盏和斗茶开始登台亮相,为嗣后宋代闽北商业史上演最动人心弦的大戏做好了准备。

三、闽濮献茶和北苑茶叶

陆羽《茶经》云:"茶之为饮,发乎神农氏,闻于鲁庄公",茶,似乎从远古神农氏起就已经萌芽。被称为"南方嘉木"的茶,生于"南方"何处?陆羽《茶经》又云:茶"生福州、建州……往往得之,其味极佳。"福州、建州都是闽江流域,这就是说闽江流域是茶香的中心源。它意味着闽江两岸,建溪之畔,自古以来,总被茶的芬芳所萦绕,此香袅袅,此味悠悠,数千年氤氲不绝。

详勘信史,闽江流域的茶香从哪个年头飘起?茶始发于神农氏和"彭祖率彭武彭夷开发武夷山,首创茶园"的说法大抵属虚无缥缈的神话传说。真正可查到的是东晋学者常璩的《华阳国志》,该志是我国保存至今最早的地方志之一。书中记载,公元前1025年周武王率周军联合南方八个方国共同讨伐商纣王,时"闽濮"族首领也率兵参加了周武王的军事行动,北征时随身携带了茶叶贡给周武王,既作为行军打仗的药用必需品,也让周武王"以茶代酒"与酒色无度的商纣王示之有别。被称为"闽濮"族者,即《周礼》所记的闽江上游的"七闽族"也即"古闽族"。此事为方志所记,且武王伐纣是中国历史真实事件,因此这就意味着,从"闽濮献茶"算起,中国茶叶生产史发端于商周时闽江之源的古闽族。

"溪边奇茗冠天下,武夷仙人自古栽"①,古闽族人栽种的茶叶到汉晋时已从重要药品发展成为贵族消费品,茶成为贵族喜好,品茗就成为社会上层的时尚,于是汉晋时建溪茗茶就得到"晚甘侯"的美名而扬名立传。汉末的中国书圣王羲之激赏闽江之源的香茶,他的三个狂草神书"晚甘侯"三字,镌于母株大红袍附近的瑞泉岩壁上,他将茶树以"侯爵"相赠谓,见证了汉晋时期建溪奇茗已深受贵族称颂,被当时上流社会所尊崇。根据《崇安县志》记载,"晚甘侯"的名气到唐朝又因孙樵写下《送茶与焦刑部书》而愈演愈烈:"晚甘侯十五人,遣侍斋阁。此徒皆乘雷而摘,拜水而和。盖建阳丹山碧水之乡,月涧云龛之品,慎勿贱用之!"信中孙樵将"建阳丹山碧水"之茶(即武夷山茶,因汉末建阳立县时武夷山属其辖,而"碧水丹山"是南北朝作家江淹对武夷山的赞语),用拟人化的笔法把送人十五包茶叶美称为"晚甘侯十五人",并嘱其至为珍贵"慎勿贱用",从此"晚甘侯"几乎成了武夷岩茶的代称。至清朝时,闽北人蒋蘅还饶有趣味地写下《晚甘侯传》,煞有介事地从《诗经》里引据,为武夷茶取下"甘如荠"的姓名专门立传:"晚甘侯,甘氏如荠,字森伯,闽之建溪人也。世居武夷丹山碧水之乡,月涧云龛之奥。甘氏聚族其间,率皆茹露饮泉,倚岩据壁,独得山水灵异,气性森严,芳洁迥出尘表……大约森伯之为人,见若面目严冷,实则和而且正;始若苦口难茹,久则淡而弥旨,君子人也",作者还匠心独运,赞武夷山茶"君子人也"堪与周敦颐称莲花"花之君子"相媲美。这些趣事,足见汉晋以来闽江之源茶事之盛,声名之远。

过去学者多认为中国茶是公元前308年战国末秦朝初的司马错率蜀兵伐楚时,及秦始皇统一中国后,川蜀的栽茶技术及茶籽传入中国东南的,此一说似可存疑。我们考之闽北茶史,恰巧闽北成了茶传播源头的"集结号",川蜀的种茶之技和中国各地产茶几乎都和闽北有关。《元史学》称中国茶汉时起就经安息转售欧洲,而汉时的中国茶源似乎在闽北,四川《名山县志》载:"昔有汉道人,分来建溪芽"说是川蜀之茶,是汉代的云游道士将建溪之茶苗带过去而发展起来的;而海南(古属广东)的"西樵云雾茶",根据嘉靖《建宁府志》载,亦为唐乾符年间李频当建州刺史时,其幕僚曹松回家乡把建州的茶籽带回海南老家,把建州的制茶之技传播给乡人而在当地传播来;至于当今台湾的"冻顶乌龙"茶,其祖树也被认定在今建瓯市东峰镇凤山茶场的矮脚乌龙茶园中。

唐代王审知开闽,由于一是鼓励闽地向内通商占领市场,向外通商海上拓展,二是茶

---

① (宋)范仲淹:《斗茶歌》。

叶从少数贵族的饮品,扩展成为与柴米油盐并列的大众饮料,因此茶叶的市场极度扩张,闽江之源特别是建瓯的茶叶生产和销售开始步入鼎盛黄金期,以后一直延续到清末虽屡次历经下诏"建茶入海者斩"的海禁也无法阻断而相续千余年长盛不衰。先是唐贞元二十年(804年),常衮从宰相身份降为建州刺史,他颇好品茶,于是到建瓯东峰的凤凰山一带潜心研制"研膏茶",这就是后来成为贡品的著名产品"龙团"、"凤饼"的前身。唐五代时,建瓯还形成了规模宏大的"官营"御茶园,时王审知的儿子王延政在建瓯自立殷国,军费开支极其浩繁,故不得不加重民间捐税以敲骨榨髓,迫于殷皇室苛捐杂税压力,私人茶园主张廷晖顶不住王室逼勒,把位于今建瓯市东峰镇的凤凰山方圆30里茶山"主动"捐给殷国,此地成了皇家御茶园。《八闽通志》记此事说:"北苑者,其地宜茶,凡三十里,唐邑人张廷晖居之。廷晖仕闽为阁门使。龙启中,悉以其地输官,由是有北苑之名。"茶山而为北苑御茶园,获得了皇室资本注入,生产和销售的管道更为拓展,产业迅速升级扩大,而茶园因地处闽国北部,故御茶园所生产的茶叶,品名被称为"北苑贡茶"而极大提升了市场占有率。嗣后位于今东峰镇裴桥村福源自然村、以"壑源春"或"叶家春"或"叶家白"品名驰名市场的叶家"壑源茶园",及另外还有一个不知确处的"沙溪茶园",被认为属私家茶园,但从史志记载也设"官焙"来看,应也被王延政强势"收归国有"并入北苑御茶园。从《政和县志》所记政和产茶"与建安'北苑贡茶'有着很深的历史渊源,古时东平、高宅、长城、东衢、感化五里是'北苑贡茶'产地之一"来看,当时的"北苑御茶园"规模甚至囊括到政和。可以判断当时茶叶销售收入是"殷国"的主要财政支撑。嘉靖《建宁府志》对北苑茶事有如下记载:

> 北苑茶焙,在吉苑里凤凰山之麓。旧有官焙三十有二,又有小焙十余……唐龙启中,里人张晖以所居北苑地宜茶,悉输之官。由是始有北苑之名。其茶最佳者曰"社前",次曰"火前",又次曰"雨前"……凤凰山傍曰"壑源"、曰"沙溪",皆产茶之地。设官焙三十有二,小焙十余。又有内园三十六所。以借玉食,外园三十八所,以备赐予。五代王延政悉并民地以入官焙,岁率诸县民丁采之,而尽收其利。①

北苑御茶园规模之大,实是惊人。以至王延政败降南唐,南唐接管后把北苑兼并的民地全部还给百姓,即便如此志书记载退地之后北苑采茶时情事,仍是让人吃惊:"南唐岁率六县民采造,大为民间所苦",即春季采造北苑茶时,需调用建安郡所辖的建安、浦城、松溪、邵武、建阳、将乐六县民夫,而且劳动强度还苦不堪言,可想而知王延政时,更是规模宏大得无法想象。

唐五代时,建瓯的北苑御茶园不但是全国最大的茶产地,而且其茶品地位也一一击败了原来的淮南茶、腊面茶、阳羡茶等,成为输入中原、直通宫禁的主要贡茶,而成为无上神品。唐五代时打下的雄厚基石,为闽江之源宋朝的"建茶"、"建盏"的鼎盛及元明清建茶北上中原东向出海的"一带一路"铺开了黄金大道。

---

① 嘉靖《建宁府志》卷二十《古迹》。

四、闽族服饰和棉纸织造

追寻丝棉纺织的历史既是探寻中国古代文化和文明的通道,也是感知闽江之源丝棉商业史的重要内容之一。

中国被认为是丝绸最早的发源地,史前文明时丝绸就已产生。传说是黄帝的妻子嫘祖首先发现并驯育了野蚕,发明了丝绸,因此嫘祖被后世祀为"先蚕神"。打那以后,黄帝才能"垂衣裳而天下治"①,这种传说当然是源于"智者创物"的美好愿望。

新石器时代人类也许进入了有意识着衣的时期,《尚书·禹贡》篇记有"岛夷卉服","岛夷"被认为是今天的中国东南沿海地区,而"卉服",即用植物纤维编织成的衣服,多从麻类中抽取纤维而织成葛衣,也就是最早的麻织品。

棉织服饰或许是最迟出场的事物。相传棉花原产于亚洲、非洲和美洲,我国不是原产地。史料记载棉花是西汉中晚期才从中亚传入我国新疆地区,而后才逐渐在中国种植推广的,而有些人甚至认为,中国的棉花,是在宋代才从印度传入的,意即我国棉纺业历史很迟。

但是,闽江之源的闽北,刷新了这样的纺织史,特别是对棉纺织业给出了新说法。闽江之源的纺史从出土现象看较悠久,而织史因缺早期出土实据,估计要稍迟出现。闽北出土的打磨石纺轮和陶制纺轮,表明新石器时代闽江之源已能纺纱,所纺之物除蚕丝外,更多为植物表皮经捣碎浸泡腐烂去脂后抽丝成纱,而后在此基础上织成麻布。而棉纺织,我国著名的纺织史专家高汉玉教授说:"武夷山船棺出土的青灰色棉布残片,在中国纺织科学技术史上,具有重大的历史价值,也是研究世界纺织文明史的一项可贵收获",学者们一致认识到:"我国最早的棉织品,就是在武夷山岩墓船棺中出土的。"

1978年9月福建省博物馆取下的"武夷二号船棺",棺内有年龄约60岁、身高1.62米、着有服饰残片的一具男尸。尸身所着的纺织品残片经上海纺织品科研所鉴定,共有大麻、苎麻、丝、棉布四种质料。经对四类服饰残片的检测,其中丝织品的指数经纬密度为每厘米20～30根与16～19根,经纬直径为0.35～0.7毫米与0.45～0.7毫米,为家蚕丝,接近商代中期丝织品的纺织水平;麻织品分大麻和苎麻两种,精密度达到15.5升,工艺水平高于商代中期;棉织品为多年生灌木型木棉织物,经纬密度为每厘米14根,经纬直径为0.5毫米,是我国迄今所发现的年代最早的棉布实物。

"一号船棺"和"二号船棺"经碳14年代测定,确定为距今3750～3295年之间,相当于我国历史上的夏商时代。船棺中的服饰,被称为"烟色丝帛"的丝绸品与同时期相比水平略低,尽管水平不高,但还是改变了传统认为的"闽北山区没有蚕桑业"的认识;麻制品一向被认为是"中国特色",国际上把大麻叫作"汉麻",把苎麻叫作"中国草",均认为原产地就是中国,武夷山船棺中的麻织品既证明了这一说法,同时还在当时中国处于领先地

---

① 《易·系辞》:"黄帝尧舜垂衣裳而天下治"。

位:棺中的麻织品精密度与当时中原地区8～12升比远远高出,如同丝绸一般,可称为"缌布",是高级服饰所用的材料,说明闽北当时麻纺织业达到相当高的水平;而棉制品在中国夏商时代,属首次发现,大大超过了棉花是"西汉中晚期"或"宋代"传入我国的传统认识。棺中织物传递出这样的信息:闽江之源可能是中国最早植棉的地区,同时夏商周时闽北的纺织业在全国处于领先地位。

从《汉书》所载"闽人以棉花为吉贝"、《南州异物志》记载闽地"五色斑布以丝布,吉贝木所作,此木熟时,状如鹅毛……织以为布,弱软厚致"看,闽越国到汉末三国时,闽地运用棉花织布,已是特色,此外,闽地还能织造名叫荃、葛的布匹,都是上等佳品。

20世纪80年代初,在建阳书坊乡馒头山、童游镇店子山的新石器时代遗址上均采集到陶纺轮,闽北很多县市也都采集到石纺轮或陶纺梭之类文物,都证实了上古时期闽江之源的先进纺织业。闽越国时,在武夷山古汉城发掘中也出土了三种式样20多件大小不同的陶纺轮,还出土了清楚印有经纬很密的麻布印痕筒瓦,从中可以管窥到闽越国纺织业水平。南北朝时建瓯纺织一种"木棉皮"一时闻名,到唐开元年间建瓯所产的一种"金花练",是深受宫闱喜爱的贡品。

闽江之源除了历史以来发达的纺织商品外,更有一种商品是纸。在世界文明史上,纸被公认是中国四大发明之一。在考古未发现最早的纸实物之前,纸被认为是东汉蔡伦所创制,现在考古发现了西汉纸,中国的造纸史又提前了200多年。福建历来产纸,源头起于何时难考。至少唐朝时闽北所产纸已在中国颇具盛名,而闽北所产纸的功用,超乎今人之所思,其不但用于书画,甚至用来制成纸衣、纸衾、纸帐等。我们从史籍记载中知道,唐末闽地著名的文人徐寅,就曾穿过纸衣、用过纸帐、盖过纸被,还写有《纸帐》、《纸被》的诗咏,而著名的扣冰禅师,夏天大太阳下也是穿着纸衣的。宋初著名文人王禹偁对前朝事不理解,曾惊诧而轻蔑唐朝闽人,说是"时审知残民自奉,人多衣纸",反映出了唐朝闽地人以纸为衣的情形。事实上唐朝时并非是贫民窘迫而穿着纸衣盖着纸被,而是因为当时闽人生产的这种纸,制作很精致,穿着也舒适,保暖性能也好,连文人士族都引为时尚。

闽北那时生产这样的纸多分布在富屯溪流域的顺昌、邵武、光泽一线以及麻阳溪一带的建阳。这种手工制作的纸都冠个"扣"字称呼,例如邵武产的叫"玉扣",建阳产的叫"建阳扣"。闽江之源最初选用麻类植物造纸,将苎麻等捣烂浸泡腐烂后,用其纤维造纸。唐时闽北著名的"扣"纸,选用材是脱青后的幼毛竹,用石灰浸泡溶解非纤维素后,再用清水浸泡发酵制浆,制成本色纸,这种纸纤维幼嫩纯洁,无毒性,吸水性能好,不易受虫蛀。顺昌生产该纸的黄墩张铛村因有一条溪叫"金溪"穿村而过,此地生产的纸质量上乘,入贡朝中被唐明皇封为"金溪纸",该村被人叫作"摇纸张铛"。还有一种原产于邵武后扩展到邻县光泽、辐射到邻省江西铅山一带都加入大生产的纸,也用幼毛竹做原料,漂白制浆后经过繁复的72道工序而制,据说是因连氏兄弟研制而成的,所以叫作"连氏纸"。该纸生产的延续历史很长,历朝历代都深受书画名士所钟爱,其生产工艺2006年经江西铅山积极申报,已获批列入第一批国家级非物质文化遗产名录。

第四节　闽北最早的闽商及技术输出

天下纷争的战争年代,冷兵器是最大的消费品也是最重要的商品,而冷兵器中最受中国特别是南方将士青睐的武器,非剑莫属。宝剑是冷兵器时代科技文明的象征,而这一科技文明从何处诞生？中国军事科学院古代兵器史学家钟少异《龙泉霜雪——古剑的历史和传说》一书表述了他的思考:"传说……欧冶子铸剑地多在浙南闽北,恐非偶然","近年来,在福建陆续出土了一些东周青铜剑……那里发现的青铜剑主要集中于闽北。"中国上古宝剑在闽北集中出土,佐证了欧冶子在闽江之源铸剑的传说,提供了福建早期地名取"冶"的依据,意味着闽北上古发达的铸冶技术,标示了闽江之源产生了第一代闽商及其研制出的宝剑产品,揭示出闽江之源向中国输出宝剑商品和宝剑生产技术的历史真实。

一、闽北流传的宝剑传说

闽北与宝剑的渊源,首先是"湛卢铸剑"的传说,故事的发生地是闽北松溪湛卢山,以《越绝书》所记最为传神。

据《越绝书》记载:公元前496年,越王允常聘请天下第一铸剑大师欧冶子为其铸剑。欧冶子受聘之后,来到山高林密海拔1230米的湛卢山,发现了铸剑所需的神铁(铁母)和圣水(冰冷的泉水),于是在这里三年辟地设炉,终炼成锋芒盖世的宝剑。"剑之成也,精光贯天,日月争耀,星斗避彩,鬼神悲号",欧冶子把它献给越王,越王命之为"湛卢"。故松溪以剑名山而有湛卢山,素称"天下第一剑山"。

闽北与宝剑有关的另一个著名传说,是"双剑化龙",也叫"延津剑合"。故事发生地为闽北延平,与"湛卢铸剑"传说相比更具神幻色彩,因而自古以来亦流传甚广,延平的地名亦曾与此传说有关。

据《晋书·张华传》载:欧冶子女婿干将、女儿莫邪曾铸的"干将"、"莫邪"雌雄剑,后此二剑异常失踪。西晋初年,雷焕任丰城县令,曾掘出一个石函发现双剑并列,此即是史上传说的"干将""莫邪"。后宰相张华得到干将剑后又异常失踪于延平津,雷焕所持莫邪剑死后传给其子雷华。后雷华持剑到建安郡任职,路经延平津,腰间佩剑忽然跃出跳入河中。雷华请人入水取剑,入水者不见宝剑但见两龙盘绕水底,转眼间,江水碧波灿烂,浪涛汹涌。双剑在此复合化龙。从此后延平就有了"剑津"、"剑浦"、"镡川"、"龙津"、"南剑州"之称,并被载入方志,成了南平地方历史的一部分,今天化龙双剑被塑作南平市标。

在两个著名的传说之外,还有大量关于欧冶子在湛卢山打造出惊天动地的"湛卢、纯钧、胜邪"三大剑、"鱼肠、巨阙"二小剑的传说,以及许多感天动地的故事。

史传"黄帝作剑"和"蚩尤作兵",最早制剑的是黄帝和蚩尤,这一说,应属古人"智者创物和圣人制器"的美好想象。关于剑,《辞海》和《现代汉语词典》都作如是曰:"古代一种兵器,青铜或铁制成,长条形,一端尖,两边有刃,可以佩带","长有刃,安有短柄。"其实这样的定义并不准确,从最早被叫作"剑"的是发现于内蒙古朱开沟一带的"北方胡剑",其最初作用并不一定是"兵器",而是北方游牧民族作护身和切割肉食的生活工具;其最初剑形也不都"长"或"长条形",而是都短且还多是三角形;其形式有直柄曲柄,有鹰首羊首形式不一,说明还未成固定形制。因之《说文解字》解"剑"曰:"剑,今之匕首也",也就是早期的剑即是匕首。而剑成为公认的剑式,即青铜剑最成熟的光芒,是春秋战国时欧冶子铸剑开始的事,学界将这种事实上的"闽式剑"误取名统称为"越式剑"。它是真正战场上的兵器;也是漂亮的修长制式,其无与伦比的精致成为中国青铜剑的典范。

那么,自古史籍都把欧冶子视为"越国良工",把其所铸之剑称之为"越式剑",并没有将欧冶子视为闽国大师和将宝剑视为"古闽宝剑"。但我们从这两则传说入手追索,却发现闽北是中国宝剑的初始生产地、宝剑流通的终结地,人们追索宝剑源流,源头却追索到了闽北。

二、闽北出土的宝剑实物

福建省考古人士杨琮曾说:"大量出土实物向我们证明了这一点,剑,作为商周时期文化成熟的表现,福建是目前发现最多的。"①这个发现最多,就多在闽北。

其实古闽宝剑在历史上早就已经现身,唐代福州一名叫作惟干的僧人,对鼓屏路北端冶山的"欧冶池"进行疏浚,在池中清理得到春秋时期的青铜宝剑,同时还有青铜刀、环一批,这就是闽地最早发现的古闽宝剑。

我们列数闽北出土的宝剑实物如下。20世纪70年代中期闽北剑光激射。在1965年12月湖北荆门"越王剑"出土后10年的1975年,松溪县郑墩镇的村民刘根生、吴珍凤在传说欧冶子铸剑的湛卢山古树林中打柴,发现了一片荒芜的古场基,文物工作者经考古勘察发掘,认为疑似古代冶炼遗址。人们在这片遗址的茅蒿丛中,还依稀辨识出2500年前的欧冶洞、欧冶祠、铸剑炉、炉坪、淬剑池、磨剑石、炭焦石等等,显然遗址与春秋时期瓯冶子铸冶传说基本相符。

在疑似湛卢遗址被发现的前三年,松溪隔壁的政和县铁山乡南涧村发现一处"蚌山商周遗址",在遗址残存的印纹硬陶、原始瓷碎片上,伴出了一柄残断的青铜宝剑,此剑当时被鉴定为二级文物,由省博物馆收藏,后因博物馆失窃而丢失;在湛卢遗址发现的同一年,于松溪县另一近邻建阳市的徐市镇,村民在挖地基时挖到一个春秋墓,墓葬中也出土了一柄春秋宝剑;同时期的1978年,闽北重镇建瓯小松镇陈田村,文物工作者采集到一柄形式一致的春秋青铜剑,器形还保持相当完好;在古闽北区域今闽中的大田县、今闽西的武平县,宝剑也纷纷在这些地方出土现世。

进入新世纪古闽宝剑再展雄风。2004年底,浦城县文管所文物工作者对管九村社

---

① 《浦城土墩墓考古将福建文明史前推1000年》,《海峡都市报》2007年4月12日。

公山一处农民叫作"九节龙"的商周土墩墓葬群进行抢救性考古,清理出土了大量的青铜兵器,其中最引人注目的是一批十余柄的商周青铜剑!这批宝剑的个体,全长34.2厘米,宽4.7厘米,通体呈黑绿色,剑首呈喇叭形,两边有镂空雕刻的双耳,剑身上饰有勾连云纹和蟠夔纹。尽管历经数千年的时光,但精湛的工艺依然令人惊叹。根据土墩墓的形式、加上碳14测定的数据,这批宝剑被确认是距今3000年前的西周初年青铜剑。这一鉴定结论震惊了中国考古界,它意味着远在商周闽江之源的闽北就已经出现了中国最初的粗制制式宝剑,它为研究中国剑文化发展序列提供了重要资证,再加这批剑品相精美,造型极具地域特色,因此被誉为"福建第一剑",因此该发现被评选为"2006年度全国十大考古新发现"。

嗣后于2009年春节前,建瓯市博物馆馆长徐斌等文物工作者,在1978年出土大铙的建瓯小桥阳泽村的紧邻隔壁村霞抱村,对蜈蚣岭一处遗址进行抢救性考古发掘清理,现出一个竖穴卵石铺基的回字形祭祀窑台,窑台中央置一柄精致的青铜宝剑。这把剑剑身、剑茎和剑首和越式剑完全相同,全剑长33厘米,故也叫作"尺剑"。

此外,在建瓯民间收藏家中,尚有数柄采集于当地的类似宝剑。因此,有人形象地做了个比喻:闽北,是"中国宝剑的集中营"。

三、闽北的冶城和冶县

闽江之源的闽北既是宝剑传说的指向地,又是宝剑的集中出土地,因此我们不得不注意到福建最早的地名。福建最早的城叫"冶城",最初出现的县叫"冶县",最早的王都称"东冶",一切均以冶命名。常理告诉我们,如果与锻冶无关,断不会出现这种怪象,如果与锻冶无关,福建这地方就很奇怪,何以偏要以"冶"来取名?常理让我们相信,锻冶一定是古代福建显著特色!通过这么一反质,我们可以明白,福建先秦时期一定具有无与伦比的灿烂文明,而锻冶势必是福建先秦文明史中最辉煌的一页。

而这辉煌的锻冶华章,由谁执笔写下?我们必须先来探究福建首城"冶城"的问题,因为要立冶县立冶都首先要有冶城为依托,有了冶城才有一切美丽华章的落笔处。以往学界也有人意识到这个问题,有学者曾经探究认为,冶城是章安或什么地方;也有人注意到福州曾为"东冶",故认为"东冶"势必就是"冶城",进而认为福建"首城"的这美丽一页应当由福州写起。以上均与历史事实或恐有误。早期的"章安说"现在基本已不再提起。"东冶"为闽江下游的福州,有历史记载为据:《史记·东越列传》云"汉五年,复立无诸为闽越王,王闽中故地,都东冶",而"东冶"据《汉书·郑弘传》引《太康地理志》云:"汉武帝名为东冶,后改为东候官",东侯官即福州早期名字,同时无诸在福州冶山下留有"冶城"考古遗址。福州为东冶无疑义,但它是"冶城"却存在疑义。

我们且论证福建首城冶城的实际地点。其一,我们知道"东冶"的最早记载见之于《史记·东越列传》,作为史学家的司马迁深知史上称呼"西周"、"东周",是一朝中都城设址不同而后人加方位以示区分的,司马迁是闽越国被剿灭三年后接任太史令的,可谓是闽越国兴衰的亲历者,知道闽地只有一都并无二都,如果"仅此一家别无分店"的话,他完全不必表方位,故他写下"都东冶"时已寓"在东边的一座冶城设都"之意,在他的笔下已透露出闽地不只一座冶城,还透露出另一座冶城才是真正的冶城,而且还透露出另一个冶城相对更早居于"东冶"之前。其二,"东冶"一名自身也透露出是"冶之东"的意思,即"冶城的东边"之意。那么依据提示,闽北符合"东冶"之西的方位,实际的冶城势必在闽北一带。其三,配以考古遗存,则福建至今发现的青铜遗存均集中在闽江之源的闽北,比如武夷山的船棺、光泽县的大型商周墓葬群、浦城的窑址墓葬群、松溪的湛卢山铸冶遗址、政和的商周洞宫岩圈,特别是建瓯出土的大铙、编钟、瓿等青铜器皿等,都是典型的商周青铜遗存,因此,真实或更早的"冶城"在东冶之西的闽北就符合考古发现的逻辑。

冶城既在闽北,又应在哪方?从建瓯可能在古闽国时就形成都城来看,从建瓯出土的一批"国之重器"王室青铜器皿来看,从建瓯城关近郊有自古冶炼青铜的村名"铜场"来看,从建瓯控闽江上游的军事、政治、经济地理位置来看,从建瓯领先于福建各地最早立县立郡立州等文明传承来看,均表明此处既是锻冶重镇,也是文化重镇,再从建瓯处于"东冶之西"的位置来看,因此建瓯最有条件成为真实的冶城所在地。

我们再探究首县"冶县"的问题。汉武灭闽越后福建首县为"冶县"。根据历史记载,汉昭帝时的这个冶县并非朝廷设立,而是民间自立。《宋书·州郡志》说:"汉武帝世,闽越反,灭之,徙其民于江淮间,虚其地,后有逃遁山谷者频出立为冶县,属会稽",根据这一说法,汉武灭闽越主要战场是在闽北,逃遁进山的闽越人最大量也当然是在闽北,他们复出聚集的也一定在闽北。建瓯既最有条件为冶城,则闽越民出山聚集于此而设立冶县也就势所必然。故福建考古学家林忠干先生在其所著的《闽北五千年》一书中指出,《宋书》是把冶县放在"建安郡"条下来记述而不是放在"晋安郡"条下来记述,说明冶县当在闽北,其治所应在建瓯。

闽北既是冶城冶县之所在,锻冶的时代强音自当由闽北而奏响。

四、闽商瓯冶子及其闽商精神

最后,我们擎起先祖留下的宝剑,细审先祖当年作为闽地第一代闽商向内陆出征开拓市场的足迹,察看这一典型的"闽北制造"在古代华夏大地上的市场效应。

最早提到区冶铸剑的是战国时期的《韩非子·显学》:"区冶不能以必剑",传说中的瓯冶子所处时代是春秋早中期,战国的《韩非子》一书当是最接近的原始记载因此也最接近真实面目。这里的"区"为通假字,即指"瓯"地,"区冶"是指瓯地的冶剑。"区冶"后来经《越绝书》、《吴越春秋》的渲染,逐渐转成为"瓯冶子铸剑",即从地方特色技艺"区冶铸剑",转成了铸剑的大师。这种转换寓含着这样的发展过程:即早期人们只强烈地知道有个瓯地能铸冶宝剑;后来口口相传以讹传讹,"瓯"地传成了"瓯"姓,一个地方的特色行业传成了一个打剑的师傅瓯冶子。

那么瓯地在哪?即瓯江流域,地在今天浙南的龙泉、丽水、温州一带,其行政区划今属浙江。但古闽之时,瓯地属闽地范围。《山海经》所记的上古,瓯江流域和闽江流域因皆发源于大武夷山脉,源头一致,因此两江流域是一块整体合一的区域,即闽瓯混一,瓯从属于闽;此情到《周礼》记述时更为明显,《周礼·夏官司马》篇记载:"职方氏掌天下图,以掌天下之地。辨其邦国、都鄙、四夷、八蛮、七闽、九貉、五戎、六狄之人民,与其财用九谷、六畜之数要,周知其利害",《周礼·秋官司寇》篇记载:"象胥掌蛮夷闽貉戎狄之国",这里《周礼》所记的是"大族称"和"大国称",出现的族名和国名只有"闽"而没有"瓯",显然瓯地是涵括在闽地中的;田野考古和相关史志也证实了这一情况:考古发现商周时代福建古陶是独具个性的印纹硬陶,浙南亦同,福建葬俗有卵石墓葬现象,浙南亦同;文史上最早编成于晋朝的福建志书叫《瓯闽传》,福建最早开通的山隘关口光泽县止马镇杉关,延续到唐时仍叫作"瓯闽西户"。均表明自古"闽"、"瓯"属于"大闽"共同文化圈,即"瓯"和"闽"一起均属闽人势力范围。

《路史》和《姓氏考略》等史籍均记载:"越王无疆(强)次子,封乌程欧余山之阳,后有欧氏,欧阳氏。"这里明显有造史的破绽:作为地称的瓯和作为行业称呼的瓯冶,至少春秋前就已存在,"欧"是"瓯"的转化,越王无强是战国末年导致"越亡于楚"的最后一任越王,怎么会在他手上封子欧余山后才出现欧姓(欧是瓯的转化),如果继续推论连瓯冶子都成了无疆以后的人,就更荒谬可笑了——世所共知瓯冶子早在无强的八世祖允常、七世祖勾践时就被聘打造出了宝剑。历史真实是战国前瓯地与闽地均一体属于"大闽地",只是汉廷从闽越国分出一个东瓯国后瓯江流域才属于越地。所以,春秋以前的瓯为闽地、瓯冶行当为闽人之技是明白的。

就从瓯冶子为人名而言,春秋时期铸剑的瓯冶子亦是闽人无疑!这在吴越后人著述的《越绝书》、《吴越春秋》里也可以得到反证:这些史传都未记述瓯冶子是越人,而此事也是记作越王允常"请"瓯冶子铸剑。"请"即是"聘",而不是"命"或"令"。——如果瓯地属越,如果瓯冶子是越人,那么不管瓯冶子是朝中大臣还是平头百姓,越王让瓯冶子铸剑,属君王对臣下子民的指令,那就用不着"请"而直接是"令",讲究文字的古人是不会出现"请""令"不分的笔误的。所以瓯冶子属闽人,他或他们是被越王聘请去打剑的。

从区冶铸剑到瓯冶子铸剑,我们可以推导出:"瓯冶子"的真实含义是:"瓯"为以瓯地为姓,"冶"是行当,"子"是春秋以前对有身份地位男子的敬称,三字合称就是"瓯师傅"即"闽北铸剑师傅"的意思,它是一个群体的泛称,不单指具体个人;同时从史传早期瓯冶子均在被混称为"瓯闽之地"的闽地一带活动,更能意会到铸剑是上古闽北一个闻名于世的先进行业,闽北有大批的"瓯冶子"(瓯师傅),他们靠这先进技艺天下谋生,其中一个优秀的"瓯冶子"为越王所聘铸出了天下绝伦的宝剑,引得诸国纷纷聘请一批的"瓯冶子"为他们打出了名动天下的品牌宝剑。这才是"瓯冶子"的历史真相。

考察闽北出土的大量宝剑,可以比较出上古"瓯冶子们"所取得的科技成就和历史地位。西周初年的"浦城剑"是最初的古闽剑,剑式为从北方短匕发展而来的三角形,铸工也还粗糙,但它的批量生产意味着已晋身为"天下最早的粗铸制式剑",不但是"古闽第一剑",而且是天下制式宝剑的鼻祖。闽北以"霞抱剑"为代表的一批春秋宝剑,相比"浦城剑"已发生了重大的技术革新,无论是金相的配比、剑型的修长精巧、剑首剑格的简洁,都达到了精心研造的极致,它已转身为"天下最早的精制制式剑",它不但是古闽国珍宝,也是后来越式剑的先驱和范本。通过比照清楚地看到,剑在古闽地完成了

浦城西周青铜剑

它的形制,古闽剑是真正意义上最早的剑,闽北是中国宝剑的故乡。从当时各诸侯国纷纷聘请瓯冶子为其铸剑,我们又可以比较得出"瓯冶子们"在中国商史的成就和地位:这批春秋时代起步的福建历史上第一代闽商,瞄准了"战争"这个最大市场需求,以他们开拓进取不断革新的铸冶技艺打造出了当时最畅销的商品,以他们的高超技术饮誉华夏,不仅向中华大地输送出高端消费品,而且也输送出生产技术,他们的商品生产活跃了华夏大地,带出了冷兵器变革的消费革命,甚至各诸侯国有可能在接受了他们传授的先进技术后,进行了规模空前的套牌生产,以至整个中国一时间剑光闪射,处处是"闽北制造"。

建瓯春秋青铜剑

一代闽商瓯冶子为古代中国锻造出了闻名千古的"闽北制造"品牌,他们的身上,熠熠闪烁出了闽商孜孜不倦科学追求的魅力,闪烁出科技无疆界的开放意识,也闪烁出闽商以天下为市场的开拓进取的商业精神,抒写出了传颂千古的历史华章。

第五节　汉唐闽北闽商的商业运作

商周以来闽江之源族群更迭,社会文明形态不同,商业运作方式也诸多变化,呈现出非线性式的替代发展面貌,各自有其不同的运作模式。古闽时期是怎样进行商业运作的?闽越时期的商业运作又有什么秘密?兴盛时唐代商业又怎么运行?我们一起进入历史,看看闽北最早的商业运作形态。

一、唐五代以前闽北户籍人口

上古商周时期,古闽族人因没有发明出文字故未留下他们的文字记载,当然也无统计数据故无法给我们留下彼时人口详情。但我们从武夷山一带从旧石器、新石器到青铜器时代人类遗址延续不断地相生发展,可以判断他们的族脉绵延兴旺,又从史载武夷山有"数千悬棺"上可析:葬上悬崖的都是类似于奴隶主身份的贵族,"数千"虽然夸张,但也传导出存量很大的事实,而加上土葬的奴隶们,古闽族人口多寡可以因此推断得出;再从光泽的数百座商周墓葬及新近发现的大型商周人类遗址、浦城的牛鼻山文化及规模化生产的陶窑遗址、建瓯大批青铜遗物及小桥、东峰一带散落的大大小小商周遗址等——闽北今天大多被误认为是闽越国的遗址,事实多半是古闽族的遗址。从这些遗址来推断商周至春秋战国时代,建溪富屯溪流域两岸,那些低矮山地,闪现着许多古闽族人的身影,那些河岸丛林平地,有许多颇具规模的人类聚落。

秦汉时期的闽越国,《史记》记载闽越国南边的南越国瓯骆百姓达到40万人,闽越国北边的东瓯国内迁庐江郡时有4万余人。林忠干先生认为,"闽越疆域比南越小而比东瓯大,人口少于南越而多于东瓯。东瓯和闽越为同宗的近邻,其自然环境及人口分布密度最为相似,闽越人口大约相当于东瓯的两倍,至少在8万人以上"。① 林忠干先生这个分析是正确的,但可能还是保守了些。因为闽越最初叫作东越,南越和东瓯原来都属于东越(即闽越),它们是在汉室采取"众建东越王"的措施、"分而治之"的办法,把东越裂土而封化大为小后变成这样的:汉高祖十二年,把闽越的粤地划出封了个南海王织(即南越国);汉惠帝三年又把闽越的瓯地划出封了个东海王摇(即东瓯国)。被裂的闽越国是母体,南越地盘虽大但国力远比不上闽越,东瓯国力更与闽越不可比,从闽越国当时时而"围南越"吓得南越向汉廷求救,时而"击东瓯"迫使东瓯举国内迁来看,再从建溪、富屯溪流域遗有50多处闽越聚落遗迹上看,闽越国势很强大,因此闽越人口总数应该超过林忠干先生所认为的8万,少说当在20万上下。那么全闽七城中有六城筑于闽北,闽北无疑为闽越人口户籍的重心地带,可能会超过七八万人众。

汉武灭闽越后情况急剧变化,汉廷将闽越人"尽徙江淮间","此地遂虚"后,人口户数急剧下降,闽北的文明水准大举倒退,整个西汉中后期,闽江之源地旷人稀,有学者分析此时闽北可能每平方公里或恐平均仅1人。

汉魏六朝时江淮人氏因中原战乱频大批入闽避乱,作为入闽首站的闽江之源于是生机重现:从闽北考古发现少许东汉墓葬来看,荒凉的闽江之源东汉时元气渐苏,不过此阶段的人口户籍史籍未做记录,仅能从地下考古和闽地此时出现"冶县"证明闽北人口有了一定的增长;东汉末闽北出现建安、南平、汉兴三县,说明人口再有所增;迄至三国吴时闽

---

① 林忠干:《汉代福建地区闽越山越人口考》,收入《闽越文化研究》,福州:海峡文艺出版社,2002年。

北又增建平县,而且设立建安郡,更表明闽北人口继续增长,不过朱维幹先生估计"当贺齐入闽,闽中人口当有十万户左右,才会有建安的立郡"的这个数字可能偏高,因为到西晋全闽在建安郡的基础上分立出晋安郡时,两郡才共有15县8600户,①平均每县仅537户,其中闽北按《宋书·州郡志》载,建安郡辖建安、东平、吴兴、建阳、将乐、邵武、延平七县,"户三千四十二,口一万七千六百八十六"。这是有案可查的"编户齐民",或许还有部分散落在偏远深山无法确计的"遗民",也就是实际人口大概会略多些。

隋朝统一之初时统计,闽地六朝所遗有18个县,每县户数大约六七百户,隋朝因人数过少而合并州县,先是全闽只设一个泉州(州治在今福州),后来改名为"闽州",不久又改回原名为建安郡,仅辖闽县、建安、龙溪、南安四县,每县约3000户,总户数为12420户,②比晋时略有所增。但隋朝首尾仅30年便走向灭亡。

唐五代时期,一方面,北方因安史之乱等原因仍继续大举移民入闽,另一方面,唐朝下达《简徭役诏》,特别是对南方"土旷人稀,流寓者多,尤宜存恤"采取轻徭薄税措施,因此这个时期闽江之源随全国快速进入封建社会鼎盛时代的步伐,成为闽北开发史上的关键时期。中唐以前闽北山区发展快速,闽江之源很快成为闽地文化经济发达地区之一。《旧唐书》记初唐时贞观十三年的统计,时闽地有建州和泉州(今福州)两州,建州人口户数是15336户,人口22820人,仅建州的人口户数都超过了晋、隋时全闽的人口户数。《新唐书》记中唐时天宝年间建州(建安郡)户口人数是22770户、142774口,比之初唐又大增了近7500户和近12万人口;而根据梁方仲《中国历代户口田地田赋统计》所记天宝之前的开元年间建州户数(因缺人口数)为22800户,它是唐代闽北户数的最高点,而且当时朝廷以户口多寡按"望、紧、上、中、中下"定州县等第,超过6000户以上的为"望"或"紧",凡6000户上者均为"上县",3000户为"中",不满3000户的为"中下",时闽地除福州为"望"县外,闽北浦城、建瓯、建阳均为"上"县,其中浦城还属"紧"县。户口增长速度反映出了闽北经济开发速度,表明中唐以前闽北城市带均属人口快速发展商业快速发达之地。

唐宪宗开始,闽地因灾害和吏治失策,人口户数开始下降。特别是唐僖宗时期爆发王仙芝黄巢起义,在黄巢大军的摧枯拉朽冲击下,唐王朝华丽的殿堂仅剩下倾斜的大厦,而闽地在经黄巢大军掠过之后,朝廷从此失控而为豪强割据,城头轮番"变幻大王旗"。

唐末五代天下分崩离析,经过数番争战,闽地终为强势的武威军政权所掌握,时王审知建立起闽国政权,在保境安民下的措施下闽地迅速以安定的绿洲展示于世,当是时闽北"老者安而少者怀"③,呈现出经济发展商业蓬勃的安康祥和局面。虽然五代末闽地也经过一度动乱,但到宋初统计,唐五代末闽北建州、南剑州、邵武军户数总和还是达到了空前的195043户,人口比重占全闽的41.6%。

---

① 《晋书》卷十五《地理志》。
② 《隋书》卷三一《地理志》。
③ (唐)于兢:《王审知德政碑》。

二、唐五代殷国的商业发展

唐末五代闽北存在一个特殊的"闽国"时期,我们在此对其商业做一专述。

"闽国"是大唐王朝分裂成五代十国后出现的"国中之国",这个国中之国是对闽地历史影响深远的一个历史大事件,而开闽之王王审知也是福建开发史上具有特殊贡献的人物。闽国政权自公元839年由王潮、王审知奠基,907年王审知受封闽王,至945年王延政灭国,前后凡53年。王氏政权治闽前,闽地城乡工农商皆废,出现"农夫释耒,工女下机"①、鬻儿卖女遣子为阉的凄惨景象。王氏政权半个世纪中,特别在王审知治闽28年里,对外尊贡中原王朝、交好周边诸邻,对内招抚流民、劝课农桑、轻徭薄赋、保境安民,大乱之后的闽地很快出现"时和年丰,家给人足"②的太平景象,经济迅速复苏,社会安乐升平。以故王审知被闽地立庙为"开闽之王"从古至今祭祀。

闽国一系列促进经济发展的政策中,最值得一提的是商业政策。闽国以前的统治者在闽地滥征商税,造成"商旅以之而壅滞,工贾以之而殚贫"。③ 而闽国实行"尽去繁苛,纵其交易,关讥廛市,匪绝往来"的"宽商"政策,④对内"招来蛮裔商贾,敛不加暴",⑤各地商人纷纷"击毂摩肩"云集到闽地经商,对外则"多发蛮舶以资公用",甚至在甘棠(今闽东)"别开一港,甚便行旅",鼓励开展海外贸易,使得"国用日以富饶"。

闽国初时,闽北地域由王审知养子王延禀担任建州刺史,王延禀遵照王审知的训令,在掌控建州时"以德守建州,喜文学,与诸儒议论,又有靖寇功,民怀其德",并且"以善道化民",办了许多有利于闽北百姓的实事。所以当时建州被称之为"建安大邦,保界闽粤,绵地八百里,生齿十万室"⑥,成为周边瞩目、南方有名的大城,城内居民有六七万众。⑦因此尽管他最后在和王延翰的王氏政权内部争斗中落败而亡,清人小说《闽都别记》还是将其作为失败的英雄而加以歌颂,闽北人民还是为其立"英烈庙"给予祭祀。

王延禀死后,由王审知的第十一子王延政接掌建州。于是在国中之国的闽国,北部的闽江之源处再度分裂出一个闽国的"国中之国"殷国。王延政任建州刺史时,福建王氏政权内部矛盾已白烈化。939年(后晋天福四年),王审知幼子王延曦接续闽王位,他一心忌惮宗室造反,延政在建州扩充武备,延曦就派业翘到建州监军,又派杜汉崇在建州边界统帅南镇军;继而延政号称"富沙王",延曦又把延政的政治盟友泉州刺史王继业除掉。这样,兄弟之间矛盾尖锐对立,各自整顿军队,相互攻伐暴发数年内战,以致福州与

---

① (唐)于兢:《王审知德政碑》。
② (唐)于兢:《王审知德政碑》。
③ (唐)于兢:《王审知德政碑》。
④ (唐)于兢:《王审知德政碑》。
⑤ (清)吴任臣:《十国春秋》卷九五《张睦传》。
⑥ 杨亿:《武夷新集》卷六《建安郡斋三亭记》。
⑦ 嘉靖《建宁府志》卷二一《杂记》。

建州之间"治兵相攻,互有胜负,福建之间,暴骨如莽"。天福七年(942年),延曦进军建州被延政打败。天福八年(943年)二月,王延政在建州独立称帝与闽都福州分庭抗礼,国号大殷,改元天德,以建州为都城,升将乐县为镛州,升延平镇为镡州,虽然号称拥有三州之地,实际上只有将乐、昭武(邵武)、建阳、建安、浦城5个县的地盘,因沐猴而冠被人讥笑:"只闻有泗州和尚,不见有五县天子。"

殷国自建立起就从经济上弥漫出统治危机。一是要建造太和殿,作五凤楼,设宫苑,就必须大兴土木,增加宫廷开支;二是对内与兄弟相攻,对外与吴越、南唐等周边邻国交战,军费开支浩繁;三是任用贪得无厌的宠臣杨思恭为兵部尚书、迁仆射(相当于丞相),搜刮民脂民膏。殷国百姓不堪重负。因此为了应付庞大的开销,殷国政权不得不横征暴敛。在农业上,强征民田土地以打造"北苑茶园","延平诸津,征果菜鱼米";在商业上加增田亩山泽之税,至于鱼盐蔬果,无不倍征;在应付通货膨胀上,大肆铸造"天德通宝"大铁钱,以一当百,加重经济危机。伪"丞相"杨思恭因此被建州人民痛骂为"杨剥皮"。

尽管殷国政权在农、商上想尽了一切招数,据载不但上述鱼盐蔬果要交商税,后来竟至橘园、鹅鸭、莲藕、螺蚌、柴薪、社酒等等,均课以商税。但实在国小民贫,越增商税越发窘困。因此在朝廷内受到殷国大臣潘承祐"十事上书"的全面批评,也就是得不到体制内的承认;在社会上受到百姓怨怒,也就是失去民心。因而在944年王延政进攻福州入主为闽王后,南唐趁机向殷国发起进攻,深受殷朝廷重敛的建州人民争先恐后伐木开道以迎南唐军队。坐了3年皇帝宝座的王延政终于在受到重重围困的945年8月献建州而出降。

国中之国的殷国小朝廷在中国历史上虽然是一出小闹剧,但在闽北却也称得上一件大事件。虽然它国祚短促,但它不仅在建瓯城留下了诸如五凤楼之类繁盛时代的古迹,更留下了"北苑御茶园"和"北苑贡茶"这样的商事活动,以及"永丰监"和"天德珍钱"这样的商业珍物,因而在闽北商史上留下了不可或缺的一笔。

三、唐五代闽北的商业氛围

唐代闽江之源的商业运作,是一段辉煌的历史。

闽江之源从最早的古闽国时期起,就有了典型的商品生产方式。当最初的人们烧出一两件陶器,捕获一两条鱼,就把多余的一只拿了蹲在井栏旁等着交换所需之物时,武夷山葫芦山和浦城猫儿垄的陶器产品生产,完全与这种小生产相判别,他们是陶工云集在一起的规模化生产,具有初期工业化商品生产的特点,一起步就显示出与众不同的集约化生产方式。其最初的商品交换,无疑也受其特殊的商品生产方式的影响,显示出与众不同的特点。这个特点不在于他们是不是"物物交换"——在没有货币作为交换媒介的阶段,以物易物自然无法避免;而是体现于他们的交换方式——具有批量交换的能力和产品强辐射能力,所以我们看到浦城生产的黑衣陶,能够溢出闽北地区,覆盖超越出闽地,而我们从建瓯采集到的商代贝币、武夷山出土的商周玉器看,闽北产品的交换范围还可能伸向沿海远及西部。

闽越国时期，从战争中锤炼过来的闽越贵族所组建的闽越王国，相当于一个军政府，因此他们生产、贸易的商业运作，均由宗族来掌管。关于闽越国的商品交换流通，唐代独孤及认为"闽越旧风，机巧剽轻，资产货利，与巴蜀埒富"。但这个被他认为最会"资产货利"的闽越国，实际情形是令人费解的谜。生产是由宗族掌管着生产管理机构，相当于"国营化"生产，每个工人如同细化工序后的流水线工人；交易则要从海上交易得来珠玑，要从中原一带大量购进弩机。但考古发现却让我们瞠目结舌：这个被认为最能经商逐利的族群和王国，至今未发现一枚钱币！这种罕见现象，当然表明他们极可能大量地"以物易物"，不过，对外贸易大宗商品往来，不可能仅有以物易物一途。

汉武灭闽越后"此地遂虚"而致闽地寥落，从彼时闽北零星商事中无法考知其商业运作方式。唐五代时期，商品活动已化为闽江之源的集体意识，它是闽北商品经济最为活跃的时期之一，关于该时期商业性问题我们详述如下。

经过王审知治闽时商业政策的刺激，商业思维和商品、货币观念深入闽北人心。南唐徐铉的《稽神录》就收录了几则闽北人这样的故事，《建安村人》说的是一个富家奴进城路上，看到化成黄金的小儿；《浦城人》说的是一位浦城巨富，家有黄金一斤；等等。许多故事都与货币有关，潜意识中反映出了当时闽北人的商品与财富意识，也间接反映出闽北当时商品经济的活跃。

在政府的鼓励下，唐五代时闽北的商业氛围日益浓厚。唐建中初年，陆长源任建州刺史，在当地"辟田畴、课农桑、修城郭、设学校、立市场"，[①]大批入闽的北人，往往从简易的商业买卖开始在闽地的生活，因此唐五代时起闽北开始建设有形市场，官市、县市、镇市、以及街市、草市等纷纷登台亮相，闽江之源定期或不定期的农村墟场也相继出现。政府在县城和较大集镇墟、市，比如崇安分水关和邵武拿口墟设置"巡检司"管理市场和征收商税。不过当时的商税"为大利多者而设"，主要征收较大宗贩运的商品，对零担小卖一般不征。市场的旺盛，催生了生意场上早期的经济合同，契约的种类主要有买卖契约、典当契约、租佃契约、借贷契约等，使商人之间能够以此互相约束而有序从商。

在浓厚的商业氛围里，官方往往直接插手商务。一些重要生产生活必需品，常由官方设"榷"而垄断经营。"榷"本义为独木桥，独木桥为一人专行，由此引申到商业上则意喻着专营、专利，亦即垄断。闽国时设"盐铁榷"专营盐铁，就是官方对盐和铁实行专营制度和垄断买卖政策。王审知自己就担任过"福建盐铁使"，翁承赞担任过盐铁副使，王审知之子王延翰也任过"盐铁出使巡官"，等等。盐是生活最必需品，在沿海由盐农"煎熬细盐，挑贩为活"，而缺盐的内陆，官方则将盐统一收购，从闽江下游运销到闽江之源的山区以"盐榷擅利"，获取财政来源。所以，最大的商人，往往是统治者自身。

在浓厚的商业氛围里，手工业、矿冶业等往往由官方插手而为"半官半商化"。上文我们阐述过的造船业，早期往往为官方组织生产，而产品也由官方消化；至于矿冶业，显然体现了官与商的接轨。唐代福建已开采金、银、铜、铁四种金属矿，《新唐书》载闽北有

---

① 嘉靖《建宁府志·名宦》。

建瓯遗留下来的唐末五凤楼

"建安银"、"邵武铜";《十国春秋》载,时闽江之源的建安、邵武皆产铜;而五代时发现邵武等十余县产铁。这些有色金属矿一经发现,多半为地方官员身兼商人者与政府设立的相应机构联合开采,时闽国在这些有色金属铸造时,甚至设立"百工院"汇集能工巧匠专司制造,所获利润自然为"官营"所得。

在浓厚的商业氛围里,最值得关注的是闽北的商业性农业。

商业性的农业首先体现在自然特产的商品化。当鱼盐蔬果及至橘园、鹅鸭、莲藕、螺蚌、柴薪、社酒等都课以商税后,商业性农业就被引导而产生。最初是山农所获的竹、木、笋、菇、蕨等山林土特产,都成了市场之物,至于桃、李、杏、橘及药材等林果诸产,更是商品,嘉靖《邵武府志》载,唐五代时,"纱笼山,又名三千贵人峰,其植多茶,可榨为油……龙须山,其药柴胡……白水山,又东十里为龙潭,其药史君子。又四十里为东山,产柏石,可榨为油",这些入药入油的山货特产,无疑都成了商品。《清异录》载五代时建阳所产的茶花蕾不但进入市场而且成了贡品:"建阳进茶油花子……以此花饼放于额上,时号'北苑妆'"。

商业性的农业其次体现在农产品的商品化。商品经济将农民卷入商场,将农产品转化为商品,佃农所获,往往"朝登陇亩",便"夕贸市廛",甚至培植出专业化的农民:比如有一个叫作陈贶的菜农,专门靠种菜卖菜为生;还培植出专业化行商的农民:"建安有村人,乘小舟往来建溪中,卖薪为业",从中传导出农业与商业的紧密性。

商业性的农业还体现在生产资料的商品化。牛是重要的生产资料,这种生产工具也可以商业化运作。五代时有名称叫"长生牛米"的,即"官以牛贷民,牛死,岁输米,名曰长生牛米",一般百姓养不起牛,养一两头牛也不划算,而官府则集中养牛在农忙时把牛贷给农民,以收取牛租。如果一不小心牛死了,那农民就年年交粮还租以抵债,这就叫"长生牛米"。詹敦仁曾有咏叹一户农家因不慎死了牛,被迫卖儿借债从此陷入困境的《牧牛歌》:"可怜一朝随物化,长生无米堪椓捣,驱儿佣债入东邻,推门吏急如星火",从这头商业运作的牛带给农民的痛苦中,反映出了生产资料的商业化。①

生产资料的商品化,甚至连田地也可以成为商品,农民可以通过买卖土地致富而成为地主,商人也可以通过土地买卖而成为大地主。如浦城的杨氏从农民家族"斩木诛茅,筑室治产,以财力雄于州里",通过积蓄财富购置土地成为地主;而《邵武县志》载:五代时有商人杨蕴者羡僧人戒行清净,想在寺中寄身养老,于是干脆拿钱连寺连田一起买下,"出囊中金以万计,扩建殿宇,为置田,蕴亦居是寺以老焉",反映出商人通过田地买卖成为大地主的过程。

唐五代闽江之源好似上足了商业发条,闽北从官到民经过市场这个"商业课堂"培训,注入了"人人皆商"的意识。这为宋代闽江之源进入商品经济全盛时代,跨进全国商业先进行列,做好了充足的精神和物质准备。

---

① 《清溪詹氏族谱》卷二二,詹敦仁:《清隐先生诗文·牧牛歌》。

第二章

宋元时期闽北闽商的崛起

960年,赵匡胤发动陈桥兵变,建立宋朝,定都东京(今河南开封),史称宋太祖。宋朝(北宋)由此登上历史舞台,到979年,统一全国。宋朝的建立与统一,消除了晚唐五代分裂割据的局面,社会经济得以正常发展。

宋代,中国行政区划实行路、州(府、军、监)、县三级制。府与州同级,但地位要略高于州,军、监实际地位则要低于府和州。北宋设有二十三路,南宋设有十六路,福建为福建路,其时闽北境内设立有建州、南剑州、邵武军等2州1军,绍兴三十二年(1162年)建州升为建宁府。

元代实行行省制,与宋代相比,在路、州、县三级基础上多了行省一级。其时福建隶属江浙行省。闽北境内3路并立:邵武路、建宁路和南剑路(后改称延平路)。

宋元时期是中国古代史上文化、经济发展的双高峰时期。全国经济文化重心的南移,政府政策由重农抑商逐步向鼓励通商、减轻商税等转变,闽北农业、手工业蓬勃发展,文化、经济兴盛,这为商业在前代的基础上进一步发展创造了条件,闽北商业迅速崛起。

第一节 经济文化重心南移与闽北闽商的崛起

经济重心或文化重心指的是经济或文化发达的核心地区。经济、文化中心的转移指的是在多种因素的影响下,由一个地区渐次向另一个地区的迁移。

农业、手工业的发展是商业发展的基础。农业、手工业解决物质和商品生产问题,商业主要通过交换解决商品的流通和贸易问题。宋、元时期,闽北农业、手工业的发展,就其生产技术与产品的数量和质量而言,均比以前历朝历代有突破性的进步。

一、经济与文化重心的南移

从上古到秦汉时代,中国的经济文化重心一直稳定在中原地区。魏晋到南北朝时期,南方经济开发的序幕徐徐开启。唐代,安史之乱给中原地区的经济带来极大的破坏。北方战乱较多,南方相对和平稳定,加上紧随而来的藩镇割据和政局动荡,中原大批士人和百姓南迁避祸。

从人口看,宋初,闽北共有户口195046户,约占福建路总人口的41.6%。可见,这时闽北是福建人口最多的区域。宋以后人口数量,历代旧志记载稍详。据嘉靖《建宁府志》、《延平府志》、《邵武府志》,宋建州197137户,439677人;南剑州157089户,297145人;邵武军崇宁中(1102—1106年)87594户,咸淳七年(1271年)212953户,558846人。元代,建宁路127254户(康熙府志载121254户),5006926人;延平路89825户,435869人;邵武路至元十三年(1276年)64127户,248761人。

人口的增长是社会发展的标尺。在中原人南移过程中,少有战火的闽北,成为人们迁徙的第一站。

闽北是福建开发较早的地区,资源丰富,气候温和湿润,梯田垦殖程度高。到宋、元时期,历朝历代所累积的丰富的技术和经验,和各个时期大量的中原移民入闽,带来北方先进的农业、手工业生产技术,促进了农业、手工业发展。闽北农业、手工业就其生产技术与产品的数量和质量而言,均比以前历朝历代有突破性的进步。

中原人的南移,无形中增加了南方的劳动力,传播了北方的生产技术和经验,导致全国的经济重心南移。至宋元时期,中国经济重心南移的这种基本趋势进一步升温,形成南方经济超过北方经济的发展格局。

宋代以后,闽北社会安定,经济发展,各业兴盛,科技先进,为福建乃至全国社会经济发展做出重大贡献——闽北陶瓷业大发展,"建窑"成为全国八大名窑之一,水吉所产兔毫盏饮誉中外,兔毫油滴4种产品被列为宫廷专用瓷品。造纸业鼎盛,各县皆有手工抄造草纸,产品达10余种,建阳玉扣纸成为朝廷奏本用纸。印刷业快速发展,麻沙、书坊成为全国三大印刷中心之一,号称"图书之府","建本行天下"。矿冶业似异军突起,《宋史·食货志》载,全国冶铁场25个,福建16个全在闽北;全国铜场35个,闽北占福建25个中的20个。北宋至道年间(995—997年),建州"丰国监"成为宋四大钱监之一。农业耕地扩大,选育良种,"土狭人稠,田无不耕","民勤耕作,无寸土之旷"。① 建茶进入鼎盛时期,名品迭出,产量递增,大观年间(1107—1110年)岁贡茶团达20多万斤,福建路产茶1600多担中,闽北建茶占80%。纺织业崭露头角,盛产土纱、土布、麻布、红绿色地毯,其中建阳童游升降龙桂衣为贡品,精湛技艺受宋徽宗厚赏。商业"天下客商,贩者如织"。《宋代草市镇名录编目》载,闽北形成了龙焙(建安)、罗源镇(剑浦)、椒屯墟(邵武)等17个市镇。

经济重心的转移,是导致文化重心转移的基本的、稳定的,也是最大的牵引力或推动力。

闽北是福建文明的起源和摇篮。就儒学而言,闽北儒学的兴起始于唐中叶,此后,中国的文化中心开始向南迁移,迄至宋代达到高潮。北宋政和四年(1114年),建州州学学生数为1328名,名列全国第一。浦城县学学生数亦超过1000人。宋代闽北境内建有书

---

① 《宋史·地理志》。

院38所,前所未有。整个宋代,福建中进士者7000多人,闽北仅建安县进士就达994人。

宋代的邵雍、二程、张载等或身处关中或足不出洛阳,但从其学者,却以南方人为多。邵雍曾以象数家的敏感,在洛阳的花园中预见到"气"已至南方。① 虽然邵雍的预言带有神秘色彩,但他看到南方在文化上的反客为主,超出北方,却不能不说是慧眼独具。

宋代闽北书院大兴,有著名书院十余所,在建阳就有寒泉精舍、云谷晦庵草屋、考亭书院、瑞樟书院、同文书院等5所。书院成为倡导、传播和研究理学,培养人才的重要场所。闽北州县都设官学,其中,宋天圣二年(1024年),延平郡守曹修古创建的南剑州学,开全国州学风气之先。宋崇宁五年(1106年),浦城学生千余人受到朝廷表彰。在大观间(1107—1110年),建州州学讲堂斋舍增至300间,②可见当时闽北读书风之盛。

1126年靖康之乱后,国都转移,给文化重心的南移以决定性的推动力。

南宋以降,闽北是中国主流文化继往开来的转折之地。从游酢、杨时承接道统南移到朱熹创立新儒学,都发生在闽北这方山水。宋室南渡建南宋,定都临安(杭州),南宋与金国沿着淮河与秦岭对峙,闽北成为最安全的后方之一。杭州距闽北不远,又能摆脱政治中心意识形态的严格控制,环境相对宽松。随着政治、经济中心的南移,闽北文学、史学、哲学和科技等方面均呈现出前所未有的全盛局面。赵氏王朝奉行以文取士的科举制度,为求取功名,各阶层研读诗书蔚然成风。

宋元时期,闽北一带书院林立。在武夷山、建阳,仅朱熹及其师友、门生就创办书院十几所,吸引全国各地众多学者前来求学。这时北方的"濂、洛学"在闽北得到进一步发展,形成了以朱熹为代表的"考亭学派",武夷山成为中国南方一座重要的文化名山。朱熹等大儒在闽北结庐讲学,各路文人涌至,研学修道,促进文化发展。闽北的建阳因此有"七贤过化"之誉。七贤指朱熹、蔡元定、刘爚、黄干、熊禾、游九言、叶味道等七位贤人。朱熹乃与孔子齐名的我国著名的大思想家、大哲学家、大教育家,其晚年定居考亭讲学,四方学子不远千里前来求学,研究理学,著书立说,与蔡元定等创建学术史上令人瞩目的"考亭学派",考亭也因此被誉为"南闽阙里",闽北的建阳被称为"理学之乡"。

宋元时期,奉行以文取士的科举制度,为求取功名,各阶层研读诗书蔚然成风,闽北涌现出一批杰出的政治家、军事家、文学家、史学家、科学家:李纲、真德秀、章得象、章惇、吴充、章粢、刘韐、刘子羽、吴玠、吴璘、游酢、胡安国、罗从彦、李侗、刘勉之、刘子翼、胡宽、刘爚、杨亿、柳永、严羽、宋慈等等。特别值得一提的是,闽北历史上出了20位宰相,仅浦城县在宋元时期就有8位。所以,《宋史·地理志》说闽人"多向学,喜讲诵,好为文辞,登科第者尤多"。读书向学的风气产生了济济人才,"闽学中心"由之渐成气候。

文化重心的南移给中华文化的传播带来深刻的影响:

第一,学术重心南移。北宋以前的学术重心,主要集中于洛阳及关中等黄河流域,但

---

① 骆自强:《传统文化导论》,上海:上海文艺出版社,2000年,第3页。
② 参见福建省情资料库《南平地区志》,http://www.fjsq.gov.cn/showtext.asp?ToBook=3151&index=7,访问时间:2014年12月20日,10:00。

那时南方学术气氛已日渐浓厚起来,南宋时闽北成为中心。朱熹曾敏感地意识到这一点,他说:"岂非天旋地转,闽浙反为天地之中?"而他本人学术上的巨大成变,更是促成这一"天旋地转"的巨大推力。

第二,政治精英南人化。关于这一点,"南宋四大家"之一的陆游感同身受:"天圣以前,选用人才,多取北人,寇准持之尤力,故南方士大夫沉抑者多。仁宗皇帝照知其弊,公听并视,兼收博采,无南北之异……及绍圣、崇宁间,取南人更多,而北方士大夫复有沉抑之叹。"南宋之后,整个国家偏隅江南,朝堂之上,开始进入南人精英时代。

第三,商人文化人一体化。金国入关后,原来洛阳及关中等地,由于金统治者文化上的相对落后,还有很长的汉化道路要走,无法跟南方文化重心相比。经济文化重心的南移,使南方原有的文化经济的分际迅速过渡到文化经济的一体,儒、商互动成为时代大潮。

这里的"儒"指文人,"商"指商人。在中国的传统里,文人与商人向来泾渭分明,文人士子不屑与重利的商贾为伍,商贾因其职业的非正当性导致地位低下而难以附庸风雅。随着商品经济的发展,传统的"士、农、工、商"价值等级受到挑战,从事商业活动成为正当职业,商人的社会地位明显提高。文人士子开始从相对封闭的圈子中走出来,不屑与商贾为伍的清高态度亦逐渐得到改变,他们流连于繁华的城市,习惯于出入市井,甚至乐意与商人、名工巧匠、出色艺人等交游,文士作品也进入商品领域;商人扬眉吐气,与贤士大夫倾盖交欢、往来唱和,也成为风气,还有不少商人拿笔作文,进入文士行列。在城市工商业发展时期,这种儒商互动促进了儒商的市民化,且随商业经济的繁荣,迅速扩大了市民阶层。呈现出文人商人化、商人文人化特征。这种特征在全国"图书之府"的建阳,表现得淋漓尽致——书坊主乃商人、文化人的同一体。

二、闽北茶业的兴起与品牌的形成

经济文化重心的南移,文化经济的一体化,推动了闽北产业的发展,促进了闽北商业的崛起。

宋元时期饮茶之风盛行,不但民间"比屋皆饮",王室以及权贵饮茶尤为讲究。"君不见武夷溪边粟粒芽,前丁后蔡相笼加,争新买宠各出意,今年斗品充官茶",[①]乃闽北饮茶之风盛行的写实。

闽北茶叶品牌辈出。宋后名茶产地有建州到南剑州、邵武军等。南剑州有白乳、金字、腊面、骨子、山挺、银字。顺昌茶有"蟹眼翻云连色起,兔毫抚雪带香浮"[②]之誉。崇安县的武夷茶已成为上品,但所产不多。建州以北苑贡茶最著名。产茶区位于建溪流域,以宋代福建建州建安县(今建瓯)的北苑凤凰山一带为主体。北苑贡茶是中国御贡史最

---

① (宋)苏东坡:《荔枝赞》。
② 廖刚:《次韵卢骏给事试茶》。

长的茶,在中国茶叶御贡史上鳌占了458年的绝代风骚。

北苑龙凤团茶是宋元时期闽北闻名遐迩的品牌,是闽北贡茶中的上品。太平兴国年间(976—984年),北苑特制龙凤模,"以别庶饮,龙凤茶盖始于此"。① 咸平时(998—1003年)丁谓造"大龙团"誉满京华,庆历间(1041—1048年)蔡襄制"小龙团"又胜一筹,元丰时(1078—1085年)贾青进"密龙云"更精绝于"小龙团"。此后,建茶出现"龙凤盛世",品名从十余种增至四五十种。龙凤团茶加工极精,体现了宋代闽北制茶工艺的大幅度提高。龙凤团茶又分大龙团、小龙团、大凤团、小凤团等四种,大团八饼重一斤,小团二十饼重一斤。大小团茶又按质量不同分为十个等级,分别名为龙茶、凤茶、京挺、石乳、的乳、头金、白乳、蜡面、头骨、次骨,宫廷的官员按等级享用。杨亿《谈苑》说:"龙茶以供乘舆及赐执政,亲王、长主、余皇族、学士、将帅皆凤茶,舍人、近臣赐京挺、的乳,馆阁赐白乳。"小龙团茶中,"密云龙"用黄袋子包装,专供皇帝享用。北苑龙焙是御茶制作中心,其时,福建仙游人、福建路转运使的蔡襄奉令携带龙凤印模到建州监制御茶,在茶饼上印上龙凤图案,以示珍贵,并称之为龙团凤饼,简称龙团、团茶。

北苑龙凤团茶的制作有独特的工艺。《东溪试茶录》说:"择之必精,濯之必洁,蒸之必香,火之必良。一失其度,俱为茶病。"这是总的要求,下分七个程序:

第一,采茶。必须在清晨太阳还未出来时采摘,因为"日出露晞,则芽之膏腴立耗于内,及受水而不鲜明"。采摘之时,凡断芽必以甲不以指,以甲则速断不柔,以指则多温易损。选择茶芽"芽择肥乳,则甘香而粥面,著盏而不散。土瘠而芽短,则云脚涣敛,去盏而易散"采摘时,茶梗必须留有一半长,不能太短,认为"梗半则浸水鲜白,叶梗短则色黄而泛",而"梗谓芽之身,茶之色味俱在校中。"

第二,拣芽。每一个茶芽要先去掉外两小叶,叫作去乌蒂,还要去掉两片嫩叶,叫作取白合,因为"乌蒂白合,茶之大病。不去乌蒂则色黄黑,不去白合则味苦涩"。

第三,濯芽。茶芽拣好之后,用"御泉水"洗涤。《舆地名胜志》说:"庙宁县凤凰山,其上有凤凰泉,一名龙焙泉,又名御泉,宋以来上供茶取此水濯之,其麓即北苑。"

第四,蒸芽。蒸熟蒸香。

第五,研碾。在茶碾中揉茶。

第六,压片去膏。茶芽研碾之后进行压片去膏,即所谓"压以银板"。去膏必尽,"去膏未尽则色浊而味重"。时间应适当,"久留茶黄未造,使黄经宿,香味俱失"。

第七,烘焙。据《宋史·食货志》载,"茶有二类,曰片茶、曰散茶。片茶蒸造,实卷模中串之。唯建(州)、剑(南剑州)则既蒸而研,编竹为格,置焙室中,最为精极,他处不能造"。烘焙团茶必须用纯净的炭火,火中不能有烟,否则香尽。这种制作工艺,使北苑龙凤团茶费用极高。《归田录》说:"茶之品莫贵于龙凤,谓之团茶……小团凡二十饼宜一斤,其价宜金二两。"

《东溪试茶录》说:宋时北苑茶树有白叶茶、甘叶茶、早茶、细叶茶、稽茶、晚茶、丛茶等

---

① (宋)顾文荐:《负暄杂录·建茶品第》。

7个品种。甘叶茶,树高丈余,叶厚类似橘叶,与现状佛手种叶子相似。芽肥壮,是建茶中的上品。早茶,叶像柑叶,芽叶最早苗,民间多采摘作试焙。细叶茶,叶比柑叶细薄,树高5~6尺,芽短,适种土深的山地。稽茶,叶细而厚密,芽晚,色青黄。晚茶,发芽于"社后",比如武夷山的瓜子金、不知春。丛茶,也叫蘖茶,丛生,高不过数尺。分蘖性强,一年内可发成4株。民间多种植,古代称为草茶或菜茶。白叶茶主要产地在政和、建阳、建瓯。以成茶披满白毫,冲泡后汤色和叶色浅淡明净而得名。《中外茶事》载,白茶的历史久远,并且得到极高的评价。北宋时建安就作为贡茶,还有许多美丽的名字。如"瑞云翔龙"、"龙团胜雪"和"雪芽"等。

延平茶叶的种植历史悠久。北宋乐史编著的《太平寰宇记》记载:"南剑州(延平)土产,茶有六品:白乳、金字、蜡面、骨子、山挺、银字。"是时,延平出产的茶,已成为朝廷贡品。北宋王存主编的《元丰九域志》也记了延平贡茶,并对当年延平的贡茶做详细的记载:"南剑州的剑浦土贡茶一百一十斤……延平军,西南至大梁,茶园二百一十里。"北宋建阳人熊蕃所著《宣和北苑贡茶录》,记载了当时延平所产贡茶:"延平石乳,清白可鉴,风韵甚高,凡十色,皆宣和二年所制。"宣和为宋徽宗年号,宣和二年即1120年。同一时期的闽北人黄裳在《茶苑》诗中也极力赞赏延平茶叶,把延平茶叶与当时已驰名全国列为全国第一的北苑茶叶相提并论:"莫道南芽非北苑,须知山脉是东溪。"《宋史》载:"南剑州元丰茶产剑浦、将乐、顺昌、沙县、尤溪五县。"宋元丰年间(1078—1085),延平茶叶已是进贡朝廷的佳茗。宋宣和年间,熊蕃在《宣和北苑贡茶录》中说:"延平白乳,清白可鉴,风韵甚高,凡十色,皆宣和二年所制。"稍迟的元朝人马端临在《文献通考》中也讲到宋代的南平贡茶:"惟建、剑则既蒸而研,编竹为格,置焙室中,最为精洁,他处不能造……充岁贡和邦国之用。"

宋元在茶产业贸易上推行商业垄断政策——榷茶政策。榷茶政策指的是茶叶的专卖制度。榷,本义为独木桥,引申为专利、专卖、垄断。太平兴国二年(977年),朝廷在建州设立官办种茶场和山场,在壑源设私茶收购站。民营茶园按照规定必须将收获之茶全部卖给官府。熙宁中,朝廷实行"通商法",允许民间茶叶自由买卖。宋元的榷茶制度含有"产茶额"和"买茶额"之分。产茶额规定最低茶叶产量,买茶额是官府直接收购的数量,产茶额除去买茶额外,剩下的由商人向官府纳税买"引",凭引向茶户收购茶叶,运往指定地点销售。大观年间建州产茶60万斤,买茶额20万斤,榷场经营茶额28万斤。元丰七年(1084年)建州茶产不下300万斤,南剑州亦产茶30余万斤。① 绍兴中建茶销售89万余斤。元代榷茶制度与宋朝相同,另增征收零卖茶税。

茶叶品牌的形成与宋元斗茶之风盛行息息相关。斗茶起源于闽北建州,宋时建人谓之"茗战"。斗茶比技巧,斗输赢,互炫其优,优则称胜,可以充官茶,送入北苑制造贡茶。参加斗茶不仅有茶农僧侣,而且还有地方官员、文人雅士和若干围观的百姓,场面十分热闹,人们把它当作一种精神享受。范仲淹《和章岷从事斗茶歌》描写了建州斗茶的场面和

---

① 福建省情资料库《南平地区志》,http://www.fjsq.gov.cn/showtext.asp?ToBook=3151&index=624,访问时间:2014年12月21日,11:00。

参赛者心理：

> 年年春自东南来，建溪先暖冰微开。
> 溪边奇茗冠天下，武夷仙人从古栽。
> 新雷昨夜发何处，家家嬉笑穿云去。
> 露芽错落一番荣，缀玉含珠散嘉树。
> 终朝采掇未盈襜，唯求精粹不敢贪。
> 研膏焙乳有雅制，方中圭兮圆中蟾。
> 北苑将期献天子，林下雄豪先斗美。
> 鼎磨云外首山铜，瓶携江上中泠水。
> 黄金碾畔绿尘飞，碧玉瓯中翠涛起。
> 斗茶味兮轻醍醐，斗茶香兮薄兰芷。
> 其间品第胡能欺，十目视而十手指。
> 胜若登仙不可攀，输同降将无穷耻。
> 吁嗟天产石上英，论功不愧阶前蓂。
> 众人之浊我可清，千日之醉我可醒。
> 屈原试与招魂魄，刘伶却得闻雷霆。
> 卢仝敢不歌，陆羽须作经。
> 森然万象中，焉知无茶星。
> 商山丈人休茹芝，首阳先生休采薇。
> 长安酒价减百万，成都药市无光辉。
> 不如仙山一啜好，泠然便欲乘风飞。
> 君莫羡，花间女郎只斗草，赢得珠玑满斗归？

斗茶时，品优标准主要先看搅拌后茶汤泡沫的多寡、颜色及持续时间，后闻香气、喝茶汤、品滋味。宋时人们饮茶将茶末与茶水同喝，如果茶饼碾得不够细，茶末下沉，茶水不匀，茶汤太浓便很难喝，也不会形成泡沫层，而且茶水是否好喝与茶汤、茶盏的温度，也有极大的关系。

斗茶之外，宋代还流行"分茶"。"分茶"大约始于北宋初年。许政扬先生在《宋元小说戏曲语释》"分茶"条中曰："分茶"就是烹茶、煎茶。《宋诗选注》摒弃旧释曰："分茶是宋代流行的一种茶道。"《剑南诗稿校注》卷十二《疏山东堂昼眠》下释分茶曰："分茶，宋人泡茶之一种方法，即以开水注入茶碗之技艺。"即以沸水冲茶，使茶乳变幻成花、草、虫、鱼等图形的游艺，又称"茶百戏"。分茶技艺先点茶，后击拂。所谓点茶，是预先将茶末置盏内，待水已沸，提茶壶一点一点往盏内滴注，同时用竹制的茶筅，搅动盏中茶末，边点边搅，令水与茶交融。击拂时，汤面泛起的泡沫叫汤花，击拂高手可以令汤面上的汤花幻成各种形象，若花鸟虫鱼、若山川草木、纤巧有如绘画，这种"茶百戏"的技艺今已失传。

到元代，龙团茶生产由北苑向武夷转移。元大德六年（1302年），武夷四曲设置御茶园，并设焙局，采制"武夷石乳"为御茶，岁贡龙团茶5000饼。《茶疏》云："江南之茶，唐人首称阳羡,宋最重建州(北苑),至今阳羡仅有其名,建州亦非最上,惟有武夷雨前(茶)最胜。"从此武夷茶取代北苑茶的地位。

宋元时期,茶叶已成为十分普遍的生活必需品,饮茶已成为当时一大风尚,巨大的茶叶市场为宋朝茶贸易的兴起和建立官营茶叶贸易体制创造了物质条件。其时,茶叶贸易也成为最赚钱最抢手的贸易。《文献通考》云:"凡茶入官以轻估,其出以重估,县官之利甚博,而商贾转致于西北以致散于夷狄,其利又特厚。"当宋政府实施榷茶制度之后,许多商人趋之若鹜,纷纷到边地纳粮以获取茶券,从榷货务购买茶叶贩卖,获取高额利润。闽北的茶叶甚至行销日本、印度尼西亚等国,茶叶对外贸易一度繁荣。

明初由于贪官污吏勒索,以及限制商人与茶农直接交易,茶农不堪苛捐重税,武夷御茶园衰落。

三、闽北造纸业的发展与坊刻书市

闽北地处亚热带气候,山地居多。建州、邵武、延平等地,生长着丰富的竹、木资源,优越的自然条件为造纸业的兴盛奠定了基础。

宋代闽北山区竞相开槽制纸,造纸业兴起。造纸和其他副业相比,有明显的优点:造纸原料取自自然;生长迅速更新快,只需稍加培植和管理,成本低廉且工具简单易制;制造工艺虽烦琐但易于掌握且可与家庭手工生产相结合;造纸周期短、收效快、得利多。

闽北造纸业起于唐代。最早采用麻类造麻纸,楮树皮造信纸,麻藤造薄纸。《淳熙三山志》说:"楮纸出连江西乡,范臃出侯官西岸,厚膜出众福辜岭"。"纸被以楮树为之"。陆游有诗曰:"纸被围身度雪天,白于狐腋暖于绵";又说:"木枕藜床席见经,卧看飘雪入窗棂。布衾纸被元相似,只欠高人为作铭。"这些记载说明宋以前福建早有造麻纸、楮纸的技术,这就为宋代造竹纸提供了技术与经验。其时闽北境内还生产竹纸。《天工开物》写道:"竹纸的制造出南方,而闽省独专其盛。"《闽产录异》说:"延建邵汀皆做纸,凡量竹、麻竹、绵竹、赤视竹,其竹穗皆厚制上等、中等、麻头、桑皮、格皮、薄藤、厚藤、葛皮之柔韧者制下等……纸质之优由此可知。"

闽北产纸的著名品牌为"建阳扣"。清郭柏苍在《闽产录异》卷一曰:"建阳扣,土人呼为书纸,宋元麻沙版书,皆用此纸。二百年来吴中书坊,每岁以值压槽(定钱),禁不外用,故闽人不得建阳扣。"又据嘉靖《建阳县志》载:"嫩竹为料。凡有数品,曰简纸,曰行移纸,曰书籍纸,出北洛里;曰黄白纸,出崇政里。"宋时建阳手工制纸主要原料为嫩竹。工序有采竹、腌灰、蒸煮、漂白、抄纸等。竹需嫩竹,小满节令前后砍取,断成两尺长一段,破成竹片,放入塘水中浸渍三个月左右,才能取制出竹丝。竹丝洗净经过石灰水浸泡,蒸煮制成竹坯。竹坯置入檀锅内浸泡碱水,洗净复蒸煮一次。漂白后还要蒸煮一次,才得到漂白纸浆熟料。将纸浆放入槽内,加水洗涤,搅拌均匀,用布滤过,再将所得纸料放入大槽加水,粘剂搅匀,用竹帘滤抄成张。抄纸的帘用细竹丝编成,外加木框,大纸张需两人合抬一帘。抄得湿纸,滤去水分贴至壁上,干后即是成品。所产纸张称"建阳扣"。目前少数山区尚生产竹料土纸。

值得一提的还有浦城和崇安（今武夷山市）的顺太纸。关于顺太纸，一说产生于宋代，另一说产于元代。人们将竹丝经拣净、捆把、石灰水浸泡、翻堆发酵、灰煮、洗灰浆、碱煮、漂洗、浸漂发酵、冲洗等等过程造纸。顺太纸曾为建阳书坊采用的印刷书本的用纸，盛极一时。

造纸业的发展为书坊刻书业的兴盛打下了良好的基础，带动雕版印刷业的兴盛。闽北雕版印刷业发契于五代，繁荣于两宋。宋时闽北乃全国三大（蜀、浙、闽）刻书中心之一。建阳的刻书业始自北宋。"盖建安自唐为书肆所萃咽，但唐代印书早尚少，那时福建造纸亦不及江浙。"虽然造竹纸技术北宋时已传入福建，但福建尚未普遍用竹纸印书，竹纸产量亦少。北宋苏易简著《文房四谱》所说竹纸产地只提及江浙而未提福建。到了南宋，刻书之盛尤以建安为最："闽中建安书林，古今书版在焉，历朝文章萃聚之所。"因而刻书业的兴起反过来又对造纸业是一个很大的促进。

宋元时期，刻书业有官刻、家刻、坊刻三种。坊刻属书肆、书铺、书堂等以营利为主要目的的书商刻书，是刻书业的中坚力量。

建阳刻书以坊刻为主，官刻、家刻数量很少，坊刻成为建阳刻书业的主流。宋人祝穆《方舆胜览》卷十一描述："建阳麻沙、崇化两坊产书，号图书之府。"明人胡应麟《少室山房笔丛》卷四中记载："凡刻书之地有三：吴也，越也，闽也。……其精，吴为最；其多，闽为最；越皆次之。"胡应麟所指的这三个刻书地就是明代坊肆刻书最发达的地区，所谓"闽"，指的就是建阳。嘉靖《建阳县志》卷四载："书籍出麻沙、崇化两坊。麻沙书坊毁于元季，唯崇化存焉。"弘治《八闽通志》卷二十五载："建阳县麻沙、崇化二坊，旧俱产书，号为图书之府。麻沙书坊元季毁，今书籍行四方者，皆崇化书坊所刻者也"，这都说的是建阳书坊业的发达。朱熹《建阳县学藏书记》也记载："建阳版本书籍行于四方者，无远不至。"

家刻系指私人及其家塾所刻之书，目的在于宣扬自己的著作或传播自己所爱好之书，故精勘细审，印制考究，但为数甚少。其中较著名者有建安蔡子文东塾之敬室，麻沙镇水南刘仲吉宅，麻沙镇南斋虞千里，建安黄善夫宗仁家塾之敬室，建安魏仲兴家塾等。

坊刻系指书坊所刻之书，目的在于营利。因此书坊当取易刻速售，故质量稍次。但刊刻内容广泛，数量很多。麻沙与崇化为书坊集萃之地，所出之书"行四方者，无远而不至"，有的甚至远销海外。著名的书坊有：勤有堂、万卷堂、群玉堂、建安堂等。

麻沙与崇化的坊刻书籍，内容丰富。大致可分五类：

第一，初级启蒙读物，如《千字文》、《三字经》等。宋建阳誉称为"家有法律，户有诗书"的文学之乡，与此类读本不无关系。

第二，各类经书。主要供士大夫学习、进身仕途之用，故印刷极多，流传最广。如荔靖《建阳县志》云："五经四书泽满天下，人称小邹鲁。"

第三，各类文集、诗选及各种工具书。如《千家注杜涛》、《诗人玉屑》等。这些书主要供学者研究之用。许多学者称赞麻沙版书籍。如清代学者朱彝尊有诗云："得观云谷山头水，恋读麻沙里下书。此意残年仍莫遂，遇舟欲去转踌躇。"

第四，各种农、医杂书和日用书，如《农桑辑要》、《居家必备》等，系人们生产和生活经验的总结,为广大群众所喜爱。

第五,各种民间诗歌、戏曲、话本、小说集等,主要供城乡民间艺人说唱使用。如《大宋宣和遗事》、《京本通俗小说》等,这类书籍在我国通俗文学的发展中占有重要地位。

建阳刻书,图文并茂。且刻工极佳,字画如写。书纸多用当地所产的竹纸,少数采用顺昌产的黄皮纸。版式有二种:大字本舒朗雅洁,白口单边,有古卷遗风;小字本密而不挤,细黑口双边,携带方便。书卷末题有某某家塾或书堂所刻,印书用墨色泽清纯匀净。明张应文赞说:"纸质莹洁,墨色青纯,为可爱耳。"

当然,批评建本者亦不乏其人。宋人叶梦得指出:"麻沙版多用柔木刻成,取其速成速售,雕刻不精,但因价窥,建本领销全国。"①也有全盘否定的:"闽建阳有书坊,出书最多,而版纸俱最滥恶,盖徒为射利计,非以传世也。"②

元至治年间建安虞氏新刊
《新全相三国志平话》插图

宋元时期,麻沙、崇化成为全国三大刻书中心之一,从客观条件上分析有其必然的因素:

一是宋朝时期闽北社会相对稳定,经济和人口增长较快。宋朝无论经济、文化、科技都领先世界,南宋时政治、经济、文化重心南移,建阳一带成为大后方。据《建宁府志》记载,宋崇宁年间建阳人口已达41220户,100648口,当时生产力较发达,肥沃的土壤使闽北成为福建和全国重要产粮区,宋真宗时已从越南引入耐寒耐旱的优质稻种——"占城稻",在福建广泛种植,闽北当时就有一年二收(早晚稻)的记录,景定元年建阳因唐石里(今黄坑镇)稻子穗多,被视为祥瑞,理宗龙颜大悦,下诏改建阳为嘉禾县、唐石里为嘉禾里。

二是资源优势。雕版需要木材,印书需要纸张,而木材和纸张正是闽北的产品的优势。建阳麻沙、崇化处于群山之中,素有"林海竹乡"之誉,雕版用木和印书用纸就地取材。麻沙、崇化一带梨、枣木特多,这是上好的雕版材料,加上建阳当地笔墨自产出了不少名家,崇化一带印书使用天然地下水,调墨印书字迹清晰,均匀且色泽光亮,为建本提供了取之无禁、用之不竭的材料,具备刻书业发展所需的物质条件。

三是经营优势。唐代以前,书肆只经营书籍买卖。雕版印刷兴起以后,许多书坊都建立手工作坊,从事雕版、校对、印刷、装订等工艺,自雕自印自销,成为手工业和商业的联合体。许多材料表明,麻沙书坊中,规模较大的,多雇有雕印、校对人员,有的还聘请文人从事编辑,或书坊主人自己兼做编辑,实行编、校、雕、印、装专业分工,形成了多工序的

---

① (宋)叶梦得:《石林燕语》卷八。
② (明)谢肇淛:《五杂俎》卷十三。

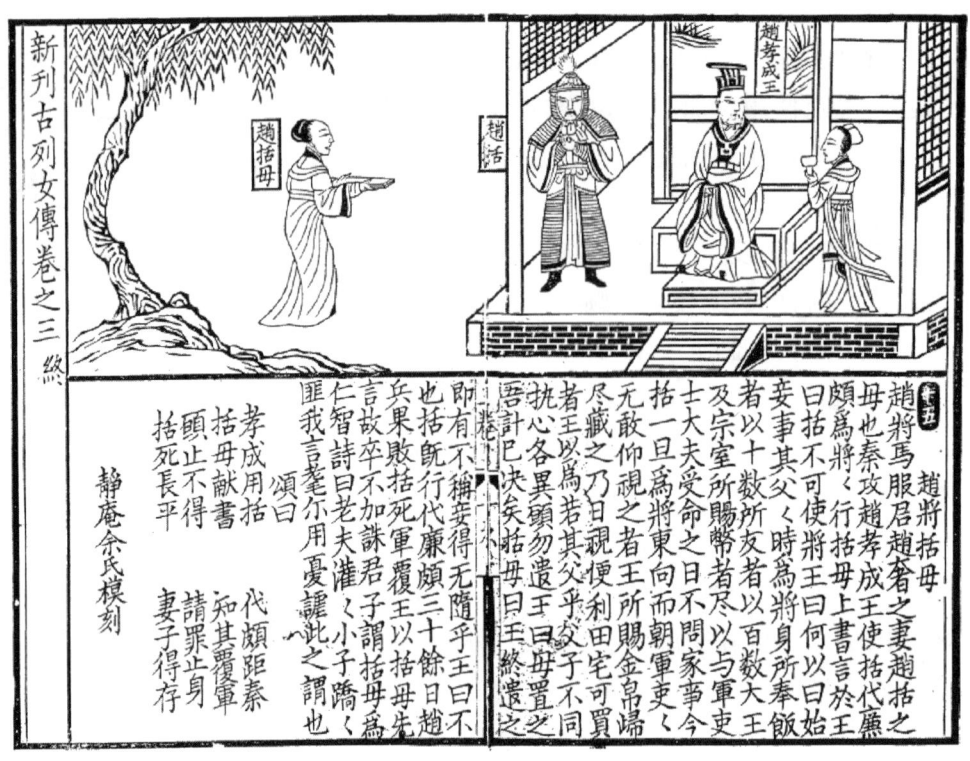

宋嘉祐八年余靖庵刊本《古列女传》插图

流水作坊。更重要的是,雕印技术在当地已成为一种相当普遍的家庭副业。陈衍《福建通志》称:"建阳崇安接界处有书坊,村皆以刊印书籍为业。"《临汀汇考》也说:"家有藏版,岁一刷印,贩行远近。"说明在建阳麻沙等刻书发达地区,几乎家家都会雕版,都能印刷。这种生产经营组织,其盈利主要来自生产环节,获利甚丰,不仅促进了刻书业的繁荣,而且为商业发展准备了条件。这种民营书坊的经营方式多有适应刻书市场的竞争机制。南宋的叶梦得说:"蜀与福建多以柔木刻之,取其易成而速售,故不能工。福建本几遍天下,正以其易成故也。"①"易成而速售"正指出了麻沙书坊的经营优势。麻沙刻书不仅经营早,而且不少书坊父死子继,代代继承,成为世业,更具有竞争力。

四是人才优势。宋元时期,中原文人学者入闽寓居,麻沙是必经之地。他们带来了重视学术文化的社会风气。文风之盛和刻书业的发达互相促进。文人学者浓厚的编纂意识和书坊主人强烈的经营意识相结合,形成了他们合作刻书的特殊条件。宋代闽北一带许多知名的学者文人,如袁枢、宋慈、黄升、叶廷珪、魏庆之、蔡梦弼、黄善夫、魏仲举、祝穆等人,都从事编辑工作,有的本身就是书坊主人。例如,麻沙刘氏三桂堂即曾聘文人从事编辑校勘工作,其中经部有8人,史部有6人,还雇有印工16人。② 著名学者刘子翚的儿子刘玉平,秉家学渊源,编辑其父遗文,前后费了20余年时间刻印成书。朱熹在《书屏山集后》中曾加以赞扬。麻沙刻书业哺育了当地的人才,当地文人又参与刻书业,二者互

---

① 叶梦得:《石林燕语》。
② 《麻沙刘氏族谱》卷四。

相促进,成为刻书业发达的一个重要因素。

五是相对便利的交通和活跃的商业贸易。建阳"地连闽浙之要冲,而路踵轮蹄之往来",为古代中原入闽必经之地,素有"闽地咽喉"之称。从书籍流通线路来看,崇化有溪流入麻阳溪,两坊书籍走水路经建溪入闽江可直达福州。陆路交通便捷,有三条古道:一是沿邵武、光泽出江西通中原,一是经崇安分水关可至苏杭,再一是出浦城仙霞岭北上直通余杭等地。便利的交通条件为四方书贾前来贩书提供便利。

建本作为文化遗产,在中国历史上做出了重大贡献。它保存了典籍,使古老的民族文化瑰宝得以流传,同时促进了文化传播,对地方教育的勃兴和闽学(理学)的发展都起到了积极推动作用,也促进了文化教育和人才培养,两宋时期仅建瓯、浦城、建阳三地进士就多达1294人。[①]

四、闽北陶瓷业的开发与建锦贸易

宋元时期是闽北制瓷史上的鼎盛时期,窑场众多,窑炉密布。据不完全统计,目前闽北地区已发现这一时期的窑址近30处。产品类型丰富,除传统的青瓷外,白瓷、青白瓷和黑瓷等争奇斗艳,尤其是以建窑为代表的"建盏"黑釉瓷器异军突起,产品一度进贡宫廷,并流传日本、韩国、东南亚等国家和地区,享誉中外,成为建窑系黑釉瓷器的命名窑场。建窑中的宋代龙窑长达135.6米,为目前国内已知最长的龙窑,亦堪称世界之最,一窑的产量高达十万件。此外,遇林亭窑(今武夷山)、茶洋窑(今南平)、小松窑(今建瓯)、茅店窑(今光泽)、大口窑和半路窑(今浦城)、冯坑窑、官山窑、河墩窑(今顺昌)、中布窑、白马前窑(今建阳)、九龙窑(今松溪)等一批窑场也大量生产建窑系黑釉瓷器,形成宋代闽北瓷坛青、白、黑"三分天下"之势。

黑釉瓷常见器形有碗、盏,此外,尚有少量灯盏、罐、碟、高足杯及小执壶等。其釉色或乌黑透亮,或黑中闪现金、银色的兔毫纹,俗称"兔毫盏",兔毫盏是建窑的黑瓷代表物,亦是世界上最早的"结晶釉"制品,日本称之为"珠光育瓷"。近年来,还在窑址发现了油滴、鹧鸪斑、酱釉(酱黑、酱绿色)、柿红等釉色。建盏胎骨厚重,色灰黑,但遇林亭、茅店等窑生产的黑釉碗胎骨或灰白或浅白,缺乏建盏的凝重之感。装烧都用匣钵套装,置龙窑内高温烧成。青瓷受龙泉窑系影响比较明显,部分珠光青瓷产品则与同安窑系(今厦门)相类。规模较大的窑址有碗窑背窑、半路窑(今浦城)、九龙窑(今松溪)、青瓷与黑瓷混烧的茶洋窑(今延平)等。

"建瓷"是宋元时期福建制瓷工匠智慧的结晶。依山而建的十数间窑室逐窑增高,既可以避免积水受潮,又可使热气适窑上升,充分利用热能。窑门开在两侧,利于空气对流,又能科学地按窑温的不同安置坯件。即把最小的坯件装入最低窑,最大的坯件装入

[①] 转引自叶芗茗:《千年书香话建本——古代建阳雕版印刷溯源》,《闽北日报》2006年7月26日。

最末后的窑窑。烧窑是从最低的第一个窑烧起,火候足够时关闭窑门,然后烧第二窑,这样逐次而上。这说明工匠已积累了丰富的生产经验,创造性地设计了高温窑室,并观察火焰情况来分辨火候。火候达到时,便关闭窑门,使窑内缺氧,氧化焰转为还原焰,而釉色变化的关键在于还原焰的温度。瓷釉色所含的金同氧化物在不同性质的火焰中燃烧呈不同颜色,氧化铜在氧化焰中按铜的含量不同而呈现绿或兰,而在还原焰中形成乳化亚铜,呈紫或红色。又如上述"兔毫纹"釉中氧化铁的熔恐和结晶是和窑内的高温及其冷却速度有关。宋元时期建窑的工匠已经熟练地掌握了这项复杂的技术,并能运用自如诸如"窑变"这一类的制瓷理论。

建瓷的勃兴与北宋时期包括徽宗赵佶在内的上流社会"斗茶"之风盛行有关。其时建安一带风行斗茶。蔡襄《茶录》描述了建安斗茶的情形:"茶色贵白,白者受水昏望,青白考受水详明。故建安人斗茶,以青白胜黄白。"历代文人对建窑兔毫盏赞不绝口。如兰浦《景德镇阴录》说:"乌泥窑,建宁府建安所烧,始于宋,建窑入元扰盛。"朱琰《陶说》云:"按宋时茶尚敝碗,以建安兔毫盏为上品","底上偶刻有明文'供御'楷书两字样"。而宋朝文人骚客更是推崇备至:"兔毫紫匝新,蟹服清泉煮。"

元代闽北瓷业已不如宋代兴盛,呈衰落之势。主要窑场有建阳源头仔窑、浦城半路窑和邵武青云窑。前者以烧制青瓷为主,墩子式碗、铜锣式盘、高足杯等均属于当代典型器物。后者以烧制白瓷和育白瓷为主。青云窑产品有碗、盘、杯、盏等。装饰纹饰仅在器心压印牡丹、莲花、梅花和"福"、"寿"吉祥字款。

宋代闽北建盏

宋代兔毫建盏

宋代鹧鸪斑建盏

宋代铁锈斑建盏

关于宋元时期福建陶瓷业的生产组织形式及生产者的身份,史料记载十分缺乏。但我们从一些大型瓷窑,如从上述宋代龙窑来看,一次装瓷坯达几万件,那么业主必然持有极可观的资本,而且远非一般家庭手工业可以比拟,必须雇佣大批手工业工人进行集约化的生产才能形成如此规模。

值得说明的是,宋元时期,上自宫廷皇室、下至布衣之家,对建盏都有一种特殊的偏爱。宋徽宗在《大观茶论》中说:"盏色贵青黑,玉毫条达者为上,取其焕发彩色也。"建盏所特有的艺术魅力和独特功能令人叹为观止,并成为宋代社会的特殊文化载体;它伴随着对外贸易和文化交流的大军漂洋过海,风靡海外,大量销往日本、朝鲜、东南亚等地,成为特殊的文化使者。在中外文化交流上写下了光辉的一页。

建盏乃宋代八大名窑之建窑烧制的黑釉瓷茶器,也称天目瓷。建窑分布在今建阳水吉、建瓯小松一带。建盏的特点是色黑紫。它的出现,得益于建瓯北苑茶以及品茶、斗茶习俗在上流社会的风行。因为斗茶先斗色,而茶色贵白、青白胜黄白,要求黑白对比分明,故以建窑所产的黑瓷茶盏最为适用。建盏中尤以釉面有细如兔毛状结晶纹的黑釉兔毫盏为极品,其器底部多刻有"供御"等字样,为皇室御用茶具。蔡襄赋诗夸兔毫盏云:"兔毫紫瓯新,蟹眼青泉煮。雪冻作成花,云闲未垂缕",可见其做工精细、釉彩光亮、花纹图案之精美、生动。现藏于日本的四只建盏"曜变天目",被视为日本国宝,也是饮誉世界的珍宝。

宋代武夷山的遇林亭龙窑,是大规模生产陶瓷的窑厂,产品属于"商品瓷"甚至"外贸瓷"。

浦城的大口窑,也是宋代著名的民间瓷器作坊。窑址现位于浦城县九石渡景区境内的水北街镇黄碧村。传说当年兴盛时,瓷窑总数达36座。根据《八闽古邑浦城》一书及相关文章记载,该窑以烧制青白釉器为主,兼烧青、酱色釉器。器物造型轻盈秀丽、构思精巧、小巧玲珑,生活用品、文化用品等品种极为丰富。

建于北宋时期的松溪的九龙窑,窑址13座,规模宏大,九龙窑青瓷和棕色贡瓷远近闻名,为宋代著名贡瓷"毫盏"产地之一,远销海内外。

青云窑位于邵武水北镇四都村"青云山"附近,俗称"四都窑"。窑址共分三处:后门山、巴掌山、拳头山,分别称为"上窑"、"下窑"、"水尾窑"。"下窑"最大,面积约26400平方米,据传有130余座窑,号称"百

宋代武夷山的遇林亭龙窑

座窑"。其窑以龙窑为主,窑长 30～50 米,宽约 3 米,亦有少量井窑,窑深 5 米,直径 8 米。窑具有匣钵、垫饼、支圈等,入窑为正烧、覆烧、迭烧 3 种。窑址今保存基本完好。青云窑创烧于宋代,元代最盛,至清末渐衰。

莲花山窑位于今天的邵武莲花山,始烧于南宋初,元初停烧。窑址沿山坡而建,坐北朝南,废弃品堆积东西长 70 米,南北宽 50 米,厚 1～1.5 米。制品有碗、碟、高足杯、瓶、罐等。胎多灰白色,少量白胎,胎骨坚细,釉多呈灰白,亦有少量泛青,色泽湿润,匣钵有筒形和漏斗式 2 种。

与瓷器一样,宋元时期闽北的纺织业也闻名遐迩。

闽北是一个有着悠久纺织历史的地区,栽桑养蚕,生产贡品,纺织业久负盛名。宋时,闽北纺织业得到很大发展,已普遍采用脚踏纺车。仅建宁府各县缴纳的本色绢就达 11844 匹,且质量上乘。《舆地纪胜》载:"建阳故邑,址号小西川,出红锦绿锦,所以其地有濯锦桥。"建锦生产工艺精湛,宋崇宁、大观之际,宫殿柱要围裹以升降龙花纹的织锦柱衣,《舆地纪胜》载:"凡百易工无能成者,因以殿柱尺度付蜀工,亦不能选",最后由建阳织锦工匠依图织造,"即成,施之殿柱,文会为龙不差。上大喜,厚赏匠人"。宋元时期,建阳锦行销海外,质量和技术已达到中国历史上纺织业工艺的先进水平,尤其是民间养蚕织布非常普遍,已跻身于全国丝绸重要产区之列,不仅规模大,产量多,且以质地优良取胜。著名诗人陆游形容建宁武夷山有"压车麦穗黄云重,食叶蚕声白雨来"之壮观,这反映出闽北一带蚕桑业的兴盛。

马可·波罗在游记中描述道:"经过六天的行程,便到达建宁府。该城面积广大,有三座建筑美观的桥梁,桥长一百步,宽八步。这里的女人非常漂亮,而且生活奢华安逸。此处还盛产生丝,并且能将生丝织成各种花色的绸缎。棉布则是由各种颜色的棉纱织成的,行销整个行省各地。居民从事商业,他们将大量的生姜运往外地。据传闻,这里有一种家禽没有羽毛,身上所披的黑毛和猫一样,但我却从没有看见过,如能亲见,这必定是一个奇观。它们和其他家禽一样生蛋,肉也十分鲜美可口。这里的老虎肆虐,游人若不结伴同行,难保性命无忧。"

马可·波罗在游记中描述的闽北建宁府盛产的生丝,就是扬名全国的"建锦",建宁也因建锦而成为全国棉纺技术较为先进的地区之一。《建阳县志·货之属》记载:"红绿二锦,产同由里,故县号小西川。而桥名濯锦,即今锦溪是也。旧志云:徽宗崇宁大观之际,尚上方造柱表,欲织锦作升降龙于柱。文辄不合,凡百易工无能成者。因以殿柱尺高付蜀工,亦不能造。有言建民善织草锦者,盖使试为之。既成,施之殿柱文合为龙不差,上大喜,厚赏匠人。"

如今的水南桥,在宋代称濯锦南桥。水东桥(原在北门),在宋代称濯锦北桥。当时有不少村姑少妇在双溪河畔浣纱濯锦。上文中的"草锦",即花毯。宋时建阳有"锦行"。建锦行销到国内各地及真腊(柬埔寨)。除此建阳还产芋布,是一种用芋织成的粗布,建阳方言称"祭布",又叫夏布,既可制衣又可做蚊帐,直到民国时还有织造。据《建阳县志·货之属》记载:"织宁为之,有曰腰机布,又名祭布。出嘉禾、北洛、崇化、崇政四里;曰木棉布,出洛田、三衢二里。"木棉是区别于草棉的棉花。宋代崇雒、右衢等地已有工匠织棉布。

宋元时期,浦城纺织业形成规模经济,其主要产品本色绢居建宁府各县之首;延平的纺织以家庭为主,自种棉花,自织为布,产品以棉布为主,还有苎布和麻布以及纺织印染等。

五、闽北冶炼业开发与钱币铸造

闽北采矿与冶炼的历史十分悠久,尤其在宋代,开采技术和生产规模不断壮大,同时技术进步,浦城能从银铜共生的矿石中把两种金属分离出来。据《宋史·食货志》载,全国产铁军33个,福建5个,闽北的建州、南剑、邵武均产铁;铁场全国25处,福建16处,均在闽北。全国产铜军10个,福建5个,其中建州、邵武军、南剑军均产铜;铜场全国35处,福建27处,其中邵武8处,南剑州12处。全国产银军23个,福建7个,其中建州、邵武军、南剑州均产银;产银全国50处,福建26处,其中邵武8处,南剑州10处。宋绍兴末年,全国产铁88万斤,其中建州产4万斤;铅,全国产19.1万斤,其中建州产1.3万斤。由于矿冶业的发展,宋代在福建设置两监,均在闽北。宋开宝八年(975年),因建州有银矿,故置场收银。该场太平兴国二年(977年)升为监,监址设在建州,管辖银场7所,是全国三个银监之一。①

闽北冶炼业的兴盛有赖于独特的自然与人文因素:一是闽北"膏腴之壤少而崎岖之地多,民之食出于土田而尤仰于水利",闽北山区开发迅速,兴建梯田,建筑水利工程等,均需使用大量的铁制工具。二是闽北矿产资源丰富,如建安县、松溪县。银矿已开凿深入等为主要产银地。建州龙焙监,是福建路中一个十分重要的产银地。监址在建州建安县,太平兴国三年升为龙焙监,管有水兴、永乐、黄沙、榴纸、大挺、东平和杉溪七场;熙宁五年课额为10277两,元丰元年收8812两,延平达51227两。其时整个福建路为全国上供银最多的一路,而闽北亦是福建最多的地方。三是经济文化重心的迁移使闽北人口急剧增加,"地狭人稠"的情况迫使大批农民转而从事各种手工业劳动,采矿与冶炼业提供了丰富的劳力市场。

宋代光泽的冶炼业发展较快,主要是银和铁的生产,《宋史·地理志》记载:"光泽,太平兴国六年有太平银场、新安铁场。"从银场遗址看,矿区分布于太银、马银、粟银等自然村,东西长4公里多,南北宽约2公里,有星罗棋布的矿井,6000多平方米的炉坛窝冶银场,到处可见的经提炼过的银矿碴石。

《八闽通志·邵武府·货之属》记载:"银出光泽、泰宁、建宁三县,宋时有场,今废。铜出邵武县,今无。铁出邵武、光泽二县,垆今废。"

延平地下自古有矿产,可唯有石灰石矿为大宗。早在宋代,延平对本地的矿产资源

① 参阅参见福建省情资料库《南平地区志》,http://www.fjsq.gov.cn/showtext.asp?ToBook=1054&index=26,访问时间:2014年12月21日,11:00。

开发利用就已形成规模。银、锡、铜、铁等金属虽有规模开采,至民国已为数甚少。据《南平县志》载,宋朝已有冶银、铸铜、炼铁等工场,元朝开始冶炼铅、锡。明朝对矿产资源进行较大规模地开采,如枣兜铜矿。清代有商人承包经营开采石灰石矿。民国初年,华宝公司对枣兜铜矿实行半机械化开采,铜矿资源开发利用有所提高。花纹石色青纹白,有山水禽鱼状,可为砚为屏。世传出黯淡滩湍下,故不易得。

《元丰九域志》记载:建阳有黄柏洋、武仙、大同、瞿岭银场四处。瞿岭场矿洞,纵深巷道错综相交,其深不可测,直至1980年代,当地民兵野战训练仍做演练之所,洞内容2000人仍不可探底。武仙山银洞自枯竭后,几不被世人所识,隐然深洞,于近些年有当地冒险者森森然持电灯进入数百米即折返,亦不得其深几许。

闽北丰富的矿产资源,发展壮大了冶炼业,而且促进了铸造业的壮大。宋元时期建州丰国监为全国四大铸钱基地之一。建州丰国监,与饶州永平监、池州永丰监、江州广宁监并列,称为宋代铸钱四监。

北宋赵太宗平定江南后,于太平兴国八年(983年)诏令建州铸大铁钱,钱面文"太平通宝",这是福建铸造的第一枚宋钱。"太平通宝"书隶体,径4.4厘米。至道年间(995—997年),建州铸"至道元宝"小平钱,面文草书,为太宗御笔,径2.4厘米,背光。咸平二年(999年)铸"咸平元宝"小平钱。景德年间(1004—1007年)铸"景德元宝"小平钱。天禧年间(1017—1021年)铸"天禧通宝"小平钱。天圣年间(1023—1032年)铸"天圣元宝"。皇祐年间(1049—1054年)铸"皇宋通宝"。治平年间(1064—1067年)铸"治平通宝"和"治平元宝"铜铁钱。熙宁年间(1068—1077年)铸"熙宁元宝"、"熙宁重宝"和"熙宁通宝"铁钱。宋神宗赵顼改元丰后,又铸有"元丰通宝"铜铁钱。建中靖国元年(1101年)铸有"圣宋元宝"小平钱。崇宁二年(1103年)铸有"圣宋通宝",崇宁年间(1102—1106年)还铸有"崇宁通宝"大铁钱和小平钱。大观年间(1107—1110年)铸有"大观通宝",有小平钱、折二、折三、折五和折十等5种。政和年间(1111—1118年)铸有"政和通宝"和"政重宝"铜铁钱。建炎年间(1127—1130年)铸有"建炎通宝"铜铁钱,有小平、折三2种。绍兴元年(1131年)铸有"绍兴通宝"和"绍兴元宝"。

天禧年间(1017—1021),官府在建州设置"丰国监"铸钱。建州丰国监在今建瓯铜场村铜坑采铜,当时已能运用"剂法"配比方案冶炼青铜,其营所设在建安县的中和坊(今市第一小学),所铸币称为"建州钱"。北宋熙宁间(1068—1077),全国计有十七监铸钱,每年共铸钱百万贯,其中二十万贯铸于"丰国监"。北宋大观年间(1107—1110),江、湖、闽、广计有十监,每年铸钱二百八十九万贯,其中二十四万贯由"丰国监"铸出。"丰国监"铸币时间,就历宋真宗、仁宗、英宗、神宗、哲宗、徽宗、钦宗、高宗八帝二十九个年号,达150余年。

宋代建州太平通宝

"丰国监"铸钱,一方面反映了宋元时期经济、商业的兴盛,商业往来与贸易量的增加促使货币供应增加,另一方面,铸钱机构"丰国监"的设立,使得货币供给充足,进一步促进了宋元时期包括闽北在内的经济的发展与商业的繁荣。

第二节 闽商商业资本的累积与商贸条件的改善

宋元时期,经济文化重心的南移与农业手工业的发展,带来了人们观念的极大进步和产品的极大丰富,产品生产迅速转化为商品生产,商品的广泛交换推动了商业资本的积累,促进了经济的兴旺和商业资本的活跃。随着经济的兴旺和商业资本的活跃,尤其是邮驿的便捷通畅、交通的四通八达以及商业贸易网络的成形,闽北商业进入迅速发展阶段。

一、农业人口进入商业领域

由于长期以来中原人口的迁入及本地人口的增长,至宋元时期,闽北人口剧增。据《建宁府志》、《延平府志》、《邵武府志》记载,宋代闽北增长速度在当时南方各路中居首位,其时建州达439677人,南剑州达297145人,邵武军达558846人,三地共计128万。

由于人口的急剧增加,不可能在同期内使耕地有相同的比率增长,导致人口与耕地,人口与粮食生产之间的比例严重失调。元丰三年(1080年),仅拥有北宋垦田总数2.4%的福建路,却拥有其总户数的6.3%,平均每户只拥有耕地10.6亩,而同时期的两浙、江南东路、江南西路、成都府路的户平均耕地分别为20.3亩、37.4亩、35亩、28亩(详见下表)。福建路的户平均耕地,也大大低于元丰六年(1083年)全国户均耕地26.8亩的平均数。

《福建古代经济史》指出:人口与耕地所发生的尖锐矛盾在南宋期间尤其突出地表现在闽北山区,如邵武军,该地因"宋都杭,入闽之族益众,始无不耕之地"。

人口的剧增对耕地形成了巨大的压力,耕者无其田,于是愈来愈多的人口从农业生产中游离出来,进入工商业领域。所以宋人说:"居今之人,自农转而为士,为道释,为伎艺者……(所)在有之,而惟闽为多。闽地偏,不足以衣食之也。"①

因此,闽北一些民众不得不离乡背井,以商为业。他们极为活跃,不断积累商贾之道,分水关内外,到处留下他们的足迹,尤其引入注意的是,不少妇女也走出家门,投身于商业活动,"市厘阡陌之间,女作重于男",甚至有的妇人"插花作牙侩,城市称雄霸。梳头坐列肆,笑语皆机诈。新奇弄浓妆,会合特物价。愚夫与所双,低头受凌跨"。这一些男

---

① 南宋中叶的曾丰指出:"居今之人,自农转而为士,为道释、为伎艺者,所在有之。而惟闽为多,闽地偏,不足以衣食之也。于是散而之四方。"(《缘督集》卷十七《送缪帐干解任诣改秩序》,影印文渊阁四库全书本。)《方舆胜览》中也有这方面的记录:"四民皆溢,虽乐岁无狼戾,能执伎以游四方者,亦各植其身。"(《宋本方舆胜览》卷十《福建路·福州·风俗》,上海:上海古籍出版社,1991年影印本,第2页。)

女应该就是活跃于宋元时期的闽商。

闽北这样的闽商有二种,一种是行商,第二是坐贾。行商在国内走街串巷,南北奔波进行贸易,或泛舟塞外通过海道从事贸易活动;坐贾在本地开设商店,进行商品交换。宋元时期,建阳的麻沙、崇化二坊号称"图书之府",建阳书坊已成为全国著名的书市之一,吸引天下四方客商前来批量购买图书,"书市在崇化里,比屋皆鬻书籍。天下客商贩者如织,每月以一六日集"。① 建阳书坊所刻之书作为商品进行买卖,是由书坊来完成的。据史料记载,崇化里"书坊"、"书林"、"书铺"林立,"书坊"不仅刻书,而且卖书,即编辑、印刷与发行一体化,书坊也成为刻书商品化的主要承担者。

建阳书坊刻书主要的销售方式,是以商品的形式通过货币媒介进行书籍的租赁和买卖。销售渠道主要有两种:一种是固定的坐贾,即书坊设立书店进行销售,以买卖的方式进行;一种是行商,包括流动的书商,或远途贩运、异地设店,或开设流动的书船,以及流动的小摊小贩等。一本书刊刻印刷出来后,首先是在本地流行,书坊、书店成为相对固定的销售方式,由书坊主、书店主等"坐贾"人员销售,或批发给外来经销商。过一段时间就有可能贩运到附近地区和相对较远的地区。据清余治《得一录》卷十一"收毁淫书"条记载:"外来书贾到苏,带有各种新旧淫书,源源流布,则随收随出。"这里指的是书籍流到江苏的情况。

宋元时期闽北商人中不乏富商大贾,建阳的书坊主们就拥有巨额的商业资本。

二、邮驿便捷通畅

邮驿又称驿传,是中国古代通信和传递公文、信息物品的载体。在古代,邮驿既传递官府文书,也护送接待官员、运输货物。邮驿交通的发展,是商品经济发展的必备条件。

宋元时期,闽北邮驿交通状况有了明显的改善,这种改善,主要体现在道路通达日趋便捷、桥梁渡口日益增多。闽北于唐朝就设置了邮传命,设官邮以步传、马传递送书简。宋代承继唐制,驿运设施渐趋完善。30里有驿,非通途大道则曰馆,下设站、铺。各驿馆有步递、马递、急脚递。

两宋时期,闽北经济繁荣,社会安定,驿传相应发展。境内驿站主要有金砂驿、王台驿(南平)、顺兴驿(顺昌)、樵川水马驿(邵武)、城西驿(建瓯)、建溪水马驿、麻沙驿(建阳)、杨家驿、赤石驿、分水驿(崇安)。始建于唐代的浦城渔梁驿,至宋代已远近闻名。

宋代,建州(建安郡)有3驿、5铺;南剑州有2驿、1站;邵武军有3驿。南宋王朝偏安江南时,闽北境内驿站主要有南平县金砂驿和王台驿,顺昌县顺光驿,邵武县樵川水马驿,光泽县通泽铺(距城20里),建瓯县城西驿,建阳县建溪水马驿(水南)和麻沙驿,崇安县长平水马驿、分水关驿和兴田水马驿,浦城县渔梁驿和镇安驿(今临江)。

元代,建宁路设5驿、4铺、3站;南剑路设2驿、2站;邵武路设5驿。

---

① 嘉靖《建阳县志》卷三《封域志》。

元代,称邮驿为站赤(蒙古语译音)。站赤之间运输,陆上用马、牛、驴或车,水上用船。遇军务急事以金字圆符为信,银字为次,并设急递辅专递官府公文。建宁路辖7县,共设5驿、4铺、3站;南剑路辖5县,设2驿、2站;邵武路辖4县,设5驿。明代,建宁府辖8县,设10驿、123铺、3所。此外,元代每驿站置丁5人,各县衙置文簿。如有传递文件,须注明到铺时刻及传递人姓名,由县官核查,稽滞者治罪。这些措施使闽北的交通能够适应商品经济日益发展的需要。

三、交通四通八达

宋元时期,闽北的交通四通八达。延平至福州、建州至延平除水路外,陆路也很通畅。宋崇宁二年福州到建州的陆路距离就只有400里,比唐代陆路缩短了182里,每30里设驿站。

北宋定都汴梁,南宋定都临安,闽北晋京官道仍沿唐创,闽北延平、建安、浦城道路也得到增修与拓宽,人们逾仙霞岭经浙江可至杭州,再由杭州上汴州。据记载,南宋乾道九年至淳熙二年(1173—1175年),观察使史浩帅入闽,募集人夫铺筑石路3060级,长达20里;[1]嘉定六年(1213年),李沈建建宁府,因建州至延平之路岗峦起伏,曲折迂回,山雨一来,泥泞不堪,令商旅驻足难行,遂拨款施工,铺砌石路1.2万余丈。[2] 据雍正《崇安县志》记载,崇安于宋淳化五年(994年)设县,县北分水关通江西铅山,为入闽通道,县西桐木关经江西烟埠通铅山,古道设有驿站,崇安县内有长平水马驿,循此而上有大安驿,由南而下有黄亭水马驿。每距十里有铺。除建制设驿铺外,北增闽王寨(分水关上),南有裴村公馆(今武夷宫附近)。因而崇安有三驿一馆一寨十五铺之说。光泽的水运自宋代开始已得到较快发展,如光泽县水口古渡,当时的水上运输就非常繁荣。从宋代时修建的龙安寺可以看出,该寺规模大、规格高,是人们企盼水上运输安全的体现。

《福建古代经济史》指出,宋代崇安与中原以及福建各州府之间往来交通路线有两条:往闽中、建州,水道比较繁盛,城村的"淮溪首济"(崇溪第一渡口)为闽北商埠重地,所以上州府多从水道南下,设有水马驿站。而北上溪窄水浅,滩险多阻,不便用舟。因而北上商旅多从古道通往铅山、上饶以至京畿。兴田水马驿(幔亭驿),是州府入武夷山的第一个驿站,宋代诗人陆游赋诗吟之:"未到名山梦已新,千峰拔地玉嶙峋。幔亭一夜风吹雨,似与游人洗俗尘。"[3]由此可见古代兴田驿是南来北往的重要枢纽。大安驿在分水关下,山峦起伏,林深路遂,孤村茅店,却是"一路径行处,盘溪绕山峰。停马竹篱门,围坐地炉中"。[4]

---

[1] 《浦城县志》卷十四《防守》。
[2] 《建宁府志》卷二〇《李沈传》。
[3] 福建省情资料库《南平地区志》,http://www.fjsen.com/yhzh/2009-03/20/content_3227150.htm,访问时间:2014年12月21日,11:00。
[4] 转引自唐文基:《福建古代经济史》,福州:福建教育出版社,1995年,第309页。

另从雍正《崇安县志》可知,宋代崇安县境内古道纵横,交通十分便利。以县城长平驿内永安铺为起点,每距十里一铺,往南有新阳、梅溪、石鼓、界牌、兴田等;往北则有干溪、举富、杨庄、大安、望仙等,全程170里设15铺,组成畅通无阻的古道驿站网络。①

以上事实表明,宋元时期闽北道路交通不断改善,与外界的水陆交通联系日益加强。

福建境内多崇山峻岭,河流纵横交错,古人有"蜀道难,闽道更难"的叹息。因而开凿溪流险滩,修桥设渡至关重要。尤其是闽北主要的水路建溪,延平以上的河段即有险滩27处,严重威胁旅人与货物的安全。其中最险处即位于州治以北五里处的黯淡滩,湍激多覆舟。宋元时不断有人出来主持治滩工程。北宋仁宗天圣至庆历年间,崇安人刘滋(字润之)任南剑州知州,即主持凿滩工程,打平了沿溪边山崖转角处的巨石,使这里激流趋于平缓,凿去了卧于溪流主航道处的磐石,以舒水势,遂为安流。南宋绍兴七年(1137年)南剑州通判崇安人吴迳(字公路)募集经费,并"以义时募闲民",于当年十一月"乘农事之隙,春雨未集"的枯水季节动工,又在黯淡滩的险要处开凿宽10米左右的乾港,为乘舟过滩者"登陆而避之",还具有分洪的作用。②

四、水陆商路网络形成

在宋元商贸活动以及人们的生产生活中,水陆商路交织,形成古代商路网络,闽北的茶叶、陶瓷、书纸、矿产、纺织品、竹木、土特产等源源不断地在商路上进进出出。

闽北古代的商道,陆路主要为泥石古道、石砌古街,行人、驼马与鸡公车(人力独轮车)通行;水路当然是靠船只、竹排和纤绳,经闽江而沿海,由沿海而大洋。

宋元时期,从建阳出发,著名的陆上古道线辟有两条,一是闽赣线:建阳—崇安(武夷山)—分水关—江西上饶,或建阳—邵武—光泽杉关—江西赣州。另一是闽浙线:建阳—浦城—仙霞关—浙江。

闽北商品运输的水路商道,以建阳为中心,包括建阳(麻阳溪、崇阳溪)—建瓯—南平—福州—泉州线或水吉(南浦溪)—建瓯—南平—福州—泉州线。

值得一提的是,商贸古道上,分布着一个个商品重镇,金坑、和平就是最著名的两个。

金坑地处山区,森林面积15.3万亩,森林覆盖率达78%,境内山脉绵亘,重峦叠嶂,树木郁蔽,竹海连绵,山灵水秀,气候凉爽宜人。溪流密布,富屯溪主要源头——金溪自南向北蜿蜒流过,长达17公里。溪面卵石密布,水质清澈见底,溪流或宽或窄、或急或缓。两岸山势绵延,竹树丛立,山水相依,形成独特原生态自然风光,极具生态旅游开发价值。境内山脉绵亘,重峦叠嶂,山势巍峨,地势险峻,成为一道天然的屏障,自古为入闽咽喉,兵家必争之地。为镇守县境,抵御外寇入境,元朝于此地建立关隘,关隘关墙坚固,崖峭壁削,东护闽地,西御江西。元朝还在黄土关设立巡检司,驻兵戍守,维系闽地安全。

---

① 唐文基:《福建古代经济史》,福州:福建教育出版社,1995年,第309页。
② 唐文基:《福建古代经济史》,福州:福建教育出版社,1995年,第309页。

元末陈友定、清刘进宝等将领,曾在此闯关夺隘,抵御进攻。

金坑自古是闽赣重要商贸重镇。宋元时期黄土关古道横穿金坑而过,其东连和平、邵武、福州,西接江西黎川、南昌和内陆各省。金溪由金坑通过光泽汇入富屯溪,再流入闽江,形成得天独厚的水运优势。水陆商贸通达,境内商贸活跃,商旅云集,街市兴旺,富商巨贾迭出。金坑古建筑群较为集中,主要分布在其所在地的金坑村上坊、下坊老街两旁,南北长700余米,东西200余米,街巷纵横交错,曲径通幽。其建筑布局错落有致,屋宇雄伟庄重,结构古朴典雅,木雕、砖雕精致细腻,气韵灵动,蕴含浓厚的历史文化特色。①

和平镇为邵武千年文化古镇,地处闽西北,面积192平方公里,建置始于唐朝,是福建省历史最悠久的古镇之一,也是一处全国罕见的城堡式大村镇,其众多古建筑是中国迄今保留最具特色的古民居建筑群之一,是国家级的旅游资源。和平镇民俗文化遗存丰富,许多民俗活动相当奇特,很有观赏价值,如被称为活化石的傩舞,独特的龙灯;和平还有"三绝"——摆果台、观星茶、游浆豆腐;这里有近200间青砖琉瓦、雕梁画栋、气派非凡的明清时代豪华民宅,一条长达半公里的青石板土街和数10条卵石铺砌的古巷道;这里的和平书院曾培育出133位进士,还有黄氏峭公墓、聚奎塔、光源寺以及20余处人类生活遗址。和平古镇保留了完整的古街巷。城堡内有两条分别连接东西城门和南北城门的街,街道两侧纵横交错的大小巷道都是中间铺青石板,两边铺鹅卵石,有的全部铺河卵石。贯穿古镇南北的旧市街,被誉为"福建第一街"。古街全长600余米,宽6~8米,街中心全以青石板铺筑,因北高南低的地形关系,街道随形就势形成"九曲十三弯",宛如一条腾空欲飞的青龙。古街两旁分布着近百条纵横交错呈网状的古建卵石巷道,或长或短,或宽或窄,高墙窄巷,古朴幽远。古民居鳞次栉比,既有中原古风,又具地方特色,堪称古民居的瑰宝。东门街两旁老房子多为砖木结构。街面铺设石板,块块光滑,雨后更是光洁如镜,如诗如画。街面每隔100米就有一个用条石铺成,状似棋盘的图案,当地人称其为棋盘石。②

第三节 闽北商贸集市、海外贸易的活跃与商人商事

与国内其他地区一样,宋元时期闽北的商品贸易,分为对内贸易和海外贸易。这一时期对内贸易已突破城区限制,从封建政治中心城区内向城区外发展,形成一大批以墟市等为代表的贸易场所。这种集市贸易场所的发展,又导致一批新的商业集聚地的涌现。海外贸易也在这一时期获得大发展,且十分活跃。

---

① http://bbs.shaowu.gov.cn/showtopic.aspx?forumid=9&forumpage=1&topicid=32582&go=prev,访问时间:2014年1月5日,9:00。

② http://baike.baidu.com/view/606465.htm,访问时间:2014年12月20日,10:00。

一、商贸集市的活跃

宋代朝廷对集市的发展,不加干预,有时还予以提倡。集市是周围村落的农民、小工、小商买卖交换的场所,以自己的农副产品交换农具、日常用品之类,一般每隔三五天或十天,在人口较多、交通适当的地方举行,附近的农民及时赶来,互通有无,调剂余缺,称为赶集、赶墟或趁墟,逐渐成了固定墟市。墟市的集会时间一般都在上午8时以后至下午3时以内,其中以中午时分最为热闹,此时为整个墟市的高潮期,讨价还价之声不绝于耳,至午后人们陆续返家,墟场逐渐平静,此时为"墟尾"。下午3时左右墟市散尽,空寂如常。在交易之后,一般四散回家,集市上没有居民。随着商品交换的发展,不少乡村集市形成新的居民点,汇集了行商坐贾,发展成为相当繁荣的贸易点,并上升为镇、县。在经济发达的地区,这些定期的乡村集市构成为商业网。

闽北墟市首先是在城市周围相交通要道的村庄上出现,遍布各地。以闽北邵武军为例,所辖县就有11墟(泰宁原为其所辖,此处不含),12市。如下表:①

墟市	邵武	建宁	光泽	合计
市	界首、固寺、绣溪、拿口、龙潭、和平、潭山	麻沙、崇化、永安镇	抗头、茶焙、止马、前洋	14
墟	椒屯、蒋淑、官坊、平涸、将石		黄龄、新田、长城、崇仁、赛前、清化	11

仅从上表邵武、光泽二县的墟市来看,分布密度是相当高的。

正如前文已述,始自北宋建阳的刻书业,其集聚地实质就是文化集市。麻沙、崇化两坊文化集市景观在中国历史上是极为罕见的。由此可见,书市商业当时即已形成。

《中国印刷史》记载,宋代建阳麻沙、崇化两地共有刻坊37家。并已区分出坊刻与私刻。坊刻是指书肆、书铺、书堂等以营利为主要目的的书商刻书,它是建阳刻书业的主流,当时已呈家族化、商业化、规模化倾向。据方彦寿先生考证,宋代建阳坊刻有29家之多。如果说私家刻书以麻沙为主,内容上偏重正统的经史子集,那么坊刻则以崇化为主,内容上四部皆备,且比麻沙刻书更趋向通俗化、大众化。

建本在南宋时即已流传到朝鲜、日本等国。南宋建阳学者熊禾在一篇文章中说:"文公之文如日丽天,书坊之书犹水行地。"他在为重修的同文书院作的《上梁文》中有"书籍高丽日本通"、"万里车书通上国"等句。

元代,建阳书堂书铺及刻本数量都大大超过宋代。在全国现存的元刻本中,建本几乎占了一半,且以坊刻为主。到明代,刻书机构众多,官刻、坊刻数量又远胜前代,建阳麻

---

① 转引自唐文基:《福建古代经济史》,福州:福建教育出版社,1995年,第322页。

沙、崇化书坊多达220多家，大都世代相传，以刻书为业。刻本内容经、史、子、集、丛五部俱备，还有许多通俗普及读物行世。许多有名书肆集编校、刻印、销售于一体，书价低廉、行销四方。尤其在嘉靖、万历时达到鼎盛的高峰，仅建本小说杂书类刊刻就达千余种。家喻户晓的历史小说《水浒传》、《三国演义》都是在崇化书坊首先付梓的。

从现存的崇化书坊图可以看出，当年崇化书坊有书林门，门外有接官亭。书林门西边山麓建有文庙，文庙西接长达数里直通状元府的长街，主街有前街、后街、上街、下街和新街五条街道。横贯书林的书坊溪上，建有步云桥、云衢桥、同文桥、一家桥、八达桥、状元桥，六桥连接两岸，寺庙亭阁点缀其间，书林文笔、仙亭暖翠、南山修竹等书林十景环列周遭，俨然一座繁华都市的模样，人口已达3万来人。总作坊当在100来家之多。刻坊印书的墨水沿坡南流，汇集在云衢桥北的滩地上，日积月累，成了"积墨池"。

元朝至正二十三年（1363），麻沙书坊毁于兵火，刻书重心向崇化（书坊）转移。崇祯元年（1628），麻沙书坊又遭大火，此后元气大伤，每况愈下。崇化书坊在明末天启、崇祯朝也开始走向衰弱。

闽北除了墟市、书市外，还有庙市。所谓庙市，是墟市的另一种形式。闽北于宋元时期寺庙多，各寺僧人常利用佛祖诞生日等诸如此类的宗教节日举行盛大的庙市，用以增加经济收入和扩大寺院的影响。

宋元时期，尤其是北宋，集市贸易的发展对于闽北社会产生了深远的影响。一些水陆交通要道上的墟场，定居人口中专门从事商业的居民越来越多，逐渐发展成为新的市镇；商品繁盛的市镇和税场进而发展成为新的县，有的县也由于商业贸易与生产的大幅度提高，经济的繁荣而上升为州、军。据载，政和县就是北宋时期由税场、镇和"析县"建立的新县。

浦城前洋古商街是兴起于宋元时期的一个墟市。据当地的文史工作者考证，前洋古商街位于富岭镇前洋村东北侧，距县城约35公里。商街穿前洋旧村的街道而过，长约6000米，宽约2.5米，街道路面用鹅卵石铺砌而成，其时店面密集，成为各种日用消费品集散地。这条商街直接通往浙江的龙泉市，浦城特产由此地出省，而江浙的盐巴也由此入闽。至今前洋古街中心的一间老店面门前还悬挂着一幅三米多长的"王世昌南北京果，王世昌酥松栗饼"招牌，镌刻了当年古商铺的印记。此外，前洋古街面的古老的沿街店面里偶尔还可见到闲置在房前屋后半人高的古柜台。

值得一说的还有渔梁驿。其位于浦城县仙阳镇渔梁村，为古代中原入闽的第一驿站，成为商贾仕宦北上中原，或南下入闽出洋之必经之所。渔梁驿所在的渔梁村，在宋元时期就是一个颇为兴盛的集镇。《闽部疏》载："凡福之丝绸、漳之纱绢、泉之蓝、福延之铁、福漳之桔、福兴之荔枝、泉漳之糖、顺昌之纸，无日不走分水岭及浦城小关，下吴越如流水。"渔梁驿由于商旅辐辏，游客络绎，陆游、蔡襄等无数文人学者在此投宿，留下不少佳作美文。

进入宋代，建安、浦城等地盛产的绢、绫、纱、布、麻、纸、茶叶、陶瓷等已大量投入市场。建阳印刷业兴起，商贾活动日趋活跃，行四方者，无所不至，"书市比屋，皆鬻书籍。天下客商，贩者如织"。元代商业繁荣，意大利人马可·波罗在游记中写道："到了那雄大繁华的建宁府,人民以经商及手工业为主,产丝甚多……经过许多城镇,那里有许多商人和工匠,还有许多商品和大量的丝。"

宋元时期,闽北地区为闽、浙、赣货物集散中心之一。闽北到江淮流域有三条商路:一条为杉关路,经光泽杉关入赣转其他地区;二为仙霞路,由浦城入浙转其他地区;三为分水关,由崇安入赣转其他地区。《闽部疏》载:"自邵武至建阳,非孔道也,经过几十里间闽北最佳丽地……顺昌之纸;无日不走分水岭及浦城小关,下吴越如流水,其航大海而去者,尤不可计。"

兴起于宋元时期的浦城前洋古商街

闽北地区与江西、浙江接壤或毗连,是福建省"北大门",承东启西,发展省际边界贸易有着得天独厚的地理优势。历史上闽北与浙、赣、沪等地就有密切的经济往来,商贾交往频繁。省际民间边界贸易主要在浦城、光泽、政和3县,尤其浦城、光泽历来十分活跃。

二、海外贸易的活跃

宋元时期,社会稳定、经济繁荣,对外文化交流频繁,也是我国海外贸易大发展的时期,福建泉州港和福州港迅速崛起并成为对外贸易的重要港口,闽北的瓷器、茶叶、建锦、土纸、皮枕和其他土特产品成为这些港口重要的出口商品,大量销往海外,对外贸易一片繁荣景象。

除上文所述茶叶出口外,陶瓷器是闽北出口的主要贸易品。尤其值得一提的是建盏。其所特有的艺术魅力和独特功能令人叹为观止,并成为宋代社会的特殊文化载体,它还伴随着对外贸易和文化交流的大军漂洋过海,风靡海外。

1976年,在韩国西南木浦市新安海域发现了一艘元代沉船。船内出土数以千计的瓷器,其中黑釉瓷117件,已考证是宋代建窑的产品。在东南亚的马来半岛、菲律宾、印尼等地也发现建窑黑釉器。据叶文程等先生称:"东南亚发现的宋元时期我国外销瓷……多数是建窑黑釉瓷器。"徐兢的《高丽图经》载,宋代的文物和饮茶习俗很受朝鲜人的赞赏,朝鲜人喜爱喝茶,他们常用的茶具之一就是黑釉兔毫碗。宋代末年,中国商人至朝鲜者日趋频繁,在开城居住的中国商人又大多来自福建,来往商客不仅从中国带去大量的茶叶,也带去了上等的茶具建盏。由此可见,在两宋尤其是南宋和元代初期,建盏作为贸易陶瓷,通过海运大量销往海外。

据叶文程、林忠干先生研究,建盏外销到日本有三条航线:福州→琉球群岛→日本;泉州→澎湖列岛→日本;宁波→日本或泉州、福州→宁波→日本。部分建盏应是通过这些港口销往海外的。

1992年5—6月间,建窑考古队在水吉镇池墩村原建阳瓷厂内试掘了一处堆积遗址,遗址内出土了大批的黑釉碗残件,其中不少碗底刻"供御"等字样,该处还采集和出土了名贵的"鹧鸪斑"纹碗残件。在该碗黑色的底釉上散落一颗颗圆形或椭圆形的白色釉点,这些釉点直径约0.8~1厘米。形如一颗颗珍珠,一黑一白,黑白分明,故以往有研究者暂称之为"珍珠斑"。这类"鹧鸪斑"碗底往往带"供御"字样,说明是专为宫廷烧制的御用瓷器。根据遗址出土瓷器和遗址所处的位置推测,这是一处存放待运产品的仓库和货场,遗址东侧约1000米处即是芦花坪窑址,西侧约100米处则是南浦溪,溪对岸是七里岚村。南浦溪自北向南奔流,在建瓯市徐墩与闽江三大支流之一的建溪汇合,然后继续南流,到南平市与富屯溪、沙溪汇合,注入闽江,通向大海。这是古代的一条重要水运航道,1935年6月,普拉玛考察建窑时,曾通过这条水道运走了大量建盏。因此,可以肯定,建盏的一大部分应是通过这条黄金水道运抵福州港销往海外,或通过泉州港转运海外。

若沿南浦溪北上,则可由陆路经浦城,越仙霞岭而入浙江,再入江山清湖,即为钱塘江上游,顺流可直下京杭,还可转抵宁波港,再销往海外。据民国《建瓯县志·金石》载:"兔毫盏,出禾义里……唯池墩村水尾岚堆积……时有人收运上海或日本,其盏内之花纹似兔毫,故名。"池墩村是宋代建盏的重要集散地,大量的建盏通过村边的河运码头装船外销。

小小的建盏随着浩浩荡荡的商船,从一个偏远的山野小村走向了广阔的世界,不仅为当地创造了大量的财富,而且对输入国的日常生活乃至社会文化都产生了深刻的影响,这恐怕是建窑的窑工们所始料未及的。

建盏以外,延平茶洋的各种瓷器在宋元时期也远销海外各国。茶洋窑址位于闽江上游。《延平县志》记载,宋代茶洋设有金砂驿,元代更名为茶洋驿。经考古发现,延平茶洋瓷器外销海外的有:印度尼西亚东爪哇出土的白瓷茶碗,施雪白釉以及温柔滋润的乳白釉,口缘施褐色釉,圈足内亦满釉;印度尼西亚苏拉威西岛出土的印花凤凰缠枝纹绿白釉瓷盒子、菊花纹绿褐釉瓷盒子以及在日本发现的菊花纹绿白釉瓷盒子,有美丽的返银现象,胎骨系瓷土烧成,是日本珍藏的交趾三彩盒的祖型,此外,菲律宾出土的铅釉瓷器、模印莲瓣纹白瓷碗,与延平茶洋窑产品极相似。近代,在市郊宋元古墓葬出土文物中,发现不少茶洋窑产品;在印尼苏拉威西岛、东爪哇、菲律宾、韩国、日本、澎湖群岛等地亦有出土。元代陶瓷器外销比宋代更盛,种类也更多,《岛夷志略》所载陶瓷器外销情况列表如下:

输往国家或地区	陶瓷器种类	输往国家或地区	陶瓷器种类
三岛	青白花碗	彭坑	瓷器
苏禄	处器	文诞	乌瓶、青瓷器
占城	青瓷花碗	千里马	粗碗
无枝拔	青白处州瓷器、瓦窑	须文那	大小水罐

续表

输往国家或地区	陶瓷器种类	输往国家或地区	陶瓷器种类
日丽	青瓷器、粗碗	遐来勿	青器、粗碗
麻里鲁	磁器、盘、处州磁、水坛、大瓮	龙牙犀角	青白花碗
丁家鼎	青白花碗	苏门傍	大小水埕
戎	青白花碗、磁壶、瓶	班卒	瓷器
罗卫	青白碗	蒲奔	青瓷器、粗碗、大小水埕、瓮
罗斛	青器	旧港	处磁、大小水埕、瓮
东冲古剌	青白花碗、大小水埕	文老古	青瓷器、埕器
苏洛鬲	青白花碗、水埕	龙牙门	处磁器
针路	大小埕	灵山	粗碗
淡逸	粗碗、青器	花面	粗碗、青处器

从表中可以看出,元代福建外销陶瓷有青瓷器、青花瓷器青白花碗,以青瓷器为主。器型有碗、罐、瓶、壶、埕、瓮、西、坛等,陶质的坛、瓮、蹈、壶等也大量外销,销售的国家和地区已达四五十个。当然,这些陶瓷器除闽北的产品外,也有一些如浙江、江西等地名窑的产品,经福建外销。光泽茅店窑瓷品在宋代就经香港远销印度苏门答腊等地,深受海内外客户青睐。

在东亚、东南亚、南亚、西亚以至非洲的很多地方,都发现有宋元时代闽北的陶瓷器。

三、具有代表性的商人商帮

一般来理解,商帮是指以地域为中心,以血缘乡谊为纽带,以相互扶持为宗旨的自发性商人群体。由于地理、历史、文化、经济等条件的差异,不同地域的商人在经商专长和经商风格上都会形成一定的共性或特性。宋元时期闽北最著名的商帮即是建阳世代传承和经营的书坊。其时重要的刻书书坊名号如下:

余氏书坊:建阳余氏为古代福建最著名的刻书世家。余氏族谱内载余氏祖上自北宋移居建阳,即以刊书为业,世代相传。余氏堂号甚多,宋、元时有万卷堂、双桂堂、明经堂、励贤堂、勤有堂等。

余氏万卷堂:主人余仁仲,文士。刻书多而且精。知见有宋淳熙七年(1180年)刊《尚书精义》50卷,宋绍熙二年(1191年)刊《春秋公羊经传解诂》12卷、《春秋谷梁经传》12卷及《礼记注》等十多种。所刻九经在宋代就被称为善本。现仅存《礼记注》和《春秋公羊经传解诂》二种,藏于北京图书馆。

余氏明经堂:主人余唐卿。知见有宋宝祐元年(1253年)刊《类证普济本事方》10卷、后集10卷。

余氏励贤堂：主人余彦国。知见有南宋间刻《新编类要图注本草》42卷、序例5卷、目录1卷。

余氏勤有堂：主人余志安。元代余氏最有名的书坊。知见有元大德八年（1304年）刊《太平惠民和济局方》10卷、元至大四年（1311年）刊《分类补注李太白诗》25卷、元皇庆元年（1312年）刊《集千家注分类杜工部诗》25卷等20多种。

余氏勤德堂：知见有元至正四年（1344年）刊《增修互注礼部韵略》5卷、《广韵》5卷、《皇元风雅》12卷等。

余氏双桂堂：知见有元至正十一年（1351年）刊《诗集传名物钞音释纂辑》20卷、《书集传》6卷、《联新事备诗学大成》30卷等。

王氏世翰堂：知见有宋嘉祐二年（1057年）刊唐司马贞《史记索隐》130卷，卷末有"嘉祐二年建邑王氏世翰堂镂版"木记。这是最早见诸记载的建阳坊刻。

王氏一经堂：主人王叔边。知见有南宋初刻《后汉书》120卷。

王氏桂堂：主人王懋甫。知见有南宋间刻《选青赋笺》10卷，目录后有"建安王懋甫梓于桂堂"木记。

刘氏一经堂：刘氏为著名刻书世家，刻书始于北宋，历宋、元、明三代。北宋刘麟于宣和六年（1124年）刻有《元氏长庆集》60卷。南宋有刘仲吉、刘将士、刘叔刚等，堂号甚多。一经堂主人刘叔刚。知见有南宋间刻《附释音礼记注疏》、《附释音毛诗注疏》、《附释音春秋左传注疏》等。此前九经刻本没有释音，刘叔刚刊本附音于注文之下，方便读者，是其首创。

刘氏三桂堂：主人刘日新。南宋建阳名肆。据《麻沙刘氏族谱》卷四载：三桂堂聘有编校人员，经部8人，史部6人，并雇雕工16人。这是古代书坊内部组织的唯一记载。知见有宋开禧元年（1205年）刊宋王宗传《童溪王先生易传》30卷等。

魏氏富学堂：主人魏齐贤。知见有宋绍熙元年（1190年）刊魏齐贤自编《圣宋名贤五百家播芳大全文粹》110卷。以"五百家"为书名的还有建阳魏仲举刊的《五百家注音辨昌黎先生文集》、《五百家注音辨柳先生文集》，都是名刻。

此外，宋代建阳魏氏刻书的还有刊刻《新唐书》的魏仲立。

蔡氏一经堂：蔡氏亦为建阳刻书世家，从事刻书的有蔡琪、蔡子文、蔡梦弼等。一经堂主人蔡琪。知见有宋嘉定元年（1208年）刊《汉书集注》100卷、《后汉书》120卷等。

黄三八郎书铺：知见有宋乾道元年（1165年）刊《韩非子》20卷、《重修广韵》5卷等。

江氏群玉堂：主人江仲达。知见有南宋间刊《二十先生回澜文鉴》15卷、后集8卷等。

陈八郎书铺：主人陈八郎。知见有宋绍兴三十一年（1161年）刊《文选》及《贾谊新书》等。

武夷安乐堂：知见有宋庆元二年（1196年）刊《新编近时十便良方》40卷等多种药书、药方。

闽山阮仲猷种德堂：知见有宋淳熙三年（1176年）刊《春秋经传集解》30卷等。

刘氏翠岩精舍：主人刘君佐。子孙世代经营，自元至明，前后150多年。刻书甚多，为建阳名肆。知见有元至元三十一年（1294年）刊《翰苑集》15卷、元延祐元年（1314年）刊《程朱二先生周易传义》24卷等。入明以后，有明永乐十六年（1418年）刊《百家姓蒙古文》《纂图增新群书类要事林广记》42卷等。

刘氏日新堂：著名书坊。主人刘锦文，字叔简，博学能文，多所著述，尤善于诗。凡书版磨损，辄亲自校正刊补。知见有元至元十八年（1281年）刊《朱文公校昌黎先生文集》40卷、外集1卷、集传1卷、遗文1卷，元元统三年（1335年）刊《广韵》5卷，元至正二年（1342年）刊《四书辑评》36卷、《新编增广事联诗学大成》30卷等20多种。

虞氏务本堂：虞氏也是建阳刻书世家，宋代以家刻为主，元代以后以坊刻为主。务本堂为建阳名肆，主人虞平斋。子孙世守其业，前后百余年。以刊刻平话小说著称。知见有元至元十八年（1281年）刊《赵子昂诗集》7卷，元至治年间（1321—1323年）刊刻《新刊全相平话》5种，即《新刊全相武王伐纣平话》《新刊全相七国春秋后集平话》《新刊全相秦并六国平话》《新刊全相续前汉书平话》《新刊全相三国志平话》，每种3卷。

郑氏宗文堂：郑氏也是建阳刻书世家。主人郑天泽，子孙世守其业，自元至明，经营280多年，刻书甚多。元代宗文堂刻书多署"郑天泽"，明代则署"郑希善"等。知见有元至顺元年（1330年）刊元刘因《静修先生文集》22卷、唐欧阳询《艺文类聚》100卷，元末刊宋陈师文《太平惠民和剂局方》10卷等。入明后有正德元年（1506年）刊《五伦书》62卷、明嘉靖十六年（1537年）刊《初学记》30卷等。

郑氏积诚堂：知见有《纂图增新群书类要事林广记》等。

叶氏广勤堂：叶氏为建阳刻书著姓。自元至明，世代经营，刻书甚盛。特别是元代叶日增广勤堂为建阳名肆。知见有元天历三年（1330年）刊《新刊王氏脉经》10卷等。入明后有正统十二年（1447年）刊《针灸资生经》7卷等。

熊氏万卷书堂：建阳熊氏亦为刻书著姓，起于南宋，历经元、明，先是家刻，后为坊刻。元代主要有熊氏万卷书堂、博雅堂、卫生堂等。万卷书堂刻有元至元二十一年（1285年）《山谷外集诗注》14卷等。博雅堂于元至正十七年（1357年）刊《明本排字九经直音》2卷，卫生堂刻有《新编西方子明堂灸经》8卷。又，熊禾武夷洪源书堂于元至元二十六年（1289年）刊《易学启蒙通释》2卷等。

陈氏余庆堂：知见有元皇庆元年（1312年）刊《宋季三朝政要》5卷，又有《续资治通鉴》18卷、后集15卷等。

武夷詹氏月崖书堂：也是历经宋、元两朝的刻书老铺，元代为其最盛时期。知见有宋淳祐年间（1241—1252年）刊朱熹《资治通鉴纲目》59卷、元至元二十四年（1287年）刊《黄氏补千家注纪年杜工部诗史》36卷等。

所谓闽北商人，是对从事商品生产、商品交换、对外贸易等活动的闽北商人的统称。宋元时期，商事兴起，具代表性的闽北商人如下：

毛旭：北宋建阳商人，曾数次前往阇婆国（今爪哇岛东部）进行贸易活动，还促使该国与宋王朝建立了外交关系。①

朱熹,字元晦,是我国历史上继孔子之后又一位伟大的思想家、哲学家、教育家,也是著名的刻书供销商,即儒商。宋高宗建炎四年(1130),朱熹生于尤溪县,14岁时父病逝,寄居崇安五夫。他19岁时以建阳籍参加乡试、贡试,荣登进士榜。朱熹一生创办书院,致力于著书立说,讲学传道,是我国继孔孟之后的一代宗师。如果说孔子是中国早期儒学的权威代表者的话,那么朱熹则是中国后期儒学的集大成者。之所以说朱熹成为一名儒商,主要与其刻书销售有关。朱熹刻书除传播理学以及经史知识和研究成果外,谋生是一重要原因。他一生清贫,为了保证自己的学术研究能够顺利进行,他把刻书当作高尚的谋生之道。据载,朱熹刻过《礼书》、《论语精义》、《近思录》、《资治通鉴纲目》、《四经》等约35种书籍。

黄善夫,字宗仁,著名书商。宋庆元间(1195—1200)刻印《史记》130卷,合集解、索隐、正义为一书,还刻印了《汉书》100卷,《后汉书》120卷,《王状元集百家注分类东坡先生诗》25卷。

刘元起,字之问,著名书商。宋庆元间刻印《汉书》100卷、《后汉书》120卷。

魏仲举,名怀忠,著名书商。自编自刻《五百家注音辩昌黎先生文集》40卷、《外集》10卷、《别集》1卷,《论语笔解》10卷,《韩文类谱》7卷,《五百家注音辨柳先生文集》21卷、《外集》2卷、《新编外集》1卷、《龙城录》2卷、《附录》2卷。还刻印《三国六朝五代纪年总辨》28卷。

余仁仲,著名书商。南宋建阳崇化里(今书坊)书林人,生卒年不详。绍熙(1190—1194年)前后,他以"余仁仲万卷堂"、"余仁仲家塾"等名号刻书甚多。岳珂《九经三传沿革例》称:"世所传九经本,以兴国于氏及建安余仁仲本为最善。"余仁仲所刊九经,今仅存《礼记注》、《春秋公羊经传解诂》、《春秋谷梁经传》三种。余氏所刻之书,历代藏书家均视为珍宝,被誉为"字划端谨,楮墨精妙","字画流美,纸墨精良,洵宋刻之上驷"。现为北京、上海等图书馆所珍藏。此外,余仁仲还刻有《尚书精义》、《周礼注》、《尚书注疏》、《纂图互注重音重意周礼》、《陆氏易解》、《春秋经传集解》及《类编秘府图书画一元龟》等。

蔡琪,著名书商。宋嘉定间刻印《汉书集注》100卷,《后汉书注》90卷、《表注补》30卷,被誉为"笔画工整,纸墨古雅,洵宋刻之最佳者"。

范积中,建州瓯宁(今属建瓯)人,著名盐商。当时福建内陆四州实行食盐官卖,官盐质低价高,故私盐畅销,许多贫苦农民成群结队贩卖私盐。官府强制推销官盐,断了破产农民的生路。跟随范积中贩卖私盐的徒众多次要求起义,积中不从。后其徒杀人,推其为首,积中始终不肯。后遂拥戴其侄范汝为作领袖,于建炎四年(1130)七月二十一日,在瓯宁吉阳回源洞(与建阳接壤的山区)举行武装起义。《中兴小纪》卷九说范积中在起义前被捕,《宋会要辑稿》一七六册《兵》十则、《朱子语类》卷一三三载,范积中被朝廷补忠训

---

① 《宋史·阇婆传》。

郎第三名。

刘君佐,字世英,号翠岩,元代建阳著名书商。其刻书处即以翠岩精舍命名。刻有《程朱二先生周易传义》24卷,元苏天爵纂《国朝文类》70卷,元胡一桂撰《诗集传附录纂疏》20卷、《诗序附录纂疏》1卷、《诗传纲领附录纂疏》1卷,《语录辑要》1卷,宋胡应麟撰《韩鲁齐三家诗考》6卷,元林桢辑《联新事备诗学大成》30卷;元代刘氏翠岩精舍刊刻的书籍还有元董鼎撰《书集传辑录纂注》6卷,唐陆贽撰、宋郎晔选注《注陆宣公奏议》15卷,元王侗笺注批点的《大学章句》1卷、《大学或问》1卷、《中庸章句》1卷、《中庸或问》1卷,梁顾野王撰《玉篇》30卷,宋陈彭年撰《广韵》5卷。

余志安,又名安定,字栋庄,著名书商。父余文兴,号勤有居士。余志安以其父号名其堂,曰"勤有堂",刻书甚多,是元代建阳最负盛名的书坊。余志安从大德八年刻印《太平惠民和剂局方》开始,到至正五年(1345)刻印元陈师凯撰《书蔡氏传旁通》为止,凡41年间,刻书约三十余种。主要刻印有《分类补注李太白诗》25卷,《集千家注分类杜工部诗》25卷、《文集》2卷、《年谱》1卷、《书集传辑录纂注》6卷又1卷、《朱子说书纲领辑录》1卷、《三辅黄图》6卷、《四书通》26卷、《四书通证》6卷、《故唐律疏议》30卷、《纂例》12卷。

刘锦文,著名书商。元代建阳日新堂书坊主,嘉靖《建阳县志·列传》载其"博学能文,教人不倦,多所著述。凡书版磨灭,校正刊补,尤善于诗,有《答策秘诀》行世。"其日新堂从元辛巳(1281)到明嘉靖四十三年(1564)营业时间长达283年,延续了好几代人。主要刻本有:《朱文公校昌黎行世集》40卷、《外集》10卷、《遗文》1卷,宋陈彭年《广韵》5卷,《新编事文类要启札青钱》51卷,《春秋集传释义大成》12卷,《伯生诗续编》3卷,《题叶氏四爱堂诗》1卷,《揭曼硕诗集》3卷,《朱子成书》10卷,《四书辑释大成》36卷,《春秋金锁匙》1卷,《春秋胡氏纂疏》36卷,等等。

第四节　闽北闽商文化的价值取向

闽文化从闽北开始。理学作为一种文化成果,对中国文化产生过较为深刻的影响。理学在北方产生,很快在闽北传播,并迅速崛起,改变了福建"无儒家者流"的状况。陈襄(1017—1080年)与陈烈、周希孟、郑穆倡导闽中,号为海滨四先生。陈襄是侯官人,宋庆历二年(1042年)中进士,调浦城任主簿,摄县事。陈襄在浦城创办县事,亲自讲学,远方来浦城向陈襄求学的达官贵人,亦使理学在闽北广为传播。程颢、程颐兄弟创立以理为本的思想体系,是理学初创阶段最为典型的形态,从学的闽北人有杨时、游酢、游醇、练绘等。杨时、游酢辞归时,程颢对坐客说:"吾道南矣。"南宋朱熹对理学展开系统的、创造性的总结,成为理学的集大成者。朱熹生在福建尤溪,读书、学术活动、创立闽学都在闽北,逝后亦葬在闽北。其门徒骨干闽北居多,故其创的学派称为闽学。闽学的创立,使闽北成为中国学术重心,中国文化的南迁亦终于完成。在宋理宗时,浦城人真德秀说动人君,使闽学确立正宗地位。元朝,闽学北传,并被朝廷钦定为官方哲学,成为中国封建社会占统治地位的意识形态。

宋元时期,伴随经济文化重心的南移,理学思想和文化传播深入,闽北山区官学和私学兴盛,书院遍地,读书风气盛行,其影响已渗透到商业的方方面面。

一、经营理念

宋元以来,闽北商人经商理念开始成形。朱子学在闽北的生成与传播,给予闽北商人"润物细无声"的影响和浸润,在其漫长的经营实践中,形成了具有浓郁理学色彩的商业文化价值取向。其中,那些积极的价值取向最终推动了闽北商业的崛起。

(一)以信接物,以诚待人

闽北商业的崛起,首先受到了理学诚信思想的影响。自宋元以来,闽北商人生活在"道南理窟"的文化环境里,从小就接受理学思想的道德教育,因此其经营活动在很大程度上受其影响。诚与信在理学思想乃至整个儒家的思想体系中,是两个非常重要的范畴。理学思想关注和重视诚笃、诚意、至诚、存诚,以及立信、笃信、言而有信、讲修信睦等为学之道和道德规范。朱熹就曾肯定了"诚"的重要性。他强调说:"诚者,真实无妄之谓,天理之本然",并将"诚"视作修身、齐家、治国、平天下的法宝。

闽北商人在诚信思想的熏陶下,大多数人将诚、信作为立身行事的指南,并作为商业活动中处理买卖双方关系的基本准则。做人忠厚积德,经商以诚待人,这在闽北商帮商人中已经成为共识。如建阳书坊主十分重视商业信誉,每一刻本上均有书坊的标识,一些书版上注有刻工的姓名,一个个书坊主都是经商中注重诚信的典型人物,朱熹本人亦为私刻商家。

以信接物,以诚待人,这是闽北商人在当时历史条件下迅速崛起的重要原因之一。

(二)以义为利,义中取利

闽北商人在经商活动中,深受理学义利思想的影响。何为义利?朱熹曰:"义者,天理之所宜。"又云:"利者,人情之所欲。"具体到社会生活领域,义则是指人的思想和言行要符合伦理道德规范,朱熹也将理与义的关系称为体用关系。义是伦理道德的理所规定的当然行为,是理这一本体的展现和具体运用。朱熹还说:"仁义根于人心之固有,天理之公也;利心生于物我之相形,人欲之私也。循天理,则不求利而自无不利;殉人欲,则求利未得而害己随之。"也就是说,义根于先天固有的心,属天理之公;利出于物我相互比较,属于人欲之私;循义不求利而利无不在,殉人欲却不能求利且害己。这就是先义后利,义中取利。

在理学义利思想的影响之下,闽北商人大多标榜重义轻利,非义之财不取,并成为从商经营的理念。

不过,对商人来说,其经营的最终目的,从形式上看又不外乎一个"利"字。如何协调义与利的关系呢?闽北商人认为义与利并不是截然对立的。在商业经营活动中,商人完全可以做到"义利双行"。义利双行是宋元时期许多闽北商人的共同信条。商人经商而关注义利之辩,这也只是深受理学影响的闽北商人身上才存在的现象。

关注义利之辩,以"以义取利,利缘义取"为宗旨,并将其践行于商业活动之中,这是闽北商人经营的重要信条之一,这一经商理念进一步促进了闽北商人的崛起。

(三)勤俭治生,孝悌至上

非勤俭不能治生。闽北第一代商人,大多一贫如洗,勤俭发家显得尤为重要。

闽北人经商的主要目的是"治生",即维持生活。一方面,这是由于古闽北的地理位置造成的。闽北自古以来,山多田少,土地瘠薄,农业收入不足以自给,为了生存闽北人多出外经商。"治生"不仅仅是为了满足个人的生存需要,更应该满足整个家庭和家族的生存需要。

闽北商人的这一理念,是与理学所主张的孝悌思想,特别是宋明理学家反复宣扬的孝道密切联系在一起的。朱熹对于孝道多有阐述,并著有《孝经刊误》一书传世。受此影响,许多闽北商人常常把赡养父母、抚养兄弟子侄、遗爱族人当作自己经商的具体目的,从而践行了理学思想家所宣扬的孝道。闽北商人往往一家经商,举族受益,这在闽北商帮中是普遍现象。因而闽北商人既赢得了封建统治阶层的认可,也获得了民间对于闽北商人信任,从而在很大程度上促进了闽北商业的发展。

二、家族特色

宋元以来,随着中国经济和文化重心的南移,闽北商业经济获得了较快的发展。与理学思想对基层社会的有效渗透有关,随着理学宗法伦理观念的庶民化(民间化)及其文化规范的程序化及可操作化,家族社会也在自觉或不自觉地用理学的文化象征资源,将之内化为一种并非纯粹功利主义的经济伦理精神,用于指导家族成员的商业贸易。

所谓家族式商贸文化是指依附封建体制而形成的以血缘、地缘为核心的家长式商业经营管理模式。它与传统封建社会中以家庭为单位组织生产的农耕经济相适应,家族式经营也是闽北商帮商人从事商业经营管理的重要组织形式,所以,这并非完全是一种简单的宗族血缘的保守观念,而是封建家长制礼教的儒家思想长期渗透的结果。

世代相传的茶行、书坊,是闽北商业家族式经营的代表。随着家族制度的形成与完善,大量的家法族规、家训等,都是理学的文化理念渗透到基层社会的具体体现。这些成文的家族伦理规范,是族众中无论士农工商理应遵守的,对族众日后的商业实践产生了深远的影响。这种伦理精神,堪称是商业经济得以发展的内在人文动力。宋明理学强调要"存天理,去人欲",反对见利(私)忘义(公)。这种义利观念基本贯穿于家族的伦理之中。对于商贾者来说,就是不能自私自利,囤积倒卖,做伤天害理的事情。这是种最基本的商业伦理——"贾道"、"贾义"。

在家族化商贸文化中,以家族为中心,以血缘为纽带,以同宗相助为宗旨,创造性地发展了家族性商贸的文化因子,从而产生商业文化。家族化商贸促进互相照应而出现的亲和力的凝聚,虽然带有排他的倾向,却可以说是闽北商人寻求安全感的生物性反应。

三、文化传承

闽学是内陆文化,但闽文化却一直有一种区别于内陆黄土文明的特质,这就是闽地(包括南北附近沿海地区)特有的海洋文化特征。伴水而居、丰富的海洋资源,以其灵动与深邃,一直诱惑着闽人漂泊的冲动、创造财富的冲动,也造就了闽地经济的兴盛与发展。"西方文明是蓝色的海洋文化,而东方文明是土黄色的内陆文化。"海洋文化被黑格尔当作区别中西方文明的一道界限。黑格尔划定这道界限,显然并不符合中国福建、闽北的经济、文化历史的实际情况。

一方水土育一方人,一种文化孕一方商。闽北特殊的地理位置,赋予了闽北商人特有的文化呈现,那就是闽北商人成为内陆与海洋文化的自觉承接者。

闽北地处福建腹地,一方面因土地都被大山占去,真正可耕种面积不多,人稠地狭,生存条件恶劣,这种地理环境决定了闽北人靠山吃山,因地制宜,发展经济。由于其特殊的地理位置,与同属于海洋文化的沿海地区相比,闽北内陆文化向海洋文化过度的特色更明显,其民风像中国北方和内地一样,相对较为朴素和保守。另一方面这里气候潮湿,温和湿润,雨量充沛,自然资源丰富,这又为闽北商人的商业活动提供了充足的商品。中原文化的南移以及理学文化的发达,使闽北商人备受知识的滋润与养育,促进了他们关注市场,关注生产,直面竞争,勇于开拓,勇敢走出大山,依托沿海港口,将茶叶、陶瓷、纸、纺织品等产品运到沿海,再顺着宋元时期福建沿海人开辟的"海上丝绸之路"漂洋过海,将商品销往世界各地。

闽北商人对海洋文化的接受,主要表现在商品意识、金融意识以及冒险意识。第一,商品意识是海洋文化与内陆文化最主要的区别。其起源于海洋文化最早的物质基础是船、鱼和盐。从事打鱼和晒盐的人,必须通过商品交换,才能换得生活的其他必需品,乃至扩大再生产的生产资料。因此在他们眼中,一切都是以商品形态出现的。而一切商品都是有价值的,这就是商品意识。第二,金融意识。大陆文化中的市场仅仅是自给自足经济的补充,早期采取简单的物物交换形式。只有其突破自给自足经济补充阶段的时候,金钱才成为重要中介物。在商品贸易过程中,闽北商人逐渐生发了"以钱生钱"的金融意识。第三,冒险意识。海洋文化主要是面对人与自然的矛盾,而人在自然面前是平等的,决定命运的是自己的努力。在大海的风浪面前,如果退缩、投降,只有死亡。恶劣的自然环境需要冒险意识,在中原地区重农抑商氛围浓厚的宋元时代,为了生存,只有冲破禁令才能谋生。

在经商过程中,闽北商人以开放和向外发展的胸襟,大量涌向沿海、东南亚乃至世界各地经商。经过长期的文化交流和融合,闽北商人把内陆文化、中原华夏文明和海洋文化很好地结合在一起,形成以理学为核心而带有浓厚海洋性和地域特征的文化系统。而且这种双向贸易的结果,不仅造就了闽北内陆文化的兼容性和开放性的特点,同时也成就了闽北商人较强的适应性。①

---

① 当然,必须指出,海洋文化与大陆文化,都是一种历史形成的文化形态,并无高低优劣之分,各自都有长处和短处,而且并不互相排斥。二者是并行、竞争的关系,而非天然地对立。本文这里只是揭示和说明,在宋元时期,闽北商人就成为不折不扣的内陆与海洋文化的自觉承接者。

第三章

明清时期闽北闽商的发展

明洪武元年(1368),朝廷改建宁路为建宁府,领建安(今建瓯一部分)、瓯宁(今建瓯一部分)、建阳、崇安、浦城、政和、松溪7县;改邵武路为邵武府,领邵武、光泽、泰宁、建宁4县。洪武二年(1369),朝廷又改延平路为延平府,领南平、将乐、顺昌、沙县、尤溪5县,三府并立闽北,同属福建布政使司。

随后,闽北行政区又在明初设置的基础上进行微调:景泰三年(1452),延平府以沙县、尤溪二县部分地置永安县;景泰六年(1455),建宁府以政和及福州府福安部分地增置寿宁县;嘉靖十四年(1535),延平府以尤溪县部分地增置大田县,这就使闽北地区的县增至19个,分别是:建宁府,领建安、浦城、建阳、松溪、崇安、政和、瓯宁、寿宁8县;邵武府,领邵武、光泽、泰宁、建宁4县;延平府,领南平、将乐、沙县、尤溪、顺昌、永安、大田7县。这种行政区划一直沿用至清初,随后略有变更:雍正十二年(1734),建宁府划寿宁县属福宁府,延平府划大田县归永春州。由此而至清末,闽北三府的行政建置分别为:建宁府,辖建安、瓯宁、建阳、崇安、浦城、松溪、政和7县;延平府,辖南平、顺昌、将乐、沙县、尤溪、永安6县及上洋厅(今顺昌洋口,清末增设);邵武府,辖邵武、光泽、建宁、泰宁4县。[①]鉴于闽北这一时期区划设置的历史状态,本章所论述的闽北闽商将尽可能接近其原行政区地,以期能够最大程度描述出明清时期闽北闽商发展的基本脉络与历史成就。

第一节 农业、手工业的商品化

元至正二十七年(1367),明兵入闽,结束了福建长期混乱的局面。开始采取召集流亡、减轻赋税等恢复农业生产的措施。洪武二十四年九月(1391),朝廷颁布庚子诏,要求"建宁岁贡上供茶,听茶户采进,有司勿与。勒:天下产茶去处,岁贡皆有定额,而建宁茶品为上。其所进者,必碾而揉之,压以银板,为大小龙团;上以重劳民力,罢造龙团,唯采

[①] 南平市地方志编纂委员会:《南平地区志》卷一《政区》,北京:方志出版社,2004年,第116页。

茶牙以进"。① 随后,为促进民间经济的恢复发展,朝廷又于永乐元年(1403)奏准:"凡军民之家,嫁娶丧祭,时节追送礼物,染练自织布帛,及买已税之物;或船只车辆,运自己物质并农用之品;各处小民挑担蔬菜;各处溪河,小民货卖杂鱼;民间家园池塘,采用杂果,非兴贩者;及民间常用竹木蒲草器物,并常用杂物、铜锡器物、日用食物,俱免税。"②

这些宽解民怨的措施,不但有助于恢复元末遭到破坏的社会经济,而且也在社会生产、人口和商品贸易方面产生了相当影响——玉米、花生、甘薯、烟叶等栽种技术陆续传入,一度衰颓的闽北经济有了越来越多的兴盛气象:浦城、建瓯、光泽、建宁等水稻主产区,"万壑皆稻熟",粮食源源外运,售往福州;茶、杉、纸、笋等产销继续增长,农民所产的生活资料除了满足自己消费之外,还可以把剩余的部分出售,换取货币,以转购自己所不能生产的生活资料。这种情况下,农产品、农副产品、小手工业品开始越来越多地变成商品,大大促进了闽北社会经济的进步和发展。

一、经济作物的商品化

(一)茶叶

茶叶自宋以来就是福建著名的特产之一,明初因袭宋元旧制索取贡茶,在天下总额4032斤的数量分配中,仅武夷贡茶就高达941斤,几乎占了全国的四分之一。当时的贡茶还是传统腊茶,主要来自北苑(建阳)和武夷的探春、先春、次春、紫笋以及荐新茶,制作工艺繁复考究。洪武二十四年(1391),朱元璋下令"罢造"以龙凤团茶为代表的传统腊茶,官办茶业自此衰亡。随后,闽北茶叶生产为适应大众泡饮需要,开始出现以下几大变化:

(1)茶制作从团茶走向散茶,茶生产从官营走向民营。

茶从发酵工艺来分,可分为生茶和熟茶;从是否压制来分,可分为压制茶和散茶。散茶经人工渥堆发酵,制成熟茶之后不需紧压就可以直接取出冲泡,方便实用,广受欢迎。为适应市场需要,闽北各地茶农纷纷扩大种茶面积,研制新茶,使茶品种不断增加,茶生产也由官营走向民营。

对明清时期闽北的茶叶生产和茶商活动,各处典籍均有相关记载,比如:"(建宁)八县皆出,而龙凤、武夷二山所出者尤号绝品。"③"前(明)朝不贡闽茶……间有采办,皆剑津蓼地所产。"④此处所说剑津,即今延平在古代的别称,蓼地即今延平区茂地镇,半岩即茂地镇茫荡山三千八百坎中段。"水仙茶,出禾义里大湖(今建阳小湖镇大湖村)之大山

---

① 《明太祖洪武实录》卷二一二。
② 《明会典》卷三五《课程四·商税》。
③ 弘治《八闽通志》卷二五《食货·土产》,福州:福建人民出版社,1989年,第534页。
④ (清)周亮工:《闽小记》卷一《闽茶》,来新夏校点,福州:福建人民出版社,1985年,第13页。

坪。其地有岩叉山,山上有祝桃仙洞。西乾厂某甲,业茶,樵采于山,偶到洞前,得一木似茶而香,遂移栽园中。及长采下,用造茶法制之,果奇香为诸茶冠。但开花不结籽。初用插木法,所传甚难。后因墙倾,将茶庄倒发芽,始悟茶之法,获大发达。流通各县,而西乾之母茶至今犹存,固一奇也。"①这段文字,不仅是闽北人工培植水仙茶的最早记载,而且还提及了闽北茶商"西乾厂某甲"的制茶活动与业茶经历,是涉及明清时期闽北茶商的、为数不多的重要历史资料。而学者所考的《红楼梦》第四十一回《栊翠庵茶品梅花雪》,也证实贾母所点之"老君眉"即产于光泽乌君山前。

(2)茶技术进一步发展,青、红、白茶陆续出现。

明初罢造团茶后,一向以制作龙团凤饼著称的武夷贡茶立即处于一个变革的境地,它在促进散茶发展的同时,也催生出了新的茶叶发酵技术,形成了半发酵的乌龙茶和全发酵的红茶两种新茶类,为明朝成为我国古代茶叶制作技术的高峰期而提供了雄厚的技术支持。

乌龙茶,亦称青茶,属于半发酵茶类,是经过杀青、萎雕、摇青、半发酵、烘焙等工序后制出的品质优异的茶类,为中国几大茶类中独具特色的茶叶品类,由宋代北苑(今建瓯凤凰山一带)所贡的龙团、凤饼演变而来,主要品种有:大红袍、铁罗汉、白鸡冠、水金龟、肉桂、水仙、武夷奇种等等,技术成熟后逐渐传播到闽南、广东及台湾等地。

红茶,约产生于1610年前后②(亦有称在1650年前后者),由武夷山茶区的茶农发明,属于全发酵茶类,经萎凋、揉捻(切)、发酵、干燥等工序精制而成,先因外形乌黑油润而被当地人以地方口音称为"乌茶"(音读 wu da,意即黑色的茶),后又因冲泡后汤色红艳明亮而被改称为"红茶"。红茶原产于武夷山南麓的星村镇到江西省边界海拔1000米左右的桐木关山中,初称"小种红茶",又名"正山小种",味道浓烈,可经多次冲泡而不散,较符合外国人的口味,因此逐渐在欧洲赢得市场。英国人甚至还以其产地来源称其为"武夷茶"(BOHEA TEA)。

白茶的生产主要集中于建阳市漳墩镇。该镇位于建阳东部,与松溪、政和、浦城、建瓯相连,是闽浙路程最短的一条古商道的必经之处,也是历史悠久的产茶区。境内丘陵叠嶂,溪水潺潺,雨量充沛,茶树丛生。当地人认为:采回的茶叶经过"萎凋与干燥",其性寒凉,具有退热祛暑解毒之功效,可用于医治牙痛和麻疹。为了把这样的茶叶保存起来备用,就必须把鲜嫩的茶芽叶晒干或焙干,这就诞生了原始的白茶工艺。白茶一般采用清明时节叶背多白茸毛的一芽一叶或一芽二三叶加工而成,称作"小白茶",以区别于福安等地的大白。它只经过杀青,不揉捻,文火烘干或晒干后,茶叶的白毫显露,酷似寿仙眉毛,俗称寿眉白茶。因清代列入贡品,又称贡眉白茶。建阳文化工作者叶木青参考漳墩镇《萧氏宗谱》,并据1990年时年74岁的桔坑村南坑萧乌奴和同村同年人饶太荣两位

---

① 道光《瓯宁县志》。
② http://www.fjsq.gov.cn/showtext.asp? ToBook=203&index=457&,《武夷山志·附录·大事年表》称:万历三十五年(1607),武夷茶通过荷兰东印度公司输入欧洲,并渐为达官贵族所宠,"武夷"的音译"Bohea"则演变为中国红茶的总称。

老茶农的讲述内容,考证其原产地和称谓来源于建阳市漳墩镇桔坑村南坑:"清乾隆三十七年至四十七年(1772—1782),建阳市漳墩镇桔坑村南坑茶业世家肖氏兄弟采用半晒半晾、不炒不揉方法创制出独特的片状茶——寿眉白茶被列为朝廷贡品,称作贡品寿眉白茶,贡眉白茶称呼由此而来。"同治十三年(1874),左宗棠《奏以督印官票代引办法》第七条有"所领理藩院茶票,原只运销白毫、武夷、香片、珠兰、大叶、普洱六色杂茶,皆产自闽滇"的记载,此中之白毫,即贡眉白茶,也称白毫银针。

(3)武夷茶取代北苑茶。

从历史的发展来看,明代北苑茶日渐衰败后,武夷茶开始代之而起,取代了北苑茶的辉煌状态。对此,《闽书》的记录相当说明问题:"宋时,建州之茶名天下,以建安北苑为第一,而今武夷贵矣。"①由此而导致的基本情形就是:崇安(今武夷山)"为产茶之区,又为聚茶之所,商贾辐辏,常数万人","茶客每家经营资本,辄数十万"。

到了清初,闽北的茶叶生产基本保持明代水准,但就全省的生产状况来说,仍远逊于全国先进地区。经过数十年的努力与发展,到18世纪30年代,闽北的茶叶生产又开始出现大踏步的前进态势——"崇(安县)、建(宁府)、泉(州府)随地皆产",其中尤以崇安为最:"山中土气益茶,环九曲之内,不下数百家,皆以种茶为业,岁所产数十万斤,水浮陆转,鬻之四方,而武夷之名甲于海内矣。"②这期间,武夷山最为主要的两个茶叶交易中心星村和下梅远近闻名,"附近各县所产茶,均集中于此"。盛时每日竹筏三百艘,转运不绝。经营茶叶均系江西人(南丰邹氏)。光绪后,茶市由下梅而移赤石。国内所有销茶及运茶出口的各路商人,均来此购茶并进行运茶的必要安排。

作为中国白茶的重要主产区,政和县的白茶生产虽在清时进入鼎盛,但仍抵不过武夷茶的发展态势。乾隆五十五年(1790),政邑知县蒋周南就曾做过一首《咏茶》诗,称:"丛丛佳茗被岩阿,细雨抽芽簇实柯;谁信芳根枯北苑?别饶灵草产东和(注:政和别号东和)。上春分焙工微拙,小市盈筐贩去多;列肆武夷山下卖,楚材晋用怅如何。"由此可知,清初政和产茶的盛况,使著名的北苑产区都要黯然失色。但由于政和当时并无茶行、茶庄的设置,因此一筐筐的茶叶便被茶贩运到武夷山出售。眼看着当地名茶流失,这位知县不禁生出无限感叹。

(4)茶需求日益膨胀,茶产地不断扩大,茶销售开始由内陆拓向海洋。

茶叶废除"官茶"束缚后,民茶种植大为发展,销路也日益扩大。康熙五年(1666),华茶由荷兰东印度公司输入欧洲。康熙十九年(1680),欧洲人就已经以茶为日常饮料,且以武夷茶为华茶之总称,开辟了武夷茶的新世纪。

民营茶业的获利,激发了茶业的再发展。"今则建阳之徐墩,瓯宁之水吉,皆有茶行,茶市之盛,不减崇安。"③"近今广潮帮来采办者,不下数十号。市场在城内及东区之东

---

① (明)何乔远:《闽书》卷一五〇《南产志·茶》,福州:福建人民出版社,1995年,第4450页。
② 嘉庆《崇安县志》卷二《物产》。
③ 詹宣猷等:《建瓯县志》卷七《名胜》。

峰、屯南区之南雅口,生产倍于水仙,年以数万箱计,箱有大斗及二五箱之别,二五箱以三十斤为量,大斗倍之。白毫茶出西乡紫溪二里采办极精,产额不多,价值亦贵,由广客采买,安南、金山等埠,其销路也。"①武夷茶销量的急速膨胀,使武夷山一带"所产不足以给天下之需"。因此在茶利甚于种稻的吸引下,农民纷纷改辟稻田为茶园,建属各县由此出现无山不茶的恢宏场景。至道光年(1821—1850)止,武夷茶产区就从崇安的一个乡覆盖到建宁、邵武、延平三府。而产茶县市也在迅速向东南蔓延,到19世纪上半叶就已扩展到霞浦、福鼎、宁德、安溪、大田、沙县、永安、建宁、瓯宁、建阳、南平、崇安、政和、松溪、邵武、光泽、泰宁、建宁等18县,光闽北就占有14个。这其中,崇安(今武夷山)、瓯宁(今建瓯)作为全省的产茶中心,其品种之多,质量之佳,均居全国之首。②

除武夷茶外,顺昌洋墩的均仓茶叶在清代也颇为出名,光均仓垅一带就有茶厂五十余家,年产茶达数百担,当时茶价每担(一百斤)八十两白银。尤以水仙茶独树一帜,茶味芬芳,一年可产数千斤。

道光年间(1821—1850),随着外贸开禁和闽北茶叶的日益旺销,一些外国茶商陆续在泉州、漳州、厦门、福州开辟茶市,使得早已名扬天下的武夷茶不断经由闽江运往泉州、厦门、福州等港口外销,进一步促进了闽北茶叶种植生产,众多外地茶商也纷纷聚集闽北各地开设茶栈、茶行。

(二) 木材

闽北作为"建木"的主产地,自古以来就有造林种树的良好传统,民间每逢喜庆之日,筵宴之余,都要栽植树木,以此造福乡里或留待资用。如:添丁有"添丁林",陪嫁有"陪嫁林",养老有"养老树"。所谓"栽树忙一天,利益得百年"、"家有千株杉,没钱也心安"、"现在人养树,来日树养人"的俚语民谚便是这一良好传统的有力佐证。山中不仅有南方红豆杉、银杏、水松、水杉、钟萼木、楠木、南方铁杉、沉水樟、竹柏等珍稀树种,更有人工种植的松木、杉木因质优而名闻海内外,行销日本、台湾、香港、东南亚以及华北和长江流域,称"建杉",是福建最大宗的输出货物之一,为全省四大行业(木材、茶叶、笋与笋干、土纸)之首,从事和依赖其业为生者高达数百万人。

"建杉"的主产地为延、建、邵、汀及福宁,产量巨大,用途广泛,"土人作宫室,以此木为上",③"可转贩以供下四府宫室之用。……郡人所谓货,此其最重要者也。"④随着社会生产的日益发展,自宋就已外销的闽北杉木采伐扩大,其中尤以延、建为多。如:南平"山林之产,岁入不下百余万金"。⑤"沿涧向阳之山多杉木,棚民与山主伙为业,十年之计,

---

① 詹宣猷等:《建瓯县志》卷二五《实业》。
② 《福建省志·商业志》第八章《南平市场》第一节《市场变迁》,http://www.fjsq.gov.cn/showtext.asp?ToBook=215&index=113&.
③ 弘治《八闽通志》卷二五《食货·土产》,福州:福建人民出版社,1989年,第520页。
④ 万历《邵武府志》卷九《物产·货之属》。
⑤ 《南平县志》卷六《物产志第十》,南平市志编委会,1985年5月,点校本,第274页。

亦惟富者优为之。"① 泰宁"邑号杉阳，以县北之山多产杉木，其巨有合抱者，通商贸易。"②"高阳（建安县辖境）之产杉木也，比于楚材，岁中所伐，以万亿计。……或土人自运，或外商行贩，道途搬木，相属不绝"。③ 其交易之盛况，可以想见。而同样以生产杉木闻名一时的尤溪县，"计岁贸约至数十万，自省城而下，架屋者率取给于本邑。深山百年者为寿具最佳，然亦不可多得"。④ 另外，邵武桥头村腰雾山所产的杉木也非常出名，运到福州，只要一听腰雾山的名字就免检，大家抢着要。这使得邻近张厝的木材、毛竹运往福州，也都挂腰雾山的名。

不过，福建的木材交易在明代以前尚少专业经营，罕见史籍记载。明至清初实行海禁时，也仅有闽西、闽北紧靠粤、赣两省一带有少量木材运往广东、江西发卖。到了清乾隆年间（1735—1795），建木销路渐开，开始形成独立行业时，江浙办木的庄客就已来闽设庄，采购木材。闽北各地也有不少人在延平、福州开设木行、木商行，专门从事木材转运和销售。据载，清中叶时，仅建瓯一地经营杉木业者就达200余家，福州木材市场几乎为建瓯杉木所占领。其木材运销除闽江及建溪、富屯溪航道运输货物的木船外，沿岸各地均有从事竹、木运输的放排队伍。他们将木材排置水面，再用横木、内、蔑、竹卯固定成大张木排，用人工摇橹顺流而下至福州。福州遂因此成为与汉口、安东（今丹东）齐名的全国三大木材集散地。

一般说来，福建的木材交易分为初级市场和中心市场，两者联系紧密。初级市场为产区木材集散地，由山客、采办人、木行、缴水店构成。山客即木材买卖居间人，赚取佣金；有的兼转贩木材获利。每县一般一二十人，多者百余人。采办人亦称木客，从事由产地购木转运至中心市场销售，为初级市场的主要木商。木行为木商所设，除购木转贩至中心市场外，兼当地销售。缴水店为批发商或其他商行兼办，以贷款给木商取息，或代理木行向贷款木商定购木材，抽取佣金。中心市场分杉木、松木、樟木市场，集中于福州、龙溪（漳州）、广东潮州三地。由木行、木贩、锯木厂及江浙木客构成。木行售木于木贩、锯木厂或江浙庄客，兼贷款给采办人，取息或作定金。木贩主要从事木材贩运；锯木厂主要从事代客加工或购木锯板转售。庄客即江浙木商派驻福州购木的木客，以浙江籍居多，江苏、上海次之。

在木材销售过程中，闽北的木市遍布各地，主要有：永安的安砂、县城；沙县的莘口、琅口、水壁；将乐的观化楼、水口、积善；泰宁的池潭；建宁的均口、县城以及建阳、邵武、延平等地。⑤ 以建阳为例，其杉木交易主要由江西、浙江商人与当地山场主谈好山场价钱，

---

① 《南平县志》卷十《实业志第十五》，南平市志编委会，1985年5月，点校本，第562页。
② 乾隆《泰宁县志》卷一《物产》。
③ （明）李默：《群玉楼稿》卷七《先考吏部府君行实》，明人文集丛刊本，台北：文海出版社，1970年。
④ 崇祯《尤溪县志》卷四《物产》。
⑤ 《三明市志》第二章《集市贸易》第一节《圩集》，http://www.fjsq.gov.cn/showtext.asp? ToBook=3147&index=1601。

伐下后,铲去杉木皮,"沿溪转运木筒,当经过水坝之乡众,议定修坝费用,大约每厂木筒经过一水坝,须出用二元以上十元以下"。① 而后沿建溪流域直达当时的福州府南台,再沿海路达温州、宁波,随后转运大江南北。明崇祯年间(1628—1644),浙江巡抚张延登《请申海禁疏》就记载说:"福建延汀邵建四府,出产杉木,其地木商,将木沿溪放至洪塘、南台、宁波等处发卖,外载杉木,内装丝绵,驾海出洋。每赁兴化大海船一只,价至八十余两。其取利不赀。"②文中提到的洪塘与南台,是福州临江的两个著名市镇,也是闽江上游商人与外省商人交易的地方,常常停满了来自上游的小船、木排及沿海来的海船。由于当时福建驾驶大海船往来江南与福建之间贩运货物的多是兴化商人,因此许多木材商人都租赁他们的海船将木材运到浙江宁波出售。而清初宁化籍学者李世熊所谓"吾土杉植最盛……此材为栋梁、棺椁、舟车、百器之需,利用最博。先时徽贾买山,连筏数千为捆,运入瓜步(南京附近),其价不赀"③的记载,也很容易让我们得知,明清时期江浙所用建材自闽北产地翻山越岭后,就被顺流而下,先集中于福州,再由海路输出江浙,转运江南瓜州等地。

(三) 竹子

闽北经济作物在商业重要性上仅次于杉木的,就是竹子,其用处极广:"笋生于冬者,曰冬笋,不出土,味佳,生于春者乃成竹,可破篾为筐筥及织壁用。笋长将开叶,砍浸作竹丝造纸,民利之。"④"闽中延平属邑,新笋出土经尺者,皆伐之,曝为明笋(笋干),岁千万斤,贩行天下,其利无算;又制为纸,利皆以万计。"⑤

冬笋和笋干在明清时期都是很受欢迎的食品。这里所说的"明笋"即笋干,主要生产于建宁府与延平府的农村山区,是春季挖取鲜笋加工而成的竹产品,它既可荤吃也可素食,热炒、红烧、煮汤或火锅均可。明小说《西游记》中,就有闽笋用做各种素菜的记载,可见其400余年前已经成为山珍佳品。清代时,闽笋开始运销福州、上海、汉口等地,其产值可与茶叶、杉木相提并论,是福建产业的支柱之一。德福《闽政要领》就记载说:"本省贸易之大,无过茶叶、杉木、笋干三项。"⑥一些著名的笋竹产区,运营此业造富者比比皆是,"吾郡(建宁府)……竹之产为盛,幽篁翠筱,无论千亩;回塘广皋,郁乎苍然。若崇安、建阳诸邑,尤擅萌籆之利,至以贾巨值,为富家翁"。⑦

---

① 傅衣凌:《明清社会经济史论文集》,北京:人民出版社,1982年,第94页。
② (清)张延登:《请申海禁疏》,计六奇:《明季北略》卷五,《台湾文献丛刊》第257种,第103页。
③ 康熙《宁化县志》卷二《土产志》,福州:福建人民出版社,1989年,第119页。
④ 正德《顺昌邑志》卷八《物产》。
⑤ 《宁化县志》卷二《土产志》。
⑥ (清)德福等:《闽政要领》卷中《各属物产》。
⑦ (明)李默:《群玉楼稿》卷三《竹岩记》,明人文集丛刊本,台北:文海出版社,1970年。

(四)粮食

闽北盛产稻谷,是福建粮食的主要产区。据嘉庆七年(1802)的统计数字,当时闽北三府就有储谷量 672000 石,其中延平府 257000 石,建宁府 263000 石,邵武府 152000 石。明中期以后,由于人口继续增长,沿海农民为增加收益,广种甘蔗等经济作物,占用大量粮田。加之城镇商业、手工业发展以及自然灾害等原因,缺粮问题日趋严重,其中尤以沿海的福、兴、漳、泉四府为甚。因此,作为福建粮仓的闽北地区,开始向缺粮地区运销粮食。其粮食市场的组织及交易方法多种多样,主要有三种:一是农户将稻谷或糙米直接售给粮贩、粮商或碓户。二是粮贩或碓户登门收购后,转售给粮商,再由粮商运往县城或外地出售。三是有的粮商将收购的粮食转售给船户,由船户运往洋口、南平、福州等地出售。如建宁府属的建安(今建瓯)、崇安(今武夷山)二县,每年秋收之后,崇阳溪上小船往来如梭,二县余粮多贩运到人口众多的建宁府城(今建瓯)出粜,粮食交易非常活跃。而邵武府建宁县(今三明市建宁县)以粮食交易为主的城北溪口米墟,每逢墟日都约有三五百担食米上市,多由邻近的江西广昌等地农民挑运食米来该地换取食盐,因而溪口的米商又大多兼营食盐,导致溪口因此成为赣米闽盐交换的枢纽地。

受地理条件制约,福建历史上粮油产品的转运,分闽北、闽西、闽东三大运销区。闽北运销区虽属多山,但区域广袤,田多人少,汀州、延平、邵武、建宁等上四府地区的余粮顺闽江水道下输福州,除可供应福州外,还可以供应福州以南福清等县,甚至也有漳、泉、兴化等地来福州洪塘运米。一般说来,明清时期福建粮食运销的基本情况是:

(1)从闽江上游而来,主要运销福州。

明代福州城已有上十万人口,粮食消耗量比较大。上游的延平、邵武、建宁、汀州等四府所属产粮大县的余粮,多循着闽江水道辗转运销福州。"福州一府,上仰延、建、邵、汀及古田、闽清大箬、小箬各山各溪米,皆系彼处商贩顺流而下,屯集洪塘、南台二所,以供省城内外,及闽安镇以下沿海之民转粜。"①可见,上游粮食不仅供应福州,还供应连江、长乐、福清三县。这一情况自明中叶以后更是如此,故明末乡宦董应举曾感慨地说:"吾郡(福州)米粟多出上府","上府粟是吾郡海民利"。② 而闽北民间谚语的形容,则更加直白易懂:"浦城收一收,有米下福州。"

(2)由江西陆运而来。

江西与福建相邻,盛产大米。其输闽大米的主要运销方向是闽西的长汀、上杭。除此之外,对邵武、光泽也时有运销。邵武米运自广昌,光泽米运自新城。不过,受山岭阻隔,闽北粮食对外的运销量始终有限。

---

① (明)周之夔:《弃草集·文集》卷五《条陈福州府至荒缘由议》,扬州:广陵古籍刻印社,1997 年,第 919 页。

② (明)董应举:《崇相集·议·米禁》。

(五)烟草

闽北延平、建宁、邵武三府俱产烟草,首先引种、晒烟、加工烟丝的是明万历年间(1573—1620)的浦城一带,此后各地陆续引种。顺治年间(1644—1661),顺昌县受邻县沙县影响,也发展成为闽北重要的晒烟产区,其元坑晒烟质量优良,远近闻名。特别是东郊村"栋仔上"田产出的烟叶特别金黄和柔软,制出的晒烟价格比一般晒烟高出两成,烟商竞相购买。而洋口镇作为福建四大贸易重镇之一,除顺昌县出产的晒烟在此集散外,著名的沙县夏茂晒烟也多由此集散,再转口各地贸易。

在长期实践积累的基础上,浦城烟丝加工技术日益精良,其成品色泽金黄,吸味耐久而醇厚,被美称为"社烟"或"黄烟"。"黄烟"质地最佳者,号"金丝",行销甚旺。乾隆年间(1736—1795),浦城"金丝"与武夷茶、建兰等一起被列为朝廷贡品,誉满京城,成为京城烟商所竞相经营的烟丝名品。嘉庆年间(1796—1820),浦城晒烟种植进一步发展,所晒山烟以产自黄龙山、茅洋者为上,田烟以产自莲塘者为上,远近著名。其原料所用除本地生产之外,还大量从与浦城接壤的江西广丰一带输入。

明清至民国时期,福建各地所产的晒烟价格多以"收成之丰歉定价值之贵贱",随行就市,按质论价,分为上、中、下三等,通过三种形式进行收购:一是各县境内私营的烟丝店,派人下乡,走村进户收购晒烟。二是烟农进入墟场或集贸市场与烟商自由贸易。"今闽地于五六月间新烟初出,远商翕集,肩摩踵错,居积者列肆敛之,懋迁者牵牛以赴之。村落赶墟之人莫不负挈纷如,或遇东南风,楼船什百,悉至江浙为市,以收成之丰歉定价值之贵贱。"① 三是福州等城市的一些烟庄、烟行,委托中间商或经纪人,成批在闽北产烟区收购晒烟,运销各地批售。那些要由内地出省的,多沿闽江溯流而上,进入闽北,然后经浦城县转道,悉至江浙为市。

随着烟叶消费的普及推广,烟叶种植越来越有利可图,一亩之收可以敌田十亩,故道、咸年间(1821—1861)茶叶竞争激烈之际,许多茶农纷纷弃茶转烟,各县均设烟丝作坊,以自产自销为主,经营方式也大多是在店堂内备有烟桌、烟具、烟丝、茶水,通过"烟桌品烟"引导消费,凡来吸食者,吸烟后即以清水漱口,投钱桌上而去。这种顾客进店即敬烟敬茶的接待方式,不仅拉近了人与人之间的情感距离,而且成为经商者颇具成效的一种促销手段。

当然,除了上述的几大品种之外,闽北的香菇、蓝靛、泽泻等均闻名于明、清时期,产销甚广。如蓝靛,建宁府八县俱出,畅销于江浙一带。光泽种植靛草和利用靛草加工生产靛青的历史非常悠久,早在清乾隆年间(1736—1795),光泽因种植靛草制作染料出名而命名的村庄,就有蓝坑、靛竹坑;清末时又出现靛山溪、染坑、染头、染头排等等。另据《光泽县志·乡土志略》记载,光绪三十年(1904)前,全县出产靛二十余万斤,由水路运销福州者约十余万斤,足见其兴盛之程度。

---

① (清)陈琮:《烟草谱》。

乾隆十九年(1754),建安张老七从四川引种泽泻,效果奇佳,质量上乘,"建泽泻"于是名闻海内外。其装运上海,岁入数万元。发展至清末,"闽各县泽泻年产70万~80万担,收入银圆百余万元"。①

另外,邵武著名的物产姜黄(染料),则多由客商贩往汴梁、南京。

二、手工产品的商品化

(一)造纸业

以竹制纸,称"竹纸",唐代始创,宋、明、清尤甚。福建手工造纸约在盛唐至五代间传入,以邵武、将乐、顺昌、南平、长汀、连城、宁化等县为主要产地,品种不下200种,但见诸记载者为数寥寥。明代起,有关福建造纸的记载开始在典籍中频频出现,如:

"凡造竹纸,事出南方。而闽省独专其盛。"②

"延、建、邵、汀皆做纸。凡篁竹、麻竹、绵竹、赤枧竹,其竹稳皆厚,择其幼稗(即稚)者制,上等、中等;麻头、桑皮、楮皮、薄藤、厚藤、葛皮、稻藁之柔韧者制,下等。竹经薄凝结麻藤桑楮之类皆粗燥。""纸被,以楮皮为之,出瓯宁、建阳、松溪、崇安、南平五县。"③

"楮,有竹纸数色,白出顺昌,黑出建邵诸邑……其用普于四方。"④

"顺昌……煮竹为纸,纸曰界首、曰牌,行天下。"⑤

这些材料说明,当时闽北之纸在国内市场上不仅数量多,而且非常畅销,特别在纸张大量消费的江南市场上更是十分走俏,其价格节节攀升。清人叶梦珠记载说:"竹纸如荆川、太史连、古筐、将乐纸,予幼时七十五张一刀,价银不过二分,后渐增长。至崇祯之季,顺治之初,每刀止七十张,价银一钱五分"。⑥ 在这一背景下,福建土纸生产日益兴盛。清雍正十二年(1734),福建土纸因质量优良而被列为贡品。

虽然竹纸生产在闽北各县皆有,但"出顺昌者尤佳",⑦在宋代就已有一定声誉,明代时进一步发展,著称全省:"纸,旧出池坑者佳。今靖安、西峰、文丰、宁安、石湖、黄源里等处皆造之。又有以楮皮造,大而方厚者,贫家以为卧被。仁寿都多造之。"⑧其所产毛边纸以纸质洁白、柔润光滑、匀细薄韧而著称。至今在日本等国的名纸档案馆里,都还保存着顺昌的毛边纸样品,足见其纸业之盛。明郑和下西洋之后,顺昌之纸越发扩大外销,

---

① 福建省建瓯县委员会文史组:《建瓯文史资料》第三辑,第147页。
② (明)宋应星:《天工开物》卷中《杀青·第十三》。
③ (清)郭柏苍:《闽产录异》。
④ (明)王应山:《闽大记》卷十一《食货考》,福建社会科学院藏抄本。
⑤ (明)何乔远:《闽书》卷三八《风俗志》。
⑥ 叶梦珠:《阅世编》卷七《食货六》。
⑦ 弘治《八闽通志》卷二五《食货·物产》,福州:福建人民出版社,1989年,第550页。
⑧ 正德《顺昌邑志》。

"……无日不走分水岭及浦城小关,下吴越如流水,其航大海而去者,尤不可计"。① 乾隆年间,顺昌纸业更为发展,产品种类日益增多,"猫儿竹,赤视竹,若竹煮料而成者,有杠连,毛边二种,行至京都,近有苍丝、古莲,其纸略粗"。②

建阳所产竹纸在当地又称"扣纸"或"建阳扣","嫩竹为料,凡有数品,曰筒纸、曰行移纸,曰书籍纸,出北洛里;曰黄白纸,出崇政里"。③ 自宋元以来就是有名的印书用纸,质地特别精良,明清时竟一直被江南商人所垄断。晚清福州学者郭柏苍在他的《闽产录异》中记载了这件事:"建阳扣,土人呼为书纸,宋元麻沙版书,皆用此纸,二百年来吴中书坊,每岁以值压槽,禁不外用,故闽人不得建阳扣。"④也就是说,建阳县所产的扣纸,质量好,每年的苏州书商为购此纸,都不惜向建阳"以值压槽"交付定金,导致连福建人也用不上这种纸。

除了书纸外,其他还有毛边、花笺、海纸、毛六、毛八、毛九等县市生产的各类纸品,均销往各地,为一大宗货产。

首先是延平。自古以来,延平土纸独树一帜,制作工艺代代相承,以草本植物、竹类为原料,家庭制作,个体经营。清代,延平土纸生产进入鼎盛时期,质优价廉的土纸供不应求,出现了专事土纸经营的"牙纪",大大促进了土纸业的发展。顺治三年至宣统三年(1646—1911),延平土纸的产销量一直名列全省之首。主要产品有铺东、铺西、正铺、利甲、长连、铺北、白庄、铺家、原纸、北庄、水利、岳葛、毛边、玉扣等十余种。其中,以塔前石城、峡阳镇一带出产的"毛边纸"、"玉扣纸"、"海纸"及太平乡岳溪村出产的"岳葛纸"享誉中外。

毛边纸,以嫩竹为原料。纸质优良,纤维细嫩;结实柔韧,不易折断,光而不滑,敦厚吸水,防蛀性能好,书写字迹经久不变,色泽美观稳定,易于保存;宜于书画、印刷、簿籍和裱背。主要产地分布在峡阳、土堡一带。

玉扣纸,以嫩竹为原料,纸质好,不易老化、硬化,不易变色、虫蛀,物理性能和化学性能稳定,使用寿命长。其主要优点为机制纸所不能,是文书档案书写用纸的最佳纸品;系历代封建王朝的朝廷用纸,以"玉洁冰清"著称,独获"日鉴天颜"之誉。产品远销东南亚各国,主要产地在峡阳、土堡(今塔前镇)一带。

海纸(俗称瞑纸),系迷信纸品的传统用纸,主要销往广东及省内各地。后"牙纪"们发现国内"东三省"迷信之风颇为盛行,南洋各国的华裔移民信佛者甚众,便大力拓展国内外市场。销路一开,畅不可收。尤其是土堡乡石城村出产的盖有蔡兴明兄弟印记的土纸,质量好、分量足,销路最大,在东南亚一带享有盛誉。

岳葛纸,始于宋代,产于太平乡岳溪村。以草本植物为原料,谓之楮皮。自宋以后,草本植物被弃之不用,中断了600余年。民国三十年,省政府建设厅在马站附近创办造

---

① (明)王世懋:《闽部疏》,丛书集成初编第3161册。
② 乾隆《顺昌县志·物产》。
③ 嘉靖《建阳县志》卷四《货之属》,建阳县方志办,1989年点校本。
④ (清)郭柏苍:《闽产录异》卷一。

纸厂，复用草本植物做原料，俗称草纸。

其次是邵武。明朝永乐中期，江西省西山置官局，专造官纸，其最大最好者，就有邵武产的"太史连纸"。关于邵武连史纸的名称，历史上的各种史料有多种叫法，难以考证。据上海著名文物鉴赏家蔡国声《文房四宝鉴赏与收藏》第125页上的说明可知：连史纸又名"连四纸"、"连泗纸"，其纸质较厚者又称为"海月纸"，原产于福建省邵武以及闽北地区和江西省铅山县一带。相传是邵武连姓兄弟二人经过多年研制，精工抄造而成，因他们排行"老四"、"老七"而得名。连史纸采用嫩竹做原料，碱法蒸煮，漂白制浆，手工竹帘抄造，纸质薄而均匀，洁白如羊脂玉，系明清时期著名的书画用纸，多用来制作高级手工印刷品，如碑帖、信笺、扇面原纸等，在市场上十分走俏，"四方商贾多结贩往湖广、南直隶诸处变卖。本郡诸货，惟此颇为得利"。①

目前，邵武连史纸在邵武已罕见生产。但在邵武的邻县顺昌元坑镇光地村偏远的深山里，还有90多户人家继续延用连史纸古老的造纸方法进行造纸，其产品系写字、作画的一等好材料，成为市场的紧俏产品，远销厦门、广东、山东等地。②

再次是光泽。清乾隆至嘉庆年间（1736—1820），光泽县造纸空前繁荣，有纸槽500多个，从业人员3000余人，占当地劳动力80%，经营纸类商店26家，大多数人都以纸为生。黄纸主要产于光泽县寨里镇西溪、中桂、山头关等村，以中桂为盛。全县年产黄纸约2万箱，除少数在县内销售外，大部分通过山头关，运至江西省贵溪县冷水坑，再装船通过赣江、长江销往全国各地，最远销到西藏，西藏的寺庙视中桂黄纸为珍品。

最后是将乐。将乐纸本名青丝扣、扛连纸。制作精细，光润幼洁，响张少疵，坚实洁白，以经久不碎不蛀见长，有"纸寿百年、冰清玉洁"之誉，为书写、印刷、簿籍、裱褙之上品。宋元时曾被麻沙版图书采用长达200年，清初更是大量运销江右、湖广等地。乾隆（1736—1795）末年，将乐输送官府的"官纸"或"京纸"，质量要求更加严格。

由于闽北纸业繁盛、竹木资源丰富，因此纸品贸易十分兴盛，并由此形成了许多专门性的纸墟，如：永安县城；沙县的玉口、县城、富口；将乐的水口、县城、高滩；泰宁的县城、大田、新口；建宁的均口、县城；建瓯的梅岐里埂头；顺昌的洋口；等等。③

（二）刻书业

明初，福建由于没有大规模的战争与破坏，刻书业因此得到延续和发展，这一点在洪武年间表现得特别典型。如：洪武二十四年（1391），北方因学校普遍缺少书籍，导致朝廷不得不于六月下诏曰："宜于国子监印颁，有未备者，遣人往福建购与之。"④而《古今书刻》记载的信息则表明，福建这一时期的书坊刻书几乎都在建阳，其中尤以崇化坊刻最为

---

① （明）吴梅村：《木棉吟》，转引自谢国桢：《明代社会经济史料选编》（上），福州：福建人民出版社，1980年，第51页。
② 《闽北日报》2002年8月8日A3版。
③ http://www.fjsq.gov.cn/showtext.asp?ToBook=3147&index=1601.
④ 《明太祖实录》卷二〇九。

极盛,弘治(1488—1505)之前就拥有独特的、定期的图书集市:"书市,在崇化里。比屋皆鬻书籍,天下客商、贩者如织,每月以一、六日集。"① 这种十日两墟,且专门以书籍为主要交易对象的文化集市在当时中国历史上是极为罕见的。据嘉靖《建阳县志》所载,当时书坊书目多达451种,远远超过宋元时期,有"书林"之称。刻本内容也从前代侧重正经正史转而更多地刻印通俗读物,如小说、戏曲及民间日常用书上。嘉靖至万历期间(1522—1620),新开张的书肆成倍增加,刻书数量远远超过这一数字。据统计,当时的坊刻书肆多达202家,其中余姓37家,刘姓25家,熊姓20家,詹、郑、杨三姓各16家,陈、黄二姓各9家,其余诸姓及姓氏缺考者42家。刻书多者如刘弘毅、熊宗立、余象斗、余彰德等多达三四十种,最少者也有一种,其刻书之盛,可见一斑。

明中叶后,由于福建的书院、科举以及学术等等都走向高潮,当地更是呈现出一番"天下科举之书,尽出建阳书坊"的繁盛景象。各家各户,男女老少,以刀为锄,以版为田,作坊印书的墨水沿坡南流汇入云衢桥北滩地,累月经年,积成墨池,呈现一派欣欣向荣的昌盛气象。

崇祯年间,建阳书坊刻书业逐渐走向衰落,其全国刻书中心的地位已不复存在,但直到17世纪末,建本图书还依然运销四方。康熙三十七年(1698),诗人查慎行游历建阳时,还曾作诗咏叹:"江西估客建阳来,不载兰花与药材;妆点溪山真不俗,麻沙坊里贩书归。"

(三)纺织业

1. 夏布

明清时期,闽北的夏布②生产领先于整个福建,销路十分好。嘉靖元年(1522),将乐就有许多人因"有苎布之利,喜于为商"。③ 其品质"最佳者价值两余",④为尤溪县所产。而声誉和产量最佳的,则是邵武。邵武历史上就素有种植苎麻以纺麻线织苎布的传统。其所植苎麻,可织为布,名"夏布"、"际布(方言音)"或"拖纱布"。或又因其织机为木制,名"腰机",故"夏布"又俗称为"腰机布"。明清时期,邵武这种"腰机"织布非常普遍。当地妇女"亦事纺织以衣其夫。故有夜浣纱而旦成布者,谓之机布。其余则贸易以为利"。⑤ 至清代,邵武的家庭纺织业仍很繁盛,夏布产销活跃,年产量在6万匹(约200万米)以上,不仅在本地及周边地区上市销售,还有部分经水路销往福州、闽南等地,经旱路由脚夫肩挑出江西,销往省外。

另外,夏布生产在建宁府一带也十分兴盛,当地典籍对此记载为:

嘉靖《建阳县志》:"织苎为之,有曰腰机布,又名樛布。出嘉禾、北洛、崇化、崇政四

---

① 嘉靖《建阳县志》卷三。
② 苎布的透气性比棉布好,用作夏天的衣料堪称上乘,所以苎布又称夏布。
③ (明)何乔远:《闽书》卷三八《风俗志》。
④ 崇祯《尤溪县志》卷四《物产志》。
⑤ 嘉靖《邵武府志》卷二《风俗》。

里。曰木棉布,出洛田、三衢二里。"

嘉靖《建宁府志》:腰机布,"出瓯宁、建阳、崇安"。

乾隆《建宁县志》:"(夏布)建宁府属县处处有之,除衣服其家外,其出卖甚广,贩之者以千万计,货此客外者,南北千里之遥,靡不至焉。"①

2. 棉布

晚明时期,闽北棉纺织业兴起,产品运销四方。其中尤溪县所产"花巾,即手巾,以黑白纱缕相间织成,邑产颇多,用充礼仪";"线布,以棉纱苎缕交纺成线者,青白色,织而为布,用作被面,坚厚且华";"土线布,以吉贝纺纱织成,乡都近兴泉者间有之"。② 万历元年(1573),浦城纺织业兴盛,所产大绢比浙江产大绫绩厚,与河南制者无异。③ 当时,顺昌的纺织业也发展良好,有手工纺织木棉布、苎经布,绢和绫等。

3. 丝绸

丝绸虽然不是闽北地区的优势产业,但当地的丝绸仍旧拥有一定的规模和数量,覆盖面也较广。据《建宁府志》记载,当地生产"土绢"的县有:建安、瓯宁、浦城;生产"土绫"、"土纱"的县有:瓯宁、浦城。而在明代中叶,传统的"建宁锦"也还是有一定名气的。④

(四)陶瓷业

明清时期闽北的陶瓷业虽仍有所发展,但质量已逊色于宋。其所产的瓷器基本以白瓷为主,主要"出邵武青云窑,泰宁有漈口窑,建宁有兰溪窑。而以泰宁漈口为胜"。⑤ 此外,从事陶瓷生产的还有:

建瓯碗厂,在禾义里南山村及半岭,运销阳(建阳)、崇(崇安)、浦(浦城)等县,年计数万元。

建阳黑窑,"在县东均亭里,烧出水缸、酒坛等类。二窑器皿俱本省鬻,不出外境"。⑥

浦城,明代有缸窑9座,粗碗窑4座,砖瓦窑25座,共计38座,数量超过汀州一府,其行业兴盛,于此可见一斑。⑦

(五)采掘冶金业

随着矿产资源的不断开采,明代闽北仍有4个冶铁场、5个冶银场、6个冶金场,但开

---

① 乾隆《建宁县志》卷六《物产》。
② 崇祯《尤溪县志》卷四《物产志》。
③ 南平市地方志编纂委员会:《南平地区志·大事记》,北京:方志出版社,2004年,第38页。
④ 嘉靖《建宁府志》卷十三《物产》。
⑤ 弘治《八闽通志》卷二六《食货·物产》,福州:福建人民出版社,1989年,第553页。
⑥ 嘉靖《建阳县志》。
⑦ 万历《浦城县志》卷十一《土产》。

采的矿种和场地都在减少。① 采掘冶金较为出名的主要还是铁和银。

作为明代福建主要铁器生产地之一,闽北的铁器生产相当有名:"铁产上府,尤溪为盛。贡课之外,转市他省,以利器用,甚伙。"②"铁,各邑俱有,而产于尤溪者,独甲于闽中,制器坚利"。③《八闽通志》统计指出,明代中叶福建共有15个县设有铁场与铁炉,其中闽北尤溪县有铁场22所,建安县有铁冶8所,这以手工业时代的标准来说,不仅规模相当惊人,而且也在一定程度上反映了闽北冶铁手工业的高超水平。另外,从明政府向各府州征收的铁课上,我们也可以看出各府州冶铁业的规模,如:"汀州府,国朝,铁课99793斤;延平府,国朝,铁课374228斤;邵武府,国朝,铁课19391斤"等。④

另外,延平府顺昌县石溪上坪、大干镇何厝坑武坊、高阳乡的铜溪等地,均有铜、铁矿点和古代冶炼窑址。现今顺昌县双溪街道吉舟村"炉前"仍有宋、明炼铁古窑和制造铁器的作坊遗址,周围散布着大量的铁渣、煤渣。

除了冶铁以外,闽北的银矿开采也相当普遍,如:

洪武二十三年(1390)十二月,政府在尤溪县银屏上银矿设置银场,"置炉冶四十有二座……岁收银课凡2295两"。⑤

永乐五年(1407),朝廷在浦城马鞍、黄恭、葛洋开发采办银铅。

明永乐五年至永乐十四年(1407—1416),浦城富岭镇棠岱坑开设银矿,有当地摩崖石刻《棠岱坑水礲记》和《明史·食货志》为据。

元末明初,官方在顺昌岚下开采银矿,直到崇祯年间(1610—1644)李自成农民起义,矿上官吏逃走而停产。清初又重新开采,至今在钱墩蔡坑境内,仍留有矿址和矿道。矿道为竖井、横道,纵横交错总长度为数4米,矿址遗迹依旧。另外,位于岚下钱墩村铁岭山西侧官坑际村,官方组织开采铅锌矿的遗址至今仍有迹可循。

正统年间(1436—1449),政和锦屏银矿生产十分兴盛。而位于松溪的遂应场银矿,则是由宋至明福建最大的银矿之一,当地流传着这样一句民谣:"八千买卖客,十万打银人",一句话就写尽了当年银矿开采使当地经济活跃的状况。

正统十年(1445),官府又在武夷山桐木关开采银矿,直至正德五年(1510),共开采65年。⑥

---

① 南平市地方志编纂委员会:《南平地区志》卷五《经济综述》,北京:方志出版社,2004年,第310页。
② (明)王应山:《闽大记》卷十一《食货考》,福建社会科学院藏抄本,第6页。
③ 嘉靖《延平府志》卷四五《物产》。
④ 弘治《八闽通志》卷二十、卷二十一《食货·财赋》,福州:福建人民出版社,1989年,第422、425、427页。
⑤ 《明太祖实录》卷二〇六,第5页。
⑥ 南平市地方志编纂委员会:《南平地区志·大事记》,北京:方志出版社,2004年,第36页。

(六)酿酒业

明清时期,福建之酒销路最广的要数建阳、顺昌两地所生产的酒。正所谓:"顺昌,其酒行八郡";"建阳……其泉氿冽,可以酿,其酿行东南",①以致漳州"缙绅肃客,则市豆酒、建酒、顺酒之属。"②

史料记载,建阳酒的酿造相当有特色,明末博物学家谢肇淛就认为,建阳酒的质量要比顺昌酒好一些:"往者顺昌擅场,近则建阳为冠。顺酒卑无论,建之色味欲与吴兴抗衡矣,所微乏者,风力耳。"③而且其酿酒中还有一种著名的"九种兰"品种,色香味美,非一般言词所能言表:"九种兰,经春、夏、秋三季,每过一月则易一种兰香。唯李家延宾则九种次第而陈,玉液琼浆,不足喻矣。"④

当然,相比于建阳,顺昌酿酒之大名也并非虚传,《闽杂记》就记载说:"名酒,顺昌所出最有名。"其名品状元红,以精酿米酒为酒基,配以党参、当归、黄芪、杜仲、枸杞、白术等30多种中药,另加冰糖、红糟调味而成,有舒筋活血、滋补强身的功效,深受船工和捎排工喜欢,由他们携带送客宴宾,长期名噪富屯溪、金溪及闽江沿岸。而在商业运作中,此酒则畅销将乐、泰宁、建宁、邵武、光泽、南平、闽清、福州一带。

另外,顺昌仁寿镇桂溪村所产的"和清酒",在历史上也久负盛名,明清时期就批量生产,有陈君礼、王昌生、王昌茂、陈土兴四家作坊,少的酿造几百坛,多的上千坛,仍供不应求。"和清酒"的酒曲用36味中草药制成,产品畅销邵武、光泽、福州、江西、南京、上海、天津、江苏等地。当时江南风靡一时的"金瓶露"酒,其实就是商人们为获取更高利润,把桂溪"和清酒"当水重新发酵酿造,然后再把它倒入精致的瓶中进行重新包装而成。

除了建阳、顺昌之外,建瓯的酿酒业也是一个历史悠久、酿造有术、生意稳定的传统产业。迄至清代,其手工酿酒工艺已臻精良之境。据考证,明清时期建瓯已有"犁花春"、"清河"、"西施红"、"状元红"、"金盘菊"等名品行销于世,其中又以"清河"酒为最著名,曾有时诗评价道:"建州(建瓯的前身)曾习犁花春,所以河清润绛唇,西子状元红熟胜,由来尤物也难伦。"

长期以来,建瓯的传统酿酒业一直生意兴隆,利润甚丰,故而建瓯才有俗曰:"第一富,酿酒库",高度概括了建瓯传统酿酒业的繁华景象。而同时并行的"三缸(酒缸、酱缸、染缸),有一缸,打断脚骨,子孙三代吃不愁",则意指酿酒业本轻利厚,纵使酒库歇业之后,其剩余之货底、工具等产业,仍可维持儿孙数十年的家庭生活费用。

---

① (明)何乔远:《闽书》卷三八《风俗》。
② 万历《漳州府志》卷二七《风土·下·物产》。
③ (明)谢肇淛:《五杂俎》卷十一《物部三》。
④ (清)周亮工:《闽小记》卷一。

(七)其他

1. 将乐海棠砚

海棠砚是用将乐县城北郊石门岭至莲花山一带的龙池石制作的地方名砚,其中尤以县城北隅海棠洞石所制的为最佳,其质地细腻,湿润缜密,能发墨保色而不易磨损,距今已有400~500年以上的历史。清乾隆重刻《玉华洞志》记载:"龙池石者,则皆砚瓦峡所出。大者可为碑,小者随方圆而磨砻之"。

2. 南平皮枕

皮枕最早产于南平,所以又称"南平皮枕"或"延平枕","以牛皮束成,仍漆之朱之,较藤枕为坚",①工艺精湛、造型别致,上等的还绘有婴戏、龙凤呈祥、鸳鸯牡丹、花鸟山水和仙人景物等图案。以质地轻巧坚牢、图案花纹色彩绚丽、经久不褪而驰名中外,十分畅销。它由于内部中空,被制作成长箱状后,既可以当枕头,又可将其作为保险箱(睡觉时枕之于头下),一举两得,故深受财主、商人欢迎。

南平皮枕行业最盛时,约有皮枕店30家。多数是前店后场,集中在一条街。清同治、光绪年间(1862—1908),海运开禁,茶帮商人兼营皮枕者很多,每到茶叶收成季节,各地商人趁到闽北产区运茶之机,顺便订制皮枕运销东南亚各国,"延平枕"之名随之远播海外。此外,福建科举生员赴京应考,或朝官回京,路经延平时,也多有随购皮枕作为馈赠亲友的礼品,致使"延平枕"盛名传入京师。延平府县城乡女儿出嫁,办嫁妆必有红色的延平枕一对。

延平枕除了外销,内销数量更为可观。从延平发展到福州,均以"盛"字为牌号,仍称"延平枕"。其中被誉为同行之冠的"陈福盛皮枕",始创于清嘉庆五年(1800),光绪二十六年(1900)由南平迁到福州小桥(旧称崎下)。

3. 洋口雨伞

洋口雨伞业始于清乾隆年间(1736—1795),其选料上乘、精细,不霉不蛀,经久耐用,是福建省雨伞三口(洋口、水口、闽清口)名牌之一,在省内外享有盛誉。洋口生产的雨伞以产44骨明油伞为主,制作时需经10多道工序,用料十分考究,用多年的老竹,用仁寿、洋墩一带出产的上等桐油,蚊溪一带的野柿子油和尤溪棉纸等上好原料。伞骨经过砒霜侵绝杀蛀,所以洋口雨伞不霉不蛀。民国十年(1922),洋口雨伞生产规模达到旺盛时期。

第二节 墟市贸易的兴旺发达

由于农产品的日益商品化,栽种经济作物的农民,既要出卖自己所有的农产品,又要购买自己所无而又必不可缺的物资,因此必须要依靠市场。而从事手工业的人口,因为

---

① 民国《南平县志》卷六《物产志第十》,南平市志编委会,1985年5月点校本,第277页。

逐渐与农业分离,他们要销售商品,要补充原料,要得到生活必需品,也必须要依靠市场。在这样的情况下,商品生产越发展,农业、手工业也就越来越卷进交换和贸易的范围。为了打开销路,各地所盛产的特产渐渐从本地市场转运至全省乃至全国、全世界更远的地方,促进了商业的繁荣发展。

明、清两代,闽北较大的农副产品贸易集散地主要有顺昌县洋口镇、建阳县水吉镇、崇安县五夫镇等等。其中,顺昌县洋口镇还曾是福建四大贸易重镇之一,商贸发达,积淀醇厚,影响深远。

一、墟市贸易的基本情况

(一)墟市的规模、周期及数量

墟集也叫赶墟、墟市、墟坪、墟场,是农民们出售自己产品,换取生产、生活必需品和商人们采购农产品和销售手工业品的重要场所,在广大农村具有促进物资交流、满足生产和生活需求的重要作用。闽北因为地处福建内陆,境内丘陵蜿蜒,山峦起伏,与邻省交界处高山阻隔,陆路交通闭塞,只有水路便于货物运输和与他处市场保持联系,因此各地农村墟集的场所大多都分布在水路网络上,以5～10千米左右的距离间隔为参照,为一定区域内的商品集中与分散提供保障。这种伴随乡村经济发展而日趋兴盛起来的山区墟市,虽然场地面积相对明清以前有所发展壮大,墟场交易的品种和数量也越来越多,但在规模上却仍多属于中、小型墟场,大型的不多,交易时间也一般多在上午进行,午后集散。只有大田县的汤泉、湖美、林兜、早兴、前坪等圩,能够保持较强的交易热度,将下午的2—4时左右定为集散时间。而嘉靖建阳境内的"右六市,俗谓之'墟',里人并客商及期以所产之物,会集交易,及晡①乃散",②则更显得兴旺异常,这其中又以"书市"最为热闹。

在相对发达的经济生产为支撑的基础上,明清时期闽北的乡村墟场开始在贸易周期上形成这些固定类型:

其一,是按农历分成的每旬四集、每旬三集、每旬二集和每旬一集。其中以每旬二集的最多,如康熙时期的建阳县,雍正时期的崇安县,乾隆时期的建宁县、尤溪县,嘉庆时期的南平县,道光时期的政和县、沙县,咸丰时期的邵武县等等。

其二,是按十二地支轮排分成的固定日期,每六天一集。如明弘治、嘉靖时期光泽县的黄岭墟、新田墟、长城墟、崇仁墟、寨前墟、清化墟等,"以上六墟俱以子、午、卯、酉日集"。③

其三,是每月一集的,如弘治时邵武县的和平墟,每月十六日集一次;朱坊墟,每月二

---

① 晡,申时,即午后三点至五点。
② 嘉靖《建阳县志》。
③ 嘉靖《邵武府志》卷二《城池·街市》。

十七日集一次;泰宁县依口墟,每月二十七日集一次等等。

在这些时间固定的闽北墟集贸易中,由于各个市场都有自己的经济特点,而土特产的产销又有一定的时间性,因此邻近市场的交易日期一般都会相互错开,以此保证当地市场的交易不致中断。比如这个墟集卖不完的产品,可以转运他墟销售,或者这墟买不到的货物,还能赶上他墟购买等等。

此外,闽北乡村还有每年一集的墟市类型。这种墟市,由于一年只集会贸易一次,因此一般都会连着若干天的交易时机,比如清雍正年间(1722—1735)崇安县(今武夷山市)的星村、曹墩两墟,它们除旬月墟期外还分别又在重阳、中秋集会贸易一次,半月始散。这种一年一次的集会贸易由于次数较少,通常还会利用迎神庙会等活动,方便商民"趁会贸易",因此往往吸引一些外地商人赶来参加,以致"远近辐辏,连肩挨背",热闹异常。

明朝中期以后,随着社会经济发展、风俗观念转变以及农作物商品化程度的不断提高,闽北乡村墟市的数量也呈现出不断发展的良好态势。比如:邵武县在明成化、弘治时,城乡总共只有14个墟市,60年后,仅四邑乡村就多达17个墟市;[①]松溪县的集市从原先的3个增至5个;[②]顺昌县的集市从原先的4个增至8个;[③]建宁县发展最为显著,其集市由原来的1个增至9个。[④] 当然,也有相当部分县的墟市数量并没有发生变动,这也在一定程度上反映出当时社会经济发展的区域不平衡。

到了清代,闽北的乡村墟集又有了进一步的发展,其上市商品的种类、数量、参与交易人数等,均比明代大为增多,到乾隆时更是进入到一个高峰期。史料记载,乾隆年间(1736—1795),光泽县"巨贾侈陈,市廛棋布"。[⑤] 乾隆年间(1736—1795),各县墟市一般有11个至14个,沙县有墟市11处、尤溪县12处、建宁县12处、永安县14处、大田县最多有22处、将乐县有16处、泰宁县有13处,[⑥]盛况空前。

(二)墟市交易的商品种类

墟市交易的商品一般不受限制,主要是农村小生产者之间产品交换。农民以粮食等农产品,到墟市上交换布帛、食盐和铁器等杂货,或换取货币,用以缴纳赋税或购买一些必需品。因此山区盛产的木材、毛竹、稻米、茶叶、土纸、笋干、香菇、柴炭、竹器等就成了墟市交易的主要品种,除此之外还有肉、禽、蛋、油、盐以及日用手工制品等等。

明嘉靖、万历年间(1522—1620),闽北社会经济发展步伐加快,农作物商品化程度明显提高,一些特产也更多进入市场,开始出现专门经营土布、山货、土纸、笋干、香菇、土

---

① 嘉靖《邵武府志》卷二《城池·街市附》。
② 嘉靖《建宁府志》卷十《坊巷》。
③ 嘉靖《延平府志》卷三《坊市》。
④ 嘉靖《邵武府志》卷二《城池·街市附》。
⑤ 乾隆《光泽县志·风俗》。
⑥ 《三明市志》第五章《工商行政管理》第一节《市场》,http://www.fjsq.gov.cn/showtext.asp?ToBook=3147&index=2095/2011、12、13。

糖、杂货、茶叶等货品的商人。而随着贸易范围的日益扩大,商人们除了贩运成型的商品之外,还兼售大量的手工业原料。

明末清初,特别是雍正年间(1723—1735)改卫置县,颁令奖励实业,鼓励经济发展的措施生效,加之闽北向海外通商,商族往来频繁,墟市交易的外来商品如京果、百货、绸缎、酒类、药材、食盐、海产、煤油等越来越多,而闽北运出的土特产品如蔗糖、纸张、笋干、香菇、茶叶、木材等,近则销售邻区,远则销往东北关外、南洋、欧洲一带,大大促进了行栈业的兴盛和商品贸易的繁荣发展。

二、墟市贸易的特有形式

明清时期,随着商品经济的萌动发展,一些地方开始凭借区域优势,形成特色鲜明的大宗地产商品,而其产地所在的周边墟场集市,也逐渐演变出一些以大宗商品为主的专业集市。非专业集市交换和出售的商品一般多为生活必需品,种类繁多而且随意。专业集市则在贩售的商品上体现出较强的专业倾向,如专门贩卖牲畜的,有邵武的牛市(也称"牛墟"或"牛会");专门贩卖经济作物产品的,有瓯宁的水吉市、崇安星村的茶市;专门贩卖粮食和其他副业产品的,有建宁城内米墟、溪口米墟和沙县十三都的高桥糟墟,其所贩之糟为"八闽所资";①专门销售农村手工业品的,有"从一、六日集"的建阳县洛田上里崇洛街,其"棉花、纱布二集为大",②而建瓯县梅岐里埂头等村农民制造的草纸,则"逢三、八日,挑至管下街市场发卖,因谓之草纸墟"。③

在上述所有的墟市贸易中,除了那些专门销售大宗地产商品的粮市、茶市、木市、纸市可以通过充足的货源来吸引人流、推动商贸之外,还能最大程度吸引八方来客摩肩接踵奔赴而来的,恐怕就要算是牛墟、庙会、柴头会、桥市等这些极富地域特色的乡土墟市了。

(一)牛墟

牛为农业的重要生产用畜。过去,闽北农用牛主要靠外地买进补充,因此各地都会选择农闲至春耕前的一段时间,举办耕牛交易会。届时,外地和本地的牛商会赶着牛群与会,许多耕牛买卖多在此完成。牛会之期同时也是其他商品交易的重要时机,所以热闹非凡。闽北著名的"牛墟"以邵武最为典型,崇祯十七年(1644)邵武始设牛会,农民借以畜力余缺交易。④ 其与此有关的专业性墟场共有三处,分别是:邵武洪墩、和平与城区大同树林下。其中,大同树林下的"牛会"最为热闹,举行的次数也最多,而洪墩和和平的

---

① 道光《沙县志》卷二《疆域·墟镇》。
② 康熙《建阳县志》卷一《坊里·市集附》。
③ 民国《建瓯县志》卷二五《实业》。
④ 南平市地方志编纂委员会:《南平地区志·大事记》,北京:方志出版社,2004年,第39页。

"牛墟"每年仅举行一次。资料记载,大同树林下每年自农历四月十五开始为第一次会期,以后接着每月的初一和十五日均为会期,至腊月十五日为当年最后一次。每到会期,人们赶着耕牛或废牛成群而来,聚集会场任凭挑选,买卖双方自行议价交易。一般说来,八九月份的会期多以废牛(食用牛)交易为主,其他月份则以耕牛交易为主。牛贩多从江西上饶、南丰、黎川、贵溪以及光泽、沿山、陈坊等地把耕牛贩来,其中也有农民赶着自己养的耕牛前来交易。交易的牛数多时达千头,少时也有三四百头。交易形式多种多样,有现金买卖,亦有以牛易牛,然后各自作价找补差价等等。①

而泰宁县朱口牛会,则以每年二月初四为第一次会期,大闹花灯;七月二十五至二十七日是第二次牛会,为期3天。牛会期间,邻近的江西省宁都、黎川等县都有商贾前来交易,上市耕牛多达千头以上,交易场面十分壮观。②

浦城县永兴镇庵后村的牛市,是旧时闽北比较出名的耕牛交易集散地。起源于明末清初,有专门的"会头"管理,有固定的卖牛坪、卖牛山,还有用农田临时改建的圈牛坪和赛牛场。每年的农历二月初八,是约定俗成的牛市交易日,每到这天,江西的铅山、广丰,浙江的江山,本省的武夷山、光泽、建瓯、松溪、政和、周宁的牛贩和养牛户纷纷在此交易,最盛时日交易量可达上千头。

另外,闽北同样是以"牛墟"为主的专业性墟场还有每年仅举行一次的浦城县西乡、武夷山吴屯和武夷山五夫里"牛墟"等等。

(二)庙会

利用庙会进行商品交易,是宋代延续下来的另一种墟市形式,也是闽北山区商业活动的一大特色。"庙会"每年举行一次,一般都是当年秋后在较大庙宇且香客云集的地方举行。届时,各路商贩汇集经营,短则一日,长则三五天,热闹非凡。比如:崇安"乡村之神会,各赛其地之土神。是日,远近皆至,百货俱集,最盛者星村之九月十五,曹墩之十月初一,上梅之重九也"。③ 另外,农历二月二十一日城坊迎接辟支(扣冰)古佛的娱神赛会,因城乡居民云集,为交流贸易提供良好时机,也演变为一年一度与庙会相似的集市,名为"蜡烛会"。④ "文革"后,娱神活动被禁止,"蜡烛会"遂成为纯粹的民间商贸集会。

尤溪县城关每年元月十九、二十日夜的迎灯庙会,自明代起相沿成俗,它虽是新春娱乐,但却实际成为民间贸易,借以招揽生意,洽谈买卖,清理悬案,还旧债赊新账,是尤溪独特的商场年会。行商、坐商、摊贩、农民各自按行业区出售土特产品和手工产品,皆能

---

① 南平市地方志编纂委员会:《南平地区志》卷十七《商业》,北京:方志出版社,2004年,第1020页。
② 《三明市志》第二章《集市贸易》第一节《圩集》,http://www.fjsq.gov.cn/showtext.asp?ToBook=3147&index=1601/2011、12、13。
③ 康熙《崇安县志》卷一《风俗》。
④ 民国《崇安县新志》,民国三十年铅印本,第184~185页。

"负其所有而来,购其所需而归"。①

此外,闽北各地比较有名的庙会还有:延平的溪源庵庙会、建瓯的东岳庙会、建阳的庵山庙会、邵武的齐天大圣庙会、政和的英节庙会、泰宁的鼻头庙前会、建宁的城隍头市庙会、将乐的东乡二月高滩会、西乡七月阳源会、北乡七月大源会和八月孙坊会等等。

(三)柴头会

柴头会又称柴棍会,是闽北墟市贸易的又一种形式。因"二月初六,集中竹竿、柴棍、农具及一切日用品于城坊售之,故名"。② 届时,各乡镇部分村民和外地人自动前来市区推销产品和购置生产、生活用品,俗称"赶会"。会上销售有大量本地和外地的木竹、藤类原货及半成品,还有铁器、药材、农具、农作物种苗、耕牛和日常生产、生活用品等。会期2~3天,赶会人群比肩接踵,此会至今盛行。

(四)桥市

所谓"桥市",顾名思义就是设置在桥头或桥上的集市。由于山区特殊地理气候条件的影响,闽北大多数桥梁都会建造成便利交通、遮风避雨防日晒的廊桥形制,为过往的行人提供便捷的休憩场所。久而久之,这些位于主要通道或街市之中的闽北廊桥,就因为聚集了大量人气、便于交往而被人们用作摆摊设点、经营买卖的好场所,个别地方,甚至还把廊桥兼作了定期的集市使用。因此,这种以廊桥为固定场所的集市便被人们形象地称为"桥市",它同时也是一种特殊性的群众聚会场所。

在闽北,较著名的桥市主要有顺昌元坑镇的文昌桥。据民国《顺昌县志》记载,文昌桥创建于明朝正德十年(1515),为四廊覆屋形结构,共52间,全长140米,曾几经洪水冲激、火灾烧毁,于光绪十一年(1885)8月重建。重建后经乡绅议定,辟为糖场,每逢一、六开墟。墟时四方商人集聚桥上贸易往来,热闹非常。

除此之外,闽北著名的桥市还有:建阳漳墩镇的龙凤桥、浦城临江镇的镇安桥、顺昌东门双溪镇的万载桥以及顺昌洋坊村口的泰亨桥等等。泰亨桥位于顺昌县洋坊村口娄杉溪与金溪交汇处附近,"一名'华侨',上建亭一十三间。每年四月八日于此集客商,以通货物"。③ 历史上,泰亨桥内供奉的全是阴间的神像,这是全县唯一的。每年农历四月初八,附近村民为泰亨桥上的"阎王爷"做生日时,热闹非常,顺昌、将乐附近的村民都会到此赶庙会,商家则到这里赶大墟。因为是为阴间"阎王爷"做生日之墟,故乡民又将之戏称为赶"阴间墟"。

(五)其他特殊墟市

明清时期闽北有异于他处的特殊墟市应以顺昌曲村的寡妇墟为最典型。清朝至民

---

① 《三明市志》第二章《集市贸易》第一节《圩集》,http://www.fjsq.gov.cn/showtext.asp?ToBook=3147&index=1601/2011、12、13。
② 民国《崇安县新志》,民国三十年铅印本,第172页。
③ 正德《顺昌邑志》。

国初年,每年农历十二月二十日,顺昌云衢(今元坑镇曲村)都要赶一天"寡妇墟"。此墟来源于光绪年间,说是曲村有一寡妇,至死都没赶过一次墟,乡绅们同情这个寡妇的悲惨,便决定每年农历十二月二十日,发动商家到曲村赶一天墟。这个特殊的墟市直至民国初才结束。

三、主要的商贸市场及商贸形式

(一)主要的商贸市场

1. 顺昌

明代,顺昌县的乡村墟市贸易就已进入鼎盛时期,"圩,小溪尾,在吕口都(今顺昌县埔上镇口前村),每年九月初集,至旬未散,称垂阳秀;大搓圩,在两峰都,每月一、六日集;郑坊圩,在义封都,每月三、八日集;富屯圩,在富文都,每月四、九日集"。① 发展到清代,顺昌著名的墟市有城关、仁寿、富屯(今富文)、漠布(今漠武)四大墟场。②

城关墟市起源较早,宋代已有"万载桥"赶墟的习俗。元代桥毁后,墟市改为在城关。明景泰年间(1450—1456),"知县钱道宁造舟24艘,贯以铁索,横穿中流,两崖竖石桩以系铁索,舟面架板为梁以过"。使两岸连为一体,四周农民赶墟趋之若鹜。城关墟市繁荣可见一斑。明朝时,顺昌城关已发展成为一个自然岸坡港,有大小码头7道,各码头都砌有石梗通道。梗身伸出岸坡,梗下成为天然水坞,便于船只停泊,较好的有通津门(现为南门),延福门(观建设门)两道码头,是装卸货物的主要码头。

仁寿地处顺昌县北部与建阳、建瓯、邵武交界处,为闽北边陲重要的商品集散地,每月一、六日集。境内的仁寿溪全长53公里,由仁寿下行可通小木船航程30公里,其支流桂溪、大布溪亦可通行小木船,墟日时来往的运货船只多达数十艘,当地商人皆从该溪把米、盐、布等大批土特产品运往仁寿、洋墩,然后再转为大船运往上洋、南平、福州;同时,竹、木贩运商则在仁寿溪出口处的埔上白布塘,组织捎排队,将竹木装钉捆扎,捎往福州。

富屯集市早在明朝就已形成,清朝中叶时成为顺昌县西北各乡的农贸中心。每逢墟市,邵武、将乐、建阳等周边客商,都集聚富屯。富屯溪畔,有3道码头停泊船只,上到江西,下到福州、闽清、南平的船只都到此停靠,交换货物,墟市的船只多达两三百艘。因此,富屯成为顺昌县四大集市之一。

漠布地处金溪河畔与将乐、泰宁、建宁交界,边贸经济十分活跃,是明代顺昌的货物集散地和商品批发地,有前、中、后三条街,市场极其繁华,其境内共有9道码头,逆金溪上行将乐、泰宁、建宁的船只,均在此停泊过夜,每日两三百艘,船运十分发达。清乾隆年间,山洪暴发造成河床改道,水坞淤塞,不能停泊船只,漠布从此衰落。洋口墟、岚下墟遂

---

① 正德《顺昌邑志》。
② 注:上洋、岚下原为瓯宁县,1938年上洋划归顺昌。因此,顺昌古代四大集市中无上洋、岚下。

代之而起。

洋口即上洋，原系麻溪里的一个村庄，隶属建宁府瓯宁县管辖，地处建瓯、南平、顺昌三县边界，是闽江上下游船只的主要停靠站，水运十分发达。明成化年间（1465）划分街道，清初便开始形成圩市。到此停泊的船舶每天一两百艘，圩日则有三五百艘，担负着盘接、转运或添载大批粮食、木材、食盐以及农村土特产的重任。清乾隆以来，洋口由二郡一县划界分治。其中顺济桥以上到圳后、坑口属顺昌管辖；从下科到顺济桥属延平府管辖；从里巷到科头、新街属建宁府管辖。每逢三、八墟期，四处商人云集于此，二府一县各派大刀队巡逻各管地段。由于这样划界分治，矛盾很大。因此"乾隆三十六年（1771），王台通判移往，改为分县"。① 上洋得到实际的统一治理，二府一县不得介入。因此，民间有"三府衙门（即上洋分府俗称）权大过府县"之说。

岚下墟市最早始于明代，到清代日益发达，之后在全乡范围内形成新源、东坑埂头、街路三大墟场。苦竹溪墟场系瓯宁县令邓其文于康熙十二年（1673）所建，每逢五、十墟。墟市交易的品种有：米、粟、麦、豆、麻、木棉布、苎经布、绢、土绫、棉花、棕毛、茶、纸、油、笋、桃、蔬菜等土特产品及家禽、畜类、山货及日常用品类。

2. 延平

唐麟德元年（664），延平已有墟市。明清时期，墟市发展规模初具，较稳固的墟市已达19个，著名的有峡阳墟、王台墟等，主要经营的商品有木材、茶叶、香菇、土纸、油料等农副产品和小手工业品。

峡阳每逢一、六为墟，当地人称"打墟"。墟时四方乡民前来售卖土特山货并回购生产生活用品，交易的品种主要有清明茶、折笋、桂花糕、老酒、斗笠、蒲草席和草鞋，其中犹以苎麻为著，"各乡多有，唯细密精致，几类纱罗，曰铜板。出峡阳者佳，远市四方"。②

王台墟始设清光绪年间，当地至今还有以墟为名的村庄，叫元圩，实为元墟。王台墟市原有天竺里王台墟和安福里游墩桥墟，游墩桥墟逢农历二、五集，后搬迁至元圩里墟，逢农历二、七集，是重要的边贸交易场所；王台墟逢农历四、九集，相沿至今。墟时货摊满街，各地客商云集，交易商品除木、竹、米、粟外，还有毛边纸、芋粉丝、糟笋等等。

3. 邵武

邵武著名的墟市以和平镇和金坑镇为最。和平镇以其地处要冲，成为陆路交通枢纽和商品集散地，早在唐天成年间就人烟稠密，商贾云集，形成五天一墟的集市。一条600余米南北向的长街，宋代起又称为"旧市街"，附近府县和福州、江西等地都有大量客商前来进行贸易。清代时临街还建有兼作福州会馆的"天后宫"和兼作江西会馆的"万寿宫"。

金坑古时为"入闽咽喉"，兵家必争之地，它既是福建重要的边陲军事重镇，同时又是古时闽赣重要的商贸通道，黄土关古道穿境而过，东连和平、邵武、福州，西接江西黎川、南昌，历代商贸活跃，明清时期进入发展的鼎盛时期，商旅云集，街市兴旺，富商巨贾迭

---

① 民国《瓯宁县志》。
② 乾隆《延平府志》。

出,形成了很有规模的金坑古村落。其境内的金溪由金坑通过光泽汇入富屯溪,再流入闽江,形成得天独厚的水运优势,当地盛产的木、竹、纸等山货通过水路运往下游城市,下游销往内地的茶、盐等则以此中转贩运入赣。

4. 建瓯

建瓯著名的墟市以南雅和吉阳为代表。南雅镇离城五十华里,地处建溪中游,有水运船舶之利,是个小港口,因而又称南雅口,每逢农历五、十为墟期。墟时狭窄的街道上人群摩肩接踵,镇上二百余家店铺里陈列着来自福州、江西、浙江的货物,应有尽有。运去小桥、玉山、迪口、高阳等乡的商品皆在此批发。附近乡村也运来茶、笋、木、竹、粮、土纸、红菇、香菇等产品,集中南雅转运外地。由于南雅口具有得天独厚的水陆优势,墟期生意最为兴隆,被誉为建南第一市场。

吉阳镇地处建瓯、建阳、顺昌三县交界,离城八十华里,所产红莲、泽泻尤为著名。以农历五、十为墟期,资源丰富,土特产众多。每逢墟期,前街排列着红莲、苎麻、笋干、香菇和各农作物种子,后街出售鸡、鸭、鹅、鱼等,街头为竹木器具,粮食类则集中在街尾店内交易。来赶墟的除了附近各村外,邻县的建阳、水吉、顺昌仁寿也有农民来参加,故吉阳从前有"小香港"之称。

(二)主要的商贸人员与商贸形式

明清时期,闽北的乡村贸易主要由行商、坐商、游商以及本地农民的多种经营来完成,其中人数最多的就是属于闽商底层的商贩,他们大多东奔西走、本小利薄,虽然生活多艰,但却因明码实价,公平交易,老少无欺,以信取胜,赢得广大百姓的喜爱,在一定程度上带动了当时社会经济的良性循环和商贸发展。

1. 摊贩

摊贩为定点摆摊的小贩,其所贩卖的产品主要包括小百货、土特产、菜果、点心等,一般不离开本土贸易,所以也可称之为"坐商"。

2. 墟贩

墟贩指定期下乡赶墟,沟通城乡物资交流的小贩,他们或车运或步行,东奔西走,赶完了这集又赶那集,所以也可称之为"行商"。

3. 肩贩

肩贩为肩挑货品走街串巷的小贩,他们一路吆喝一路卖货,并不受墟期和地点的限制,只要百姓需要,他们就可预约贩运,送货上门,因此也可称之为"游商"。这种"游商"常常以肩挑担子,摇晃拨浪鼓为主要的招徕方式和经营方式,因此也被形象地称为"货郎担"或"叮当鼓"。一般说来,闽北"货郎担"以贩卖小百货的人数最多,其次是布担、点心担和手艺担等等。他们在长期的经营活动中,形成了一些独具特色的买卖风格,如卖馄饨、卖汤圆、卖豆花的常敲碗匙;卖麦芽糖的常敲小刀片(民间俗称"叮叮糖");卖杂货的晃动拨浪鼓;补锅、锔盆、锔碗、磨剪刀、理发的则是用吆喝声告诉人们卖的是啥东西。他们此起彼伏的生活交响,形成了商业活动中最具地方特色的风俗影像,至今仍是乡村情怀中不可磨灭的一道历史印记。

(三)独具特色的乡村商俗

1. 建瓯"弓鱼"

古代的建安、瓯宁(今建瓯)一直是福建最著名的淡水养殖区,主要用水潭养鱼。这里所谓的"弓鱼"其实并不是鱼名,而是当地盛行的一种奇妙的塘鱼捕捞技术与运销模式。它始于明代,是当时人们在没有冰箱、空调和水中加氧装置状况下发明创造的一种"离水运输、延长鲜活"的简便方法,它开创了现代物流业中的绿色物流模式,是典型的商业技术创新。

传统弓鱼有四个主要环节:一是裸体拔罾与捕鱼;二是塘鱼入罾捞进小网后当场用细麻绳将鱼体绑成"弓"状,这叫"初绑";三是鱼渚(小溪)"吐故",即把鱼放入活水中吐污,过1~2小时后,再把鱼弯成弓形,这叫"重绑";四离水旱运,保持"弓"状进行分售与拎提。

这种经过"弓"形处理后的鲜鱼有三大好处:一是能除去泥腥味,提高鲜美度;二是能延长生命(晴热天延长1~2天,阴冷天延长2~3天),避免吃死鱼;三是利于离水运输,减少运量、容器、劳作等诸多麻烦,且便于在买卖中过秤、提带。

建瓯"弓鱼"

2. 妈祖信仰

闽北陆路崎岖,水系发达,众多的货贸往来大都依靠水运来完成,因此那些常年在水路上行走的各路商人、竹筏工、船工与艄公们,都需要借助水神妈祖的保护。他们在闽江水系两岸建了大大小小、数量可观的妈祖庙用于祭祀,并形成特有的一些仪式。如武夷山下梅村的竹筏工,凡要准备沿溪出筏送货之前,都要禁好几日房事,忌脏言恶语,待临行时,再净手来到街南的妈祖庙上香,默祷妈祖保佑水路平安等。

3. 廊桥祭祀

武夷山下梅村是清代一个功能齐全的贸易集市,各种手工业作坊集中一埠,有木工帮、泥水帮、铁匠帮、香烛帮、堪舆帮、茶庄、盐仓、米行、钱庄、典当行、会馆等等。他们中的许多帮会都要在当地的廊桥——祖师桥上举行祭祀活动。如二月初三,下梅街经营红白事的纸帮、香烛帮,要在祖师桥上祭祀祖师爷文昌帝君;二月十五,五金帮要在祖师桥上祭祀祖师爷太上老君;六月二十三,下梅街所有的肉铺关门歇业,屠宰帮要在祖师桥上举办王爷会,祭祀祖师爷张飞;九月初七,下梅街酿酒帮要在祖师桥上举办杜康会,祭拜祖师爷杜康;等等。

另外,由于下梅种茶、制茶、贩茶为业者数量众多,来自山西的西客帮以及闽南的下府帮、广东的潮汕帮等都在下梅经营武夷岩茶,形成壮观的茶叶贸易茶市。因此下梅祖师桥上的祖师爷牌位中,还曾供奉过茶神陆羽,财神范蠡。每到新茶互市的时候,祭祀茶业祖师爷活动就开始了,而每到财神爷生日时,各路茶商们又都会到祖师桥上祭拜财神陶朱公,使得一个小小的祖师廊桥,成了众多商帮和各行从业者的共同活动舞台。

4. 经商禁忌

一般说来,乡村贸易的流动商贩大多没有阔绰的门面和耀眼的广告,小手艺人也没有自己的作坊和名气,他们为了招徕顾客、维持营生,必须花更大的气力,也形成了更多的忌讳和讲究,比如:小贩和流动手艺人常年在外,供奉关公,讲究信誉和义气,同业之间不经商定,不得擅自提价或降价。出门时,家里人不能拌嘴或讲不吉利话,逢七不出门,逢八不返家,忌讳别人从他的扁担上跨过,以为这样会将财气带走。慎重一点的人,还要进神庙烧香,抽签问卜,由神明决定等等。

除此,尚有店堂门口禁打呵欠,伸懒腰;忌背朝店门而坐,扫地忌往外扫(谓财气外流);到店铺买东西早上不爱赊账,若早上赊账,一天可能就会很多赊账的禁忌。

而他们积累的经商之道,于今仍有实际意义,概括起来主要有:

> 生意勤快忌懒惰,明码标价忌含糊;
> 赊账认人忌滥出,用度节俭忌奢华;
> 货物检验忌滥入,记账好次忌马虎;
> 期限约定忌失信,买卖适时忌失机;
> 待人和谦忌暴躁,账目稽查忌含糊。①

(四)建阳坊刻出版畅销的商业密码②

由宋至明的600多年时间内,建阳坊刻始终保持了它在全国雕版印刷业中的中心地

---

① 此处为民间资料辑录。
② 本段文字转引自《闽北日报》2010年10月28日第五版黄旭辉《建阳市雕版印刷图书出版畅销的商业密码解读》一文并略作修改。

位,其代表性产品"建本"作为一个出版业的商标品牌,也在明代独领风骚,这其中的原因除了有天时、地利等宏观因素外,微观层面的努力则应该得益于"建本"的出版商们在商业运作方面所进行的、许多有效的营销尝试,具体表现在:

1. 出版产业化,运作"一条龙"

首先是在组稿方面。明嘉靖、万历年间,书坊的刊刻主要有出版商高价购买书稿、组织笔会创作、有一定文化层次的书坊老板自主创作等形式。比如著名的书坊主余象斗就是一位有一定文化,又有敏锐市场洞察力的"儒商",他创作的公案小说,类似于今天的悬疑小说,颇有"福尔摩斯探案"小说的味道,在市场上受到追捧。为了争夺优质的符合读者市场需求的书稿,出版商,也就是书坊主纷纷在自己出版的刻书上,打出了重金求稿的广告。根据有关史料记载,开始登载广告的做法始于元末,现在可考的最早一则征稿广告是李氏建安书堂至元二年(1336)在自家刻印的《元诗》上的一则广告,其内容为:"本堂今求名公诗篇,随得即刊,难以人品齿爵为序。四方吟坛多友,幸忽责其错综之编,倘有佳章,毋惜附示,庶无沧遗珠之叹云。李氏建安堂谨志"。

其次是在刻印方面。明代建阳有字号的刻书坊共有200多家,在产业集聚、人才交流上提供了很好的氛围,为创新带来条件。尤其是在图书的版式上,明代"建本"的版画发展到了成熟期。明万历间的刻本,几乎无书不插图。建刻版画与徽派、金陵画派鼎足而立,被称为"建安画派",图文并茂成为吸引读者的一大"法宝"。

最后是在销售上,开全国之先,形成了自己专业性的大规模书市,吸引全国各地靠流通书籍牟利的经销者麇集此地。从嘉靖《建阳县志》中的《建阳县书坊图》中,我们可以清楚地看到,当年的崇化书坊,有书林门,门外有接官亭,门西山麓有文庙,长街数里,云衢、步云、状元等六桥连接横贯书林的书坊溪两岸,交通便利,人口密集,文化气息浓厚,市场兴旺。

2. 应用营销手段,注重创意策划

"建本"的出版商们形成了自己以读者需求为导向的营销理念,注重营销创新,在销售中贯穿广告意识,为"建本"的推广助力。

首先表现在读者需求的导向上。明代刻本内容从前代侧重正经正史转而更多地刻印通俗读物,各类小说、戏曲更是兴盛一时,"建本"甚至还把刻书内容延伸到民间日常用书上,是出版业为大众生活服务的一个重要转向。许多书坊主(出版商)都有很强的市场嗅觉,善于捕捉市井的需求,并在此基础上组稿策划,根据读者的需求开展创作。比如,为了满足市井普通百姓的阅读需求,在写作的语言上,明代的"建本"创作者都注重从市井中汲取通俗的语言,甚至是当时的一些流行语,应用到写作中,用以刻画各种市井人物、社会众生形象。语言的俗化,与书面化晦涩难懂的文言文形成对比,通过语言的接近性,"建本"吸引并稳固了一批自己的读者群。

其次表现在营销创新上。许多既是书坊主又是小说作者的所谓"儒商",在销售中注意及时收集市场对畅销小说的反馈信息,及时调整销售的策略,开展新的出版策划,比如,由书坊主兼小说作者的余象斗推出的组合小说《四游记》就是一个成功的案例。万历二十年,世德堂推出了《西游记》,在市场上畅销,余象斗捕捉到信息后,马上自己创作了

《北游记》四卷跟进市场,得到不错的反响,他又"乘胜追击",再度创作出《南游记》四卷,投放市场。在接连成功后,他又将吴元泰创作的《东游记》和杨致和创作的《西游记》合为一体,推出组合畅销书《四游记》,在书市上大获成功。

再次表现在自我推广上,各种"软硬"广告开始出现。各家书坊主为了争夺好书稿在自家刻印的书籍上,打出征集广告已是当时的一种潮流。但是还有一种隐性的"软广告",也悄然登场。"建本"一个显著的特点就是,各种带有作者或出版者自己观点的评点开始出现在书中,于是许多点评者便借助评点来拔高自己版本的优点,借此来贬低其他书坊的版本,以达到推广自己版本的目的。余象斗就是其中一个重要的点评者,他在推广自己的《水浒》版本的时候,评道:"《水浒》一书,坊间付梓者纷纷,偏像者十余幅,全像者只一家,前像版字中差讹,其版像旧惟三槐堂一幅,省诗去词,不便观颂。今双峰堂余子,改正增评,有不便览者修之,有漏者删之,内有失韵诗词,欲削去恐观者言其简陋,皆记上层,前后二十余卷,一画一句,并无差错。士子买者,可认双峰堂为记。"这一段文字,对其他版本存在的缺点予以指出,对自家版本的优点加以突出,最后请各界读者在买书时候,千万要认准"双峰堂"标记。这种先抑后扬的点评,巧妙地推广了自家版本,活脱脱一个构思精巧的"软广告"。

3. 刊印技术进步,装帧推陈出新

明代,雕版、活字版、彩色印刷的普遍应用使插图的精美程度不断提升,提高了书籍的可视性和可读性,"建本"的版画插图也自成风格,出现了画家与刻工联手插图的趋势,为吸引读者、方便阅读理解而服务。按照书籍的内容要求,"建本"的版画插图或半幅、或全幅、或对副、或整幅,再搭配上精致的花样图形,人物造型简洁明快,绘画风格质朴粗犷,造就了一批技艺精湛的刻工。其中以明末天启、崇祯年间出现的绘、刻技艺俱佳的刘素明、刘玉明兄弟为代表。他们为雄飞馆绘、刻的《精镌合刻三国水浒全传》,插图100余页,成为传世之作。

4. 完善物流体系,水陆分销四海

地处南方便利的交通所在,定期的书市交易,吸引了全国各地的鬻书牟利者,各种形式的流通渠道陆续出现,正规的有书市、书坊、书肆、书摊、书船,业余的有考市、负贩、货郎、杂货铺,其中尤具特色的是符合闽北水路运输的书船贩销。书船又称为书舶,是一种重要的书籍物流形式,叶德辉《峭帆楼丛书》"但见异本即插架,书船市舶争前驱"的入木记载,生动描述了书船抵达后,"建本"爱好者争相前往挑选、购买的急迫心情。明代远洋航行兴起后,政府还利用对外的商贸往来,将"建本"运销到朝鲜、越南、日本等国家,现在日本内阁文库、东京帝国大学研究所以及一些私人手中还存有五种明版"建本"《水浒传》,可见其流传之全。

总之,作为一个文化产业化的经典样本,明代"建本"的畅销,可以被看作闽北创意产业的古代源头,对我们今天的商业发展仍有许多可资借鉴之处。

四、城市发展、金融服务的兴起与市场的监督管理

(一)城市建设的发展

由于商品经济的繁荣发展,市镇建设开始成为普遍现象。据《八闽通志》记载,永安县在弘治年间(1488—1505)只有三条街市,迨至万历年间(1573—1620),竟然达到了15条。① 而尤溪县的宣德街,其繁华程度则可能超出了今人的想象:"自东溪门直至西津门,绵亘三里许,广丈余,琢石为之,有市居中。"②明嘉靖十四年(1535),大田建县时商人在三十三都镇东桥沿河开铺摆摊,形成一条长达600余米的商业街。嘉靖二十一年(1542)冬,大田县城市场已粗具规模。③ 清道光(1821—1850)时期,闽北茶产区"建阳县春二月突添江右④人数十万,通衢市集、饭店、渡口有毂击肩摩之势,而米价亦昂"。⑤ 此般变化,绝非功能不全的一般城市所能轻易应对。

而作为当时商业中心的府城所在地,则显示出了比其他县城更大的景象与气魄。比如:建安县与瓯宁县共拥有23条街道9个市;闽西北重镇邵武,共有27条街道12个市;南平"通衢大市,在府治南,自四鹤门远至建宁门",⑥其长度在四五里以上。这些街市规模、数量与分布的状态,充分说明山区城市因为商品交换和贸易频繁而有了较前更大的发展。

(二)金融服务的兴起

1. 当铺

随着商品经济的发展,民间的金融服务也随之兴起。闽北地区最早从事民间信用活动的机构就是典当行,其在闽北各地的发展状况是:

延平府:嘉庆六年(1801),延平设聚成号当铺1家,从事庶民金融,抵押品期限为26个月,当利每月2分4厘,店员13人。

明末清初,永安一李姓富商独资白银2000两开设当铺,该当铺位于今永安市中山街民主巷10号赖宅。典当物品有衣服、家具、用具、名画、古董、首饰、珠宝等,当期面议,一

---

① 万历《永安县志》卷三《建置志》,《日本藏中国罕见方志丛刊》影印本,北京:书目文献出版社,1990年,第20页。

② 崇祯《尤溪县志》卷二《规制志·街市》。

③ 《三明市志》第二章《集市贸易》第一节《圩集》,http://www.fjsq.gov.cn/showtext.asp?ToBook=3147&index=1601&。

④ 魏禧《日录杂说》云:"江东称江左,江西称江右。盖自江北视之,江东在左,江西在右。"明清时期的官私纂述,多将江西称为江右;江西商人,则被称为"江右商"或"江右帮"。

⑤ (清)邓传安、陈盛韶:《蠡测汇钞 问俗录》卷一《建阳县》,北京:书目文献出版社,1983年,第54页。

⑥ 弘治《八闽通志》卷十四《地理·坊市》,福州:福建人民出版社,1989年,第275页。

般月息1分。清嘉庆十二年(1807)停业。

建宁府:乾隆四十九年(1784)建宁府发生水灾,当时洪水漂没庐舍四千余户,死者无数,灾民告贷无门,建宁府尹缪晖吉乃(于府治建瓯)招商开典库(当铺),受灾户可用实物或产业契据抵押贷款,此为官扶民办的临时性救灾便民措施。① 清末民初,为纪念当铺倡导人缪晖吉的救民功绩,建瓯五家当铺将其同业聚会的会场名称命名为:"晋升厚裕社"(即以各家当铺牌号首字凑取社名)并春秋祭祀"缪公祠"。

道光时期(1821—1850),浦城有当铺19家,每铺年纳税银5两,至清咸丰八年(1858),太平军攻克该县,没收官僚劣绅财产,19家当铺均告闭歇。

邵武府:清乾隆年间(1736—1795),建宁城关有当铺2家,泰宁城关有当铺1家。泰宁城关当铺系清乾隆四十五年(1780)欧阳巽独资开设,址在紫巷口,主要经营衣服、名画、古玩、金银首饰等典当。②

2. 银楼

银楼业务主要是金银买卖,兼营银钱兑换、代客鉴别黄金成色和银圆真伪、经营珠宝首饰买卖、加工金银饰品。分布最多最广的店是资本少、专营金银加工的金银首饰加工店。明景泰三年(1452),永安即有家庭作坊式的金银加工店。清末民国初,永安有银楼4家,除加工金银首饰外,还经营小额金银买卖,佣金5%～15%。

清嘉庆六年(1801),延平始有当铺银楼,但仅有"聚成号"一家,店员13名,从事庶民金融,在民间极有信用,抵押品期限为26个月,当利每月二分四厘,业务发达。

清光绪七年(1881),福州人余炳燧独资在建宁县开设余宗利银楼,地址在华光庙(现二轻局背后),店员3人。余炳燧病故后,由其子余三帮续业,又传孙余光宗,直至新中国成立后停业。

3. 钱庄

钱庄的作用类似银行。闽北地区的钱庄起源于以兑换银钱为主的"钱桌"、"钱铺"等民间信用机构,其在闽北的萌芽开始于万历年间(1573—1620)的建宁府府城。清道光十年(1830),邵武首先办起景岩钱庄,资产有金银万两,其主要业务有存贷及汇兑。为便利商贾外出买卖,在北京、上海、江西、广东、福州等地设有分庄,至咸丰七年(1857)停业。

(三)市场的监督管理

明清时期,闽北集市管理的主要对象是县城和集镇市场,"乡市无税"。各地贸易管理分官集和义集两种管理方法,官集即对主要生活物资如盐、粮等进行官营,以抑物价,或设官牙掌握市场价格和收取佣金;义集由民间自由贸易,向官署缴纳交易金作市场管理开支。同时,官府设巡检司,负责检查商旅流通货物。清光绪(1875—1908)以后,法度废弛,贸易管理随之渐废。

---

① 建瓯市政协:《建瓯文史资料》第四辑,1983年,第65～73页。
② 《三明市志》卷三一《金融·机构·民间金融机构》,http://www.fjsq.gov.cn/showtext.asp?ToBook=3147&index=1967。

1. 市场征管的主要方式

随着农业、手工业的进一步发展，土特产品和手工业产品大量进入流通领域。明代开始出现所谓"牙行"、"牙户"等商业经纪活动，即"民间货物交易，评定价格，代为给付者，称之为牙户；凡愿充者具结呈县，详请布政司核准结帖，认额输税者，谓之牙税"。明初，官府曾对这类牙行、牙户采取严禁政策，"令天下府、州、县、镇、店所在，不许有官牙、私牙"。① 商人只要缴纳货物税，不必再经牙行之手。但是，随着明代市场贸易日益兴盛，利之所驱，难以遏抑，不仅"私牙"禁而不止，地方官府也设立"官牙"。有些地方甚至出现由"官牙"取代"巡栏"职责的现象。这样一来，牙人就有评比物价、监督市场交易和替官府征收商税的职能。官府一方面利用牙行、牙户作为课税工具（主要征收牛、驴以及茶、盐、酒等大宗交易），另一方面加强控制，取缔私牙，限定官牙额数。因此，明代牙行、牙户在市场征管活动中的作用极为有限，牙税亦不太多，地方官府并不重视，即便在较大市场，所设官牙也是罢、复无定，对牙行、牙人的征管作用时而肯定利用，时而否定限制，始终不太确定。

除官府直接设官管理和利用民间牙人管理外，明代还出现乡族势力干预管理现象。这是闽北农村市场管理体制又一个重要方面。如顺昌县的禾口墟，它实际是归张氏一族所有的"族墟"。张氏宗族第四代幼子"乐耕只（织）"，于宋淳熙年间（1174—1189）用钞九贯买了一片荒地，其后代于明万历年间（1573—1620）利用这块私地开墟市，营建"屋宇店房"，墟市上有固定商店，也有行商歇宿的客房；还有街道之设、篷厂之建，作为肩挑小贩和附近农民摆摊搁担的处所。篷厂和店街都要收租，数额相当可观。另外还有戏台、茶亭、油埧等设备，"举市周围，寸土悉属"张氏所有。这种墟市管理的归属，完全由贸易场所的土地所有权所决定。

清代，闽北墟场集市的管理大体因袭明代政策，但具体做法亦有变化、发展，出现了所谓的"过"、"坐"之法，即落地税。明代墟集管理习惯上是在市集乡镇征课。到了清代，由于胥吏苛索，决定只许在府、州、县城内人烟辏集、贸易众多之处才可以照旧征收落地税，取缔额外苛索及重复征收。清康熙二十八年（1689），朝廷曾"谕采捕鱼船及民间日用之物并糊口贸易，悉免其收税"。② 但由于一般墟市贸易仍是大量的"民间日用之物并糊口贸易"，所以法定商税无几，造成"乡村镇落"的大部分农村市场一般都免缴落地税。因此，农村集市在清代官府一般管得不多，墟集之利更多的是被牙人、豪绅及乡族势力所控制。

清康熙、乾隆后，墟市数量及商品贸易额剧增，官府为增加财政收入，豪绅、地霸为攫取暴利，导致官牙、私牙营私舞弊，苛索有增无减。

2. 货币的流通与控制

随着商品经济和对外贸易的发展，货币的需求量大增，官府铸钱颇感困难。于是民

---

① 《大明会典·户部》，"明太祖洪武二年条令"。
② 《皇朝通典》卷八《食货八》，http://ctext.org/wiki.pl?if=en&chapter=726353&remap=gb。

间开始私铸铜钱,杂入官钱,引起了币制的混乱。明崇祯十七年(1644),建瓯城内即有商民私铸钱币,每两银换铸钱二千文,其钱质杂且重量不足,市民颇受损失。当年八月,市民吴三邵率众罢市,焚毁铸钱厂,私铸钱币遂绝。① 道光九年(1829),南平民间私铸铜钱,县衙立碑示禁。②

第三节 传统商贸展拓与新贸易商路开发

闽北山多地少,自古陆路货运都要靠肩挑人扛,效率低下,故主要商道以河流为主,遇山岭则走陆路。其与江西、江苏、浙江、广东之间进行陆路贸易的主要商道是浦城仙霞岭、崇安分水关、邵武杉关以及汀州与江西瑞金之间、汀州与广东潮州之间的商道。明代初期,闽北社会由于相对稳定,商贸活动生机恢复,出现了较多的异地贩易。如:明成化、弘治年间(1465—1505)莆田用纸,"皆自顺昌等县兴贩而至者"。③ 但总的来说这一时期闽北的商品经济发展水平仍与宋代相去不远,发展不平衡,各县差异较大,长途贩运交换仍以轻型特产为主,各地市场贸易的种类和数量均有限,消费水平也未见提高。其自外省输入的最大宗商品是棉布与粮食,输出的商品则主要有茶叶、白糖、食盐、烟草、纸张、笋干、木材、香菇与青靛等。

一、以闽江流域为主的传统商贸路线的持续运转

闽江水系航运历史悠久,其上游的建溪、富屯溪、沙溪均为古代水陆相接的省际交通要道,也是外省人入闽的必经通道,唐代就以木排竹筏为渡,形成渡口。随着生产力的发展和人口的增长,木排竹筏渐被舟楫取代。从浙、赣边界进入福建浦城和松溪两地后,就可以乘建溪木帆船下建瓯、南平,再由南平中转,或折入沙县、永安,或直达福州。明朝著名旅行家徐霞客第一次游福建,便是从江西上饶过分水岭进崇安,然后再乘船经崇阳溪而进武夷山的。

(一)兴盛的造船业

闽北地区水系发达,流域面积较大,拥有众多优良的港口码头,能容纳大、小各种船型的停泊和运输,自古以来水上交通贸易就十分发达。再加上当地盛产木料,故造船业极为兴盛。明景泰元年(1450),琉球人就曾获准在福建利用闽江两岸丰富的木材资源造

---

① 《建瓯县志》第十九篇《金融·货币·铸钱》,http://www.fjsq.gov.cn/ShowText.asp?Tobook=3149&index=826&Query=1&。
② 南平市地方志编纂委员会:《南平地区志·大事记》,北京:方志出版社,2004年,第44页。
③ 弘治《兴化府志》卷十二《货殖》。

船。而由明至清,闽北的造船业仍主要集中在富屯溪和建溪流经的顺昌和建瓯两地。

以顺昌为代表。明清时期,顺昌县漠布街(今漠武)是远近闻名的繁华集市,地处金溪河畔,水上运输十分发达。沿溪有九个码头,每日停泊船只二三百艘。因此,造修船业应运而生。

漠布的造船业始于明代,盛于清代。鼎盛时期从大墙港至连厝港这一带都是造船工地。当时船厂不取名号,以各家自行经营为主,有二三百户从事造修船。其中规模最大的为"王爷"(绰号)和连飞左两家。"王爷"的五个儿子都开办造船兼贩运木材,生意十分兴隆。连飞左是靠一艘破船起家的,后来逐渐发展成一个造船世家。漠布造船初期主要使用杉木,名叫"百三包",这种船又高又长又大,每艘装载量150吨,售价三四百元。由于驾驶不灵活,后又改为载重4~9吨的"麻雀船"和"连城船"。漠布船由于质量好,按期交货下水,船主争相购买,产品可广销至洋口、南平、水口、福州及连城等地。再加上航运的特殊条件,不少买主常常会在上游采买土特产装船运到南平、福州后,连船带货一起卖掉,再买新船。导致漠布的造船业十分发达,每个大厂一年至少造十艘新船,全村每年可造船上千艘,盛况由此可见一斑。

乾隆年间(1735—1795),顺昌富屯溪流域上洋(今洋口镇)对面的沙墩村,赖氏祖先从汀州到沙墩开办赖家顺记船厂,至20世纪30年代时达到兴盛。

(二)依旧繁碌的闽江航线

1. 建溪流域

浦城 南宋以后,浦城是南北木帆船货运枢纽,福建土特产和江苏、浙江的棉花、布匹、日用品,多在浦城集散,日有木帆船百余艘通过南浦溪往来于南平、福州等地。浦城码头建有浙江、江西、三山(福州)会馆。运输船帮分浦城船、浙江船和福州船(永泰、闽清船统称福州船),商贾云集,络绎不绝。

南浦镇位于南浦溪与马莲河的交汇之处,是一个集县治与水旱码头于一身的闽北重镇。由挑夫们从仙霞古道运送过来的丝绸、布匹和浦城盛产的大米、木材、茶叶、茶油、笋干、桐油、莲子、红菇等物资,可沿南浦溪顺流而下建瓯、南平、福州;而从福州以及闽江两岸县市上水运回的物资,除一部分在当地发售外,更多的是由挑夫运送至浙江的江山、清湖一带销售。

武夷山 竹筏客运是由竹筏进行的溪河短途客运。古代,多为两岸之间的客渡。明清时代,闽北各地城镇水埠墟市勃兴,竹筏被作为赶墟的水上交通工具,既载货又载客。武夷山九曲溪,历史上就用竹筏载客游览,成为一大特色。

明清以后,武夷名茶畅销国外,均从建溪运出,当时武夷山星村镇有木帆船300余艘,船民400多人。

建瓯 芝城港地处建瓯县芝城镇,位于闽江支流建溪上游、南浦溪和松溪的汇合口,是闽北物资转运的主要港口之一,其地位仅次于南平港。它以通济门码头为中心,上有水西柴竹炭码头,下有柳坑码头和松溪口茶叶码头共6个作业点,港口呈"丫"字形,单岸设泊,岸线长5公里。邻省江西、浙江交界部分地县的物资大多由此转运福州出口。早在唐朝贞元年间(785—805),建瓯便有临江、通济、东仙三处水运作业点,至明、清两代各港埠均较昌盛。

临江门码头位于通济门码头上游,原系自然驳岸,结构简易,面积2000平方米,长80米,有20个泊点,历来为大米贸易集散地,明清时期较兴盛。崇阳溪、南通溪沿岸的大米、黄豆和土特产都经水运到此。返航时运京果、水产和杂货。日常汇集码头的船舶有300~400艘,其中最多的为江西(十锦标)船,其次是浦城、水吉的木帆船。清末,船工因争泊位常发生纠纷,后经县官裁决,浦城、水吉船靠泊码头第一段,江西船靠泊中段,本县船只靠泊第三段。

东仙门码头位于建瓯城郊松溪河畔,历来为松溪客货运码头,源于唐朝。明清至民国时期是水上农贸市场,松溪、政和及建瓯东峰、东游、川石、水北4个乡镇的粮食、茶叶和农副产品都运抵此处销售,返航时则运食盐、日用百货、水产、杂货等,常年在码头营运的木帆船有100~200艘。

2. 富屯溪流域

顺昌 该县有富屯溪、金溪、仁寿溪三条溪可通木船之航道,木帆船运输历史久远。宋元以来,大宗木材、笋干、毛边纸等产品,都是从水路运往外地。到明清时期,水运业有了进一步发展,富屯溪、金溪沿岸的富屯、大干、城关、洋口、谟武等,均设有数道码头,每地每日停靠的船只多达三五百艘。

富屯溪支流金溪,是建宁、泰宁、将乐三县交通要道,山海物资均赖金溪木帆船运输。洋口镇位于富屯溪与金溪汇合口下游15公里左岸,是将乐、建宁、泰宁、光泽、邵武等地的物资集散地。明嘉靖年间(1522—1566),富屯溪小木船往来频繁,该港埠每天往返的木帆船有一二百艘,墟期日则高达三五百艘,大批的农副产品、木材、毛竹等沿富屯溪顺流而下,运销福州及沿海各地。回程则装载食盐、海味、布匹、鱼货、京果和百货等,转运至顺昌、邵武、光泽、将乐、泰宁、建宁各县。清初,该港埠日均往返于光泽、邵武、顺昌和福州之间的船只高达1800多艘。乾隆、嘉庆年间(1736—1820),仅县境内有船二三百艘,商贸异常发达。

邵武 明弘治年间(1488—1505),邵武县有日均290余艘船只停泊在富屯溪上。重镇拿口的码头达20多个,有"渡头"码头、"双浦"码头、"福州"码头(最大的)、"八角楼"码头、"杨家坪"码头、"横街口"码头等。所有过往的上水、下水船只都要在拿口的码头停靠。拿口运往福州、南平的货物主要有:加尚、朱坊、肖坊等高产粮区所产的谷子、大米、黄豆;大埠岗、张厝所产连史纸;各地收购的笋干、冬笋、香菇、红菇、药材等。拿口输入商品主要为盐、洋火(火柴)、洋油(柴油,主要点油灯用)、白糖、海货(目鱼干、咸带鱼等)、桂圆干、荔枝干以及许多日用品。

光泽 明代,光泽的河道运输有了长足发展。仅弘治十年(1497)就有民船八十二艘往来贸易。据光绪三十二年(1906)《光泽乡土志略》记载,光泽航道所承担的运输任务主要是将江西出产的大米、黄豆、粉干、禽、蛋、麻和棉花,运销福州,返还时从福州运回盐、糖、桂圆、荔枝、海味产品及日用百货等。其中部分货物由光泽经西溪运抵水口集散。

3. 沙溪流域

闽江干流（南平至福州），除各支流木帆船川航其间外，还有南平、福州两市的运输木帆船，有的也深入各支流。比如沙溪航线就以永安县（现改市）为中心，西行清流、宁化，南行小陶、连城，北往南平至福州。沙溪流域出产的竹、木、纸、笋、菇等土特产，赖木帆船运出；盐、布、海产品、日用品，赖木帆船从福州经南平运进。

4. 三溪汇合处的南平港

南平港位于闽江上游，沙溪、建溪、富屯溪的汇合处，是连接闽北各县（市）内地和沿海的水运货物集散地，为当地第一大内河港口。明清两代，南平港均曾设有河运所，其"舟车辐辏，物阜人彩，省门以北，无以为比"，先后辟有三个坡岸码头：东溪小水门码头，供建溪各线船舶停泊；西溪南门头码头，供沙溪、富屯溪各线船舶停泊；剑溪延福门码头，供福州、永泰、闽清、古田、尤溪各线船舶停泊。

三溪汇合处的南平港

二、陆水贸易的展拓开发

闽北地区西与江西省接壤，东北与浙江省毗连，发展边界贸易有着得天独厚的地理条件。自古以来，其对外往来的交通干线就主要有三条：一是杉关路，由建阳往邵武，经过杉关进入江西。该路虽然地势平坦，风光秀丽，但却曲折迂回，并不是一条最重要、最好的商贸线路。王世懋在《闽部疏》中也形容说："自邵武之建阳，非孔道也；然所过六十里间，是闽西最佳丽地。原隰夷衍，竹树田畴，丰美饶裕，器落相望，烟火不绝。夹溪面衡,人家时有数百。"①二是仙霞岭路,由浦城越过仙霞岭,直接进入浙江。该路虽然路径较直,无须曲折迂回,但却需要翻越很多的高山峻岭,不便行旅往来,因此也不是区域间互为来往的交通孔道。三是分水关路,由崇安(今武夷山)进入江西再转往浙江,该路陆水相接,可沿玉山、上饶、河口直通赣、浙,是三地之间商贸往来的最重要通道,曾设有大安、长平、兴田等水马三驿。清初地理学家顾祖禹就曾在其《读史方舆纪要》中记载说:分水关在"县(崇安)西北分水岭上,接江西铅山县界……商旅出入,恒为孔道。"②

由此可见,明清时期福建南来北往的商贸路线主要由闽北的建阳和崇安所掌控,二者因此而达成的繁荣兴盛,绝非现今所可想见。

(一)闽赣古道上的闽北商贸

1. 光泽县边界贸易市场

光泽县地处武夷山北段,富屯溪上游,西部和江西省的资溪县、黎川县相连,北部和江西省的贵溪县、铅山县接壤,是福建省通往江西省的门户和交通要道,与江西省毗邻县的边界贸易往来历史久远。全县共有止马、华侨、赛里、司前4个乡紧邻江西,每逢墟期,过境前来赶墟的江西邻县边民,至少占赶墟人员的40%左右,而平时进行贸易活动时,江西的商贩亦随处可见。

作为闽赣古道终点的黎川县,虽然偏居于武夷山西麓,古时陆路交通不算便利,但水路却很发达。黎河水从这里发源,流经黎川老码头,流向赣江、流进洞庭湖、流进长江。在以漕运为主的古代,这样的地理环境具有得天独厚的运输优势,成为闽赣两省邻近数县商品的转运地和商贸重镇。其黄金水道在一千多年时间里,源源不断地将来自黄土古道的福建海货、木材、茶叶、布匹、纸张等商品运往全国各地,并将从南昌、武汉、上海等地贩运来的物资,逆赣江上溯黎河,由黎川经闽赣古道运销福建。在成就了黎川漕运发达的同时,也成就了江右商帮的兴盛,黎川也因此成为明清时期闽赣两地的商贸重镇。

2. 邵武县边界贸易市场

邵武历史上的商路主要有水陆两条。水路即富屯溪,上溯光泽,下经晒口(历史上正确的名称应为洒口)、拿口、卫闽、洪墩的水口寨,入顺昌,经洋口、延平的峡阳,至延平,最后抵达福州。陆路则是位于和平镇境内条石自然村的愁思岭隘道,它经金坑的黄土关,进入江西黎川。该隘道因山高路险,崎岖难行,令人望而生愁,故名"愁思岭",俗呼"愁岭",是汉唐至民国跨越2000年历史长河的一条重要交通要道,中原人士多经此隘道进入福建,带来中原文化,在八闽大地繁衍生息,开拓发展,故民间有俚语云:"福建八府,殊山起祖"。愁思岭隘道至民国时,仍是邵武通往江西黎川的主要陆路商道,自宋至清屡有和平及周边民众捐资修葺,至今仍保存基本完好。嘉靖《邵武府志》即有宋上官端义砌石为磴重修此隘道的记载。

---

① (明)王世懋:《闽部疏》,丛书集成初编第3161册,第12页。
② (清)顾祖禹:《读史方舆纪要》卷九七《福建·三》。

历史上,邵武黄土关古道的起点地"和平"和"金坑"的地理位置都很突出,它们既是沿海海货内销陆路通道,同时又是周边地区土特产和外地南北货物的集散地,商贸活动非常活跃,造就了诸多富商巨贾,也造就了沿路城镇的辉煌历史,昔日的和平、金坑、黎川古镇就因古道而繁荣。这些地方纸号、茶行、布号、药店、手工作坊林立,街市兴旺,明清时期尤为鼎盛。许多本地商人和外地客商,大量开设纸行、纸号、纸庄,收购纸坊送来的竹纸,承接运输。店铺、客栈布满板石铺就的大街,日行挑夫,夜歇客商,每天南来北往,熙熙攘攘,热闹了数百年之久。一些聚集了雄厚资金的古镇商人,还纷纷走出山门,到南昌、上海、武汉等大城市开设纸行纸号,将家乡的生产的连史纸运销各地。赚到钱后又在家乡大兴土木,购地置产,修屋建宅,兴建学堂,才有了古道上豪华气派的明清古镇风貌,更有了古道上文风炽盛,英才辈出的辉煌历史,给古道遗留了深厚的文化内涵和韵味。

千百年的黄土古道,经历了多少年的风雨沧桑,镌刻下了多少的繁荣兴盛。如今已淹没在历史的长河中,淡出了人们的记忆。只有隧道上的山岭,依然伸向远方,在蜿蜒曲折中站立成深山中的寂寞风景。

(二)闽浙古道上的闽北商贸

1. 浦城县边界贸易市场

浦城县地处闽、浙、赣三省结合部,省际界线占县境线的一半多,物产较丰富,交通运输方便,是省际边界毗邻地区的主要物资集散地。历史上与浙、赣、沪等地有着密切的经济交往,省际民间边界贸易历来十分活跃。闽浙之间,钱塘江与闽江两条大江自然成为联络两省的主要商道。而两江上游之间的商道,则由崇山之间的山路构成。福建通往浙江的山路主要有两条,其一绕道江西铅山河口镇,是为当时主要的出闽大路;其二翻越仙霞岭,从浦城到浙江的江山县。

跨越仙霞岭的山道既险且长,屡有意外事件发生,运输不够安全。因此,在这一条商道上有商品运输保险制度实行。明代的《商贾买卖指南》一书介绍客人从福州到浦城后,"凡泊舟先寻主家行主,照数主家遣人搬挑商量,一百斤工银一钱,凡雇夫各有票照数挑至清湖县某家留歇。与清湖主人验收明白交卸。有自浦城至清湖凡五日路程.中二日,山甚险峻。雇夫已定,次日起程,至十八里有店,作午饭,每人半筒米与店主"。① 由此可见,商人从福州到浦城后,可以和货物分道而行。货物交给浦城的行主,他保证将其运到浙江江山县境内的清湖镇,而商人则空手过山,到清湖领货。

值得注意的是:当时人工价钱十分便宜,从浦城到清湖的五天山路,一百斤货物的运费仅值银两一钱;而从福州城西驿运到南平建溪水口的运费价钱则为:"城西驿上至建溪陆路一百二十里,常轿价只一钱六分;或路少行客,则下减一钱四分或一钱二分,亦抬。"② 如此低廉的运费,是闽浙之间商品运输的重要条件。

---

① (清)延陵处士校编:《新锲江湖秘传商贾买卖指南评释》,潭邑余文台梓行本,下卷,第21~22页。
② (明)张应俞:《骗经》,北京:大众文艺出版社,2002年,第341页。

2. 崇安县边界贸易市场

明清时期，崇安县边界贸易市场之繁荣，可以用这样一句民间谚语来概括，即"南茶北米，东笋西纸"。

南茶，指赤石、星村一带产的茶叶。由于商贸发达、茶路通畅，武夷山许多地名都与茶有关，如"茶亭"、"茶里"等。

北米，指吴屯岚谷方向的稻米。旧崇安稻米品种多，品质好，是内售外销中的大宗商品之一。

东笋，"产于上梅、白水等处。种类有三：产于冬者曰玉兰片，售上海，全年产量约二千市担；产于夏者曰大笋……售河口（江西铅山县）……"①

西纸，旧崇安"纸之类六：……清初徽州人设'乾隆纸厂'于坑口，乾隆时惧渎国体，改'武纪'……"②

史料记载，明代经由崇安边界而往江西铅山的贸易物品种类繁多，交易兴盛，直接促进了铅山河口的商业发展："其货自四方来者，东南福建则延平之铁，大田之生布，崇安之闽笋，福州之黑白砂糖，建宁之扇，漳海之荔枝、龙眼，海外之胡椒、苏木，广东之锡、之红铜、之漆器……各色丝布、杭绢、绵绸、彭刘缎、衢绢、福绢，此皆商船往来货物之重者。"③

由各处贸易的兴盛程度来看，闽北作为福建商业一个不可或缺的贸易联结点和动力加油站，无论是在商品顺流或是商品逆流的任一方面，都具有不可替代的重要地位与关键作用，主要表现在：

第一，在晚明海禁的背景下，江浙输出的商品只有经过福建商人之手才能运销海外，因此，对于江浙而言，与之紧邻的商道畅通的闽北已成为它们沟通海外的重要桥梁之一。

第二，闽北是江浙生产原料的重要来源地之一。闽北输出的木材和蓝靛等原料，大大缓解了江浙地区的原料消耗。江浙的房子多为土木结构，对木材的使用量很大，东南诸省中，唯有福建的闽北能够输出大量杉木，这对江浙建筑业来说意义非同小可。而蓝靛作为江浙染布业的主要原料，也主要由闽北来输入。经此材料染过后的蓝布畅销天下，价格可以增加一倍乃至几倍，对行业发展影响重大。此外，闽北生产的竹纸，也是江浙重要印刷原料。

第三，江浙是福建粮食的主要供应地之一。福建多山，明清时更是因为人口的迅速增长而成了一个缺粮的省份（主要集中在沿海）。因此对福建而言，经由闽北进行米粮输入的闽浙、闽赣通道已然成为福建沿海民众的物资生命线。

可以说，明清时期闽北两条对外商路的通畅、发达，为福建与江浙二地的经济繁荣起到了相当重要的作用。④

---

① 刘超然、郑丰稔：《崇安县新志》，民国三十年铅印本，第578页。
② 刘超然、郑丰稔：《崇安县新志》，民国三十年铅印本，第581页。
③ 万历《铅书》卷一《食货》。
④ 徐晓望：《晚明福建与江浙的区域贸》，《福建师范大学学报（哲学社会科学版）》2004年第1期，第27～28页。

(三)万里茶路与北上贸易的成功开拓

明宣德八年(1433)"严通番之禁"后,上四府的土特产不再由闽江转福州输出;沿海下四府的不少商品也溯闽江而上,弃水就陆,改由分水岭及浦城小关输出。

乾隆二十二年(1757),清朝为了控制对外贸易,将对英、法、荷等欧洲国家的贸易限定于广州口岸,而不允许宁波、厦门等口岸与这些国家贸易,这就更加促使沿海出口商品翻山越岭经分水关输出。后来,除了清廷特许的吕宋(菲律宾)、西班牙还可以到厦门贸易外,西方主要国家对华贸易都转到了广州。为输出闽北著名特产武夷茶,茶贸商路渐渐固定为如下两条:一条通过闽江运至下游城市,然后转运厦门出口;另一条由武夷山西北过分水关,至江西的赣江流域,然后沿赣江逆流而上,越广东南岭(五岭)进入珠江流域,抵外贸目的地广州,广州成为武夷茶对外贸易的最大输出口岸。这一条茶路从康熙年间起,就是崇安茶商开辟的,其中茶商邹茂章是这一时期的代表。

以邹茂章为代表的下梅邹氏茶商,创业于福建北部武夷山,曾抓住机遇求发展,闯出福建,继续"走粤东,通洋艘",除在广州、澳门等口岸城市经营武夷岩茶外,还进入了荷兰、英国、比利时等茶商的远洋商船,进行对外贸易。据《南丰茶溪邹氏家谱》记载:"邹茂章偕壮游闽北、闽固产茶之区,而武夷七十二岩茗种尤甲天下。公与伯兄共治之,走粤东,通洋艘,闽茶赖以大行,公悃幅无华,品核精详,无二值,无欺隐,且不与市井较铢两。以故洋人多服之。洋人售公售制获异珍所至,辄信偿其利,由是家日饶裕,为闽巨室,爱卜居于崇安之下梅里。设立义渡,创造石桥,皆不惜重资,以便行旅,予近宦于闽,道经崇邑之赤石、梅溪诸处,备见之焉"。该《家谱》中"悃幅无华,品核精详,无二值,无欺隐,且不与市井较铢两"的美好品德是邹氏茶商一以贯之的商德,维系了从下梅走出去的邹氏茶商的经营思想和理念。

清雍正七年(1729),白俄与我国开辟恰克图贸易互市,茶叶为其主要贸易物品。

乾隆年间(1736—1795),远在北方的山西茶商常万达了解到武夷岩茶是俄罗斯人最喜欢的茶饮佳品,便在数千里之外运筹帷幄,迅速掌握了闽北武夷岩茶的生产、销售信息,把经营茶叶的触角,探往崇安县(今武夷山市)的下梅村,与下梅茶商邹茂章联手,成为中俄边界贸易中联合经营武夷茶的一支劲旅。在恰克图数十个较大的商号中,常氏一门竟独占其四,创造了中国近代资本主义家族商业史的辉煌。而远在闽北武夷山的下梅邹氏经营的景隆号,也因与俄商做茶叶生意,每年收入逾百万银两,成为武夷山的巨贾。

据《榆次车辋常氏家族》记载,乾隆二十年(1755),清政府限制俄商赴京贸易,中俄贸易统归恰克图一处,一时间,恰克图成为我国对外贸易的"陆上码头"。榆次常氏审时度势,抓住商机,一反过去由货主送货上门的做法,在晋商中首先采取茶叶收购、加工、贩运为一体的经营体系。为保证茶叶质量,他亲自携带雄厚资金,在武夷山购买茶山,组织茶叶生产,同时还通过崇安县(今武夷山市)下梅邹氏景隆号茶庄,收购当地精选的武夷岩茶,设茶焙坊、茶库,每年雇请当地茶工达百十人,将散茶精制加工成红茶、乌龙茶、砖茶。每年茶期,通过梅溪水路汇运至崇安县城,验押之后,再雇用当地工匠达千余人,用车马运至江西河口(今铅山县)。由船帮改为水运至汉口,达襄樊,转唐河,北上至河南社旗镇,并行陆路至山西。在山西,常氏将从武夷山采购得到的茶叶重新计量、打包,扣除运送过程中的自然损耗,然后再换适合北方畜力运送的马帮驮运,经洛阳,过黄河,越太行,经晋城、长治,出祁县子洪口,于鲁村换畜力大车北上。经太原、大同,至张家口、归化,再换数百峰骆驼为运力,至库仑、恰克图。该商路从武夷山的下梅村起步,至中俄边界贸易城恰克图,全长5150公里,被商界称为"万里茶路"。后随着茶叶生意日益向境外扩张,该茶路也不断延伸至欧洲。

武夷山"万里茶路"开辟和邹氏茶商两百多年来从艰苦创业到茶商团队崛起,其重要的历史意义在于:与晋商共同开辟了南茶北售的万里茶路,通过远途陆运,把武夷岩茶销往俄罗斯等欧洲各国。其勇于开拓的精神,敢为人先的胆识,诚信经营的商德和抓机遇求发展的决策能力,都是留给邹氏后人及商界的宝贵精神遗产。

三、通达四海的闽北商贸

闽北地区对外贸易历史悠久。北宋末年,闽北的陶瓷、棉纱、布料、土纸、笋干、香菇等产品就远销东南亚国家。而建阳麻沙、书坊的建本书籍,则随泉州海船至新罗(今朝鲜半岛一带)换取人参和布匹。

然而明自洪武年起(1368—1398),就严禁出海贸易,甚至对参与买卖外国商品的居民也绝不放过。后直到明永乐十五年(1417),郑和第五次下西洋率船队从闽江口起航,随带武夷茶为外交礼品时,闽北茶叶才开始名扬海外。隆庆元年(1576),朝廷解除下海贸易禁令,使海商得到出海贸易的权利,但对于出海船只、行程、经营的商品、甚至经营者的籍贯等仍有严格限制,因此并不能简单地把它看作重视商业的表现。

海上商贸恢复后,江苏人王世懋视学闽中,曾不禁有感而发:"……凡福之绸丝、漳之纱绢、泉之蓝、福延之铁、福漳之橘、福兴之荔枝、泉漳之糖、顺昌之纸,无日不走分水岭及浦城小关,下吴越如流水,其航大海而去者,尤不可计,皆衣被天下。"①由此可见,当时福建与江浙之间的陆海贸易发展到万历时(1573—1620),已有大大超越前代的良好态势,具体到闽北,其所表现出的主要特点大致为:

(一)对台贸易、交流十分频繁

1. 茶叶

清初"闭关"和"海禁"政策的推行,致使对外贸易逐渐衰退。统一台湾后,闽台两地的商贸往来日益发展。据黄叔敬《台海使槎录》记载,康熙末年(1710—1722),"海船多漳泉商贾。贸易于漳州则载丝线、漳纱、翦绒、纸料、烟、布、草席、砖、瓦、小杉料、鼎、铛、雨伞、柑、柚、青果、橘饼、柿饼;泉州则载磁器、纸张;兴化则载杉板、砖、瓦;福州则载大小杉

---

① (明)王世懋:《闽部疏》,丛书集成初编第3161册,第12页。

料、干笋、香菇;建宁则载茶。回时载米、麦、菽、豆、黑白糖、锡、番薯、鹿肉售于厦门诸海口"。① 显而易见,"建茶"在台湾很有销路。台湾商家也看好茶事之利,积极从事闽北茶叶的贩运或加工。

通过茶叶贸易,福建各地的茶种开始传到台湾,成为台湾诸多茶叶品种的起源。如台湾的香橼茶、皋卢茶源自福建的"绿芽佛手";台湾的水仙茶、铁观音亦源自福建;而最著名的台湾"青心乌龙"和"冻顶乌龙"则源自闽北。据《建茶志》记载,今日台湾茶的当家品种青心乌龙,就是嘉庆(1796—1820)时由台湾茶商柯朝从闽北建瓯带回的乌龙茶苗繁殖而成。对于此事,《台湾通史》说得更为详尽,"嘉庆时有柯朝者归自福建,始以武夷之茶植于鱼桀鱼坑,发育甚佳。继以茶子二斗播之,收成甚丰,遂互相传植"。② 台湾茶界也普遍认为,这就是台湾乌龙茶的起源。而另一名品冻顶乌龙,则毫无疑义来源于武夷山。史料记载,咸丰五年(1855),台湾青年林凤池赴京应考后到武夷山,携武夷山乌龙茶苗36株归台湾,其中送给冻顶山林三显先生的12株种植成功,为台湾极品名茶"冻顶乌龙"之祖。③

闽北乌龙茶传入台湾后,茶叶种植面积迅速扩大,仅青心乌龙就占台湾茶叶种植面积的60%以上。冻顶乌龙则更负盛名,是台湾鹿谷乡的一大经济支柱。

2. 粮食

粮食是闽北与台湾进行物资交流的另一大宗产品。闽北延平区有一个"五月十三日关公纪念日",据传因炉下镇的维端而来。民间传说,炉下镇的维端16岁到台湾做米生意,一次,台湾某官员回福建省亲,托其在台湾掌管大印两个月。此官省亲回台湾后,举荐维端进京当邮差。某日接一公函,要求五月十三日送达,因得关公相助如期到达,维端得以平安。于是,当地就以五月十三日为关公纪念日,并流传至今。维端其人替台湾官员掌管大印固然只可当作传说,但历史上闽北与台湾的贸易往来却从未停止过。据《南平文史资料》载,早时闽江沿岸商贸多有台湾米输来内地,说明闽北与台湾早就有粮食贸易往来。

清统一台湾后,大批官兵入台,原本就缺粮少食的台湾米粮更加紧张,闽北便成为台湾粮食补给的重要基地。"唯延平、建宁、邵武、汀州、兴化五府产米之区,足给兵粮。"后来,随着祖国大陆先进农业技术的传入和台湾岛内土地的开发,台湾农业迅速发展,"不但本郡足食,并可资赡内地"。于是,闽台之间便出现了闽米交换台煤等原料的双向贸易。而在闽台贸易中,闽北所产的优质米又是与台湾进行物资交流的主要产品,这种贸易一直持续到20世纪40年代。1946年5月18日《江声报》刊登《福建以粮食交换台煤》一文写道:闽米换台煤,交易6个月。闽省每月交赋米3000石至沿海港口,由台湾派轮接运;台湾则每月交煤3000吨至基隆,并代运至福州。并说"闽米示经省政府指定浦城

---

① 《续修台湾府志》,《台湾文献丛刊》第121种。
② 连横:《台湾通史》。
③ 《武夷山志》附录《大事年表·清》,http://www.fjsq.gov.cn/showtext.asp? ToBook=203&index=458。

赋谷选拔1万石"。按谷米折率推算,此次换台煤的闽米共计1.8万石,其中浦城米几占二分之一。

3. 建木

虽然福州、厦门、漳州、泉州是闽台贸易的重要集散地,但其主要的物资之源却在闽北。《台海使槎录》说到输台物产时,称"泉州则载磁器、纸张;兴化则载杉板、砖、瓦;福州则载大小杉料、干笋、香菇",实际上这些物资有相当部分来自闽北,其中又以闽北所产的"建木"贸易量为大。《台湾通史》介绍说:"台湾虽产杉木,而架屋之杉多取福建上游",这其中的原因有三个:一是台湾虽产木材,但建筑所需之杉木却较为缺乏;二是清代台湾建房修庙盛行,杉木需求量大,经营者利润丰厚;三是闽台一水之隔,朝发夕至,海上运输便捷。因此在闽台的木材交易中,闽北的原木便大量从闽江放排至福州转运外销,销量巨大。为此,许多闽北商人纷纷选择在福州、宁波等地开设木行、木商行,专门从事木材转运和销售。据了解,清代中叶仅建瓯一地经营杉木的就达200余厂,福州木材市场几为建瓯杉木所占。

20世纪40年代以前,闽北木材多通过官方以物易物输入台湾。"占台湾木材总输入额十分之九",对台湾城乡建设起到了重要的作用。

4. 鹿茸

闽北与台湾两地的物资交流中,除茶叶、粮食、木材、煤、糖等物资外,台湾的鹿茸也是闽北的紧俏商品。明清时期,台湾少数民族以狩猎为生活主要来源,所猎之物多是山鹿,因东北三省所产鹿茸价格高,而台湾的鹿茸价格相对便宜,因此台湾的鹿茸多输入闽北以应不时之需。两地取长补短,互通有无。闽江是闽北的母亲河,也是闽北与台湾物资交流的纽带。两地物资交流互补互利,为两地经济的发展和社会的进步做出了重大贡献。

(二) 对外贸易区域遍及欧美亚

宋至元初,中国的茶叶外销受限。明郑和七下西洋时,曾携带大量的武夷茶作为与外国交往的礼品,由此推开了茶叶的外销之门。万历三十五年(1607),荷兰及英国东印度公司开始从澳门和岭南等地收购闽北武夷茶,经爪哇输往欧洲。同期,闽北各县的大米、杉木、丝棉、土纸、皮枕、矿产和其他土特产也开始沿"三溪一江"(建溪、富屯溪、沙溪和闽江)运输至港口后,驾海出洋,转销日本、欧、美和东南亚各国,外贸繁荣兴盛一时。其中尤以茶叶的出口增长迅猛,成为闽北最大宗的出口产品。史料记载,明末崇祯十三年(1640),武夷山的正山小种红茶就已远销至英国,成为最早进入英国的中国红茶——"明末崇祯十三年,红茶始由荷兰转至英伦"。① 雍正时期(1722—1735),武夷茶更多通过海运进入英国,成为英国王公贵族、上流社会人士的偏爱之物。而另外一路由山西茶贾直接前往武夷山收购的武夷茶叶,则不远万里北上运往俄罗斯和欧洲销售。

---

① 萧一山:《清代通史》卷二,第847页。

资料统计显示,清康熙六十年至雍正八年(1721—1730),英国东印度公司共输入武夷茶1250吨;乾隆十六年至二十五年(1751—1760)猛增至8850吨,占全国茶叶输出量的63.78%。乾隆二十二年(1757),清政府鉴于种种原因,限定交易口岸仅于广东一地后,武夷红茶逐渐形成较为完整、分工明确的生产流通体系,其基本转运程序是:茶农→茶贩→茶庄→茶商→十三行→洋商→外国消费者。其具体运送过程是:从星村、赤石运茶至广州出口,一路水陆跋涉,绕道行走,全长2885里。在星村,将茶叶装入包装严密的箱内,外用草席包扎,贴上标记,然后置于木筏上(每筏载12箱),运至崇安,再靠苦力搬运,攀越武夷山而抵江西铅山。其山道宽约六尺,上铺小方块花岗岩,苦力每次担运1~2箱,约需八日才能到达铅山。从铅山将茶叶装载于小船上运至河口,自河口再换载重量较大的船顺上饶江(即信江)而下,出鄱阳湖,再溯赣江而上,经十八滩之湍急地带抵赣州。在赣州换船运至南安(约360里),然后苦力扛负,穿过梅岭抵达南雄始兴县(约120里),又用船载到韶州曲江县,经税吏检查后,再换大船顺北江而下,经过珠江到达广州,由十三行统筹出口。至18世纪中叶,武夷茶已远销至美洲。

1729年中俄贸易有了发展,茶叶成为俄国商人主要贸易对象,而所贸易的茶叶主要是砖茶,从而刺激了国内砖茶生产。砖茶是紧压茶的一种,由半成品茶叶蒸压或炒压成砖形,故称砖茶。砖茶与散茶相比,体质小,运输方便、经济。

道光年间(1821—1850),海运开禁,闽北茶叶重新改道福州出口,[①]至鸦片战争前达到鼎盛:道光十二年(1832),茶叶出口达2.02万吨,价值1200万元,其中建茶就约占六分之一。[②] 道光十四年(1834),印度总督鉴于中茶贸易的巨大逆差而试图开发茶叶种植,设"茶叶委员会",并派该会秘书戈登乔装入武夷山,套购大量的武夷山茶籽偷运回印度,育苗后分植数地,从此印度始有茶业。[③]

鸦片战争结束时,广州、潮州、漳州、泉州、厦门等茶帮兴起,武夷岩茶分别从广州、厦门、福州口岸大量销往世界各地,成为世界普及性饮料。

(三)从事外贸的先锋队伍多有沿海闽商

厦门大学教授庄国土先生认为,宋元以来,由于闽南商人经营闽北茶叶由来已久,在远东贸易中长期居于优势地位,因此清初至清中期,活跃于福建茶区的商人仍多是漳泉商人。再加上不少好茶的闽南籍僧人和移民进入闽北,使得作为闽北重要茶叶集散地的星村镇,自然能够吸引众多闽南籍茶商前来经营茶叶,推动武夷茶的外销。这种情况,从明末到道光年间一直没有改变。

---

① 南平市地方志编纂委员会:《南平地区志》卷十九《对外对港澳台经济贸易》,北京:方志出版社,2004年,第1094页。
② 南平市地方志编纂委员会:《南平地区志》卷八《茶业》,北京:方志出版社,2004年,第483页。
③ 《武夷山志》附录《大事年表·清》,http://www.fjsq.gov.cn/showtext.asp?ToBook=203&index=458。

16世纪,福建泉州、福州、厦门港口开放,荷兰商人前来大量采购茶叶,东印度公司等英商也在厦门等处设立商务机构。有"中国海上马车夫"之称的闽南人用商船把茶叶运抵印尼的巴达维亚(今雅加达)后,就在此与欧洲的"海上马车夫"荷兰人进行贸易,然后由荷兰人把茶叶运回欧洲。从17世纪初到18世纪90年代,荷兰人通过印尼巴达维亚城转口,向欧洲贩运茶叶不下数十万担。此间,不仅从中国贩茶到巴城的海商,几乎都是闽南人,就连在巴城从事中国帆船与荷兰人之间茶叶贸易的掮客也大都是闽籍华人。如17世纪30—40年代的巴城甲必丹①连富光本身也参与荷兰人的茶叶交易。

1757年,清政府第二次实行海禁,闽省海关关闭,仅广州一口对外贸易。武夷红茶出口由福建海上外销改为由陆路内河运至广州外销,贩运茶叶者仍多是沿海闽商,而且与洋商进行茶叶交易者也不乏闽南人。《黄埔港史》就记载说:"1757年后福建茶商迁来广州贸易,十三行中十分之九为福建商人,贩茶商人大多是内地茶商,贩运目的很明确均为海运茶至粤。"②

(四)贸易所产生的附加效果较为明显

明代郑和七率船队下西洋时,曾在福建一带抽调士兵与招募水手随征。其中嘉靖《邵武府志》明确记载的就有"永乐七年(1409),邵武官兵从大军征西洋"。嗣后在远航途中,便多有留于海外者。

明末永历十五年(亦清顺治十八年,1661年),郑成功率福建将士东渡,收复台湾,继续抗清,其中从建宁府(府衙在今建瓯)大洲造船基地招去一批年轻造船工匠,随军修船。到郑成功的孙子郑克塽降清时(1717),部分不愿降清的将士流亡南洋。这两次事件造成了许多福建人流落海外,成为东南亚各国华裔人的始祖。其中就有建瓯籍的,只因为失去联系,无从查考。③

四、闽江上下游经济的倾斜性发展与重心转移

由于地理因素的作用,福建长期以来的商贸活动几乎都是以闽江、九龙江、晋江、汀江流域的水路运输为依托,互易有无。因此,作为向上相接浙赣,向下直通大海的贯穿大半个福建的闽江而言,它在唐代元和年(806)前,就已是福建沟通外界的文化走廊、经济走廊和交通要道,经济地理价值异常突出。在如此特殊的交通背景下,闽北无论是在商品顺流或是商品逆流的任一时期,都可以不断通过自身发达的农业和手工业生产,为闽、浙、赣三边乃至更远的海内、海外贸易提供充足的货源保证,为坚持长期有效的多边互动带来强大的经济支撑,使这一区域的商业贸易,得以伸展出越来越旺盛的活动力、创造力

---

① 英语 captain 音译,犹首领,用以称呼将校级军官及商船船长。荷兰之殖民地内,华人为官吏,专司诉讼租税等华侨事务而无预政实权者,亦称"甲必丹"。
② 吴家诗:《黄埔港史(古近代部分)》,北京:人民交通出版社,1989年。
③ 建瓯市政协:《建瓯文史资料》第18辑,1993年,第68~74页。

和吸引力。但是,纵观闽江上下游的经济联系,我们还是从中发现了一些颇为特殊的发展态势。

(一)流域经济的倾斜性发展

1. 商品流动的倾斜性

明代初期,长期的社会安定引发了闽北人口和劳动力的大量增加,也引起了工商业的逐渐发展和城市的日益繁荣,众多品种丰富的山区产品,继续沿着成熟、便捷的闽江商道源源不断地输往福州,使得这一时期的福州依旧得以依托闽江的供给而成为中国南方一个非常重要的商贸枢纽站。可以说,在以闽江货运和以农业、手工业产品生产为主要内容、主要方式的小农经济环境下,上下游的商业活动呈现出了非常明显的倾斜性特征:每年,福州沿海聚集了大量经延平(今南平)、建州(今建瓯)顺流而下的纸张、木材、茶叶等土特产,从福州换大船,在春、夏南风盛行时,顺风抵达我国江南、江北沿海以及日本、朝鲜;在秋、冬北风盛行时,顺风抵达广东沿海与东南亚诸国,以最低成本的海路运输进行对外贸易。同时,通过商业活动由福州输入的异地商品以及白糖、食盐、海产等,又可溯闽江而上,再经延平、建州转运至闽北各地,大大促进了地区间的物资流动与经济发展。对此,明清社会经济史专家陈支平教授就评价说:"在现代商业中,国与国之间,区域与区域之间,商品输出量较大的一方,往往是经济较为发达的一方,但是明清时期闽江上下游的这种倾斜性的商品流通,却是恰恰相反,商品输出量较大的闽北山区,是经济较为落后的一方,而商品输入较多的闽江下游及沿海地区,则是经济较为发达的地区。"①这是一个非常有趣的经济现象。

明宣德八年(1433),朝廷宣布"严通番之禁",上四府的土特产不再由闽江转福州输出;沿海下四府的不少商品也溯闽江而上,弃水就陆,改由分水岭及浦城小关输出。清乾隆二十二年(1757),仅限广州一口通商的诏令颁行后,更是促使了沿海出口商品越岭经分水关输出。② 闽北,因此成了托起整个福建商业发展的主干力量和中坚区域,在福建经济发展中的地位和作用不言而喻。但是,对以福州为中心的流域经济而言,闽江上下游这种通过水路交通将沿岸各地直接联系在一起的、典型的"一域一口"型的"口岸—腹地"模式,却并没有让口岸城市对腹地经济的发展起到应有的带动作用。福州作为闽江流域传统土特产品向外输出与近代工业产品向流域内地输入的集散地,其对腹地经济的影响也仅仅只体现在进出口商品的流动上,带动作用相当有限。

2. 利润分配的倾斜性

虽然,闽北山区的商品输出为闽江流域以及周边邻省带来了大量的社会财富,但是由于经营商品贸易的商人大多为福州商人和外地商人,因此由贸易带来的财富多数仍归于这些商人所有,本地人获之甚少。如光绪年间浦城县:"地当孔道,海禁未开之日尤觉

---

① 陈支平:《闽江江上下游经济的倾斜性联系》,《中国社会经济史研究》1995年第2期。
② 《福建商业志》第八章《南平市场》第一节《市场变迁》,http://www.fjsq.gov.cn/showtext.asp?ToBook=215&index=113。

冲繁,五方杂外,向来本多客民。城乡市镇列肆坐廛客民十居八九,而以江右人为最伙。负贩食力之流,又大半者皆浙江人。至挟货运同,转运舟车,懋迁货物者土人亦十无一二,客民持筹握算,无不坐致丰盈,本邑居民惟坐收地毛之利而已。"① 再如沙县:"布帛之利,江浙之民取之;鱼盐之利,福、兴之民取之;药材之利,江西之民取之。其开厂以取材,则汀州人,其贩杂货以求利,则下南也。"②

(二)流域经济的重心转移

咸丰三年(1853),即福州开埠数年后,福建的对外贸易重新恢复。此后,不得已改走陆路的闽北茶叶、纸张等土特产才再次顺沿闽江而下由福州直接输出。由于费用的大大减少,洋商争购输出商品,使闽北茶叶等土产产销量激增。茶叶从咸丰三年(1853)的四五万担,增至光绪六年(1880)的四五十万担;土纸、烟、笋的产销也均有增长。地处建溪、松溪汇合处的建瓯县,因此而成为建溪流域农土特产集散的中心,其市场商业之盛,于闽北各县当推第一,最盛时全县有商行(店)3000余家;另一个原较荒凉的洋口镇,也因土特产集散而成为富屯溪流域的贸易中心。据不完全统计,各地输送土特产的木帆船,均汇集南平,最盛时达5000余艘。可惜为时不长,由于进口大量洋布、洋烟、洋纸、洋钉等的冲击,农副土特产销路逐步衰退,光绪初,茶叶出口衰退后,闽北工商业也随之渐次衰落。③

第四节　活跃四海的闽北闽商

在以明代社会经济大发展为背景,以本地发达的农业、手工业为依托的情况下,闽北闽商继承了本地宋元商贸的成果和基础,开始越来越多地参与到大规模的海内外贸易活动中,拉开了闽北商品经济持续发展并卷入海洋商贸的历史大幕,在省内形成了颇具实力、不可小觑的商业群团。他们南来北往,"章其远近,度其有无",通过对四方之物的流通、贩运,成为一支活跃在历史经济舞台上的生力军,为我们留下了众多独有的地方史资源和可贵的精神、文化价值。

一、本地主要的商人与商号

闽北社会经济的发展,使得经商获利大大增加,商人渐渐成为各阶层最为倾慕的对象,他们以经商为出路,活跃在互通有无的商品经济大舞台上。

---

① 《续修浦城县志》卷六《风俗》,清光绪二十六年(1900)刻本。
② 《沙县志》卷九《艺文志》,民国十七年(1928)铅印本。
③ 《福建商业志》第八章《南平市场》第一节《市场变迁》,http://www.fjsq.gov.cn/showtext.asp?ToBook=215&index=113。

(一)顺昌

1. 商人

明朝时期,顺昌西峰都东郊村陈仪(陈德理)经营木材生意,主销福州等地;经营毛边纸、笋干销往苏杭、南京。年老时回家乡做善事,明正德十年(1515年)首建水尾桥(即文昌桥)。此外还有"郑金、吕荣年,顺昌人,二人幼相友善,以鹭贩为生。所至人推其诚。"①

乾隆年间(1735—1795),顺昌西峰都秀水村张起盛(张如松)辞去朝议大夫(四品官),回乡经销毛边纸、笋干至苏、杭出售,再运回京果、棉布、"洋油"等,成为清初城南首富。他所盖的房屋仿苏州园林风格,占秀水、东郊两村房屋的三分之一,囤粮可吃三年。

顺昌东郊村陈昭煌(贡生),生于乾隆二十四年(1759),终于乾隆五十九年(1794),享年三十六岁。青年时期继承父业,经营木材、毛边纸、笋干和烟丝生意。他家养有一支卫兵,负责押运货物和货款安全。他家收到货款最多的一次,是从福州运回一船银子,雇了三十六个挑夫,才将银子从蛟溪挑回东郊。陈昭煌发财后,在东郊盖了三座房子和一座书斋兼花园(本地人称"东郊三大栋"),共占地2800多平方米,是清朝顺昌县最大的古民居。

另外,乾隆年间,福峰、秀水、东郊还有三个商人合伙做毛边纸、笋干生意远销苏州、杭州,他们用赚来的钱打造了三个"三圣尊王"的黄金神像,每个重2斤。

2. 商行与商号

顺昌溪布有笋行、纸行、茶行、织布行,且有名牌产品。如幕坂的"同顺星"牌毛边纸就曾是贡品之一,至今日本博物馆还保留有"同顺星"牌的毛边纸。幕坂的"前山茶"因治好皇太后的厌食症,被命名为"皇娘茶"而成为贡品。

经营时,幕坂的笋干按等级扎捆,贴上标签,写明等级、笋行名称、老板名字,以确保名牌之声誉。其等级一等为秀尖、二等为金片、三等是黄标。幕板廖家和连家的秀尖都是顶级产品。

(二)建瓯

1. 商人

伍秉鉴(1769—1843),清末世界首富,广州十三行的怡和行行主,是当时东印度公司的最大债权人。字成之,号平湖,别名敦元、忠诚、庆昌,祖籍福建,其祖先在建宁府(今建瓯)种植及经营茶叶,后于康熙初年定居广东,开始经商。2001年,美国《华尔街日报》统计了1000年来世界上最富有的50人,其中6名中国人入选,分别是成吉思汗、忽必烈、和珅、刘瑾、宋子文和伍秉鉴。这六个人中,又唯独伍秉鉴是以纯粹的商人身份出现。伍秉鉴的对外贸易以丝绸、陶瓷、茶叶为主,其中茶叶主要是以闽北乌龙茶和小种红茶为

---

① (明)张萱:《西园闻见录》卷六《朋友》。

主,并有自己的茶园,为宣传推广以建安、建州、建宁府(辖闽北诸县,府衙在今建瓯)为主的茶叶起了积极正面的效果,做出了卓越贡献。据1834年伍家自行估计,其家产已有2600万银圆,按照国际银价换算,这个数目相当于今50亿元人民币。

2. 商号

商人喜欢给自己的商店取个显眼、动听而吉祥的好名字,希望通过这样的商号带来商业利益。建瓯的店名大体上有几种类型:一是以户主的名字或姓氏命名;二是以象征吉利、兴旺的词汇来取名,象兴隆、昌盛、茂顺、永昌、源和、福泰等字眼,是各地商店所常用的商号;三是根据地理位置来命名,如东门某某店、开元(寺)某某铺、后街某某堂等。

清末民初,建瓯专营酿造的酒库(酒间)计有9户。其中"长春"、"复兴和"、"茂发"、"万益"4户是自产自销未代人搭醅的;另有4户"六合春"、"兴记"、"利记"、"宜泰"除自酿产销外,尚接受酒店搭醅;还有"聚成"1户是自酿代醅兼设酒店。这些酒库均备有整套手工酿酒设施,资金一般约为银圆一两千元,有的还吸收社会游资,扩大规模。各户年产酒量一般在2000~3000埕(每埕约150市斤)。每家酒库一般聘有一位师傅监制并指导整个生产流程;帮工三四人,由师傅选择雇用。大的酒库还有一位资方委派的代理人,全权行使管理生产和批销业务,人称"掌柜",也叫"掌盘师傅"。

除了专营酒库之外,当时建瓯还有搭醅酿酒兼开酒店的业主12户,他们的店号是:"锦记"、"方俊记"、"周德铨"、"吴立滋"、"宜记"、"宜泉"、"怡记"、"灿记"、"裕美长"、"裕美香"、"味香居"、"王冬成"。①

(三)建阳

1. 商人

建阳书坊中的不少名肆,不仅传刻古今载籍,自己也编书,从而成为编、印、售合一的出版机构。这些书肆的老板,本身就是有一定学问造诣的读书人。如刻书世家出身的余象斗在明万历十九年(1591)30岁时始弃儒业,专事锓籍,其在所刻《新锓朱状元芸窗汇辑百大家评注史记品粹》的卷首中自称:"辛卯(1591)之秋,不佞斗始辍儒家业,家世书坊,锓籍为事,遂广聘缙绅诸先生,凡讲说,文籍之裨业举者,悉付之梓。"他的双峰堂不仅刻印了诸多各种图书,他自己也编印了《万锦情林》、《北方真武祖师玄天上帝出身志传》、《列国志传》、《列国全编十二朝传》等书。

种德堂主人熊宗立,字道轩,从当地著名学者刘剡学,著有《洪范九畴数解》、《通书大全》等书。

而刘氏书坊中的名肆、乔山堂主人刘龙田则和余象斗相似,亦是一位儒生出身的刻书家。"初业儒,弗售。挟箧游洞庭,瞿塘诸胜,喟然叹曰:'名教中有乐地,吾何多求?'遄归侍庭帏,发藏书读之。"

另一个在经商中素以"廉贾"称著的建阳人刘天熙,自小就饱受儒家经典熏陶,为人

---

① 本处资料由建瓯酒业协会及双龙戏珠酒业提供。

廉洁仗义,乐善好施,在当地留下了很好的名声。《建阳县志》记载"刘氏族衍多不给者,熙办义田二百亩以赡之"。① 这充分说明当地商人在社会公益事业中所充当的重要作用。

2. 商号

明代是建阳崇化坊刻极盛时期,有书肆近百个堂号,最出名的有余氏"勤有堂"、余文台"双峰堂"、余象斗"三台馆"、熊大木"忠正堂"、刘氏"慎独斋"、叶氏"广勤堂"、杨氏"归仁斋"、詹氏"进德书堂"等等。

(四)浦城

周谨,字敬之,监生加州同衔,家资富厚,古道热肠。清乾隆三十三年(1768),当地农业收成不好,他两次平粜;嘉庆五年(1800),浦城大水淹死多人,他出钱埋葬;乡里族人赴试有困难的,他给以厚资帮助。对于家乡圮毁的虹桥,他独力增修,并置田租以供维修,同时还在郊外建亭,供行人憩息。

周凤雏,周谨之子,字开宇,好义且有父风。清道光三年(1823),邻居被火毁,凤雏倾资赈济。为了发展教育,周凤雏重刊真德秀的《大学衍义》,板藏文忠祠。道光六年(1826)粮食歉收,他又与县诸生季新元等向人告贷千余金买米平粜。

祝缔,浦城富户,曾于嘉庆二年(1797),封捐给福州鳌峰书院,户年租1984石斗5合谷。

祝光国,字觐宾,经商于苏州。清嘉庆五年(1800)苏州大水,米价涌贵,死者万计。祝光国即倡议成立捐设局,施粥、施药,救活多人,并施棺使死者免露郊野。② 其家乡闽浙要冲仙霞岭,路势险绝,"飞鸟难度,匹马难旋"。嘉庆十一年(1806),祝光国捐银两千两,历时二年三个月整治仙霞岭路,修辟该岭主道及南边茶岭、杨姑岭,修葺喜仙、迎仙、集仙诸亭,使行人方便并有憩息之所。③

祝徐氏,浦城富户祝乾封妻,嘉庆十五年(1810)捐银5万两修筑浦城城墙。修城时发现宋嘉熙二年(1238)建宁太守王埜《建礼稷坛记》碑,于是建宝宋亭以保护。④

浦城红米在福州市场上一向享有盛誉。清代浦城人梁恭辰记录了一个浦商从事粮食投机的故事:"浦城周封翁之诸兄弟五人,翁其季也,稍长即贩运于福州,辄获利。其第三兄妒之……于是各运米至省,半途翁船破应修,沿客有传省城米贵者,兄遂别翁先往,

---

① 万历《建阳县志》卷六。
② 《浦城县志》卷三九《人物》第二章《人物事略》,http://www.fjsq.gov.cn/ShowText.asp?Tobook=3181&index=1688&Query=1&。
③ 《浦城县志》卷十一《交通》第一章《交通线路》第一节《古道》,http://www.fjsq.gov.cn/ShowText.asp?Tobook=3181&index=484&Query=1&。
④ 南平市地方志编纂委员会:《南平地区志·大事记》,北京:方志出版社,2004年,第43页。

果获利,复市他货。旋封翁方至省,则价倍长,更获利无算。"①

(五)邵武

邵武大埠岗的二十都一带是邵武历史上毛竹造纸的主要产地,而宝积村又是二十都出山的第一站,曾有大量的纸商在此坐镇或设行收购纸张,宝积村的许多人家也因经营纸业而发财致富,建造了大量豪宅巨院,地方相当富庶。据《宝积黄氏族谱》记载,仅宝积黄氏一门经商致富者,就为数众多,名震乡间。如:

> 黄裳吉,"字匡珏,号玉山……居家服贾,有倍于格言者不敢为,遭粤匪之变,多年积资荡于汉阳,而改由北辙,获利尤多。由是夏运冬还,年有常息,渐次置田庄、创居室,为诸义举"。②

> 黄道中,"字正邦,号建屏。……年及冠,客贾汉阳,颂获蝇头之利,未足为奇。迨咸丰年间转而北辙,利获三倍,不数年家以饶用,置田庄,美轮美奂。……公状貌似非商贾中人,而客游燕冀二十余年,遂成巨室"。③

> 黄景星,"附贡生,字廷亮,号子明。……与堂叔正根、正京、正立、从弟廷献五人采买纸货合贾江右、天津……数年间家遂以起"。④

> 黄焕南,"……促装归里习贸,迁佐乃父经营纸业。是时,各埠外纸充斥,土产滞甚,凿此者率皆折阅,君家亦亏蚀累累,几无以支柱。……乃集产之厂户悉心规划,力图改良,不数月反绌为赢,已而所业益昌,信用大著,他人则而效之悉获奇美,而农村经济亦寝寝活跃矣。南陵(即大埠岗)纸商不下三四十家,其中老于此业、素善居积者实至多"。⑤

(六)武夷山

施守训,"福建大安(即崇安)人。家资殷富,常造纸卖客。一日,自装千余篓,价值八百余两,往苏州卖,寓牙人翁滨二店。滨乃宿牙。叠积前客债甚多,见施雏商,将其纸尽还前客,误施坐候半年。家中又发纸五百余篓等到苏州,滨代现卖。付银讫,托言系取旧账者,复候半年"。⑥ 虽然这段文字说的是崇安商人施守训在苏州受牙人欺骗的故事。但从故事中,我们也可看到这位崇安商人的经营颇有规模,他先后运了1500余篓纸张到苏州出卖,约价值1200两银子。

---

① (清)梁恭辰:《北东园笔录》卷六《周封翁二事》,笔记小说大观本。
② 邵武《宝积黄氏族谱·诰封朝议大夫玉山黄公家传》。
③ 邵武《宝积黄氏族谱·诰封中宪大夫建屏公传》。
④ 邵武《宝积黄氏族谱·景星黄公传》。
⑤ 邵武《宝积黄氏族谱·黄君焕南家传》。
⑥ (明)张应俞:《骗经》,北京:大众文艺出版社,2002年,第351页。

(七)光泽

1. 商人

屈伸,光泽富人。成化三年(1467),光泽发生饥荒,屈伸发粮一千一百二十八石七斗,赈饥民二千二百五十七口。

李文通,光泽富人。弘治二年(1489)捐万金,费时三年,建九墩八拱石卷桥——平济桥,工程之巨,嘉靖《邵武府志》卷六《水利篇》及乾隆《光泽县志》均有记载。

郑谅,光泽富人。天顺四年、成化二年,光泽发生疫病,死者众,郑谅施贫者棺。

饶玉麟,字宗政,光泽下北路梅溪村人,敕授承德郎(正六品)候补广东布政使。生于乾隆癸亥八年(1743),卒于嘉庆丙辰元年(1796)。他世居祖地,富甲一方,田地、山林分布于光泽、庐溪(今资溪)、贵溪三县。光绪《光泽县志》卷四《恩例表七》记载:"饶玉麟,二十二都人,由监生提敕布政使理问,分发广东。"

戴应怀,光泽司前举安人,道光、咸丰年间(1821—1861),戴应怀开长槽十五张,年产连史纸1700多担,为光泽当时造纸大户,其子孙继承造纸,直至20世纪70年代。

2. 商号

光泽城区有棉布、米豆、京果、屠宰、药材等店铺100多家商号,大的有"福聚和"、"福聚兴"、"和胜"等。

(八)南平

明代弘治年间(1488—1505),闽北有一个外来的大画家,名叫边景昭,其祖边乔年,系陇西籍商民,率先入南平采办纸书贩营活动,子孙昌盛。定居南平后,除经商外,还参与闽文化教育活动,颇受闽人称赞。边氏家族对八闽画品十分推崇,尽力收集,兴建画品收藏楼,取名"松鹤书房"。边景昭加以扩建后,将画品分为人物、龙鱼、山水、鸟兽、绿木墨竹、蔬果食品、积镌鉴赏、释论画技等门类珍藏,成为我国书画史上最早最完善的画品专类藏书。

边景昭精于其老祖宗的陇西画派的工笔翎花卉,在与"闽画派"的交融中,继承并发展了工笔画的传统技法,又融全了东南画派与西北画风格,构建闽北新画派,也就是画苑里一直称赞的"边派"。

二、在闽北的外地闽商

(一)商人

在彼此互相来往的边界贸易中,许多游走在闽北的外地商人除了将江浙一带的货物贩运至福建获利之外,同时还要顺便采购各种闽北土产进行二次获利,这就在很大程度上带动了闽北商品的北流。如南京凤阳府临淮县商人罗四维,在松江买梭布一百两往福建建宁府贩卖后,"复往崇安买笋,其年笋少价贵,即将银在此处买走乌铜物,并三夹杯盘诸项铜器,用竹箱盛贮,并行李装作三担。崇安发夫,直到水口陈四店写船。"①其往来于福建与松江之间,在福建出售江南的梭布,在江南出售福建的笋干。

与此相似的知名外地入闽商人还有:

"游天生,徽州府人。丰采俊雅,好装饰。尝同一仆徐丁携本银五百余两,往建宁府买铁。"②明代福建是国内主要铁器产地之一,其铁器生产相当有名。许多外地商人到福建购铁。

"陆梦麟,江西进贤人。往福建海澄县买胡椒十余担,复往芜湖发卖。有一客伙,将硼砂一担对换,余者以银伐之。次日,叫店家写舵公陈涯四船,直到建宁。"③

"陈栋,山东人也,屡年入福建建阳地名长埂贩买机布。万历三十二年季春,同二仆带银壹千余两,复往长埂买布"。④ 这是因为明代福建的夏布相当有名,外来商人往往购买福建夏布运到北方。

明清两代,建瓯盛产杉木,木材生产已颇具规模。道光二十年(1840),上海木商大户葛氏、胡氏在建瓯经营木材,大量销往福州。⑤

清初东南沿海大规模迁界后,沿海的许多工商业者纷纷转至延、建、邵、汀开发经营,甚至"赣南的烟草、蔗糖、油桐、油茶、生漆等经济作物的种植、加工、运销无不以福建的工商业者和农业移民为主"。⑥ 在赣东北,"富商大贾,扶资而来者,大率徽闽之人"。⑦

可见,当时的闽浙商道上,不仅有福建商人,也有江南的徽州商人,当然还不断有其他各地商人加入这条贸易线路。他们将福建的货物运到江南,也将江南的货物运到福建,致使两地间的贸易日益兴盛。

(二)商号

清末民初,建瓯城关的中药铺共有种德堂(现南街头铁门)、毛福春(府前公园口对门)、松龄堂(府前)、福庆堂(大市街扇巷口对门)、天禄堂(大市街)、龚恒昌(长街头)、天寿堂(临江门)、福生堂(西门街)等。这几家中药铺开业较早,牌号老,业务广泛,均系江西南城人所经营,店员学徒亦是南城人。因江西樟树镇乃我国药材集散地之一,史有一年一度药王庙会盛举,商贾云集,互通有无,买卖兴隆,享有"南方药都"和"药不到樟树不全"的声誉。影响所及,赣商操此中药者遍布祖国各地。闽赣邻省,故操此中

---

① (明)张应俞:《骗经》,大众文艺出版社,2002年,第382页。
② (明)张应俞:《骗经》,大众文艺出版社,2002年,第362页。
③ (明)张应俞:《骗经》,大众文艺出版社,2002年,第387页。
④ (明)张应俞:《骗经》,大众文艺出版社,2002年,第361页。
⑤ 赖少波、王安荣:《建瓯探源》,上海:华东理工大学出版社,1993年,第182~201页。
⑥ 曹树基:《明清时期的流民与赣南山区的开发》,《中国农史》1985年第5期。
⑦ 《福建省志·商业志》第八章《南平市场》第一节《市场变迁》,http://www.fjsq.gov.cn/showtext.asp?ToBook=215&index=113&。

药业多是江西人。①

三、商帮与商业会馆的出现

"帮"是一种行业和地方性都比较强的组织,有相当高度的团结性,主要用于保障同帮行业中商人的利益,它除为居住在同一城市的同业商人所组织外,外乡某一地的商人也可以组织团体,互相帮助,抵抗官府和帮外人的侵犯。"会馆"本是地方性的组织机构,后来和工商行业联系起来,逐渐变成了行帮处理事务的一种地方性和行业性的组织机构。它既是同乡的团体,又是同业的组合,规模有大有小:有由同一县人组成的;有由同一府人组成的;有由邻近几县、几府人组成的;也有由同一省人组成的。从明代到清代前期,会馆制度逐渐发展乃至到达全盛。

(一)商帮

明清时期,闽西、闽北各县及闽东部分县的土特产,均以福州为市场,如连城、永安、沙县、南平、尤溪、古田、闽清等县的土纸;各县的香菇、笋干、松香、烟叶、药材、棕皮、薯榔、建莲、红曲、干鲜果;连江、长乐、罗源等县所产的咸干海味、红糖等等,均运到福州,大部通过福州的溪行代为销售,其中以土纸销量为最大。

"溪行"早在清乾隆年间,业务就较发达,因客投行的土产只按货值的98%收取货款,故称"九八行"。实际上个别还附有资金、贴水等规费,故佣金有的在3%～5%。"九八行"的大户或中户有设庄自行采办的;有向同业进货的;有自运出口的;或进货后转售于出口帮的;或代客转运外销和内销的。

福州溪行,除福州帮外尚有江西帮、沙县帮、洋口帮、连城帮、建瓯帮、浦城帮等,商号多集中在南台上杭街、下杭街、潭尾街、靛街、三保、延平路一带。仓库多设在三保和苍霞洲附近的码头。货物销往天津、上海、烟台、营口、青岛、大连、台湾,还远销越南等埠,本省销路最大的是闽南。

闽北山区毗邻江西、浙江两省。清末民初,闽北商界从业者多为江西、浙江、福建三省人士(旧时亦称"三大帮"),江西在长江之右,江右商帮作为中国历史上十大商帮之一,在明、清两朝发展到了顶峰。"江西帮"善于经营棉布、染坊、国药,以丰城人居多;"浙江帮"善于经营京广百货,以温州永康人居多;"福建帮"善于经营南货(包括烟、酒、粮食、土特产),以福州、兴化、当地人居多。

(二)商业会馆

明朝时期,商业会馆的建馆基础多是为解决同乡之情的旅居之所,并兼有"维护公益、调息解难"的辅助功能。到了后期,因为工商业的飞速发展,商业会馆便又成了工商业者"联络同业、互通商情"的同乡行帮组织,在各地商业发展史上留下了不可磨灭的历

---

① 建瓯市政协:《建瓯文史资料》第四辑,1983年,第89～97页。

史功勋。比如,清乾隆时期(1736—1795),由于社会渐趋稳定,闽西汀州府属的各县及江西、浙江等省人民迁入闽北开荒、做工、经商的很多,松溪城内就建有汀州、江西、三山等会馆;①浦城建有江西会馆、盱煤会馆、浙江会馆、江南会馆和三山会馆等;崇安、延平、邵武等地也纷纷出现江西、浙江、福州、兴化等地商人设立的会馆。

1. 在闽北本地创建的商业会馆

建瓯:明清时期,建瓯商业繁盛一时,不仅城市建有会馆,甚至一些著名的商业集镇也会建有会馆。如龙川会馆(位于建瓯市区丁家巷,系闽西龙岩等县同乡起建)、浙江会馆(今建瓯市水洋巷食品厂)、福兴会馆(位于建瓯市区八角楼,系福州、兴化等地同乡起建)、安徽会馆、福州会馆(位于建瓯市南雅镇)等等。

延平:延平是联系闽江上下游的交通纽带,也是连接福建与浙江、江西的贸易中枢。历史以来,不仅沿海货物多溯闽江而上,经建州、延平转至闽北各地;闽北各县的粮食、土产也经延、建顺闽江而下,输往沿海各地。因此,作为要地所在的延平就成了各路商家争相聚集的风水宝地,各地商业会馆陆续新建,著名的主要有:汀州会馆、江西会馆(位于延平区新华路口)、福州会馆、南安会馆等,其中尤以福州会馆的人数最多。

邵武:邵武市区东关外的中山路,昔时因地处水运津要,不仅当地富商巨贾聚居于此,大量外地客商也在此聚集,故各会馆也均建此。有福州会馆、江西会馆、广东会馆、兴安会馆等。现存仅兴安会馆。兴安会馆为兴化(今莆田、仙游)客商于清代中晚期所建,临中山路大街,坐南朝北,单进殿,殿后辟花园。原大门前临街砌青石栅栏,门额上有两方青石匾,上方为直匾,额镌"天后宫",下方为横匾,额镌"兴安会馆"。两边侧门亦有青石门额,左镌"海晏",右镌"河清"。门楼内建戏台,两廊建酒楼。正殿为五开间,殿中设神龛供奉妈祖和"千里眼"、"顺风耳"塑像。1929年拓宽街道,兴安会馆原门楼和石栅栏以及门内戏台、两廊等建筑均被拆除,大门内缩。现存正殿和天井及后花园,占地面积不及1000平方米。兴安会馆建筑的平面布局和立体构架均为邵武地方清代建筑风格,为斗砖封火墙马头墙围合的天井院式合院建筑,五开间,抬梁与穿斗混构,梁枋上雕饰极其丰富且精美,均漆红描金,富丽堂皇,雕饰内容大多为邵武地方所不见的海洋生物,明显融入兴化风格。昔时,每逢正月十五元宵节,兴化同乡相聚一堂大摆宴席,开台唱戏,三月二十三日妈祖娘娘诞辰和九月初九妈祖娘娘忌辰,也都在会馆内做"普度",也有戏班子唱戏,热闹非凡。

光泽:明清时期,光泽水运的发展,促进了当地商业的繁荣,福州、江西的商帮都在光泽建有会馆,并集资兴建寺庙,福州船帮建的为"天后宫"、"天妃宫",江西船帮建的为"万寿宫",目前这些寺庙仍在。光泽山头关地扼闽粤赣边界要地,是沟通江西的一个重要关隘。清光绪乙亥年(1875)之前,山头关从村头到村尾,有大小盐店数十家,拥资巨万的大纸号、大槽户也有数十家,专供过往客商及挑夫脚夫吃饭歇脚的饭馆十多家。人们说山

---

① 南平市地方志编纂委员会:《南平地区志》卷四《人口》,北京:方志出版社,2004年,第281页。

头关有三店(盐店、纸店、饭店),路上有三夫(挑夫、权夫、车夫),主要是用肩挑和手推独轮车挑支运盐、纸及其他货物,他们多为江西贵溪和余干的农民,光泽山头关和中桂村也有劳力150余人以此营生。权夫是用木权驮运棺木的一种独特的运输方法:把2米多长的棺木装在木权上,一个人扛驮着走,权工全是贵溪县的农民,有百余人,平均每天上路四五十人。清末,"权帮"受贵溪人怀德、怀亮把持,联合挑夫,共同对付独轮车夫,经常因争路闹事械斗。

崇安(今武夷山):在清代茶市下梅溪畔,有一座江西会馆,也称万寿宫。它是在武夷山一带经商的江西籍商人集资共建的会馆。清代中期,下梅成为武夷山茶市时,就有许多江西籍人到此购地建宅或租店经营茶叶、药材、瓷器等。这些江西籍商人多来自南丰、南城、广丰、上饶、铅山一带,尤其以南丰茶溪的邹氏,在下梅经营茶叶,发家致富建豪宅,遂成为武夷山一巨贾,在下梅所居成市。来自南城经营中药材的吴氏,在崇安县城开药行,也在下梅购店开药铺,成为武夷山药材经营界的巨富。于是江西老表们像福建人一样,以在各地修建天后宫供奉妈祖为会馆,成为福建同乡联谊的聚合空间,江西籍人修建的会馆万寿宫,供奉许真君,联谊江西各地商人。据史料载,凡在全国经商的江西人,到任何一处万寿宫投宿,就像回到家里一样亲切,均能享用会馆免费的吃住接待。

下梅万寿宫约建于嘉庆年间(1796)。新中国成立初期,被乡公所占用,1972年至1978年,用做农村初中班校舍。改革开放后,村民会首集资购回,作为庙会活动所在地。重建神坛,供许仙真君,江西人认为他主人间福寿,十分敬仰与崇拜他。江西民间,省外乃至国外的江西会馆、同乡会均多以万寿宫命名。每年农历四月八日"洗佛仔"和十月十五日的三位奶娘庙会"拜血盆",是万寿宫传统的重大民俗活动。

晋商万里茶路起点的下梅村,村中有条当溪,溪两侧是清代茶贸街的遗存。当溪承载着茶市街上每日数以万斤计的茶货运送任务。发挥这些作用和功能的,是竹筏工和竹筏。《崇安县新志》描述称:"日行竹筏三百艘,转运不绝",足见梅溪水路运输的繁荣。清代下梅以邹氏茂章为代表的茶商们,由于各自茶行的交易量大,导致茶叶运输量骤增,各行需雇用的竹筏工特别多。加上水路仅有一条,显得特别拥堵。为了有序安排各商号的竹筏运力,于是竹筏工便自发组织了自己的水路运输协会"民舣轩",现下梅当溪坊子头还留有一处"民舣轩"匾。

2.在外地创建的闽北商业会馆

明清时期,福建商人北上辽东,南下广州及海外,西迄新疆,到处开拓他们的商业发展道路,从而形成了一支声名显赫的福建商帮,而福建商人在各地遍设会馆,恰可作为该商帮足迹所至的实证。

福建商人曾大量远适江南都市集镇,就会馆之多,商人来源地域分布之广,人数之众来看,清代福建商人在苏州是最为突出的。该地由于社会经济发展水平较高,商业贸易繁荣,福建八府竟都在此地建有会馆。其中福州三山会馆于明万历时便首开其端,延续到清代;邵武会馆建于康熙五十六年,落成于雍正七年,共耗银三万余两;延平、建宁二府的延建会馆,创建于雍正十一年,落成于乾隆九年。①

清代以来发展起来的上海亦吸引了大量的福建商人,乾隆年间,同安、龙溪、海澄三县商人便在沪创建泉漳会馆。道光五年,由建宁、汀州两郡商号于纸棕各业抽厘在上海翠微街创建建汀会馆。②

乾隆四年,福建延邵的纸商又在北京崇文门外缨子胡同设置"延邵会馆",道光十六年扩建,面貌更为宏敞。③

而在福建本省,闽北商人所建的会馆那就更多了,如:位于福州马口104号(后与海防街、霞浦街合称延平路)的延郡会馆,就是清朝中期由延平商帮筹建的。延平路位于大庙山、龙岭顶北麓,是从马口至大庙前的一条商业街。清乾隆五十年(1785)曾在此设"福州南台海防分府"(今为福州台江区第四中心小学),因此就将分布在它前后的两条道路,称作"海防前"和"海防后"。民国时,由于"海防分府"的废弃,这条路便以"延郡(延平)会馆"的所在而定名为"延平路"。位于上杭路的浦城会馆,建于清乾隆年间。由浦城商帮集资兴建,现为天后宫。此外还有位于福州横街的建郡会馆;福州铺前顶的延平会馆;福州上杭街的泰宁会馆、建宁会馆、浦城会馆等等。其中位于福州上杭路83号的浦城会馆,系清末浦城县商帮集资建造。该馆坐背朝南,依山而建,成阶梯式递进,四周砌风火墙,占地面积约320平方米。前面临街,正墙上嵌"天后宫"石刻直匾,两边门门额分刻"河清"、"海晏",大门内为门头房,二进为戏台、天井(两侧走酒楼)、大殿。大殿面阔五间,进深三间,穿斗式木构架,歇山顶,祀天后。殿后有石阶,上建梳妆楼,楼下三间排,中为厅堂,楼上4间10房,梳妆楼边门辟小径通大庙山。

---

① 民国《吴县志》卷三三《吴县十一都二十二图新巷》。
② 《创修建汀会馆始末记》,见上海博物馆编:《上海碑刻资料选辑》,上海:上海人民出版社,1984年。
③ 《延邵会馆碑文》,见李华:《明清以来北京工商会馆碑刻选编》,北京:文物出版社,1980年。

第四章

近代闽北商人商事

民国三年(1914年)由北洋政府公布的《商人通例》规定商人为商业之主体,而商业则包括以下17类:"买卖业、赁贷业、制造业或加工业、供给电气煤气或自来水业、出版业、印刷业、银行业兑换金镶业或贷金业、赡承信托业、作业或劳务之承揽业、设场屋以集客之业、堆栈业、保险业、运送业、承揽运送业、牙行业、居间业、代理业"①。近代所谓的商界,实际上是指整个实业界,商人除了商自然人还包括商法人。步入近代,随着国内外形势的变化,重商思潮兴起,闽北商人在商品产销、经营范围、营商模式、资本构成、市场展拓、商人组织、营商环境等方面,都发生了引人瞩目的变化。

第一节 近代闽北的茶商、木商和纸商

鸦片战争后,清政府被迫五口通商。咸丰三年(1853年)福州茶市正式开市,福州港很快成为闽北茶叶、纸品和木材三种主要出口商品的重要输出港,极大地便利了外国资本对闽北的商业渗透,加快了闽北商人融入世界资本主义市场的步伐。

一、近代闽北的茶商

近代闽北进入商品流通领域最主要的经济作物是茶叶,茶商的事业也随茶叶世界贸易市场的波动而起落。

清政府于道光二十二年(1842年)与英国签订了《南京条约》,被迫开放广州、福州、厦门、宁波、上海5个通商口岸。19世纪是武夷茶风靡欧美的时代。滨海之区贩茶最便的福州于道光二十四年五月十八日(1844年7月3日)开埠,但开埠的最初10年由于种种原因,对外贸易进展缓慢。武夷茶仍由内地商路从江西河口运往广州,运抵广州需耗时近一个月。部分茶叶则由河口运往上海出口。咸丰三年二月(1853年3月)太平天国定都南京后,革命运动在华南各省蓬勃发展,闽北茶叶出口的内陆运输商道受阻,崇安茶

---

① 陶汇曾编:《商人通例释义》,商务印书馆,1925年,第13页。

商停贩。这年四月福建巡抚王懿德奏请:"由海运招商赴崇(武夷山)运茶至省,听洋商贩运出口。"①最早掌握这一契机的美商罗素洋行乃毅然遣派华人携资驰赴武夷,采购茶叶,取道闽江,运至福州。翌年,其他洋行因见该行经营茶叶业告成功,于是群起仿效,而各国船只驶闽运茶者遽呈争先恐后之状,福州由是遂成驰名世界之茶叶输出港。武夷茶通过闽江水系运抵福州只需4天。洋商可以把头茶比惯例提早个把月运回国从而赢得更佳的商机,且由于免去陆路运费以及在原价以外所附加的内地通过税,能以较低的价格买到头茶,从而获得更大的利润,"在福州可以低于广州20%乃至25%的价格买到这种红茶"②。咸丰四年(1854年)福州港出口茶叶13万担,"有55艘船开来福州,其中37艘是英国的,17艘是美国的。这一年在福州开设的商行猛增到7个"③。武夷茶的大量出口,引起了闽北的"种茶热"。据清咸丰朝福建总督卞宝第的《卞制军政书》记载:"延、建、邵道之茶,乃自各国通商之初,番舶云集,商民偶沾其利,遂至争相慕效;漫山遍野,愈种愈多,苍山铲为赤壤,清溪汛为黄流。"④《东瀛识略》也载:"茶固闽产,然只建阳、崇安数邑。自咸丰初请由闽洋出运,茶利益溥,福、延、建、邵郡种植殆遍。"⑤每届茶季,从江西来的茶工多达数十万人。清同治八年(1869年)苏伊士运河开通,轮船逐渐取代飞剪船,不仅大大缩短了从福州到英国的航程,而且茶叶也比较新鲜,"原绕道非洲好望角的航程需要100日左右,而缩短为55日至60日"⑥。同治至光绪初,闽北茶叶进入产销的"黄金时代"。至光绪六年(1880年),闽北茶叶出口量迎来前所未有的巅峰,"福建口岸出口建茶达到4.01万吨"⑦。

这一时期闽北崛起了一批茶商。经营茶叶的茶商里面有厂户、茶贩、庄客、茶庄、茶栈、茶行之属。据民国《崇安县新志》载:"清顺治初,朱云龙由安徽歙县迁崇安(武夷山市)。咸丰中,裔孙芷江以茶叶起家,号百万,又广置田产。其孙敬熙对公益事业为之甚力。邑人言家世者首称四大家,则朱、潘、万、丘是也。"⑧芷江在崇安城南建起了"南门第一家"的宅院,史载:"清季如城坊万、朱二姓之屋,规模宏敞,光线充足,闽北当首屈一指。"⑨朱家至朱敬熙(1852—1917)时事业至巅峰。旧时崇安百姓称呼朱敬熙多呼其"朱百万"或乳名"朱兰孙"。据传他出资100万元,捐了个农部郎中,后改花翎二品衔候补浙江道台。他进京授衔,觐见了慈禧太后与光绪皇帝。慈禧称赞了一番,光绪写下"朱百万"三个大字并落款。朱敬熙发达后积极致力地方文化与慈善事业。光绪十三年(1887年)他遵母愿,出资三万余金构建崇安垂裕、余庆两座木廊桥。每座长约二三百尺,阔二

---

① 福建通志局编纂:《福建通纪》,台北:大通书局,1968年,第165页。
② 姚贤镐:《中国近代对外贸易史资料》第1册,北京:中华书局,1962年,第606页。
③ 林仁川:《福建对外贸易与海关史》,厦门:鹭江出版社,1991年,第185页。
④ 卞宝第:《卞制军政书》卷四,第1~2页。
⑤ 丁绍仪:《东瀛识略》(合订本),台北:大通书局,1987年,第63页。
⑥ 林仁川:《福建对外贸易与海关史》,厦门:鹭江出版社,1991年,第242页。
⑦ 南平市方志编纂委员会:《南平地区志》,北京:方志出版社,2004年,第483页。
⑧ 《崇安县新志》,台北:成文出版社,1940年,第113页。
⑨ 《崇安县新志》,台北:成文出版社,1940年,第162页。

十余尺,建筑颇伟观。朱敬熙又资助修复景贤书院、武夷精舍、育婴堂、五夫社仓等。

朱敬熙出资修建的武夷山余庆桥

伍石山庄位于建瓯市徐墩镇丰乐村伍石自然村,由晚清茶商伍玉灿所建,从清同治三年(1864年)至清光绪八年(1882年)完工,历时18年,是福建唯一入选《中国古代建筑史》一书的建筑范例。该茶庄第一代主人伍富当年随母从闽西长汀县迁居伍石村。他老实厚道,吃苦耐劳,很受江西一茶商的赏识,茶商便寄宿在他家里,并常常委托他代为收购、组织货源。在为江西茶商帮工的三年里,伍富接管了五村十多个茶厂的收购与加工业务,茶叶销往江西、浙江、上海、广州等地。后来江西茶商病死,由伍富帮助处理后事。伍富以江西茶商临终馈赠的资金,开起了伍石茶庄,自己经营茶叶,没几年就成为建瓯西边富甲一方的大茶商兼大地主。他乐善好施,大力捐助公益事业,修建了建阳徐市乡震前村的长春桥等。到儿子伍玉灿接手产业后,生意有所发展,"长工达二十余人,短工多时也有四十人。茶叶年产三百余担,田租一千五百多担,在经营茶叶贸易的同时,还兼营鸦片等生意"①。玉灿开始大规模修建伍石山庄,仅从浙江、上海等地弄回来的设计图就花了数百两银子,许多建材通过武夷山等地经水道、陆路辗转运来。到他主事的后期,迫于国内外的商业形势,茶庄逐渐松垮。

詹金圃茶庄创办人詹盛斋,原籍安溪,有种茶和制茶技艺。清咸丰年间(1851—1860年)携眷自安溪来建瓯定居,在水南开山种茶。茶叶收成后,他自行加工,制成乌龙茶(青茶)出售。后又扩大山地,雇农种植,并设厂雇工加工茶叶,获得厚利。光绪二年(1876年)乌龙茶迅猛发展,各地茶农广泛引种,东峰、南雅乌龙茶产量已倍于水仙。詹盛斋进

---

① 吴志高:《五石茶庄》,《建瓯文史资料》第24辑,2000年,第123页。

而在县城创设金圃经记茶庄,招引广州、潮州、汕头等处客商前来采购。光绪中叶,詹盛斋经营乌龙茶和水仙茶,用其近30年的制茶技艺,细工精制,无论乌龙、水仙,都以色、味、香三绝取信。产品销售香港及东南亚各国,曾在香港注册商标,设立詹金圃经记茶庄香港经销处。每年新茶登场,香港茶市必待詹金圃新茶开价才能定盘。光绪十七年(1891年),詹金圃病卒,"其子詹滋时继承家业,还盛极一时"[1]。清宣统二年(1910年)南洋第一次劝业会,建瓯詹金圃茶庄与当时建瓯泉圃、同芳盛茶庄的闽北水仙、闽北乌龙茶品均获优等奖;民国三年(1914年)在美洲巴拿马展览品赛会上,"詹金圃茶庄茶品获一等奖,李泉丰、杨瑞圃等茶庄获二等奖"[2]。

林祖孝别名林长兴,安溪县人,曾是太平天国翼王石达开部南路军的一名将士,太平天国运动失败后,便隐姓埋名,在建瓯南雅镇白莲窠定居,结草为舍、开山植茶,创办"林长兴"茶庄。因茶园分布在建溪之南,又为了纪念太平军的南路军,故名"南路水仙"。白莲窠是沙石黄泥地。阳光充足,土质肥沃。加上林祖孝采用深栽,下足基肥,因此,生产出来的茶叶面绿,底黄,叶片薄。由于精工焙制,味道香里带甜,成为建瓯南雅镇的特色茶叶。宣统二年(1910年),该茶在南洋第一次茶业会上获优质奖;民国四年(1915年),在美国旧金山举行的巴拿马万国商品博览会获金奖和银奖,民国时期远销厦门、广州、香港、东南亚各国。

"黄荣茂茶行"创办人黄秉镛(1870—1946),建阳县小湖镇大湖村人,清末他从浙江庆元天台山采购一批水仙毛茶,将之与大湖水仙搭配,制出一种独具风韵、名扬四海的大湖水仙茶。该茶的产销在清末至抗战前,一度繁荣。仅大湖村就开设茶庄二三十家,黄荣茂是其中之一,其他多数为广东、香港茶商所开。当年,每个茶庄的拣茶女多达百余人,茶叶经过锡箔、铁皮、木箱、柚油纸、篾篓等密封精装运输,年交易量达一万担左右。其中黄荣茂茶行占一千担左右,每年运销精茶三千余箱,每箱净重15~20千克。由于大湖当时水陆交通发达,每逢春茶开始,香港、广东等地茶商纷至沓来,南浦溪上帆船首尾相接,最多时运输木帆船达三百多艘。茶叶的发达带来了大湖码头服务业的繁荣,旅馆、赌场、茶楼酒店、杂货店、豆腐店、中药铺,沿街排开。《建瓯县志》载:"茶叶出产以大湖为最,而今大湖牌号数十,推黄荣茂为第一。"今大湖黄姓家尚保存有祖上在香港开设茶庄的堂号匾一块。

武夷山制茶业全盛时期,有茶厂130多家,茶庄180多家。清末著名茶区崇安星村规模最大的是"炳记"茶庄,"拥有工人700名,年产量为1500箱(每箱30斤装)"[3]。据魏德端《福建之茶》记载,茶庄首脑称作经理,多为股东兼任。其下职员系统有账房、看货、掌秤、庄客、看拣、掌管等,掌管负责茶叶生产;下有焙工、筛工、扇工、撼工等工人。茶庄资本多寡不一,"建阳水吉红茶庄资本多在2000元至1.5万元;崇安青茶庄资本在1.5

---

[1] 建瓯县地方志编纂委员会编:《建瓯县志》,北京:中华书局,1994年,第931页。
[2] 南平市方志编纂委员会:《南平地区志》,北京:方志出版社,2004年,第481页。
[3] 东亚同文会编:《支那省别全志》第十四卷《福建省》,大正九年(1920年)版,第435页。

万元至 7 万元之间"①。

中国茶叶的产销已与国际市场紧密相连。咸同年间闽北茶叶一哄而上,盲目发展,却没人发觉已潜伏着危险。清光绪十二年(1886年)以后,英国瞄准世界上最畅销和中国出口最多的红茶,在殖民地印度、锡兰(斯里兰卡)大量引种和生产茶叶获得成功,大批新茶园陆续投产,英国对自己的茶业采取保护政策。因价廉,洋商争向锡兰、印度购买红茶。结果闽北红茶由持续快速发展,蜕变为连年出口量急剧下滑,转而造成种茶业衰落,茶园荒芜。例如,顺昌洋口茶山"十荒其八"②,有田者归耕,无田者以砍柴为活,种茶者大受茶累。宣统三年(1911年)美国禁止着色茶进口,加上民国六年(1917年)伦敦茶市关闭,闽北红茶的产销又雪上加霜。有些地方茶农改种有一定国际市场的乌龙茶,生产种类有大湖水仙、南雅南路水仙、铁观音、武夷岩茶,也有的改为生产莲心茶、白毫银针等。民国七年(1918年)由于东南亚及香港市场的开辟,政和白毫银针渐有起色,民谚有"嫁女不慕富贵郎,只问茶叶银针"的说法。抗战爆发后,福建出海口岸被封锁,茶价日降,闽北茶叶出口量再次下降。业此者无利且亏本,茶园多荒芜。农夫乏资不得不另谋生计。虽有民国二十九年(1940年)省政府在崇安创办"福建示范茶厂",但也无力回天。随后又受内战及恶性通货膨胀的摧残,至 1949 年闽北茶叶衰败,"年产不及 500 吨"③。茶叶产销的大起大落构成了近代闽北商品产销的独特背景。

二、近代闽北的木商

近代闽北木材中价值最大的是杉木。这一时期闽北诸县杉木生产达到异常繁盛的发展水平。抗战时期陈嘉庚视察南平时曾说:"闽江两边多山,杉树到处多有,概系私家物业,非有合资组织公司经营者。至私家栽种之多,闻俗例如生男儿,戚友贺仪概用杉苗为礼,生儿之家将此杉苗栽种,十年后该杉收利为培养此儿读书娶室等费。故杉树有如此之多。"④凡殷商富户及地方绅士人等多拥有杉林,有的祖先遗留,有的利用权势置买,有的恃势侵占。

近代闽北有林户、山客、木商、接水店(现排)、木行之属。出现了为数甚多的从事种杉的专业林户,已属雇工性质,"他们常有因资金困难与木商签订合同,双方议定开山植树价格,约定三年后点交成活幼苗。木商每年预付价款 1/3,点交后价款一次找清,成活幼苗归木商。在点交后耕山户继续帮助打枝,开火路,看山等,木商再付予管理工钱"⑤。

---

① 厦门大学历史研究所、中国社会经济史研究室编:《福建经济发展史》,厦门:厦门大学出版社,1989年,第211页。
② 海关总税务司:《通商各关华洋贸易总册·福建口》,光绪三十一年(1905年)版,第95~96页。
③ 南平市方志编纂委员会:《南平地区志》,北京:方志出版社,2004年,第484页。
④ 陈嘉庚:《南侨回忆录》,长沙:岳麓书社,1998年,第268页。
⑤ 闽省商业研究所:《闽省各商之习惯》,福建省图书馆藏本,第132页。

木商在买下杉木（俗称"批山"）后，便雇工砍伐。其雇工办法，多由包头承办。承办方法有二：一仅由包头代雇工人，木厂之架设，工人之管理，均由木商自负其责；一则由包头包工砍伐，即木商将杉木株数点交包头，议定包价，提供林具，余则皆由包头负责，木商概不过问。近代闽北的伐木工人，基本上是附近乡村的农民。"他们受雇佣，利用农闲到木厂打短工——砍伐、截锯、搬运等，已经是一种资本主义的生产方式。"①

闽北城乡的木商，以经营杉木为主，经营方式有独资经营，有与人合伙，有分工种承包或全包，视木商经济条件而定。经营杉木资本大，时间长。杉木成材，劈山砍伐，经砍伐截锯后名"京筒"。"京筒"有正柴、统柴之分。著名者如建瓯高阳溪之丈六、箬溪（顺阳里）之丈四，价格最高。采买者有所辨认，"高阳取其质美，箬溪取其色鲜"②。裁筒运送或拖辘装运，上垛待运；一直运至小溪涧处，等待春夏汛期，"赶羊"放运，直达大溪，再视不同规格钉排。放排时间长，排工需搭编排厂，在排上筑炉灶和食宿木排上，直至到达目的地。经营木材者，需要一定资本，往往非一千金莫办。无大资本操此业者，向大商富户借贷，俗称"放北伐"。从买批青山，砍伐截锯，拖运放山溪，直至大溪装钉捎运，按段接水，运至福州南台义洲出售。木竹聚集在白马桥一带。运送木排的终点有两处：一处是水口，另一处是洪山桥。上游各县捎排只到水口终点的叫"捎激水"，捎达福州终点的叫"捎平水"，两站都有接水行家前来招待承运。

清道光二十年（1840年），上海木商大户葛氏、胡氏在建瓯经营木材，大量销往福州。道光三十年（1850年），建瓯人卓明天经营杉木，主要外销江浙一带。后因太平天国兵燹，木材需求随之下落，杉木业由盛转衰。光绪朝后，随着国内资本主义工业的发生与发展，沿海地区商品经济的繁荣，对杉木的需求又急剧增加，这就大大刺激了闽北林业的发展。至清末，木材产销量直线上升。清光绪三十四年（1908年），闽北"运往福州的杉木已达700余厂"③。进入民国以后，木材产量进一步增长。据《福建省志·林业志》记载：民国时期，杉木大材价格较贵，如浦城，长28尺、尾径6寸的大杉木每根6元。至民国十八年（1929年），闽北运往福州的杉木"猛增到2000余厂"④；抗日战争前闽北杉木"产量达353万余株，价值372万余元，占全省杉产量70%以上"⑤。民国二十七年（1938年）由于抗日战争爆发，日本封锁福州海口，木材外销受阻，杉木价格大幅度下跌，生产停顿。战后又有恢复。民国三十七年（1948年）至民国三十八年（1949年），杉木一度以黄金交

---

① 翁礼馨：《福建之木材》，福建省政府秘书处统计室，1940年，第58～62页。
② 民国《建瓯县志》，中国地方志集成本，上海：上海书店、成都：巴蜀书社、南京：江苏古籍出版社，2000年，第641页。
③ 翁永馨：《福建之木材》，福建省政府秘书处统计室，1940年，第6～7页。"厂"为杉木木排之计量单位。每厂所含杉木根数依杉木之大小而不同。一般说来，约以5根至40根编为一笪，以6笪至12笪编为一连，而集10余连至20～30连为一厂。每16连至20连为小厂，20连以上称为大厂，8～12连则为半厂。
④ 铁道部业务司调查科编：《京粤线福建段经济调查报告书》，1949年，第41页。
⑤ 林仁川：《福建对外贸易与海关史》，厦门：鹭江出版社，1991年，第317～318页。

易,每筒正材(长1.44丈,口径6寸),值黄金三分;一连木排(折合145筒),可值黄金3.45两。

民国时期,南平东门外成为历史性的木林中转承运站。东门外有接水行家名东辉(未知姓),人们都叫他"阿弟"。他讲信用,价钱合理,帮助水商垫付钱粮,提供方便,照顾捎排工人,成为建溪流域信得过的接水行家,也是水商的老主顾。建溪上游木排到达南平,由接水行家另雇工人改装钉排放运,两连叠成一连,六堵增至八堵,两叠联为"一合"。改装钉排有两种方式:"一是由接水行家装钉,仍由木商原排工自行捎运;二是由接水行家包装包运。各都直达水口终点为止,自运和包运排工就可返回。再由水口接水行家转运到福州终点。木商把木排运到福州义洲木行后,登记上账,木商就可住下,等待好价'做盘'脱售。"① 杉木输出省会后,除满足福州市场外,有些再用海船运售上海、宁波、天津、台湾等处。

松木在木材中的经济价值仅次于杉木,主要有黑松及赤松两种,凡是山地,不分肥瘠,亦不论岩地或砂地均能自然生长。过去松木只作羹材,此业亦称"丈柴业",常通过溪水漂运,置于溪边或码头销售。一般累叠为三尺高,以每丈长价格多少,用五尺长尺丈量出售。而营此业者称"火贩"。清末,外商始知闽松可以用来制造各种煤油箱、火柴和茶箱,需求量激增。其质能耐水,又可充桥梁、枕木、矿柱及建筑之用。质劣者多用为薪炭,副产品则有松蕈茯苓、松脂等。因此,松木的生产与贸易迅速发展起来。松木经截锯后谓之"松筒"。20世纪20年代,松木业昌盛,木商"在富屯溪、沙溪、建溪一带采伐松木,年达20万筒(约5万立方米)"②。闽北松木质优价廉,在香港、日本、菲律宾等地十分畅销。松木在抗战前,常年产量为159.8万余株,价值86.3万余元。抗战后期产量大减,例如,"民国二十七年(1938年)产量为100万株左右,仅合战前2/3"③。抗日战争胜利后,百业凋疲,松木需求甚少,景况益形下落。

著名的木商邱映光(1902—2010),字曙甫,福建省永安市小陶镇洪沙上坂村人。民国二十二年(1933年)秋,他举家迁居南平,在中山路创办"邱森泰商行",经营木材采伐、运销业务。他秉承父亲"诚信待人、勤慎处事"的信条,逐渐成为闽北木材行业的翘楚。民国二十六年(1937年)抗日战争爆发前夕,他担任了南平县木商公会理事长。抗战期间向南平木商公会提供木材的数量多达27万余筒。每次征用,邱森泰商行总是领头承担,共计分摊了7万余筒,约占总数四分之一。邱映光热心公益事业,共为福州、南平、永安的公益事业捐资100多万元。抗战胜利后邱映光迁居福州,在上杭路102号设立分行。他还邀请全省各县市木商业公会的负责人,发起组织了福建省木商业公会联合会。民国三十七年(1948年)冬,邱映光赴台湾推销木材,民国三十八年(1949年)迁居台北,曾任台湾"中华统一大同盟"名誉理事长、台湾商务总会常务理事等职,1993年回大陆,

---

① 吴仰欧:《松溪木材经营与南平接水简述》,《南平文史资料》第9辑,1988年,第87~88页。
② 南平市方志编纂委员会:《南平地区志》,北京:方志出版社,2004年,第534页。
③ 林仁川:《福建对外贸易与海关史》,厦门:鹭江出版社,1991年,第317页。

定居福州。

三、近代闽北的纸商

在新的历史条件下,闽北各类传统手工业产品的命运是不同的。抗日战争爆发后,洋货不能进口,使原来已停顿的造纸业等手工业,"嗣以制造代用品而复兴者"①。

纸是近代闽北手工业的中坚。闽北各县均产纸,尤以邵武、顺昌、南平、建阳等地为多,经营者一般是本地人。纸品除销闽北各县外,还销售省内的福州、漳州;省外的广州、汕头、南昌、长沙、武汉、杭州、温州、丽水、烟台、天津以及东北等地,部分销售东南亚一些国家。近代闽北经营纸业者有槽户、纸贩、纸栈、庄客、过塘行、纸行、行客、承友之属。他们的命运随纸业的盛衰而沉浮不定。

鸦片战争(1840年)至民国二年(1913年)是纸业的稳定发展时期。这一时期闽北邵武连史纸的生产较为引人注目。邵武造纸手工作坊主要分布在邵南的大埠岗、张厝、和平、宝积、金坑一带,鼎盛时大小作坊400多座。但规模都不大,一般由7人组成。纸商预付资金,在大埠岗设收购站,全盛时有大小20余家。收购后再分等级,打上商标字号。这些地方因原料产地的优势或交通的地利,产生不少因经营纸业而发家致富的巨贾。

大埠岗的纸商傅穹生活于嘉庆、道光年间,幼年孤苦,长大后致力于经营纸业贸易,飘江越海,善相机宜,累资至巨万。在大埠岗建两幢豪宅"上东昇号"和"下东昇号",占地面积2000平方米,门面砖石雕饰丰富精美。他热衷于地方公共事业,邑令杨乾初以"质直好义"奖之,抚院以"义行可风"将之载入省志,并例授太学生,加职布政司理问,敕授儒林郎。

邵武和平镇的廖氏家族晚清时期祖孙三代"一门四大夫",亦儒亦医亦官亦商,但发家致富还是靠经营纸业生意。"廖健顺"是他们在天津、福州等地纸业贸易的商号。廖氏大夫第"有4座合院,临街东西相向各一合院,均三进两厅,前店后居,总占地面积2000余平方米,建于清咸丰至同治年间"。② 奉直大夫廖其泰少时先是学医,被称为"国手",因希望病者恢复健康,顺心顺意,故号"健顺"。但自家生活还比较拮据,于是,同治二年(1863年)他让次子传琼运纸到天津,经营纸栈,客居天津三十余载。纸栈"廖和堂"曾一度垄断了天津的纸业生意,成为当时天津"四大名堂"之一。三子传珍到福州转运。一家人悉心经营,从此家道逐渐殷实。

邵武和平东门李氏"大夫第",又号"李行升",建于同治年间,四合院式天井院建筑,三进厅,建筑面积1000余平方米,门楼雕饰精致细腻,技艺精湛,人物、动物、花草图案栩栩如生。宅内还遗存一张雕花"斗床",已有100余年的历史,雕饰花草瑞兽、人物故事,漆红描金,工艺考究,据说是三个工匠花了三年时间精心制作而成。而李家原

---

① 黄金涛、季天祐主编:《福建经济概况》,福建省政府建设厅编印,1984年,第197页。
② 福建省政协文史资料委员会编:《福建历史文化名镇名村》,福州:福建人民出版社,2008年,第154页。

本贫寒,李光玖兄弟亦儒亦商才因而发家。光玖未成年时,家贫不能自给,以父命弃儒而经商,经营达十余年,累资巨万。光琚之子前梅(奇川)及冠时,诸叔祖于本市设糖肆,行货于外,以纸商客游江西及东昌、天津,因而前梅接理天津贸易,由是数十年出入江海,航海梯山,积商资巨万,"光绪四年(1878年)客死于福州南台上杭街舟记纸栈"①。

第一次世界大战(1914年)到民国十八年(1929年)是纸业的繁盛期。当时最大的纸槽配有36个工人。民国四年(1915年),崇安人金继美独资创办了金继美纸厂,厂址设在距崇安县城约65里的黄连坑。其投资额高达10万元,厂内有大工场一座,漂白场一座,煮料锅三口,储料房及工人宿舍数座,"其日产量为90块(每块6刀,每刀一般为198张)。后由于洋纸倾销的打击,纸厂几濒破产"②。后因西方列强舶来品减少,除崇安、泰宁因遭军队过境,纸槽有所受损外,其他地方土纸产销畅旺。闽北手工造纸品种繁多,有一些纸的特殊性至今工业制纸也不能取代。连史纸主产区在闽北,洁白如羊脂玉,书写图画均宜,多用来制作高级手工印刷品,如碑帖、信笺、扇面原纸等。民国十二年(1923年)、民国十三年(1924年)邵武此纸产量高峰时达4万担,产值48万银圆。纸若按其用途又可分为白料纸、改良纸与甲纸三大类。当时出现的改良纸系用新法配合白料纸与化学药品制成,质料精细,色泽光明,富抗水性,可用写钢笔,不亚于进口舶来纸品。改良毛边、改良时则、

傅穹建的邵武大埠岗下东昇号

---

① 傅唤民:《和平揽古——东门李氏"大夫第"》,《邵武文史资料》第21辑,2003年,第64~67页。
② 林存和:《福建之纸》,福建省政府统计处,1941年,第98页。

改良赛连等,均列本省纸类最上等者。民国初商务书馆用崇安改良赛连印《四库全书》。

民国十九年(1930年)至民国二十六年(1936年)是纸业的衰落期。主要由于闽北各地治安不宁,兵荒马乱,捐税繁重,东北三省市场损失,上海复有淞沪之战,南洋华侨亦受世界经济不景气影响,纸商无利可图。

抗日战争时期(1937—1945年)是纸业的复兴期。这一时期闽北治安好转,洋纸来源告绝,土纸价格暴涨,销路畅旺,"闽北年产纸量一度占全省总产量的一半"①。白料纸色白质精,供缮写书简之用,大部运销省外,海关列为上等纸品。民国二十六年(1937年)邵武"祥兴仁"的白料纸"产量2162担,产值51688元"②,产量产值几乎占邵武县的一半。该号抗战以后受物价上涨的影响,产值虽有较大的增长,但产量呈下降趋势,其邵武纸业商首之位逐渐被荣茂昌取代。民国二十七年(1938年)闽北高级白料纸年产20多万担,产值近373万元。赣人金嗣韶在崇安大安黄连坑以漂白粉造改良纸,色泽洁白,名为瑜版。民国二十八年(1939年)该纸为闽北报社及上饶中国印刷所采用,"名色为之一变"③。甲纸品质粗糙,色泽暗浊,专供包裹物品及制造纸箔冥纸之用,海关列为次等品或下等纸,如斗方、草纸、时则、海纸等。闽北迷信用海纸产量较大。这些产品是大型纸厂不屑生产的,但在国内外销路好,尤其是东北移民和南洋华侨市场。民国三十年(1941年)省建设厅在南平东门外天后宫附近创建"福建省手工业总指挥所"(民国三十三年即1944年改称"南平手工示范厂"),生产改良纸、腊纸等产品。拥有五个车间,其中两个造纸车间分别设在东门外马站和西芹乡凤尾山,以草本植物作原料,生产各种改良纸。何自为(1900—1943),又名福成,光泽县止马岛石村人,曾任光泽县长、上饶县长。民国二十九年(1940年)离职,回光泽办企业,生产可供印刷用的改良纸。民国三十二年(1943年)2月10日,他揭发县操纵选举的丑行,因而受当事者极大的仇视,"3月17日被人暗算,遇刺身亡"④。

民国三十五年(1946年)至民国三十八年(1949年)是纸业的再衰期。战乱再起,物价飞涨,金融崩溃,纸品产销再受影响。有的纸商依然在苦苦维持。邵武荣茂昌纸行是民国时期艾九如、傅正祥、杨天赐、谢生财等4人合股联营并负责管理的专业纸行,在邵武产纸区大埠岗设有收购、加工、装配和发销的纸栈,其总行设在江西黎川。该行是大埠岗20多家纸业经营者的商首,在新中国成立前七八年中,每年购销、加工量都占全大埠岗镇纸业总量的一半以上,达五千余篓,每篓装连史纸15刀或改良纸10刀,每刀100张,总价值可折合现在人民币50万元左右。谢生财等人主要向山区纸槽户收购毛担纸,集中到行里,组织人力加工、装配、篓织,再雇人挑送黎川交验。总行则按不同品类等级,

---

① 南平市方志编纂委员会:《南平地区志》,北京:方志出版社,2004年,第311页。
② 江福堂:《邵武纸之产销》,《邵武文史资料》第8辑,1987年,第62页。
③ 《崇安县新志》,台北:成文出版社,1941年,第502页。
④ 南平市方志编纂委员会:《南平地区志》,北京:方志出版社,2004年,第2716页。

分别计价验收后,由黎川分别销往川、湘、京、津等地,形成闽、赣联系全国的购销网络。①

第二节 近代闽北的加工制造商与服务商

近代闽北加工制造商和服务商进一步发展,不仅有大量的个体私商,还出现了公营商、公司企业法人、集体性质的合作社。特别是公司法人的出现,它是与商自然人不同的商法人,能够集合资源,分散风险,跨越血缘、地缘,凝结起个体生命的能量。近代闽北商品经济活跃起来,金融、交通、电讯、餐旅、百货商店、贸易公司等商业的兴起,推动了闽北城市的近代化。

一、近代闽北的加工制造商

加工制造商是近代工业的发起者。近代闽北加工制造商的发展经历了以下四个阶段。

(一)工业开始阶段

这一阶段从鸦片战争开始到第一次世界大战前夕。这一时期闽北产生了机器工业,但发展缓慢。闽北对外资的吸引力在于茶叶、木材等山区农林产品。同光年间,外商在闽北掀起投资设厂高潮,使茶叶加工和木材加工得到较大发展。近代闽北工业品的生产是清同治以后由外国资本创始的。同治十二年(1873年)至光绪二年(1876年),俄国茶商在南平、建瓯的南雅、太平、三门建有机制砖茶厂7个,"仅光绪十一年(1885年)就产砖茶达3595.6吨"②。砖茶运输路线由水陆两路运至武汉,然后转运北京、张家口,再从张家口由骆驼和牛车运经恰克图,途中穿越蒙古,还有些则是"从上海运往海参崴"③,再经"草原丝绸之路",运往西伯利亚、莫斯科。光绪中后期,俄商纷纷设厂于汉口、九江,闽北的砖茶厂才相继停办。民国十一年(1922年)中俄茶叶贸易恢复,俄罗斯商人又在政和沈屯制砖茶,并由俄罗斯船队运输。民国十四年(1925年),"俄商还开辟崇安赤石到恰克图国际茶叶商路"④。这已是中俄茶叶贸易的余波。

闽北松木质优价廉,用途广泛,在香港、日本、菲律宾等地十分畅销。光绪二十五年(1899年),英商在建瓯设立了祥泰木行,在闽北沿溪一带设行采伐松木,并在福州开设

---

① 李胜源:《邵武荣茂昌纸行的经营之道》,《邵武文史资料》第14辑,1998年,第32~39页。
② 南平市方志编纂委员会:《南平地区志》,北京:方志出版社,2004年,第480页。
③ 厦门大学历史研究所、中国社会经济史研究室:《福建经济发展史》,厦门:厦门大学出版社,1989年,第219页。
④ 南平市方志编纂委员会:《南平地区志》,北京:方志出版社,2004年,第483页。

机器锯木厂,按要求尺寸锯为制作煤油箱或茶箱用的木板;德商禅臣洋行、英商天祥洋行接踵而来。洋行在建瓯砍伐松木以制造松木板,竟勾结地方无赖滥砍滥伐,将附近松树砍伐殆尽。

晚清外资在闽北也曾活跃过,但利用福建山区土产的工业企业,只是一些中小型企业。茶叶生意要将产业资本与商业资本结合在一起,加工厂虽使用动力机器,但总体而言产业资本投入不多,而到山区采买、运到中国北方和运销外国则需要斥巨资转运,商业资本居主导地位;民国时期外资在闽北的木材加工靠的是中小企业,其中松木加工厂为中型企业,杉木加工厂为小型企业。因而所办工厂都不大,外资在闽北投入产业方面的资金是有限的。

受俄商在闽北投资设厂的影响,民族资本家也开始探索以机器制茶。光绪元年(1875年),福建茶商在延平府的西芹和建瓯城各办一家砖茶厂,和外国商人竞争。但在外商强大的压力下,很快陷入困境,"西芹的砖茶厂因不能与俄商竞争,翌年停闭;不久,设在建宁府城的砖茶厂也因故迁至三门"。① 福建商人投资近代工业的尝试虽遇到挫折,但却首开闽北民族资本经营近代工业之先河。光绪十七年(1891年)又有几个建瓯富商"自外洋购进制茶机器在建瓯创办了福州机器焙茶厂,为当地加工茶叶"。②

民国二年(1913年),许党卿投资2000元在南平县马头山创办宝兴公司,雇工少时5~6人,多则20人,年产石灰3000担,值2000元;洪敬舆、吴道良在南平县后坪创办光裕公司生产石灰,资金800元,雇工10人;杨圣箴在南平县董坑创仁济公司生产石灰,资本1 500元。③ 投资矿冶业资本较巨,"近代闽北经营规模较大者,均因亏损而很快停办,惟有石灰生产,尚能维持,这是闽北造纸业需求之故"。④

清同治年间(1862—1874年),建瓯郑邦杰创"才"字号剪刀及"十"字号剪刀面市,声名鹊起,畅销省内外及东南亚一带。产品后来在新加坡举办的手工业评比竞赛会上获金质奖。

(二)工业发展阶段

此阶段从一战始到抗战前夕止。民国初期,列强因忙于欧洲的第一次世界大战而无暇东顾,闽北加工制造业加速发展。

1. 矿冶公司

民国三年(1914年)何乐琴投资10万元在南平县枣兜创立华宝矿务公司开采铜矿,进行半机械化露天开采和冶炼,有工人20人,后因运费太高停办。民国七年(1918年),福州电厂为了寻求燃料,到建瓯开办梨山煤矿有限公司,在梨山建房、挖井,设发电所,并

---

① 孙毓棠:《中国近代工业史资料》第1辑上册,北京:科学出版社,1957年,第59页。
② 孙毓堂:《中国近代工业史资料》第1辑下册,北京:科学出版社,1957年,第1016页。
③ 戴一峰:《区域性经济发展与社会变迁——以近代福地区为中心》,长沙:岳麓书社,2004年,第126页。
④ 梁津:《福建矿务志略》卷五《矿产篇下·杂矿》。

修筑一条通至木樨林溪畔的简易铁道,还在城关通济门码头设贮煤所,聘请日本人为技术指导,打一个坑道,沿煤层呈"之"字形掘进约300米,每间隔一段距离设一个通天井,用杂木棍作背板。该公司所产煤炭用船运至福州,年产煤炭约1000吨左右。民国十六年(1927年)该矿因路远运输成本太高而停办。民国八年(1919年)建瓯城内各界集股在城南十里创办上樟龙煤矿有限公司,生产无烟煤,供兵舰之用。后也因不敷运费停产。

2. 粮食食品加工商

随着大米加工业由手工操作转变为机械化,一批经营粮食加工的企业创办起来。民国十四年(1925年)建瓯商人创办"大丰碾米厂","为闽北机器碾米之始"①。民国十五年(1926年),南平小水门"玉兰春"米店,创办以内燃机为动力的粮食加工厂。之后,邵武、顺昌、建阳、浦城等地也相继出现同类碾米厂。这些加工厂规模小,设备简陋,动力最大的仅12匹马力,最小的3匹马力。民国十五年(1926年)建瓯县张佩瑾等人筹资创办建新罐头公司,用手工结合机器"制洋铁罐极见迅速,食品如冬笋、香菇、节笋、杨梅、枇杷等行销颇广"②。近代闽北各县均有酒库。邵武青轩酒库开创于民国五年(1916年)。店主江镇南,字子鱼。他善于和军官常得胜、刘和鼎、周志群以及十九路军打交道,形成独家生意,获利颇厚。他也善于根据不同的消费对象,生产甜白水酒、杀辣酒、黄栀子黄酒,烧酒有头烧、二烧、三烧、尾烧,酒精度各不相同,售价各异。尾烧中可以加入冰糖和人工种植的杨梅,制成"状元红",色、味俱佳,成为馈赠送礼的佳品。青轩酒库至1952年关闭歇业。

3. 自来水公司

自来水公司属于公共事业类企业。南平之有自来水,最早始于民国二年(1913年)。苦力工人韩小个接受聚奎坊(紫芝岭)几家酒库之委托,由南平金山塔水源处,用中号毛竹管,接引水到酒库供用,这是闽北第一座自来水厂。民国八年(1919年)又由地方人士郑鼎铭、林东芳、肖锦河等人发起成立"南平自来水股份公司"。全年公司收入"水费大约在七千余元,平均每月应收水费六百余元"③。建瓯民国十一年(1922年)始由建瓯驻防军延建巡防司令徐镜清倡议殷商富户凑资一万元创设"建瓯自来水厂"。④

4. 水电站与火电厂

民国五年(1916年),由洋口基督教牧师托人买来25千瓦煤油发电机1台,专供教堂、中美学校和公普医院照明,首开闽北火力发电照明先河。民国九年(1920年),由郑伯初等人发起成立建瓯电气股份有限公司,开始筹办建瓯火电厂。民国十一年(1922年),火电厂正式发电,装机容量20千瓦,供城关部分居民晚上照明用电,开创了建瓯电力的先河。此后,闽北的邵武、南平、建阳、浦城、顺昌、光泽、崇安等地都相继开办火力发电厂。

---

① 南平市方志编纂委员会编:《南平地区志》,北京:方志出版社,2004年,第49页。
② 民国《建瓯县志》,中国地方志集成本,上海:上海书店、成都:巴蜀书社、南京:江苏古籍出版社,2000年,第646页。
③ 吴执三:《南平自来水起源及发展概况》,《南平文史资料》第3辑,1982年,第58~59页。
④ 建瓯县地方志编纂委员会编:《建瓯县志》,北京:中华书局,1994年,第491页。

纪廷洪是倡建闽北小水电第一人。纪廷洪(1900—1976),南平夏道镇白叶山村人,家境清贫。8岁时在水碓加工土纸浆时,不慎右臂被击断,落下残疾。因夏道基督教堂牧师陈仰周的同情,他才有机会就读于基督教会办的南平流芳学堂,在教会中学南平会考中,取得第一名。民国十六年(1927年),在亲友支持下,他向当地股商富户征股50股,每股50元,共集资大洋2500元,从国外购进1台110伏1千瓦发电设备,租赁夏道桥头刘家水碓,创办闽北第一座水电站——夏道刘家碓电站,亦为全省首座民办水电站。民国十七年(1928年)夏,该电站开始送电,夜间由纪廷洪、纪廷才等人轮流管理,白天不供电。因水源有限,装机容量小,仅能供应该镇机关和商店夜间照明之用,"每盏十瓦电灯,每月收费一元五角"。① 之后,闽北各地也都先后成立水力发电公司。

5. 木材、林产加工厂

民国五年(1916年),南平第一工艺所迁至建瓯,开辟闽北藤器家具制作之始。该工艺所具有官商的性质。它以进口藤和当地土藤为原料,生产床、椅、茶几、沙发、箱子、安全帽等品种,"所造藤具木漆诸具精致,牢固可观,价格昂贵,由富家购置"。② 民国七年(1918年),福建省设樟脑局于浦城,采伐赤樟炼制樟脑。20世纪30年代,英、德等国相继发明人造樟脑,又因在洋商的肆虐下,闽北樟树资源几乎罄尽,闽北樟脑业才逐渐衰落。近代闽北开始使用电锯加工木材。民国二十一年(1932年),南平私营太保庙锯木厂,配有5匹马力的进口小圆锯1台,用于加工木材,"开创闽北机械锯木的历史"。③ 民国二十五年(1936年)夏季,南平府西门外公营锯木厂投产。第一次世界大战时,由于战争的影响,作为无烟火药以及防腐制造必不可少的樟脑畅销。林产化工方面,"民国二十三年(1934年),浦城县办起孙记转运松香厂"。④

6. 船舶制造厂

近代闽北的造船业也有所发展。20世纪30年代,顺昌洋口沙墩有顺记、赖金旺等12家造船厂。生产规模最大的属顺记造船厂,曾造过80吨级的囤仓船。此外还有造炮船、鸠尾(又名百三包,载重20~40吨),闽清的麻雀船,沙县的舢板船,福州船等,多为内河用平底船。由此带动了船篷业和篾纳业的发展。

7. 其他

洋口雨伞、镜箱和皮枕是洋口三大名品,在20世纪30—40年代饮誉海内,蜚声东南亚。洋口民国年间最著名的伞店是"秦祥和"。该店老板秦六娣三次成功改进油纸伞制作工艺,使"秦祥和"成为与水口"林祥茂"、闽清"徐宣升"、福州制花伞的"杨祥利"并称的"全省四大雨伞名店"。⑤ 洋口的镜箱则以"益盛"为最佳,为旧时女子出嫁时必备嫁妆之一,曾远销闽西北、江西、湖南以及东南亚各国,深受各地群众和侨胞的喜爱。"延平枕"

---

① 陈必珍、蔡木松:《南平夏道水电站》,《南平文史资料》第5辑,1985年,第62页。
② 吴栻修、蔡建贤纂:《南平县志》,福州,1928年,铅印本,第661页。
③ 南平市方志编纂委员会:《南平地区志》,北京:方志出版社,2004年,第1101页。
④ 南平市方志编纂委员会:《南平地区志》,北京:方志出版社,2004年,第625页。
⑤ 张镇:《洋口雨伞与秦六梯》,《顺昌文史资料》第7辑,1989年,第90页。

是蜚声海内外的名优产品。清同治、光绪年间(1862—1908年),南平有皮枕店约有30家,茶商兼营皮枕,每到茶叶上市季节均到闽北各产区购运茶叶,趁便在南平购置皮枕,出口海外。民国二十八年(1939年)南平邹勤泉制作的"朱砂延平枕",还在省政府永安举办的全省首届工商品展览会上获优等奖。

民国二十二年(1933年),浦城县庭辉袜厂"置有手摇织袜机6台,工人6名,月产袜子2400双"。①

民国初年,兵器制造业有新的进展,"武夷山的军械厂开始生产枪支弹药"。②

建瓯徐福龙于民国四年(1915年)创"川"字号勾斧和柴刀,曾获省名牌产品称号。产品除销售本省外,还远销刚果等国。

(三)工业繁荣阶段

抗日战争爆发后,沿海许多企业内迁,特别是加工制造业为闽北近代最高潮,谱写了近代闽北工业的辉煌篇章。民国二十七年(1938年),福州等地10余家机械工厂为避日军侵华战乱内迁南平。民国三十年(1941年),福、厦、沪、穗等城市沦陷后,又有一批企业内迁,福建"全省82家工厂,南平有21家"③,南平一度成为全省的工业中心,"公营之资本总额大过私人,足见当时公营工业之兴盛"。④

1.百城印务局与浦城印刷厂

由浙江黄岩人黄百诚创建的百城印务局为避日本侵华战乱,民国二十七年六月二十三日(1938年7月20日)从福州迁到南平县大北门坊路27号(现南平招待所内)正式开工,并逐渐闻名全国。该局属于民营性质企业,独立资本为107.34385万元,固定资金国币250万元,流动资金100万元。该局主要机械设备有:日本产胶版机1台(价值1万元)、上海产凸版机6台、上海产凹版机28台、铅印机12台、石印机5台、电机石印机2台、四汽缸引曳机1台、马达4台、发电机6台、裁纸机3台、轧光机1台、打孔机20台、木炭发动机2台、卡车2辆、消防用唧筒2支、化学灭火机2支、消防用水桶10担、电话1台。另有防空洞2座。该局在福州、重庆、上海设办事处或通讯处,业务范围面向全国。浙江省碧湖造纸厂系该局下属企业,其生产的纸运至南平供印刷用。福州苍霞洲维新印刷所内迁时,曾将设备搬至该局,攀附其下,为其印刷钞票及其他有价证券。该局主要印刷钞票、邮票、印花税票、礼票、本票(一种类似活期存折的凭证)、支票簿、货物专卖凭证等各种有价证券。其中影响最大的是"百城版孙中山像邮票"、中央银行一百元面值和伍拾元面值的钞票以及福建省银行各种面值的钞票。该局"年产纸币3876.24万张,是全省规模最大、技艺最强、信誉最高的印刷企业"。⑤其重要的生产原料来自上海,上海沦

---
① 南平市方志编纂委员会:《南平地区志》,北京:方志出版社,2004年,第550页。
② 南平市方志编纂委员会:《南平地区志》,北京:方志出版社,2004年,第541页。
③ 黄金涛、季天祐主编:《福建经济概况》,福建省政府建设厅编印,1984年,第197页。
④ 黄金涛、季天祐主编:《福建经济概况》,福建省政府建设厅1984年编印,第197页。
⑤ 南平市方志编纂委员会:《南平地区志》,方志出版社2004年版,第672页。

陷后，原料来源较紧张，多次因此而停工待料。曾一度就近采购临近地区纸厂的仿造道林纸和仿造宣纸以应急用。百城印务局两度为邮政总局印刷"孙中山像邮票"，以解决原版面值偏低，不能适应邮资随物价上涨的问题，同时也解决闽、浙、赣、粤四省国统区的票源问题。"全套邮票共19枚。民国三十一年（1942年）印刷数量为69100张，民国三十二年（1943年）印量为179261000张。"①民国三十年（1941年）冬，黄百城先生曾参加南平县商会，民国三十三年（1944年）他当选为常委，那时俞性初为主席，常委王南山、黄百城、林弥钜、罗虹生，号为"南平四大金刚"。抗战胜利后，民国三十四年（1945年）底该局开始迁回福州中选街（现福州第三印刷厂）。随后，百城印务局亦迁往台湾。

孙中山像邮票

民国三十三年（1944年），国民党第三十二集团军总部在浦城上横街刘宅开办印刷厂，既能排字铅印，又能套色印刷，工艺先进，颇具规模，抗战胜利后随军迁离。后来，又迁往台湾。

2. 水电站

民国二十七年（1938年），南平西芹水电站以1台132千瓦水轮发电机组取代2台32千瓦机组，"成为闽北装机容量最大的水力发电站"。②民国二十八年（1939年），又先后在顺昌、政和、崇安建成3座小型水电站。抗日战争时期，沿海部分机关、工厂迁入闽

---

① 吴更：《福建百城印务局在南平》，《南平市政协文史资料——抗战时期的闽北》1997年第2辑，第190页。

② 南平市方志编纂委员会：《南平地区志》，北京：方志出版社，2004年，第567页。

北,用电负荷剧增,促使各地增装发电机。

3. 福建省第一中心工厂

民国二十八年(1939年),省贸易公司电工修造所从福州迁至南平,与省建设厅第五工厂合并,易名南平电工厂。民国二十九年(1940年),福建省企业特种股份有限公司在南平成立,南平电工厂并入该公司的铁工厂。民国三十年(1941年),铁工厂改称"福建省第一中心工厂",时为全省工业中心,在全省工业中占据举足轻重的地位。这一年冬,为便于管理,节省开支,该中心企业复分电工、化工、铁工3个厂。化工厂(在旧南平火车站)主要生产肥皂、油墨、氯酸钾、碳酸钠、酒精、木醋液、樟脑、丙酮等。铁工厂分一、二、三、四部(均在现南平后谷水泥厂)、五部(在西芹),起点高,规模大,生产印刷机、压纸机、碾米机、打谷机等,为南平开创近代轻工机械制造业。这些先进机械设备有助于对国民经济各部门的改造。铁工厂还设铸工场一所,有熔铁炉数座,锻造镐、铁锹产品,用之抢修公路桥梁,抗击侵华日军。电工厂在水南镇口坊8号(在旧南平火车站),"有员工598人,固定资产185.29万元,设备32台,设有线电、无线电、蓄电池、电机、部件配套等5个工场,生产军用通信设备和电池、蓄电池等产品,为闽浙赣抗日战区的军政部门提供装备服务。原材料多为国产货,从上海及沿海各地采购,亦有少数舶来品,从香港购进。电池商标为光明牌,有A、B、J型3种。民国三十二年(1943年),生产A、B型电池2.04万个,J型840打,蓄电池阴阳板8400片。民国三十五年(1946年),通信设备滞销,该厂濒临倒闭,所属各场陆续迁回福州"。①

4. 南平水南纺织厂

福建省企业特种股份有限公司纺织厂俗称南平水南纺织厂(在南平火车站),为近代闽北规模最大的纺织企业。该厂始于民国二十八年(1939年),"拥有固定资产400万元,职工475人,设织布、印染、缝纫、纺织和针织5个场。主要生产中山布、阔标布、斜纹布、人字呢、中山衣、背心、汗衫等12种产品,民国三十二年(1943年)最高产量为:中山布1800匹、阔标布1800匹、帐布1200匹、府绸600匹、斜纹布1200匹、毛巾1200打、线袜1440打、背心1200打、棉纱6吨、中山衣6万套、衬衫2.4万件。主要原材料来自浙江及省内各地,产品主要在省内市场销售"。②

5. 建华火柴厂、建生合片厂、东南盒片厂

民国二十九年(1940年),福州沦陷,林弥钜创办的建华火柴厂内迁南平。其产值在专卖制度下迅速膨胀。其资本因通货膨胀已不可能精确地报出,然而按其总厂、各分厂、各仓库、各附属工厂的规模估计,"总资本额当接近银圆100万元"③,是全省数一数二的民营企业,生产双塔牌火柴。该厂在大田、龙岩、光泽、吉安、临川、松溪设有分厂,最高生产率每日生产60磅以上火柴,出品由省贸易公司专售,每一小匣,零售一角。陈嘉庚视

---

① 南平市方志编纂委员会:《南平地区志》,北京:方志出版社,2004年,第665页。
② 南平市志编纂委员会:《南平市志》上册,北京:中华书局,1994年,第450页。
③ 罗肇前:《近代福建产业主要特点》,《福建论坛(人文社会科学版)》2006年第11期。

察南平时曾说:"省府逐月可入息三四十万元,盖销售遍全省,他家不能仿制。柴料系用松木居多。"①总厂工人有2000人,分厂工人1000人。因主要原料氯酸钾进口断绝,火柴厂生产受影响。纪廷洪和陈玉光等人在延郊磨石坑溪涧建化工厂,自行设计木桶开敞式水轮机发电,电解生产氯酸钾成功,既解决了火柴原料难题,又生产出烧碱、肥皂等副产品。抗战胜利后建华火柴厂迁回福州。

民国三十五年(1946年)底,国民党南平军械库库员浙江籍人士俞奇生,租用建华火柴厂部分机器,邀请颜学卿(浙江萧山人)入股办起了"南平建生合片厂",以学卿的资金购买了一台八马力木炭机及一些合片生产设备投入生产。有员工40人,厂房2座,设备6台。后添置8匹马力的木炭机及其他设备,3部创片机同时开机生产,月产量增至800万套,除满足建华火柴厂的半成品供给外,部分产品销往外地。后终因产品价格问题,与建华火柴厂终止合约,生产产品改由福州大商行包销,价格适宜,利润颇丰。由于内部矛盾,学卿后来退出建生厂,抽回资金,于民国三十七年(1948年)在南平创办"东南盒片厂",与建生厂竞争。终因技术力量薄弱,盒片质量差,产品打不开销路,加上厂房被伤兵占住,财产、工具亦被拿走,无法继续开工,不得不停产。不久,东南厂并入建生厂。生产的火柴半成品卖给福州火柴厂。这年,"该厂又成为上海大中华火柴公司在福建生产盒片的分厂,解放后开始生产火柴"②。为了保障盒片厂原料供给,颜学卿还和友人齐诚一同经营木材生意,并与俞乾瑞合股开设"大中华木产行"。

6. 福建炼油总厂和中国木材化工厂

由于日军的封锁,汽油供应不继。民国二十八年(1939年),福建协和大学化学系林一、倪松茂等利用松脂提炼汽油代用燃料试验成功。民国三十年(1941年),福建省运输公司在建瓯县创办福建炼油总厂,随后又陆续在水吉、将乐、沙县三地设立分厂,该厂共有职工五百人左右,由林一、倪松茂任正副厂长,利用闽北山区松根、松脂生产松柴油和松汽油,代替进口柴油,供汽车使用。

中国木材化工厂是由卢世钤创立的。卢世钤于民国四年(1915年)生于南平茂地乡(现延平区茫荡镇)宝珠村,从小就抱有"科技报国"的远大志向。民国二十五年(1936年),他在上海蒙藏学院毕业后,参加上海救国会宣传部工作,致力于救国强国。民国二十九年(1940年)他任福建省企业公司的工程师兼木气灯厂筹备处主任。抗日战争爆发后,海口沦陷,进口来路全部断绝,物资奇缺。其中,因缺少封瓶口的塑料溶剂丙酮,防治疫病流行的疫苗生产就不能进行;又因短缺丙酮,无法制造关系工业生产的平皮带(当时缺橡胶,平皮带皆用牛皮层胶叠制而成)。卢世钤建议兴办丙酮生产工厂却没有被"省企业公司"采纳。他愤而辞去职务,和其兄卢世耀一起于民国二十九年(1940年)办起了一个利用本地林木资源,生产化工产品的私人试验工场。经反复试验取得成功后,便在南平西芹镇杨坑(今西芹镇浆甲村山坑)创办中国木材化工厂,为福建省第一家林产化工企

---

① 陈嘉庚:《南侨回忆录》,长沙:岳麓书社,1998年,第266页。
② 福建省方志委员会编:《福建省志·商业志》,北京:中国社会科学出版社,1999年,第223页。

业。丙酮的生产是利用大窑烧木炭,收集炭窑废气中的醋酸,制出醋酸钙,而后将醋酸钙干馏而转化产生丙酮,其产品全省先进。丙酮的批量投产,为我国解决了急需、奇缺的化工原料。产品除供应东南各省后方外,还运销到桂林、重庆等大后方。民国三十二年(1943年),出现了"一滴汽油一滴血"的汽油奇缺状况,严重影响抗战工作的进行。为此卢世铃工程师又以当地富含油脂的松材为原料,以钙皂法破裂分解而制,产出名为"木材汽油"的代汽油。代汽油的试产成功并批量投产,为当时的交通运输解决了汽油短缺这一大难题,也使该厂获得了经济效益。民国三十四年(1945年)日本投降后,海运通航,原产品丙酮得以重新进口,松汽油因售价较高而呈滞销。卢世铃将员工由盛时的180多人减为30余人。他转为制造市场急需的纺织用的梭子木坯,供应上海、青岛名制梭厂,由此该厂又获生机。后该厂受恶性通货膨胀冲击,至新中国成立前夕濒临倒闭。

7. 南平造纸厂

民国三十一年(1942年),省政府建设厅经三年筹建的第一座半机械化造纸厂在南平(在今化纤厂动力煤场一带)投产。该厂计划兴建时即为福建省企业公司所接收,迁址于水东塔下(现东坑乡塔下村所在地)。该厂"以稻草为原料,工艺简单,生产厚、薄纸板和纸箱、纸盒及包装纸,有红、黄、白、蓝四种颜色,质量达中上水平,纸质坚韧,色泽鲜艳,唯纸面光滑度略嫌不足。产品销往浙江及省内各地"。① 厂长陈绍平,毕业于日本东京帝国大学化学专业,早年迁居台湾;总经理为陈培锟。

8. 面粉厂与锯木厂

民国初期及其以前,市场销售的面粉靠粮商从省外贩运,俗称"洋面"。民国三十年(1941年),福建省建设厅在南平投资兴建的特种股份有限公司,附设1个小型面粉厂,日产面粉100包(每包25千克),填补闽北机械化制粉的空白。民国三十一年(1942年)生产面粉1227包。同年,魏子善在南平圣恩坊开办森昌琰记面粉厂,计有职工22人。民国二十七年(1938年),"福州王跃铭与莆田方仁山在建瓯城关察院前合办新民碾米锯木厂。后杉、松、板材畅销,建瓯县又先后办有和平、群办、建华、集新4家私营锯材厂,主要加工杉、松板,产品除少量供当地民用建筑使用外,绝大部分产品运销福州、上海等地"。② 民国三十年(1941年),崇安示范茶厂在崇安赤石洋桥办一家锯木厂,专制出口茶叶包装箱自用。其他如邵武、洋口等地也有一些锯木厂。

9. 卷烟厂

民国二十九年(1940年),省建设厅在南平创办卷烟厂,厂址设在三元坊。③ 这年,寿昌杉木板料部于南平东门兜开始锯木营业。这一年,省赈济会在建瓯创办卷烟厂达10余家,其中"义民工厂卷烟部生产机制卷烟,实力较强"。④ 同年,邹幼松在光泽创办华松

---

① 陈思琪:《四十年代南平造纸业概况》,《南平工商史料》第5辑,1992年,第139页。
② 陈思琪:《四十年代南平造纸业概况》,《南平工商史料》第5辑,1992年,第536页。
③ 南平市方志编纂委员会:《南平地区志》,北京:方志出版社,2004年,第1173页。
④ 南平市方志编纂委员会:《南平地区志》,北京:方志出版社,2004年,第1173页。

卷烟厂,"资本达80万元(旧币),雇用工人60余名"。①

10. 其他

南平尚有肥料厂1家(在水东)、生产氯酸钾的工厂4家(西芹、水南、三元坊、磨面坑)、肥皂厂1家(在三元坊)、木漆灯厂1家(在西芹)。原在浙江的国民党兵工厂若干部分也迁来南平,一部分在西芹沙门,一部分在峡阳,隶属"兵工署东南特派员公署"管理。还有小机器厂3家,"分设在昼锦坊、宝积坑坊(现邮电局对面)、三元坊"。② 民国二十九年(1940年),省政府特种股份有限公司在南平西芹创办省营企业公司皮革厂,以牛皮为原料,制作面皮、底皮、军用皮及各类皮包。

民国二十九年(1940年)11月12日,福建省在永安举行民国以来第一次工商业展览会,展出商品数万件,展期7天,侨领陈嘉庚先生也莅临视察。浦城县商会及本县著名产户提供了27个品种参展,其中有"浦城地方特色的益德号'十伏酱油'、徐观涛手制的银佛、金章等"。③ 南平展出的主要工商品有几十种,其中合作蚊香获特等奖;硃砂枕头、松香(明兴工业社)、地毡(豫章小学)获优等奖;国产报纸(纪延洪)、松香(汪松度)、辣酱(吴源谦)、峡阳糕(步兴号)、酱油(和丰、鼎和太)获甲等奖。

(四)工业衰落阶段

解放战争时期是近代闽北加工制造业衰落阶段。民国三十四年(1945年)抗日战争胜利后,内迁的工厂,有的回迁原地,有的不久就倒闭了。剩下的铁工厂和铁器店,主要从事金属制品加工,同时承揽一些机械修配业务。至民国三十八年(1949年),"闽北仅有24家破败小厂,工业产值1104万元"。④ 尚存南平、建瓯、顺昌、邵武、政和等县7座电厂,"总装机容量503千瓦,水电占40%,用电量38万千瓦时,其中南平占58%"。⑤

总之,闽北的工业近代化历程道路曲折,但内容相当丰富。工业利润的吸引力吸引着人们自办工业的积极性。引领经济活动的近代商人资本特点就是由原先的商业资本变成产业资本。在手工业时代,用于生产的资本,有机构成甚低,商人资本的重心在采购和长途运销。而在机器大工业时代,资本有机构成很高,生产所需资本,比起运销要多得多。抗战时期南平作为闽北工业重镇所起的主导作用主要体现在一批近代工厂制造商因使用机器生产,资本雄厚,规模较大,奠定了闽北近代工业的基础。它既是加强国防的重要条件,又积累了重要的工业经验。

---

① 南平市方志编纂委员会:《南平地区志》,北京:方志出版社,2004年,第1173页。
② 卢世铃:《解放前南平工业概况》,《南平文史资料》第2期,1982年,第18页。
③ 潘少琳:《关于福建省贸易公司浦城办事处》,《浦城文史资料》第7辑,1987年,第107页。
④ 南平市方志编纂委员会:《南平地区志》,北京:方志出版社,2004年,第528页。
⑤ 南平市方志编纂委员会:《南平地区志》,北京:方志出版社,2004年,第558页。

二、近代闽北交通运输商

闽北的运输商也日益与近代接轨。运输商就是指接受承运人委托,从事水陆空客货运送,从中牟利的服务商。近代闽北轮船业和汽车运输业的兴起,便利了水陆商品运输,提高了商品流通的效率。而电讯与邮政服务商的兴起,则促进了商业信息的传输。

(一)水上轮船运输商

木帆船曾是闽北境内溪流的主要运输工具,不同河段可以选择不同的木帆船。

19世纪60年代后,马尾船政局自造了一些以蒸汽机为动力的舰艇,使人们认识到机器的优越性,于是逐步谋求水上交通的近代化。光绪末,张元奇、张尚甫等官僚和商人一起集资购买了锅炉蒸汽机,建造了一艘"江甲"轮船,首先在闽江内河下游航行。由于有利可图,各商家和外商洋行纷起制造,迅速向闽江中游、上游推进。

民国十一年(1922年)初,英商施亚的英美烟草公司在闽北采购松木并置有五舱的机动轮船"祥泰"号运输,装配煤油机为动力,闽江上游开始出现轮船。同时,美商同昌洋行也建造"飞鹰"号汽船,开始营运福州台江至南平的客货轮航运。地方当局及同业行会对外商这种侵犯内河航权的行为,不敢阻止。

民国十三年(1924年),"剑溪"木船主福州人江依书、江书发兄弟认为在闽江上游逆水上驶,蒸汽机不大适用,必须集资采购每分钟800转的煤油高速内燃机。于是他们同往香港购置了两台内燃机,委托福州民营造船厂制造船体,经半年筹划,建成了"安宁号"轮船,江氏兄弟自当司舵。试航时因缺乏经验,仅航至距南平8千米处的龟冬滩,即折返。此后他俩在轮船上加装头销与尾舵。同年八月十六日,再次试航。第3天傍晚抵南平延福门码头。这是境内险滩河段出现的第一艘国内民营轮船。第二年江氏兄弟续造"安利号",建成后行驶于福州—南平—建瓯一线,"此后,沙县、洋口、建瓯各地也相继出现轮船"。① 由于轮船装载量大,航行安全、快速,获利甚厚,引起内溪各地航商的关注。木船主下日福、江义福、江书法、江仁能等相继建造"楚兴"、"新太平"、"和兴"、"华安"、"太华"、"西林"、"新和"、"顺利"、"新华安"等客货轮,载重在30~40吨之间,川行于南平至福州及内溪各地,"最盛时,轮船多达百余艘,竞争颇为激烈"。② 民国二十二年(1933年)"闽江全线轮船达到183艘"③。

民国二十五年(1936年),航商自行组建延平线的闽延、剑津、龙津三公司,沙县线的闽沙、福沙二公司,洋口线的莹声公司,建瓯线的闽芝公司,统称"四线七公司"。次年,抗

---

① 厦门大学历史研究所、中国社会经济史研究室编:《福建经济发展史》,厦门:厦门大学出版社,1989年,第273页。
② 沈健行:《南平航运史话》,《南平文史资料》第9辑,1988年,第1~6页。
③ 厦门大学历史研究所、中国社会经济史研究室:《福建经济发展史》,厦门:厦门大学出版社,1989年,第273页。

日战争爆发,船用燃料来源困难。闽江上游航商江书发等受汽车装木炭炉的启发,取用被淘汰的"百来波"内燃机,对其高磁电机及输油系统进行改造,配制木炭炉,安装在兴记轮船上,并利用木炭瓦斯代替柴油,茶油代替机油,试航成功。随后,新顺轮、合兴轮等相继以"啤优啤"柴油内燃机改木炭瓦斯机成功。民国二十七年(1938年)上游航商为避免官方插手,四线七公司的轮船全部合并,在南平设立四线轮船联营处,统一运价和安排运输任务,营业盈亏则归各船自理。延福门码头是南平港的中心码头,原为自然码头,民国二十八年(1939年),福建省公用事业局为适应轮船靠泊的需要,修建成简陋的轮泊码头。这年冬,第三战区司令部为适应战时需要,将闽江上游民船"编为4队,有4000艘,船工2.4万人"。① 民国二十九年(1940年)四线联营处改组为闽江轮船股份有限公司,在南平设办事处,在福州设客运站、货运站,成为全省最大的内河轮船公司,"有轮船58艘,计3705.31吨位"。② 此时,轮船的轮机大部分已改装为木炭机,该公司专营福州至南平,以及上溯至建瓯、沙县、洋口等地业务。

(二)陆路汽车运输商

民国年间,闽北开始有了公路。民国十七年(1928年)夏,闽北驻防军修筑南平至安济公路,长17公里,为闽北公路建设之始。民国二十二年(1933年)底,浙江江山—峡口—枫岭—浦城线公路建成通汽车,是闽北第一条省际公路干线。民国二十三年(1934年)建成浦城—建阳—建瓯—南平—永安—江西瑞金线,南平—泰宁—建宁线,建阳—邵武线,以及永安—连城—上杭—广东梅县等地的省际公路干线。③ 其中浦城—建阳—建瓯—南平线是为镇压"福建事变"而修建的"围剿"公路,长238公里,也是闽北境内第一条正式的县际公路。这一时期,建阳成为闽北公路运输中心。民国二十五年(1936年)底,福建省建设厅在建阳水南设立建阳修车厂。

民国二十七年(1938年)省运输公司办的"中南旅运社"在南平开业,南平成为交通运输的主要集散地。运输公司不仅经营客运,也兼营货运,车型主要有进口的道奇、福特、雪佛兰、大司帝倍克、中万国、奇姆西等。当时已先后开通南平到达江西南城、四川重庆、广东曲江、浙江兰溪等省际直达班车。虽然,那时"商车业经常受公路管理部门和帮会、伤兵、地痞等地方恶势力的敲诈,在磨难中委曲求全"。④ 但汽车运输渐次替代了肩挑船运,加速了货物的运转,方便了人们的出行,改变了商路,促进了闽北商业的发展。

---

① 南平市方志编纂委员会:《南平地区志》,北京:方志出版社,2004年,第755页。
② 福建省地方志编纂委员会编:《福建省志·交通志》,北京:方志出版社,1998年,第325页。
③ 福建省地方志编纂委员会编:《福建省志·交通志》,北京:方志出版社,1998年,第718页。
④ 彭龙:《浦城商车业简介》,《浦城文史资料》第4辑,1994年,第144页。

(三)电讯与邮政服务商

近代闽北电讯的兴起极大便利了商业信息传输。光绪九年(1883年)福建始办电报,南平设报局于马站。光绪二十六年(1900年),开办延平府邮政分局,是闽北第一个邮政局,开办信函、汇兑、包裹业务。随后,闽北重要城镇都先后办起了邮局。史载:"民国初载驿站尽废,公私文件书信紧要者以电达,平常者付诸邮政。传送敏速,商民称便。"① 民国二十三年(1934年)至民国二十四年(1935年),福建省建设厅陆续架通南平、建瓯、建阳、崇安、浦城、邵武公路沿线电话线。

在西方列强及国内局势的影响下,近代闽北交通业开始了近代化的进程,陆路、水运、航空、电讯都获得了一定程度的发展。它促进了闽北商品经济的发展,改变了人们出行方式,一定程度上转变了人们的思想观念,加强了闽北与外地的联系,也丰富了人们的生活。

三、省贸易公司、粮食公沽局与合作社

随着抗战军兴,省政府迁永安。南平为闽北重镇,交通枢纽。省贸易公司、粮食公沽局等一批官办工商企业均迁至闽北。全省物资消费实行配给。

(一)省贸易公司

抗日战争爆发后,私商巨贾垄断贸易,物价日涨,民不聊生。陈仪主闽后于民国二十六年(1937年)6月1日成立省物产贸易股份有限公司,后来改组为省贸易公司。次年,福建省贸易公司从福州迁到南平中华路(今解放路)上坡顶处。公司设总经理一人,协理、襄理二人,下设秘书室、经济研究室、总务、会计、业务三课,室课分设主任、课长,下置股长(无副职)及课员、办事员、雇员等。总经理原为浙江人陈萱。陈他调后,由湖南人黄鸿年继任。协理湖南人何学尼,秘书主任陈则遵,总务课长何孝炯,会计课长杨丰。总公司包括各部的职员勤杂,人员共有200余人。职工生活福利方面,公司设有供销社,平价供应公司工作人员日常生活食用品。公司重视培训专业人员,于省行政人员训练团设贸易系培训,分甲、乙二级,由俞百岩、吴祖兴二位主其事。

总公司于各县设办事处(偏远小县设代理处)为公司派出业务机构。设主任、业务员、助理员等,为独立核算单位。公司车队配有汽车60余部,并有粮食、木材、纸业、糖业、茶叶、火柴六专业部,控制货源,统购统销。各部下置采购、供销、仓储、财务诸股。通过贷款资助、低价收购、统购包销闽南仙游等地的糖,连城、南平等地的大扣纸(毛边纸),建瓯、顺昌地区的黄纸、粗纸及外来拷贝纸、宣纸,闽北崇安、政和、建瓯和闽南安溪等地的茶叶,南平建华火柴厂的火柴,建瓯、南平、顺昌、崇安等地的杉木,销售省内外,远至

---

① 《南平县志》,福州,1928年,铅印本,第934页。

沪、津。省贸易公司以南平总公司为主体,其机构遍布全省及省外部分地区,构成庞大的商业贸易网,营业额占全省贸易总额的60%～65%左右。

抗战时期,战事日深,私商巨贾垄断贸易,物价日涨,民不聊生。陈仪主闽后,创建贸易公司,以公有经济为基础,限制私商巨贾,相对地稳定了社会经济,裨益民生,同时增加了政府收入,多少解决了战时政府财政的困难。但公营垄断贸易也扼杀了商业生机,加上"部分公职人员利用职权,亦官亦商,公有经济受到损失,社会舆论多有指责"。[①]

(二)粮食公沽局

近代闽北粮食曾长期自行由民众买卖经营。陈仪主闽后,为缓和财政困难,采纳省财政厅徐学禹的谋策,省里设立粮食局,想把粮食控制在政府手中。民国二十九年(1940年)5月至次年初,建瓯、邵武、南平、崇安、松溪、浦城等县先后成立公沽局,实行粮食统一购销,取缔米商,标封碾米厂、水碓,禁止粮食自由贩卖流通,核定收购粮价每百斤法币九元(后增至十二元),指派殷商富户、强令农民交售粮食。各业主、农户每年收获的粮食,除留用至下届收获季节所需余粮(包括种子),依照规定的公价,以现款全部收购,并给予相当运费和手续费。与此同时,以"运储军粮"为名,采取"速购、速碾、速运"的措施,把闽北粮食运往南平集中,然后由省粮食局业务处转运福州、漳州、厦门等地销售,转手中间,高抬粮价,从中大捞一把,中饱私囊。闽北各县公沽局粮食供应紧张,实行计口授粮,境内零售粮食登记合格的粮商向公沽局趸购分销,购粮证按户口由县政府制发,居民向零售商购买粮食,规定各户男女老幼平均每人每天12两(16两制)至1斤,另各厂劳工每人每天一市斤为原则,可增至一斤四两。因机构不健全,公沽局收购米谷深感困难,群众常买不到米。邵武、建瓯、浦城等多地发生民众捣毁公沽局事件,公沽局不久被迫取消。

(三)合作社

合作社是集体所有的一种互助互利的商业组织。社员既是股东,可以参与分红,又是顾客,可以减少中间环节的盘剥。民国时期的合作社发展迅速。民国二十一年(1932年),"光泽、南平、松溪、建瓯、浦城等县政府办的信用、供给、消费、运销、食盐、茶叶、供给等合作社,为社员和群众供应所需的生产、生活资料,供给社员百货、火柴等商品"[②]。国际友人埃德加·斯诺、路易·艾黎和爱国进步人士宋庆龄等在中国共产党的推动和帮助下,民国二十七年(1938年)在武汉成立"中国工业合作协会"(简称"工合")。工合先后建了28个事务所,组织700多个工业合作所,其中闽北有南平、浦城2个事务所(站)。它主要靠股金形式开办工厂,政府也出些钱协助。事务所与残废院联合成立10个"伤残军人工合社"(又称"荣工合作社")为前线生产鞋袜、毛巾、竹笠、药棉、纸张、卷烟和下饭

---

① 魏育适:《福建省贸易公司在南平》,《南平文史资料》第6辑,1985年,第49～52页。
② 南平市方志编纂委员会:《南平地区志》,北京:方志出版社,2004年,第1078页。

用的咸菜,"给坚持抗战的前方军民以极大鼓舞"①。

四、其他服务商的兴起

近代闽北金融商的发展,成为商业资本的重要来源,而商业保险又一定程度上转移了商业风险;餐旅及其他服务商、新式行业商人的兴起,为人们提供更多的消费项目,便利和丰富了人们的生活。

(一)金融商与保险商

钱庄是一种信用机构,起源于银钱兑换,逐渐发展为办理存款、放款和汇兑业务,发行银圆兑换券(俗称花票)。通汇地点为福州、建瓯、上海、浙江、广东及江西省等地。进入近代,邵武的"吴贤良"、"万泰和",洋口的"建成",建瓯的"协丰",水吉的"公信昌",浦城的"坤记"、"永安"、"泰和"等钱庄都较著名。有些钱庄规模很大。如民国二年(1913年)开业的建瓯协丰钱庄"曾收存和支付建瓯、建阳、崇安、浦城、松溪、政和等6县的田赋、盐税、厘金、什货等税款"②。

因运送现银费时误事,开支大且不安全,近代闽北出现了经营汇票往来的汇兑庄。闽北商家向闽北三府府治所在地、福州、上海等地进货所需货款,可向当地汇兑庄购买府票、省票、申票("府"指建宁、延平或邵武府,"省"指福州,"申"指上海)。米商多是府票,木商、茶商多是省票,布商或百货商多是申票。汇兑庄收取一些汇水(手续费),也有不补贴汇水的,叫"平兑"。商家在规定时间出具凭票就可向汇兑庄在府、省、申的关系户异地兑现。民国二十五年(1936年)仅南平就有"汇兑庄14家,主要办理对福州的汇兑业务"③。后因银行的发展,汇兑庄业务相继停办。

闽北的代报行则是代替客商担保小额预付款,垫出钱款缴纳百货捐、厘金等税款,以后再向客商收回垫款,从中抽取一定比例(一般10%)的佣金和利息的商行。20世纪30—40年代南平有木商代报店14家。办理代报,都是以汇票为主。既有向客商买进汇票,自己也同样发放汇票,既有活跃金融扩大经营作用,同时又潜伏着危险,若与之往来的商号倒闭,到期兑付不了现金,就会遭受难以预料的损失。

银行则是办理存款、放款、汇兑、贴现、信托和保险等业务的金融机构。随着民国时期闽北近代产业的发展,商品交换与商品经营的范围不断扩大,对资金的需求随之增加,信用工具的流通使用日益广泛,金融活动逐渐扩大,近代银行业便应运而生。闽北最早的银行是福建银行,民国三年(1914年)该行先后在芝城(建瓯)、崇安、南平设立分行,在顺昌洋口、光泽县设立经理处。民国时期,闽北先后建立的国家银行有16家、地方银行4

---

① 蒋仁、余奎元:《林涧青在浦城及"工合"社的建立》,《浦城革命老区》,内部发行,1999年,第211~216页。
② 建瓯县地方志编纂委员会编:《建瓯县志》,北京:中华书局,1994年,第426页。
③ 南平市方志编纂委员会:《南平地区志》,北京:方志出版社,2004年,第947页。

家、外省驻闽北的银行10家。民国十六年(1927年)以后,还出现另一种新的商业资本,即代表官僚商业资本的四行两局(中国银行,交通银行,中国农民银行,中央银行,邮政储金汇业局和中央信托局)都在闽北设有分支机构。

民国二十年(1931年)海军陆战队旅长林秉周调防建瓯,笼络地方士绅郑雅轩等倡立"建新银行",建瓯商会理事长潘培芳、常务理事黄芝也参与其事,发动商号投资,并在上海印好钞票,准备在银行开业后,发行市场流通。谁知民国二十一年(1932年)林秉周他调,五十六师刘和鼎接防来瓯,"建新银行"之事遂废。但刘以"刘卢(兴邦)战争"后军饷困难为名,要商会筹集10万元接济,因一时筹集现银困难,黄芝等决定由商会主持,各商号印发直条纸币流通市面以应付局面。嗣以直条纸质不佳且易于伪造,黄等又决定用以前印好未用的"建新银行"纸币流通市场,换回直条,其时仅将原"建新银行"字样改为"建瓯商会"。原印号码并未改动,也未说明自某号起至某号止。因此名谓发行10万。实发多少,令人怀疑。接任的建瓯商会理事长涂梅三遂以潘培芳、黄芝发行"建新银行"纸币号码无可稽查为名,向法院控告潘等滥发纸币,营私舞弊,潘、黄也聘请律师答辩,双方纠缠数年未决。民国二十六年(1937年),国民党闵佛九任建瓯县长,根据涂梅三的控诉案拘黄芝、潘培芳入狱,勒缴3万元。潘是靠商会和有些大店津贴吃饭,没有开店,无可勒索,只好释放;黄则出卖春和布店自己部分财产,如数缴交了案。黄出狱后,抑闷致病而死。

随着银行业的发展,茶、纸、菇、木、笋等土特产较大商号已开始向银行贷款,先由贷款人申报,经政府部门核准由银行放贷,并按时还清款额。民国二十五年(1936年),南平办事处商业放款余额达1.99万元,居全省第七位。抗日战争爆发后,"对木商发放抵押或信用贷款,扶植当地特产木材运售上海、天津及浙江等地"[1]。民国二十九年(1940年)全省贷款的茶号为216家,其中,"建瓯有17家,贷款额16.55万元"[2]。说明银行在商业融资方面已发挥越来越重要的作用。

保险商是指将通过契约形式将被保险人的资金集中起来,用以补偿被保险人的经济利益的商人。民国二十五年(1936年)闽北各县邮局执行国民政府《简易人寿保险法》,代办人寿保险业务。民国二十八年(1939年),南侨保险公司在南平中华路27号建立,以经营水、火及人寿保险为主。民国三十四年(1945年)公司迁福州中洲。民国二十九年(1940年)至民国三十八年(1949年)间,闽北各县福建省银行、中央银行南平分行和浦城办事处、交通银行南平办事处都曾办理过保险业务。近代闽北商铺多为木质楼房,往往易遭火灾,即便有帮会组织救火队(又称水龙会),火灾还是时有发生。虽商业保险可以转移风险,但闽北当时真正有投保意识的人毕竟只是极少数。近代建瓯、建阳、浦城、松溪、洋口等地都曾发生大火灾。如,民国三十二年正月十五(1943年2月19日),松溪城区商业中心的严半街发生火灾,"烧毁大小商店30多家,商业元气大伤"[3]。

---

[1] 南平市方志编纂委员会:《南平地区志》,北京:方志出版社,2004年,第974页。
[2] 建瓯县方志编纂委员会编:《建瓯县志》,北京:中华书局,1994年,第396页。
[3] 松溪县地方志编纂委员会:《松溪县志》,北京:中国统计出版社,1994年,第269页。

典当行，亦称当铺，是专门发放质押贷款的非正规边缘性金融机构，是以货币借贷为主和商品销售为辅的市场中介组织。典当是民间融资的一种手段，近代闽北开张的当铺不少，如，邵武的永春、仁春、永彬、永吉，建瓯的晋丰、元升、厚生、光裕、元生，浦城的坤成，延平的聚成，等等。

此外，闽北各地的银楼除了经营珠宝首饰外，也经营金融业务。民间也有许多高利贷商人。

(二)百货商店

百货商店前身是鸦片战争以后出现的苏广杂货日用品店，这些店混合经营广州、上海舶来的日用工业品和本地的手工业品。到清末民初，闽北的百货商店逐渐兴起。因百货店花色品种齐全，便于顾客挑选，能够满足消费者多方面的购物要求，逐渐成为城镇零售商业的一种重要形式。建阳的"福成春"百货店创办于民国三年(1914年)，由姚福、柯玉成、黄春香三人合资而成，招牌是从三人姓名中各取一字而成。开业前，三人均以挑货担为生。姚在建阳，柯在崇安，黄在崇雒，开始资金不上千元，由于三人都是行家出身，精通业务，熟悉市场，开业后生意兴隆，十年后而成大店，并在福州、上海设庄，还派店员四出采购商品，如广东陈连记水烟筒，杭州舒连记折扇，苏州老瑞源布鞋，进口的单车、汗衫、剃须刀等名牌货，以"人无我有"独占市场。此后，军阀主闽多年，驻军调动频繁，海军陆战队、省防军、卢兴邦部队、周志群部队等先后驻扎建阳，人众饷足，鞋、袜、毛巾、手电筒、洋磁碗等日用品销量大，利润高，财源茂盛，每年可盈利数千元。至二十年代末期，"福成春"成为建阳首屈一指的大百货店。抗战以后，战争深入内地，福成春百货货源受限，加上币制贬值，苛捐杂税繁多，至民国三十二年(1943年)，散伙歇业。

建瓯在抗战前盛时有百货店23户，多属独资经营，拥资在几百几千元者多，上万元者如颜恒盛号则属少数。营业金额方面，抗战前大户年约三五万元，小户则在五千元左右，其毛利率在10%～20%左右，较之京果、杂货行业利大。

浦城涂芝秀创立"涂华美"商号，从各地厂商或批发商那里批发来各种百货、布料，批零经营，发展成为浦城的巨商，"盛时店员徒工达三十多人，营业额近80万元，有流动资金10万银圆"①。

民国时期，松溪县百货、棉布、京杂、酱酒等行业中最为出名的商人是江环球(1903—1947)，又名江传宝，外号"江蒙古"，以小本生意起家，开设"江瑞兴商行"。由于经营品种齐全，当地群众称"除了棺材，样样有"。他于民国十二年(1923年)始办商行，把土特产运往福州、温州等地出售，购回京果、布匹和百货等，在松溪及周边政和、浦城、建阳和浙江庆元、竹口等地建立货栈，经营的货物有浙江温州、丽水购进的百货、布匹，有福州的海产、鱼货、桂园、荔枝、京果。随后又开设了豆酱厂、蜡烛厂、木材经营点等，年产18000斤的豆酱经其货栈经销，成了当地人喜爱的品牌。民国二十四年(1935年)，商行还发行信

---

① 周芳贤：《涂华美之兴衰》，《浦城文史资料》第8辑，1988年，第32～38页。

用券,民间乐于接受。

(三)旅社

近代闽北旅社业主要是私营的旅社、客栈。旅社服务设施较好,设有单、双人间,客房内设有简单家具用品。经营者精心管理、善于竞争,每月派员持内写店名、地址的旅社片单到车站、码头招揽旅客。客临本店时,服务热情周到,每天早晨给旅客端送洗脸水、整理房间、代旅客买车、船票及代办其他事务;客离店时,派员送客至车站、码头。旅社收费较高,服务对象一般是社会中、上层生活较富裕的人。客栈的设施简单,"一般只设有大间统铺,附供食饭或代客烧煮饭菜,收取柴薪金。客栈收费低廉,来往过夜的平民百姓及进城经商的乡下农民一般投宿于此"①。民国二十七年(1938年)至民国三十八年(1949年),仅南平开办过的旅馆就有近20家。床位从20张到80张不等。有合资的,有独资的,有官办的。其中张家康独资的闽北旅社"有工作人员8人,床位80张"②,是当时南平最大的私营旅社。私营的建瓯"大同旅社"、"鸿星旅社"等设备也较好,规模较大,旅客较多。

官办旅社有"中南旅运社"、"邵武旅社"和驻浦城国民党第三休养院开设的"大安旅社"等。民国二十五年(1936年),福建省建设厅为联系南洋群岛华侨,设立"中南旅行社",在南平设有一个分社,同时在南平、建阳、崇安、光泽设有招待所。民国二十八年(1939年),日军侵华,福州沦陷,"中南旅运社"总社也迁至南平(址于今八一路地区礼堂左侧)。下属的招待所规模较大,设备较好,内设食堂、浴室、理发室,是服务门类较齐全的综合旅社。虽属官办,实为私人承包经营性质。民国二十八年(1939年)福建省政府从福州内迁永安时,主席陈仪在南平西门外设立公馆,南平成为福建的政治、经济中心。招待所专门接待国民党军政要员、华侨、殷商等各县上层人士,每日接送,代购车票、船票。招待所必先预订,否则,住不上房间。招待所对在职员工常加教育,订立制度,共同遵守。在接待盟军时,由在香港住过,懂得英语的侍应生曾基清招待,收到很好的效果。民国二十九年(1940年),华侨领袖陈嘉庚视察闽北,曾两次寓居南平旅运社,由会说闽南方言的侍应生林桂芳接待,得到方便,深受称许。陈嘉庚先生评价说:"该社为省府创办,颇整洁,役人穿制服,亦活泼。"③招待所多年来业务颇繁盛。"自省政府迁回福州,房多客少,业务才逐渐清淡,勉强维持到民国三十八年(1949年)南平解放后由人民政府接收。"④

---

① 南平市方志编纂委员会:《南平地区志》,北京:方志出版社,2004年,第1043页。
② 陈国谋:《六十年版代前进南平菜馆、旅社、澡堂业概况》,《南平工商史料》第5辑,1992年,第113页。
③ 陈嘉庚:《南侨回忆录》,长沙:岳麓书社,1998年,第266页。
④ 黄朗惠、陈启华:《南平中南旅运社概况》,《南平工商史料》第2辑,1987年,第127~131页。

(四)西药房

在传统中药堂之外,近代又出现了西药房。西药是指西医用的药物,一般用化学合成方法制成或从天然产物提制而成。西药业源于19世纪末西方传教士相继在闽北各县开设的诊所、医院,继其后闽北各地城关先后出现了专营西药(包括少量化学试剂、医疗器械)的西药房和行医代售药品的诊所,其中,有建瓯育龄堂西药房、浦城并育西药房、崇安汪成源西药房、光泽天民堂西药房、建阳和济西药房等。一般药店的门前都挂有药品广告,介绍药品性能、功效及价格等,并育西药房还在《建报》和《中国通邮地方物产志》中登出本店经营的药品和配制的药膏、药水广告。

(五)其他

近代境外商人来闽北经商者与日俱增,市场日渐兴盛,饮食业也随之崛起。饮食业多由私人经营,多数在商业繁华的街区设店营业,主要以经营菜馆和小吃店为主。民国时期,闽北各县一般都有三四所澡堂;有些县还开有估衣店,经营旧衣物购销业务;闽北各县陆续出现照相馆,均有一至四家照相馆不等。

第三节 近代闽北商人的市场展拓

闽北商品流通以闽江干支流为网络,形成上游商品生产者和商品消费者市场、初级市场、闽北中心市场、福州中心市场、国内的外埠中心市场、国际市场体系。闽商活跃在这些市场之间,使商品流通能够畅行无阻。

一、近代闽北的外地商人

闽北有丰富的茶叶、木材、纸品、粮食及其他土特产品,吸引外地商人纷至沓来。

(一)闽南籍商人

武夷茶较之安溪茶,色、香、味均有独特优点,为漳、泉、厦的闽南茶业巨贾所垂青,争相据为牟取丰利的宠物,"用途不仅待客,且以作医疗之良剂。抗战后转运为难,晋江等处几无茶叶可售。病者至以包茶纸代之"。[①]"夷茶"来漳销售与"溪茶"在市场上并驾齐驱,并互争雄长。因此,在闽北活跃着一批闽南茶商。

泉州素负盛名的张泉苑茶店包销武夷岩茶。民国五年(1916年)到民国二十二年(1933年)是该店全盛时期,每年运来的武夷岩茶经常保持在1000箱左右,销售额可达

---

① 《崇安县新志》,台北:成文出版社,1941年,铅印本,第590页。

18万银圆,其中武夷水仙种占80%。该店继承人张伟人于民国十九年(1930年)以3万余银圆高价购买武夷山慧苑岩茶园后,得意地向族人说:"得此可安天下矣!"①

清末民初,漳州林瑞苑茶店乘武夷岩茶销路比安溪茶吃香之机,在武夷山霞宾岩和珠帘岩建初制茶厂经营,并在赤石街设立精制茶厂。除收购岩茶外,也收购半岩茶,并开拓外销业务,在新加坡设立代理店。

民国九年(1920年)以前,厦门傅木瓜每年春季随祖父到武夷山收购茶叶,贩运至漳、厦一带销售。后来在缅甸仰光后街与一位华侨订立销售合同,由傅福仁到武夷山收购半岩小种,以泉馨发记"宝国名种"为名,运到仰光销售。民国九年(1920年)至民国十九年(1930年),每年平均销售1000箱,每箱银圆22~30元。该店在崇安赤石街设点精制"宝国名种"。后来,国外嗜好"大岩水仙",傅福仁于民国十四年(1925年)前后在武夷山创设马鞍岩厂,大力垦殖茶园,广种水仙茶树,促进内外销售市场出现"水仙茶"热。

除茶叶外,也有闽南籍商人经营粮食等其他商品。玉兰春商店店主施玉铭,晋江人,曾在洋口、顺昌、南雅、建瓯等地走乡邮为生。后来,他向乡邻好友商借少数钱款作为本钱,摆摊设点,以零售农产品和粮食之类的小本生意起家。他于20世纪初在南平县城小水门开设玉兰春商店,原主营米及碾米加工。约三四年之后,业务扩及代报,兼营汇兑业务,资金雄厚,店容宽敞,货源充足,年营业额达银圆四五万元,堪称闽北闻名的南平大商号之一。

(二)福州兴化籍商人

福州人在闽北经商的也很多,称为"福州帮",莆田仙游人则称"兴化帮"。新中国成立前,邵武有两个固定的粮食收购点,一个设在东门外大同里,有两个粮商专门收购,名字叫林依久,林依曲;另一个设在南门桥头,粮商名叫游春官。他们都是福州人。粮商收购来的粮食用木帆船(麻雀船)运往福州转销。有些福州商人在闽北生意做得很大。浦城仁和源南北货店店主叶臻庭,福州白石村人,生于清光绪七年(1881年),光绪三十一年(1905年)到浦城县大西门墩头中段开店。初期经营各类糖果、渔海产品等,数年后有所积累,与堂兄弟分头从福州、厦门、台湾等购进大批海产品,取得定期付款、包销的优惠条件,从此转为批发为主,"他实行支货打折赊销,年终清账办法,名躁邻省邻县,为浦城三大行业中一巨商"②。他为扩大资金来源,印刷、使用仁和源票面花票数千元,初在福州设庄进南货,继在上海设庄采购北货。据叶明勋先生说,"有一次由浦城运到福州的货船共达102号,其中99号是仁和源的货品。而福州运往浦城货船,每次都在80号以上"。

刚开始时,闽北百货店多由江西籍人经营,到了民国二十年(1931年)以后,转由莆田人为主。实因前者转营布业,后者牵引同乡由串街走巷、下乡赶墟的"货郎担"转为小

---

① 倪郑重:《张泉苑茶店兴衰史》,《泉州文史资料》第12辑,1982年。
② 福建省方志委员会编:《福建省志·商业志》,北京:中国社会科学出版社,1999年,第170页。

店坐商。莆田人因有沪、榕同乡庄货行赊销期货,利于周转,相互帮助,经销得利,遂后来居上。

(三)江西籍商人

江西商人也称"赣帮",大多经营棉布(含丝、绸、呢、绒)、染坊、研行兼及百货、国药、钱庄、当铺等行业。赣帮商人执浦城商业经济之牛耳。在赣籍商人经营的国药业中,芝山堂、回春堂、开泰堂、元昌堂四家国药老铺监制的丸、散、膏、丹,驰名远近,深得松溪、政和、龙泉、庆元、水吉、建阳、崇安等邻县国药同行的赞许,誉满闽浙边界。在棉布业中,则有胡顺泰、涂华美等拥资十数万元以上的巨商。

涂华美店主涂芝秀(1900—1970),江西丰城小塘乡北下村人,12岁来浦学艺。25岁时,品记布庄老板李迪珩将养女桂花嫁给他为妻。婚后他向迪珩借得银币300元,在前街租店以"涂华美"商号开业。又蒙品记布庄和坤记钱庄老板周氏扶持,以薄利各借资金800元,由此起家。涂华美主要经营百货、棉布、毛呢、绸缎,几年后逐步与西乡纸槽老板吴成之、吴唐之、张子游、张裕记及泉州、福州侨商建立了汇兑关系,赚取汇水,扩大资金来源。又委托胡生泰、高锦星、柯衡钦等分别在上海、福州、温州等地采购适销对路商品。还自行派出店员在上海、温州、上饶、建瓯等地设庄布点,采购货物,代客购销,沟通信息,扩大营业,从而吸引了上海、崇明、杭州、苏州、温州、福州等地棉布、丝绸、百货厂商纷至沓来。加之自印"花票"在市场流通,生意越做越大。民国二十四年(1935年),涂芝秀又投放资金万元,派店员六人到建瓯设分号,终因人地两生和个别店员行为失检,竞争失利停业。民国三十四年(1945年),涂华美为扩大营业,遂于前街头(今浦城工商局址)营建砖木结构800平方米的两层楼房一幢,前店后家,改店号为"集记",吸收吴炳坤、雷乃尔等10人为股东,每股资金棉布15匹,涂芝秀自认80股,吴炳坤等人合计20股。历时三年,获利1500匹棉布。后因部分股东另有他谋,集记解体,仍恢复"涂华美"牌号。该号盛时拥有店员徒工三十多人,"仅批发额就高达70万~80万元"①,流动的银币有10万元之多,成为民国期间浦城县首屈一指、批零兼营的巨商。其顾客遍及浦城及江、浙、赣、闽四省有关地区。但到四十年代末期,"随着国民党统治政权面临崩溃,社会动荡,人心惶惶,店伙无心经营,涂芝秀也心猿意马,乃至经营失控,一蹶难振"②。

浦城胡顺泰布店店主胡守诚(1872—1943),江西丰城县北斗村人,幼年随父胡敬承逃荒至浦当学徒,尝被讥为"背包袱仔的"。由于干活勤快,吃苦耐劳,为人老实,不染烟酒,李源丰棉布店店主李开先遂将其女李秀莲许配他。在其岳父母的财力、物力等方面资助下,先是在棋盘街闹市摆摊经营江西景德镇瓷器,后于20世纪初改营布业,集200多元起家。后又在后街开设漂染作坊兼设研房,雇工自染色布研光出售。胡顺泰棉布店最初以销售窄面国产土布为主。花色品种以江、浙两省中小城市手工纺织厂生产的布匹

---

① 吴剑清主编:《福建省南平地区商业志》,福建省南平地区商业局,1993年,第44页。
② 周芳贤:《涂华美之兴衰》,《浦城文史资料》第8辑,1988年,第32~38页。

为多,如江苏省崇明、南通的通布,苏州的口庄布,浙江省平湖的标布,硖石镇的粗布,上海产的龙头细布等。后来也销售上海产的四君子哔叽、直面缎和温州产的千秋呢等色织布。通布、标布等土布由附设的染坊加工染色过矴后制成"五倍青"布、"月白"布等质优价廉的色布。其中"五倍青"布是挑选质地优良布匹,经过五次染色,两次过矴,用牛皮胶质浸过后制成。加工后布匹色泽鲜艳,常洗不褪。由于物美价廉,经久耐穿,约占全年销售额的大部。至三十年代,营业面遍及城乡,并在崇安等邻县设庄经销棉布,主要是做批发生意及为客商收购茶叶等土特产。民国二十一年(1932年),长子奇文协助襄理店务时在浦城祝家街(现五一三路经委大楼)购买房屋一所,将后街染店搬迁到祝家街。祝家街染店兼售棉布,店坊雇工发展到20余人,"历数十年不衰,为全省棉布业之冠。鼎盛时期资金近30万元,零售额为15万元,批发额30万元"①。该店还印制发行面额一元的胡顺泰花票,兼办汇兑业务。民国二十九年(1940年),"因日本飞机轰炸损失数万元之巨,至解放前夕歇业"。②

(四)回民商人

回民素来擅长经商,晚清邵武的回民杨太兴最为有名。他父亲是个走南闯北的皮货商人,有时还兼营珠宝。后来杨太兴在邵武钟楼下(今五四路与五一九路交接处)开设杨太兴布庄。经营羊皮,绸缎呢绒,各色棉布、夏布。在建瓯、将乐、福州以及江西的南丰、临川、黎川等地设有分号。布庄在邵武设有大客栈,可停羊角车二三百辆,住客商三百余人。靠北门下河码头的米家巷,有两座大院供作仓库,伙计多达三十余人。为了扶持当地清真寺的自养自给,他还与回民马启然等人共同集资,在墈上、青窟、供前、梁坑、际头、坪把山、岭头等地办了七座竹丝厂,年产竹丝一千九百余担,供将乐及邵南等地造纸用。直至国民党八十师进剿苏区时被迫停产。为了解决回族妇女就业问题,早年杨太兴还在北门开设太兴织布厂,兼机织纱袜,纱锭由江西运来。民国初年与杨森然丝线店合并,更名兴荣纺织厂,从杭州聘请技师司马阳,又引进杭州木制丝纺机纺绸,所得利润除开支外,全部作为清真寺自养基金。20世纪20年代,国民党党部有人见其利润丰厚,便在宝严寺另开了一家织布厂,并以高薪将兴荣纺织厂的技师司马阳聘去,使其难以维持下去,该厂后被兼并。

邵武永华斋书店是回民沙祥干在妻子杨太兴的裔女杨瑞蓉的帮助下开张起来的,是闽北唯一的商务印书馆特约经销店,经营范围包括纸张、文具、图书、画轴、学校课本、体育用品等,成为当时还十分闭塞的山城中文化人最喜欢涉足的场所,不少通俗读物,销路遍及邻县和江西赣南各处。20世纪30年代沙祥干能诗会画、写算皆精的妻子因病去世,书店与知识界、文教界的人士日益疏远。沙本人过于忠厚,续弦的又是位农村妇女,又遇上各校统一采用中华书局的教科书,店上的事无人代为筹谋,加上抗日战争爆发,邮

---

① 福建省方志委员会编:《福建省志·商业志》,北京:中国社会科学出版社,1999年,第169~170页。
② 胡邦基:《胡顺泰棉布店》,《浦城文史资料》第8辑,1988年,第25~31页。

路受阻,货源日蹙,书店终于在抗日战争后期倒闭。

二、在外地经商的闽北籍商人

闽北农林土特产品及手工业品甚多。其中,闽北茶叶国内市场主要包括福州、闽南、汕头、烟台、天津、上海;木材国内市场为福州、台湾、牛庄、天津、青岛、烟台、上海、宁波、广州;纸品国内市场为福州、汕头、天津、上海、宁波、烟台、青岛、牛庄、营口、广州。这些国内市场也都成为闽北籍闽人经营的重要商埠。

(一)在福建省内展拓的闽北籍商人

闽北籍商人在福建的商业展拓重心在福州。近代福州是通商的五口中仅次于广州的第二大口岸,人口约为50万~60万,"比宁波大一倍,比上海大两倍,比厦门大四倍"。① 各地商人辐辏而来,"有商店1.5万号。商帮最多时达200多个"。② 在福州设立的商号统称榕庄。闽北商行将茶叶、木材、纸及农副土特产品通过上游支流运抵福州,通过这里出口或输往外埠,并从福州批发主要工业品在闽北销售。南平的漆器、杉、菇、烟、笋,顺昌的茶、纸、菇、烟、笋,直接运到福州集散。鸦片战争之后,这里成为鸦片走私猖獗的口岸,闽江口常停泊着武装的鸦片飞剪船,据说:"每年有价值250万元的鸦片输入到福州府,并从福州府再流入内地。"③

近代闽北籍商行在榕经营很活跃,多采取"溪行"经营方式。由产地商人向生产者廉价收购农副产品,运至福州设行,通过经纪人向外销售。溪行业由此兴起,溪行收益系商业总销售中抽取百分之二,货主占百分之九十八,故又称"九八行"。一般老货客多先向"九八行"预借货款,支付低微息金。预借方式多为货主多书写拨条(汇票),从生产品所在地拨来福州所设的"九八行"支付,以利于资金流转。"九八行"对于预借货款,多看货客的信用和感情以及本行经济力量,按照惯例多预付所托售货值的百分之五十至八十,并根据运来货物数量多少而定预付多少,以防负债。在货主之中,也有资金雄厚不需要透借者,这对"九八行"来说,不用资本就可以赚钱。"九八行"对经销货款,应负责任。福州商场习惯赊销,"九八行"在每月初三、十七日称为"期日",可以按期往收。也有三个月、六个月的期款。如有周转不灵,倒盘闭门者,其责任皆归"九八行",行话有"二分易赚,九八难赔"之语。

闽北籍商人在福州设立的溪行及其他商号有数百家,除经营木材、纸、笋、粮食、京果、水产、土产杂货外,还代客促销土特产,如桐油、香菇、笋干、米仁、厚朴、泽泻、粮食等。陈松儒,字咸通,号达夫,毕业于民国初北京地方自治讲习所,历任顺昌教育局长、泰宁县

---

① 姚贤镐:《中国近代对外贸易史资料(1840—1895)》,北京:中华书局,1962年,第594页。
② 厦门大学历史研究所、中国社会经济史研究室:《福建经济发展史》,厦门:厦门大学出版社,1989年,第284页。
③ 姚贤镐:《中国近代对外贸易史资料(1840—1895)》,北京:中华书局,1962年,第599页。

长。后来他弃官经商,除了与其兄一同做毛边纸和木材生意之外,还开设百货等商行,"成为福州下杭街生意大户,福州颇有名望的商行老板"。① 另据《台江区志·金融·钱庄》记载:"清光绪六年(1880年),有一闽北商人于台江下杭街开设奭馀号钱庄;接着又有崇安人朱积斋(敬熙字)用13万元捐赠福建道台,也在福州台江下杭街开设裕大钱庄。"②

抗日战争期间,南平交通中断,木行多停业。民国三十四年(1945年)后,福州复业或新增木行有闽北、北闽、建南、德森等十多家。建南行创立者陈世焕(1901—1966),南平县樟湖镇香山村人,农民家庭出身,毕业于上海持志大学法律系。他先后任卢兴邦部(福建新编第一独立师)营长、参谋长,国民党建阳县党部书记长等职,于民国三十二年(1943年)弃政回乡,筹办南平中学樟湖分校,被选为校长。民国三十五年(1946年)樟湖分校被南平县政府撤销停办后,他邀集友好胡锡长(原县长秘书)、胡锡潮(原清流县长)、王滉(原罗源县长)、高华容(原南平县参议员、余西乡长)等樟湖镇上知名人士,筹资创设"福建南平木行",简称"建南行"。行址在福州白马桥附近义洲大民宅内,货栈在坝兜帮洲水坞边,经营南平各地木材生意,达10万立方米,成交额50万银元左右。德森木行则是浦城九牧人郑寰雄于民国三十五年(1946年)末鸠资集股在榕开设的一家中型木材商行,"资金约值黄金50两"。③

此外,浦城榕庄还有仁和源、林泰兴、林伯裕、新源泰、慎元协、林品记、刘崇聪、黄秉铨、周建珍、雷干年、潘荫庭、李文禄、坤记等。④ 他们除经营京果、水产、杂货外,还代客外销桐油、香菇、笋干、米仁、厚朴、泽泻、粮食等土特产。坤记钱庄设庄于福州,经办上海、建瓯、崇安及江西省的南昌、河口等地汇兑。建阳春茂嘉布店又在福州市上杭路199号(浦城会馆)对面设分号,经营布业、百货,并兼代办南北杂货。⑤ 当时上杭街建有建郡会馆和浦城会馆等会馆。民国时期,仅南平峡阳在榕的木头行就有四家,分别是梅记行、最明行、北闽行、建兴行,而以梅记行为最大。

(二)在国内其他市场拓展的闽北籍商人

江西的河口、西江也是闽北土特产的集散地。茶商在崇安星村、赤石精制茶叶,包装后运至江西铅山河口镇,造就了河口镇的商业繁荣。咸丰三年(1853年)以后由于茶路

---

① 黄新华:《明清至民国闽北山区的乡村社会生活与社会变迁——以顺昌县元坑镇为中心的个案研究》,厦门大学硕士学位论文,2008年。
② 王怡挺主编:《台江区志》,北京:方志出版社,1997年。
③ 徐杰榆:《福州德森木行始末》,《浦城文史资料》第8期,1988年,第58页。
④ 李秉清等:《民国期间浦城商业和市场琐记》,《浦城文史资料》第4辑,1984年,第135~136页。
⑤ 饶肇:《春茂嘉在建阳》,《浦城文史资料》第8辑,1988年,第39~43页。

改道,商业有所衰落。"光泽的茶、菇,集散地在西江。"①

近代闽北与台湾的贸易有很大发展,贸易量以闽北所产"建木"为大。台湾架屋之杉多取自福建上游。20世纪40年代以前,闽北的木材多是通过官方以物易物输入台湾。据统计,20世纪30年代以前,建木输入额占台湾年木材总输入额十分之九,而台湾则有煤油、白糖或硫黄大量出产,皆为南平以上各县日常必需品。民国三十五年(1946年)5月18日《江声报》刊登《福建以粮食交换台煤》一文写道:闽米换台煤,交易6个月。闽省每月交赋米3000石至沿海港口,由台湾派轮接运;台湾则每月交煤3000吨至基隆,并代运至福州。并说"闽米示经省政府指定浦城赋谷选拨1万石"。另外,"台湾的鹿茸也是闽北的紧俏商品"②。

在上海设立的商号统称"申庄"。光绪后,据《中国经济全书》记载:"福建建宁府、汀州府等闽江上游地方之商人为建汀帮……自城东亘于城南,设木厂及木行,经营贸易,材木商之大者,其数凡三十家。"③就以浦城而言,民国初年浦城棉布商李春茂首先在上海开设商号,其后涂美华、隆盛、祥盛、荣丰、鼎昌祥等棉布店和江西籍浦城人胡生泰钱庄亦相继设庄。个人设庄的有周柏林、李子平、刘敬轩、雷乃尔、周启文、刘德生、林士祥等,他们或自办自销,或受浦城、建瓯、建阳商店委托,代办绸布、百货等商品,有的更兼营汇兑④。此外还有浦城坤记钱庄除在闽北的建瓯、崇安,江西省南昌、河口设分庄外,也在上海设分庄经办汇兑。建瓯笋菇行李铭芳除在汉口外也在上海设分行经营。

浦城在杭州设庄的就有崇浦纸业公会的吴成之、彭道九、周伯伦等,他们或自办自销或代客买卖浦城出产的各种土纸,也兼办汇兑。宁波港口便于大型船只的出入,"嘉道以来,云集辐辏,闽人最多,粤人、吴人次之"⑤。

浦城的德丰行在浙江、上海以经营香菇、闽笋著称,清咸丰年间开设于浦城后街尾店屋(现民主路),至民国期间,历祖、父及徐既臧三代近百年而不衰。该行从建瓯、水吉收来香菇,肩挑到浦城,用竹篾篓包装,篓内垫以白叶或厚牛皮纸防潮,然后雇人肩挑至浙江省江山县清湖镇,装船运到兰溪。所有上海、苏州、杭州、宁波、绍兴等地水客大多长驻兰溪收购。如兰溪销售不畅,也可直接运销杭州、上海。杭州畅销乌面白底的"厚庄"金钱菇;上海畅销菇面有阳痕的"花庄"、菇面大而厚的"大片"、肉较厚的"厚庄"菇。"德丰行"从第二代起就用"照兴正"牌号标签。"照兴正"原为德丰行亲戚用过的百年老字号,在外省已享有较高的声誉,后来这个牌号被转赠给"德丰行"。

---

① 厦门大学历史研究所、中国社会经济史研究室:《福建经济发展史》,厦门:厦门大学出版社,1989年,第292页。

② 杨瑞荣:《闽台两地物资交流的历史渊源》,《统一论坛》2009年第6期,第65页。

③ 东亚同文会编:《中国经济全书》第2辑,第一编《商贾》之第五章《上海汉口之商业习惯》,两湖总督署译,第54~55页。

④ 李秉清等:《民国期间浦城商业和市场琐记》,《浦城文史资料》第4辑,1984年,第135~136页。

⑤ 姚贤镐:《中国近代对外贸易史资料》,北京:中华书局,1962年,第614页。

(三)走出国门的闽北侨商

近代闽北还出现了走出国门的闽北籍侨商。鸦片战争后,沿海各省的大批劳动人民被殖民者诱拐贩卖到东南亚和美洲当劳工,被称为"猪仔"、"苦力",成为近代以来的第一批华侨。闽北有确切资料可查的华侨是建瓯木行伙计、芝城镇人邓荔生。他曾在运销松简的"木行"当学徒,因善于写算,办事干练,颇受东家器重,他经常被派往福州、厦门、香港等地联系业务,交友渐多。民国元年(1912年)他随友赴新加坡,以后逐渐积累资金,在新加坡开设汇源印刷厂。民国十年(1921年)回来探亲时,携其妻詹彩绣与子邓炳辉出国。民国十八年(1929年)邓荔生与"万金油大王"、"报业大王"胡文虎合股创办《星洲日报》,由邓任总经理,半年后邓将全都股权转让给胡文虎,另营其他商业。民国十三年(1924年),"建阳潭城镇人涂南生赴马来西亚从商"。① 闽北侨商将经商赚的钱侨汇回乡。仅民国三十年(1941年),"福建省银行南平办事处收到侨汇5.1万元法币,中国银行南平办事处汇入4.1万元"。②

三、洋商在闽北的渗透

《南京条约》签订后,清政府被迫五口通商。之后,列强又通过《北京条约》、《马关条约》等一系列不平等条约迫使清政府开放了一系列口岸,洋商势力日益向闽北渗透。

(一)活跃在闽北的买办

买办是外国洋行在中国的代理人,受雇于洋行,领取薪俸,并为其服务,"主要职能是采买、推销、账房、银库保管等,兼有料理外人薪米之责"。③ 近代洋行派驻闽北的中国职员就是闽北的第一批买办。近代出口外洋之茶均为各国洋行控制,洋行除向口岸的茶栈、茶行购茶外,为了直接控制福建茶的出口贸易,还派买办于初春时携巨款和鸦片深入闽北茶区,直接与内地茶庄和其他商人交易,并通过买办的居间作用,和茶庄订立合同,以提供贷款和仓库等方便。如"旗昌洋行自福州输出的茶叶都是在买办的监督下,于产茶内地购买、再制和包装的";而"琼记洋行即是派买办去内地采购茶叶,然后运回福州加工烘焙,装箱出口"。④

由于历史的渊源,近代初期进入闽北的洋行买办多为广东人。咸丰二年(1852年),一个到过闽北茶区的外国人说:"福建建宁府崇安县茶庄如林,外销红茶均在此分类包装……中国销茶及运茶出口的各地商人,均来此购茶并作运茶的必要安排。广东人来的特

---

① 南平市方志编纂委员会:《南平地区志》,北京:方志出版社,2004年,第1859页。
② 南平市方志编纂委员会:《南平地区志》,北京:方志出版社,2004年,第986页。
③ 徐晓望:《福建通史》,福州:福建人民出版社,2006年,第275页。
④ 陈文清编:《福建近代民生地理志》,福州:远东印书局,1929年,第240页。

别多,因为他们在广州或上海与外商进行着巨大的贸易,我看见许多广东茶商在街上走。"①著名的买办如王义程、凌阿钿、梁文亨、陈玉英、张嘉斗、薛来谷等人,也都是广东人。"由于他们在福建人地生疏、语言隔阂,并且市场情况也并不熟悉,故逐渐为福建人所取代。"②民国八年(1919年),宁波商人设建泰木行代理英商祥泰木行业务,在建瓯造松筒,"继起者有建康、久兴、祥记等木行皆福州人。……虽挂外国旗号,并无洋人,惟祥记有一日本人重松"。③

洋行还通过控制金融市场,促使钱庄买办化来进一步强化对闽北专业市场的控制。买办性的钱庄依靠鹰洋发行番票(台伏票),由洋行(以后是外国银行)与买办性钱庄"贷款于福州茶栈或茶行,再由茶栈或茶行贷款于闽北山区专业市场的内地茶庄。又由内地茶庄或通过茶贩之手或直接贷款于茶户"。④ 近代闽北的买办为洋行推销商品和掠夺原料服务,是一批迅速致富的人。他们收入大笔的佣金或高额的薪金。

(二)入驻闽北的洋商

洋行是近代外国商人在中国设立行号的统称。第二次鸦片战争以后,中国的内河航运权和内地通商权进一步沦丧。

洋行为了加强对商品的直接控制,减少中间环节,降低成本,纷纷在闽北内地设厂,直接收购原料进行生产、包装和运输出口。除了前文所述俄商在闽北纷纷设立机制砖茶厂,英商、德商在闽北设立锯木厂外,洋行又觊觎闽北丰富的樟脑资源。光绪二十一年(1895年)樟脑主产地台湾被日本割占,每担 10~16 元左右的樟脑价格狂涨了四五倍,闽北樟脑业于是崛起。光绪三十年(1904年),日本人租建安长桥门及下前街民房设樟脑局,同年又有日本人在浦城设樟脑局。光绪三十三年(1907年),英国人安巴乐亦在浦城设樟脑局。安巴乐和浦城樟脑局局长周道明到西乡永平村(今属永兴镇),"强行砍伐村水口樟树,还引发与村民的冲突"。⑤ 民国五年(1916年),日商墩贺直作在建阳新街租赁王章甫家,设立南华公司,"派人到各乡采樟煎油制樟脑"。⑥ 民国七年(1918年)至民国八年(1919年),日商又设局浦城,并在丰乐、崇安等处设制樟脑场。英国商人在建宁府则设"荣昌裕樟局",争买樟木,滥伐赤樟炼制樟脑出口。洋行还涉足办理南平对福州等地的汇兑业务,民国二年(1913年)南平五家代报行之一的"吉通"即"为日商所有"。⑦

民国元年(1912年),在邵武办焦坑煤窑的陈远复欲将矿山转让给日商洋行开采,为

---

① 姚贤镐:《中国近代对外贸易史资料》第 3 册,北京:中华书局,1962 年,第 1530~1531 页。
② 徐晓望:《福建通史》,福州:福建人民出版社,2006 年,第 275 页。
③ 民国《建瓯县志》,上海:上海书店、成都:巴蜀书社、南京:江苏古籍出版社,2000 年,第 607 页。
④ 唐永基、魏德端:《福建之茶》,福建省政府,1942 年,第 294 页。
⑤ 浦城县地方志编纂委员会:《浦城县志》,北京:中华书局,1994 年,第 1994 页。
⑥ 南平市方志编纂委员会:《南平地区志》,北京:方志出版社,2004 年,第 1100 页。
⑦ 南平市方志编纂委员会:《南平地区志》,北京:方志出版社,2004 年,第 49 页。

地方绅士李云程、邓畿、邓城、何冠川、姚时叙等5人所阻,并由他们集资,以银圆500元买下所有开矿旧财产,成立邵武义记煤炭股份有限公司,并"公开招股200股集资1000元,继续开采,年产煤炭1500吨"①。"五四运动"之后闽北一度查禁日货。民国九年(1920年),日商左木惠三押运两大船面粉、火柴等来建瓯,不顾劝阻在通济门码头停泊招揽销售,"被民众全部烧毁"。②

民国年间,英美烟草公司在中国上海设立"颐中"烟草公司,在福建设立福州、厦门分公司,并率先在闽北部分重镇开设代理行或批发商。该公司以甘言利诱烟商与之订合同,一旦合同生效则烟商只准代销英美烟草公司的产品,而其他烟草公司或华商所制卷烟一律不准售卖,妄图充当中国卷烟市场的"霸主"。但南洋兄弟烟草公司、福新烟草公司则以"国人提倡用国货"、"中国人请吸中国烟"等口号也在闽北重镇极力推销国产烟,"始终与英美烟草公司相抗衡,为民族卷烟工业产品在闽北争得市场"。③

近代外国洋商在闽北以经营茶叶、樟脑、松木等出口贸易为主,后逐步扩大到金融、航运、工矿、商业等,并在一些重要的经济领域里处于垄断地位,如,"闽北茶叶价格已完全受欧洲市场左右"。④

第四节　近代闽北商人组织的变化

清末以来闽北商人组织由帮会向商会、同业公会等各种新型社会团体转化,其结构、功能与作用都与传统的商帮、行会有着明显的区别。明清时期帮会、会馆的建立与发展,是与当时商品经济发展的程度相适应的。但进入晚清以后,在外国资本主义入侵和中国民族资本主义经济初步发展的新形势下,帮会的消极影响也就越来越明显了。封建性、地域性的帮会在近代闽北逐渐为行业性的商会、同业公会所取代。

一、帮会

在封建社会里,工商业有一定程度的发展,小商品生产者和经营者为了防止竞争、保护自身利益而建立起来的工商业团体,被称为帮会。外乡商人利用传统的地域、同乡观念,组织商帮,以互相支持帮助,开展活动,实行行帮自治。近代闽北经营木帆船运输业的船民,多是江西、浙江、闽清、福州、尤溪、古田等籍民,互相以乡亲为帮,各有"帮头",人

---

① 南平市方志编纂委员会:《南平地区志》,北京:方志出版社,2004年,第646页。
② 建瓯县地方志编纂委员会编:《建瓯县志》,北京:中华书局,1994年,第350页。
③ 南平市烟草专卖局、南平烟草分公司编:《南平地区烟草志》,福州:福建人民出版社,1997年,第137页。
④ 戴一峰:《区域性经济发展与社会变迁——以近代福地区为中心》,长沙:岳麓书社,2004年,第112页。

数以江西、闽清、福州为最多,号称"水上三大帮"。他们之间有经济实力的就买船,当船主,雇工经营。船主与船工之间,属于短期雇佣关系,工资按航行班次计算,下行至福州付现,上行到目的地兑款,业务上各自招徕货主,延揽生意,没有固定的组织形式。有的地方设有民间代报站,负责人多是上了岸的老船主。他们凭借自己的人际关系,专为船主介绍货源,相当于交易所的经纪人,有的也为船帮担保小额预付款,代缴各项捐税,从中抽取一定比例的佣金和利息。

商帮利用自身传统优势和行规,自然构成强势行业。例如,江西帮布店依照行规限制:"所有雇用工人,染布工人,砑石工人招收学徒,都以江西籍为对象,本地人一概不录用,即使有亲戚关系,也不能违反行规"。① 于是闽北有些县的布店几乎成了江西商帮的天下。赣帮在闽北大多经营布店、染坊、砑行,兼及百货、国药、钱庄、当铺等行业,有些时候,甚至操纵商会实权;浙帮大多经营百货、香菇、手工艺等行业;徽帮大多以经营澡堂、旅社、面饼、杂耍为主;闽帮专营南货,包括粮食、土特产、京果、海味、菜点业、服务业、百货及烟、酒、酱园、糕饼等。闽帮中的福州帮以经营京果、海味、菜点业、服务业为主;兴化帮以经营百货为主;汀州帮以经营山货、船运业为主。

二、会馆

(一)近代闽北会馆的概况

会馆是外乡商人帮会活动的中心。会馆的特点:有明确的地域范围;都由外乡人建立;利用传统的地域、同乡观念,互相支持、帮助,开展活动;供奉各自地域的保护神;一般都有会产。近代闽北各主要商业城镇普遍建有商帮会馆。会馆一般设董事若干人,管理会馆产业及经济交际等事宜。每逢集会举行各种活动时,由董事轮流负责筹办,每年农历正月十五庆贺元宵节时进行董事改选,原任董事要把上年经管财务收支账目向会员公布,会馆常年的活动经费由本帮商店或船户捐募。募得基金先用于购置房产,将房产出租,所得租金作为日常经费开支。临时支出就随时向乡友捐募。

晚清以来,建瓯有江西会馆、福(州)兴(化)会馆、松政会馆、龙岩会馆、汀州会馆、宣州会馆、漳州会馆、泉州会馆、浙江同乡会、抚州会馆、湖南会馆、南昌会馆、南城会馆等;②南平有兴化会馆、浙江会馆、安徽会馆、江西会馆、福州会馆、汀州会馆、安南会馆、尤溪会馆、古屏会馆、六邑(延平、沙县、顺昌、永安、尤溪、将乐)会馆等,其中以福州会馆人数最多;松溪有江西会馆;清末,洋口先后建立了江西、六帮、汀州、浙江、广东、南郡等六个会馆;顺昌城关有江西、汀州、福州、兴化、尤溪、下府等会馆;顺昌大干有闽南会馆,仁寿有尤溪同乡会、榕松同乡会等组织;③政和有江西会馆(城关万寿宫)、福宁会馆等;

---

① 张均美、章源祥等:《建瓯布业史话》,《建瓯文史资料》第 4 辑,1983 年,第 84~88 页。
② 潘芳:《建瓯解放前各同乡会简介》,《建瓯文史资料》第 3 辑,1982 年,第 98~103 页。
③ 叶向荣:《仁寿两个同乡会简介》,《顺昌文史资料》第 5 辑,1987 年,第 200 页。

邵武城区有四所会馆即江西会馆、福州会馆、兴安会馆、广东会馆。

抗战时期,各会馆均改名为同乡会。同乡会的组织形式是理事会制,每年春节在会馆举办团拜一次,就算是会员大会。在团拜会中大家推选出七至九名德高望重的人为理事,在理事会中推选一人为会长(理事长),连选连任。同乡会除了兴办公益事业以外,在日常生活中还为同乡之间调解纠纷,多有成效。在抗日战争时期,同乡会多次进行义卖募捐,所得款项悉数捐献慰劳前方将士。每年春节期间,福州和江西两个同乡会,都要聚集会员上街舞龙灯、耍狮子、踩高跷,搞各种民间文娱活动,既增添了节日热闹,又可增进同乡情谊。新中国成立后,同乡会被认为是狭隘的乡土观念,不合时代需要,停止活动。各同乡会购置的店面房屋等,均归公产,还有大批铜锡器皿等,也都由政府接收。

近代闽北会馆具有多重的社会经济功能。在联乡谊、报神恩、诚义举方面发挥了重要的作用。在社会发展和流动性人口管理方面发挥了官府一直想有所为而无能为力的功能。会馆通过这种乡情的唱叙,成为联络广大客籍商帮的强有力的纽带,从而表现出"大会馆,小社会"的特点。其强烈的商业性和商帮性的特点决定了其强大的经济功能,在商业竞争中,有利于加强商帮内部团结,维护市场秩序,扩大商帮的势力。

(二)福州、兴化会馆

福州为福建省会,故福州在闽北同乡仕宦者颇多,商人、船户也不少。商界以京果业为主,还涉及木材、医药等行业。如抗战前建瓯最大的木商翁紫藩便是其一。其他如裁缝、理发、木匠、雨伞等业,也有很多福州人。船户分为福州帮、闽清帮、永福帮等,人数亦以千计。莆、仙两县同乡则多经营苏广百货。

建瓯的福兴会馆创于清朝咸丰年间(1851—1861年),是福州、兴化两府所属12个县同乡的组织议事地,馆址设在八角楼(今前段为雨伞厂),地近东西二溪汇合之处,楼宇巍峨,房屋宽广,有前后殿、钟鼓亭、花厅、客房、厨房、戏台、酒楼等。高墙之上均彩绘戏文故事,嵌以玻璃,具有很高艺术价值。花厅是迎送乡宦、宴请宾客的地方,雕栏朱槛,亦极精致。整座会馆造价为2万银圆,主要靠同乡商人和船户捐献。在会馆正殿供奉着妈祖之神。福兴会馆每年有三次大宴会:第一次是正月元宵,每年都有几百人参加盛会;第二次是旧历三月二十三日妈祖诞辰,各行业和船帮轮流聘请戏班演戏酬神,大商业如京果,大船帮如差船、茶船,都各负责演戏几天,前后历时约一个月之久;第三次是旧历七月十五日做普渡,为同乡亡魂"超度",时间七昼夜。福兴会馆在抗战初期还创办了一个"榕荔幼稚园",到福州聘请两名幼师毕业的专职老师来瓯任教,仅办三年,因日军飞机轰炸而停办。福兴会馆在抗战时期改为同乡会时,理事、监事有史济亚、林明宝、陈长周、郑在我、薛承裕、潘芳、倪祥芝等。

浦城的福州会馆也有店屋六间,大店屋三座,月收入租金一百六十余银圆,除正常开支外,一年还举办两次庙会。"会馆经理月薪10元。"[①]

---

① 叶光明:《福州浦城会馆及其梳妆楼》,《浦城文史资料》第7辑,1987年,第106页。

浦城的三山(福州)会馆

民国五年(1916年),旅居顺昌洋口镇的福州"十邑"船民,筹资6万银圆兴建福州会馆。馆内祀天后,由福州籍的末代帝师陈宝琛书"天后宫"碑额,并从湄洲祖庙奉请妈祖分灵到洋口,择当年三月二十三妈祖诞辰日举行落成典礼,"闽籍侨领、民主革命家黄乃裳召集建宁、泰宁、将乐、邵武等地的闽清船民参加落成庆典"。① 民国初年洋口甚至出现了排馆,由来自各地的排工集资建成,以便遇溪水暴涨时排工上岸住宿。排馆还购置洋口下坑垄一处义山,作为工人死后葬身之地。每年清明,住在洋口捎排工人都会前往祭奠死亡工友。每年正月初二定为"归馆日","少则几百多则千余人到馆里聚餐"。②

福州帮在邵武主要经营京果、盐、米等生意,从邵武采购大米运往福州供应市民,又从福州贩运海产、糖果、食盐等来邵武销售,获利甚厚。"麻雀船"兴起后,更加强了福州帮在商业上的竞争力。凭借着这些优势,福州帮居当时邵武各帮经济之首。民国十三年(1924年),为谋求同乡的团结和共同利益,在福州帮大商人游登哥、游振彬、陈作舟、陈松明等的倡议下,在邵武东门外中山路大街建福州会馆,它背临富屯溪闽清帮"麻雀船"停泊码头。会馆正殿中央神龛中供奉"天上圣母"塑像,两旁为千里眼、顺风耳塑像。会馆落成之日,迎请道士建水陆道场,还特地从福州请来"善传奇"名戏班唱演闽剧。嗣后每年农历正月十五日庆贺元宵节,张灯结彩,大摆筵席,聘请福州名评话演员用福州方言讲评话。三月二十三日妈祖娘娘诞辰和九月初九妈祖升天之日,均举行集会,请道士做

---

① 黄睦平:《北闽拾英录》,北京:海潮出版社,2009年,第205页。
② 王春銮等:《洋口排馆》,《顺昌文史资料》第7辑,1989年,第65页。

"普度"。董首摆出一高一矮两神站在圣母座两侧,这两神是用福州脱胎漆塑的神头,衣袍内是个空架,人可以套进衣袍里行走。高的神叫"白无常",衣帽都是白色的,矮的神叫"太平",神头大如桶,不满三尺高,穿兰袍青马褂,一脸滑稽相。"太平"出游街坊,说是可以消灾解难,大家享受太平。街道旁的群众和福州人的商店都燃放鞭炮迎接。"福州会馆在邵武商会中也有较大的势力。"①

南平的福州会馆筹建于北伐战争时期,继任会长林东芳是地方上头面人物。那时军阀混战,到处强派民夫,有的就通过同乡会的关系幸免,有的被抓走后中途逃回来,会馆就协助乘船、发些伙食费资遣回乡。到了抗日战争时期,会长陈天雄是南平团管区司令,在抓丁船差方面,肯为同乡说情"出力"。因此,会员人数激增,最多的时候达到千人以上。抗日战争时期,福州沿海四县两度沦陷,移民群集建瓯,福兴同乡会馆在赈济同乡难胞、安置就业等方面做了很多工作,他们向县内外同乡募集大批捐款,进行救济,其采取的方式有:发给口粮,安排车船转往他县投亲;贷给小额资本,助其做小生意自谋生路;通过同乡关系,介绍到机关、商店、工厂工作和做搬运工等。那时福州人林一、倪松茂在水南办炼油厂,郑在莪在西溪口办酒精厂,林明宝在大市街办织布厂,陈长周等办烟厂,都安排了一批难胞。有一位福州移民,一家六口,四个小孩,逃难来瓯后生活无着,同乡会赠予小额资本,帮助他在前街开了一家洋洗馆,渡过了难关。福州光复后,同乡会又安排船只,赠送旅费,把逃难同乡送往南平,再由南平的福州同乡会把他们转送回家。

兴安会馆于晚清年间建于邵武东门外中山路大街,原泰山庙后门左侧。建筑上与福州会馆相似,而且每年的活动也基本雷同。兴化帮在邵武主要经营百货业,经销苏杭布匹绸缎及沪广百货,在上海、福州等地都设有采办庄,进货便利,在邵武又是独家生意,获利颇丰。加上兴化人能吃苦耐劳,善于做买卖,不少人是从小生意做起,逐渐扩大。如会馆董事方金奇初来邵武时,挑货郎担(又叫花担)到乡下沿村零售,后来又摆货摊,积累到一定资金,就开设店铺,最后又迁到福州开行,和外商做交易,经营"鲜货",获利甚厚,成为巨商。又如董事黄寿仁原在建阳长坪开小店,后来迁到邵武开设茂春百货店,批零兼营,生意兴隆。因此,"莆田帮在邵武的经济地位仅次于福州帮,名列第二"。②

南平的兴化会馆在扶贫就业方面很有特色。有困难的兴化同乡人来到南平后,会馆免费招待食宿,并由同乡会认保,向同乡中的百货商(兴化人多数经营小五金百货业)赊出一批百货担,开始走街串巷经营,在勤俭节约的积累中,逐步脱贫由货郎担上升为小摊贩、小店主,最后有的就成为批发商老板。这种办法比单纯救济更为有效。

(三)江西会馆

民国时期,建瓯的江西会馆设在水南(今建瓯茶厂的一部分),规模宏大,富丽堂皇,正殿供奉之神为许真君。在建瓯城区有店面、房屋百余处,还有田产、杉林等巨额收入,

---

① 吴钟:《邵武城区三会馆》,《邵武文史资料》第14辑,1993年,第120~127页。
② 吴钟:《邵武城区三会馆》,《邵武文史资料》第14辑,1993年,第120~127页。

民国二十五年（1936年）接办了乡人邓郁哉所创办之"培本小学"，改名"新赣小学"，有12个班级，学生数曾达370人之多。抗战时期，各会馆均改名为同乡会，江西同乡会的理事、监事有周道辉、古田才、萧斌荣、胡国卿、王桂森等人。建瓯城区除了江西会馆这个全省性组织之外，还有南昌会馆（包括丰城县），馆址豪栋街（今教师进修学校）；南城会馆，馆址桐树坡（今森工局宿舍）；抚州会馆，馆址小北辛街（今管葡小学）。上列三个小会馆，在组成江西同乡会后，其店屋产业均统一归江西同乡会管理，会产收入大部分用来扩充"新赣小学"。新中国成立后"新赣小学"改为"县立管葡小学"。

南平江西会馆的会长为熊海清。江西旅延同乡多是临川、建昌府的人，在南平经营布店、药材店，做水工。同乡会组织较早，会员人数较多，公共资金雄厚，在南平工商界中有一定实力。同乡会对文化教育事业很重视，创办了一所私立豫章小学，为普及教育做出一定的贡献。在上海沦陷及浙赣路战争期间，江西等同乡会馆也都做了很多救济工作。各同乡会还在每年除夕发放赈款和救济粮，平时也办理施棺、施诊、施药等公益之事，成为社会上主要的救济团体。

三、商会

清末，中国资本主义有了初步发展，新兴资产阶级要求效法欧美，建立中国自己的商会组织，同在华的洋商总会等团体组织相抗衡。清政府迫于舆论压力，准请开办商会，遂颁发了《护商令》和《商会组织规程》，通令全国各地商民组织商会并颁布《维护商人权益章则法令》。近代商会是由工商业资本家为主体组成的商人团体，是用于保护商人正当经营和权益的合法组织，有利于联商情，开商智，扩商权。商会的宗旨是开通商智，维护公益；兴利除弊，和谐商情；调查商业，以备咨询。

光绪三十一年（1905年）冬，福建省设商会总事务所，并于建宁府治设"建郡商务分会"，是为闽北官饬民办商会之始。民国二年（1913年），裁撤建宁府，合并建安、瓯宁两县为建瓯县。这年，建瓯商会在八角楼设立；浦城商会于光绪三十四年（1908年）设于杨家巷（今南浦镇政府背后）；建阳1908年设商会于东门新街；南平1911年设商会于城区开平坊。闽北其他商会成立的时间：政和民国元年（1912年）、顺昌民国二年（1913年）、洋口民国三年（1914年）、邵武民国六年（1917年）、光泽民国八年（1919年）、崇安民国十六年（1927年）。民国十六年（1927年），在上海"四一二"反革命政变影响下，国民党右派实行清党，闽北各县曾一度解散商会。至民国二十四年（1935年）闽北各县又都先后恢复了商会。民国三十八年（1949年）5月闽北全境解放后，旧商会自行解散。

商会无固定资产，亦无固定基金，商会职工薪金和所用经费由各商号分支负担，月收一次称为"月捐"。商会须向当地政府呈报商业活动情况及经费开支情况。建阳商会以商家入会注册金为经费，"注册费分四等：一等纳金十六元，二等纳金十二元，三等纳金八元，四等纳金四元。民国十一年（1922年）三月下设两个分事务所于永忠里麻沙街和兴下里徐墩街"。① 民国二十四年(1935年),崇安商会有会员97人;民国三十四年(1945年),有商会会员142人。民国二十五年(1936年),南平县有4个县镇商会,会员有320家企业,经费总额78000元。

商会开始时采用会长制,设会长1人,理事3～5人,多由行业中的大店老板或在工商界中有名望的人士担任。不同阶段会长任期二年至四年不等,期满另选,也可连任。民国十五年(1926年)北伐军进入闽北后,商会改为委员制,会长改称主席。设常务委员会主持会务。民国三十年(1941年),执行委员会改为理事,商会组织由理事会、监事会组成,主席改为理事长,监察委员改为监事、常务监事。办公人员有秘书一人,干事五六人,通讯员一至二人。理、监事会成员由各商店派人直接选举产生,每届任期三年。理事会选出常务理事三人,其中一人为理事长。监事会选出监事主任一人。理、监事会委员在每届选举中,事先都要经过讨论提出候选人,然后选举产生。

商会改选时,县党部书记长、政府县长都会到会指导并讲话。选举时大商之间常有竞争现象,因为当选商会长后,一时名扬全县,身价百倍。逢年过节或婚丧喜庆,商会长一张请柬,地方长官都会光临庆贺。但也有一些地方绅士和地痞流氓逢年过节登门告贷,会长先生也得应酬应酬。若遇慈善救济事业捐献,会长也得在乐捐簿上带头慷慨解囊。所以出任商会会长的人,其内心也是有矛盾的。

下面是民国时期至新中国成立前夕闽北部分县的商会会长情况:

建阳历任商会会长(14届),会长依次为:应敬斋(米商)、李寿南(绸布商)、李国芳(洋油、盐商)、周松年(绸布商)、郑树樟(国药商)、陈廷栋(纸烛商)、徐省耕(绸布商)、张文龙(旅社商)、周映辉(绸布商)、张佳士(百货商)、范烈孙(金店商)、王荣耀(国药商)、卢耀庭(国药商)、卢公范(国药商)。

建瓯历任商会会长(15届),会长依次为:王青亭(又名云鹤,协丰钱庄老板)、李敬堂(德茂绸布店店东)、复推选王青亭、邓畅心(正盛布店店东)、邓畅心(改为商民协会,邓任主席)、邓畅心(改为理事长)、夏伯夷(义和京果店店东夏焕臣之弟)、潘培芳(又名月亭,浙江人,菇业公会代表)、李辉年(系闽南籍包销亚细亚煤油商人)、周道辉(江西籍,天元布店老板)、方仁山(莆田人,百货店老板)、萧斌荣、卓集成(建瓯人)、卓集成(再度中选)、李仲良(江西人)。②

浦城历任商会会长(16届),会长依次为:徐聪甫("铨记品"绸布店)、祝东孙(秀才,开有小商店,其兄广有钱财,号称"祝百万",后当选为省参议员,连城县长,未就任)、季仰西(有地千余亩,年收租谷二三千担)、徐珑甫、李春化(江西丰城人,开有"春茂"布店、"通济"和"坤成"当铺、"坤记"钱庄)、李迪瑚(李春华第四子,曾留学日本,清末任过省咨议局议员,光复后任省议会议员,任满回浦城任商会会长,并兼县劝学所所长)、张世五("亦雅

---

① 民国《建阳县志》卷七《实业》,上海:上海书店、成都:巴蜀书社、南京:江苏古籍出版社,2000年,第208页。

② 金碧口述、文史组整理:《建瓯商会简史》,《建瓯文史资料》第2辑,1981年,第121～135页。

居"钱庄)、黄健民(光泽人,建瓯师范传习所毕业,随父居浦,长期任商务坐办,在张世五帮助下开有"健记钱庄"。与县知事俞飞鹏称兄道弟。后随俞赴沪,当选全国商会联合会常务理事)、游松林(丰城人,开有"泰和钱庄",又与广东人陆厚安开有"永安钱庄")、黄健民(光泽人,县政府苦于兵差,电邀黄回浦再度任会长)、熊庆寿(江西籍,"七府头首"庆记布店老板)、詹仰孟(南浦旅馆)、曾仰斋(丰城人,"正大布店"合伙人及经理)、胡奇文(丰城人,民国三十四年12月27日商会设理事会、监事会,胡当选为理事长,胡为国民党党部执行委员,县救济院院长,经营祖业"胡顺泰"染坊和布店)、李澍生(丰城人,"兴化昌"布店股东,曾任县詹体仁镇镇长)、涂芝秀(丰城人,开有"涂华美"百货店)。① 浦城外籍商会会长竟占了大半壁江山,尤其是江西丰城商人更是执浦城商界之牛耳。

邵武历任商会会长(16届),会长依次为:吴藻,邵武人,地方绅士,开"福成春"布店,曾任邵武县议会副议长,代理县知事;吴作宾,江西临川人,开"阜丰仁"布店;郑逢春,江西南城人,开"生记"京果店;程炳章,江西南城人,开"生记"京果店;李杜,邵武人,开"焕文斋"纸张店;黄锦章,江西丰城人,开"瑞昌"布店,拜把兄弟组织的老大,邓畿,邵武人,地方绅士,"合则美"百货店股东,民国初曾任将乐知县;薛古香,邵武人,开"薛万太恭记"伞店,北伐军进入邵武后,以国民党身份出任商会主席;刘彦如,福州人,开"源诚"京果盐米行;游蓬舫,福州人,开"隆丰"京果盐米行;刘裕荣,江西南城人,开"万春"京果店,一般小商店,本不可能当选,适逢这届福州帮的陈作舟和莆田人黄寿仁竞选,双方争夺非常激烈,关键看江西帮倒向哪一方,陈作舟只知无望,只好顺水推舟,由福州帮和江西帮联合选出了刘会长;黄寿仁,莆田人,开"建春"百货商店,在上海设有采办庄,时新百货、化妆品等紧俏商品,多能贩到,届任二年后,互选商会主席时,江西帮巨商、常委余英俊出来与黄竞选,黄寿仁自知难以取胜,便贿赂政府民政科长刘熙年和县党部秘书马骥,串通舞弊,继选为主席,后群众告发,中途被免职;陈作舟,福州人,开"瑞泰"京果盐米行;吴钟,邵武人,开"永丰"京果盐米行;朱若瑟,邵武人,开"耀华"西药店,民国三十八年(1949年)初,朱居福州,商会理事长之职委托常务理事庄约瑟代理;庄约瑟,莆田人,开小百化店,系上届常务理事,代行理事长之职至邵武解放。②

南平历任商会会长(13届),会长依次为:首任会长不详;刘汉卿,又名刘仕泉,江西临川人,天福生布庄经理;章有年,南平人,成和代报店经理;林东芳,福州人,裕厚代报店经理;章见田,南平人,仁和代报店经理,始称理事长;周贻德,南平人,周天祐药铺经理;章见田;邱觐光,粒丰米铺经理;刘道生,江西临川人,崇裕代报店经理,因事未到任,由常务委员林子厚代理;邱映光,永安人,邱生记代报店经理,连任两届;俞性初,浙江人;黄继忠(南平人、宝丰米铺经理)③。

---

① 余奎元:《南浦笔话》,福州:福建省地图出版社,2004年,第94～97页。
② 敖国和、黄昌明:《邵武市工商业联合会概述》,《邵武文史资料》第14辑,1993年,第133～137页。
③ 陈国谋:《南平商会、工商联及所属组织机构设置及沿革(1911—1966)》,《南平工商史料》第5辑,1992年,第1～4页。

光泽历任商会会长(8届):裘章鑫,光泽县崇仁乡人,在城关开设同康盐米店;李登岱,光泽县人,开设克益药店;傅炳文,光泽县人,开设利贞米店,曾任光泽县副参议长;裘朝禧,光泽县崇仁乡人,开设盐米店;林乐观,本省闽清县人,开设公祥盐米批发店;邓少康,江西省黎川县人,开设裕康杂货店,民国三十七年(1948年)迁往福州经商;郑家浚,光泽县人,开设孚兴盐米店;潘燕伯,江西省黎川县人,民国十七年(1928年)来到光泽教私塾,民国二十二年(1933年)在县城开办燕记杂货店,民国二十四年(1935年)与程国新、邹举雍(均为黎川人)合伙开办隆新庄杂货盐米行,并附设钱庄,经营储蓄、借贷等,该商行是光泽名声较大的商号。

近代闽北各县商会所起的作用主要体现在以下几个方面:联络工商,整合商界力量,协助公益事业;调查商情,提出振兴、改良之策;兴办商学,提高商智;维持市面;受理商事纠纷;参与反帝爱国运动;参与政治,协助党派沟通。但是,在旧政权统治下,商会实际上也沦为县政府和军阀筹饷、筹款、办公差的工具;也是地方豪绅权势借此各树一帜、植党营私、你争我夺的场所。

旧商会为了保护上层商富利益,在"维持地方治安、保护商旅往来"的招牌下,拥有武装。浦城、建瓯两县都曾组建义勇警察队,向各商人筹款买枪支。浦城商会在祝东孙任内就办了"团防",饷银由商会负担,有一二十名团丁。团丁每夜打着"浦城县商会团防分所"的长方形大灯笼在城内街道巡查,有时白天也巡逻。詹仰孟任商会会长时,组织义警,向各商号摊派购枪费用,派人到浙江衢州购枪80余支,詹兼任队长,宣称"义警"可以缓服兵役。适龄的商人为了避免抓壮丁,大都报名参加。民国十七年(1928年)浦城县长黄赵撤销各乡团防分所,组织县自卫总长,派祝于兰任总局长,吴鼎年为副局长兼自卫队总队长,把商会的团防人员及枪支并入总局,夺取了商会的武装,引起商富的不满。何广任县长时,支持商会,计划指派县商会会长黄健民接任自卫总局局长,"不料事泄,祝、吴哗变,枪杀了黄健民。继而又向商富勒索了巨额金银"。①

四、同业公会

民国七年(1918年)北洋政府公布《工商同业公会规则》。民国十八年(1929年),国民党政府制定《工商同业公会法》,原有的行业组织(行会)相继改为同业公会,并成为商会的基础组织。凡同一行业有7家以上者,可组织同业公会,不但纯商业行业必须参加,加工业、手工业、服务业,凡有店面领取营业牌照、有买卖性质的都得参加,由各地商会管理。商会是一个区域性的松散组织,其内在利益远不如同业公会那样密切。所以,在营造和维护本身生存环境、商业利益等方面,同业公会要比跨行业的商会更积极和主动。而同业公会与行帮不同点在于前者受政府指导和法律维护,是工商业者施行经济民主管理的商会基础组织,而后者是单纯的行会,组织松散无章程管理,受封建性的会馆把头

---

① 余奎元:《南浦笔话》,福州:福建地图出版社,2004年,第98页。

控制。

民国十九年(1930年)以后,闽北各行业逐渐从商帮转为各行业公会。各同业公会设正、副理事长各1人,助理干事2人。同业公会的宗旨是上呈下达,积极贯彻政府一切政策法令,调解纠纷,维护本行业共同利益,负担商会的会费月捐,参与商会的选举,磋商商品价格,协助政府工商管理处进行工商行号登记及其他工商行政管理具体事宜。也制定一些行业的规章制度,诸如同行不得诱雇其他作坊的师傅或学徒,不得谋取其他作坊生意,不得故意降低品质而削价,打击同行,达到承揽生意等不当行为。

同业公会代表由每一公司行号派一人组成,如担负会费(月捐)满五单位者可加派一人代表。资本额一千元以下缴会费为一单位。超过五千者,每增五千元加一单位。担负会费每增10单位可加派一人代表,但至多不超七人,均以经理人、主持人或店员为限。"邵武同业公会中京果(兼营盐米)生意比较大,负担商会的月捐也比较多,有10张选票权,选举权最大;布匹同业公会,由江西帮销售江西土布,有8张选票;百货同业公会以莆田人经营为主,有7张选票,其余的还有糕饼、屠宰、烟酒、旅馆、酱油、印刷、医药等,因负担月捐少,都只有一张选票。"① 民国二十五年(1936年)南平县27个工商同业公会会员数1190人,经费总额21000元。新中国成立前夕,物价暴涨,商业萧条,一些同业公会名存实亡,一些同业公会陋习积弊很深,合伙抬高物价,非法牟利。民国三十七年(1948年),会员数减为750人。

随着社会分工的发展,各县同业公会数呈上升的趋势。民国二十七年(1938年),南平、崇安、浦城、建阳4县有百货、屠宰、茶业、国药、粮食、烟业、五金、食杂、酱油、米行、旅社、菜馆、钟表、彩结、裁缝、京果、布业、广货、染业、菇商、肉燕、中药、竹木、酒业、纸烛、棉棕、糕饼等27个同业公会。到民国三十八年(1949年)浦城有同业公会增至34个,南平增至31个同业公会。

闽北籍商人在外地也建有同业公会。如,民国六年(1917年)集瑞木商王雨农等人为了共同维护"建木"在外的信誉和利益,联合建瓯、建阳、浦城等六县木商在福州南台后田成立了"建郡六县木商公会","由老牌建瓯木商杨腾峰任工会主席"。②

总之,商会、同业公会是近代最具代表性的新型商人组织。它打破了基于血缘、地缘的封建性商帮、行会的狭隘性和封闭性,扩大了商人的社会活动范围,有利于增强商人的整体经济实力,有利于同外国资本主义竞争。商人组织的出现和壮大更好地促进了商人社会作用的发挥,鼓励了商人更积极广泛地参与社会经济和政治实践活动,关注社会问题。有的商会甚至开始参与公共事业的管理,争夺官府的部分行政职能。闽北商会组织在经济、政治、社会、文化各方面都努力扩大自身的影响,在闽北近代社会的变迁中扮演了十分重要的角色。

---

① 敖国和、黄昌明:《邵武市工商业联合会概述》,《邵武文史资料》第14辑,1993年,第137~138页。
② 赖少波、王安荣:《建瓯探源》,上海:华东理工大学出版社,1993年,第182~201页。

第五节 闽北苏区的"红色商帮"

苏区"红色商帮"是近代闽北商人的地方特色。"苏区"就是采用"苏维埃政权"组织形式的地区。苏区是中国土地革命战争的产物,它受南京国民党政府军事"围剿"和经济封锁。苏区积极采取应对措施,尽可能地发展公营经济,大规模地发展合作社经济,建立贸易处,鼓励私商。结果,"红色商帮"不仅打破了经济封锁,而且商业还获得了较大的发展。

一、闽北苏区"红色商帮"发展的背景

(一)闽北苏区的建立与发展

民国十七年(1928年),徐履峻、陈耿等以抗捐抗税发动两次上梅暴动。上梅开始建立苏区的军工和贸易商业雏形。崇安县委在闽北建立第一支工农红军,抓住战机攻村夺镇,占领了崇安大部、建阳北部、浦城南部,以及江西铅山、上饶、广丰边界的部分乡村。民国十九年(1930年)5月1日,闽北成立了第一个县级革命政权——崇安县苏维埃政府,"下辖18个苏区、234个乡(村)苏,20多万人口"[①]。民国十九年(1930年)7月闽北根据地同赣东北根据地合并。这年10月建立了建阳县苏,与崇安县苏连成了一片,成为闽北苏区极其重要的组成部分。中共赣东北省委派出黄道等一批优秀领导干部到崇安,民国二十年(1931年)1月和7月,在崇安坑口成立了中共闽北分区委和分区苏维埃政府,闽北苏区正式形成,并于当年9月迁到大安。大安正式成为闽北苏区政治、军事、经济、文化中心。民国二十年(1931年)至民国二十一年(1932年)间,"方志敏曾两次率领红十军入闽作战,第一次赤石之战,没收了官僚买办资本家财产,筹集了银元10万多元,黄金3000余两,解决了部队的给养问题"[②]。另据记载:"民国二十年(1931年)四月,(红军)陷赤石,劫茶商十余万元,至是复陷城。"[③]这对闽北苏区的恢复和巩固起了关键作用。赣东北省苏于民国二十一年(1932年)12月11日改称闽浙赣苏区。民国二十二年(1933年)4月,中央把闽北苏区与中央苏区的建黎泰苏区合组为隶属于中央苏区的闽赣省,下辖25个县苏,闽北苏区占了11个,分别是崇安、光泽、邵武、建阳、崇(安)浦(城)、广丰、上(饶)铅(山)、广(丰)浦(城)、东方、建(瓯)松(溪)政(和)、铅山。这年7月,以彭德怀为司令的东方军挥师闽北,攻占夏茂、王台、峡阳、洋口重镇。在商业重镇洋口月余,共筹款约30万元、食盐24万斤、煤油600余桶,以及大量武器、粮食、布匹、药材等物资。这年8月,"东方军进入洋口后,发动群众开展打土豪、分土地、分财物等斗争。后与十九

[①] 中共南平地委党史研究室:《闽北革命史》,北京:人民出版社,1992年,第54页。
[②] 中共南平地委党史研究室:《闽北革命史》,北京:人民出版社,1992年,第67页。
[③] 《崇安县新志》,台北:成文出版社,1941年,铅印本,第43页。

路军代表陈公培在王台签订《反日反蒋的初步协定》"。①

(二)闽北苏区面临的物质短缺

闽北各级苏维埃政权建立以后,面临着严峻的经济困难。一方面,当时苏区经济还比较落后,工业均以手工业为主,国民党政府占据城市并控制着工业生产,苏区工业品的供应十分困难。另一方面,由于国民党在经济上实行残酷的封锁政策,苏区的农产品与国民党统治区的工业品交换中断。国统区组织食盐火油公卖委员会,并设检查关卡,对食盐(包括酱菜、酱汁、罐头、蔬菜等)、火油(包括汽油、机油、蜡烛、油类)实行按人口限量公卖,对苏区实行封锁,造成苏区的工业品奇缺,价格昂贵。如食盐价格,由民国二十一年(1932年)春的每元10斤涨到每元1斤,甚至每元14两(16两为1斤);煤油由每元10斤左右到每元1斤左右;布匹涨价近1倍。土特产也销不出去,价格猛跌。"根据地所产的纸,由民国二十一年(1932年)每担5元,减到民国二十二年(1933年)1.5元;木材则几乎无市。"②这给根据地广大军民经济生活造成严重困难。

(三)苏区经济建设的措施

面对严重的困难局面,苏区广大军民在中国共产党和苏维埃政府的领导下,先巩固苏区经济。

在农业方面,发展粮食生产和多种经营。实行土地改革,实现"耕者有其田";取消一切苛捐杂税,只交土地税;组织劳动互助组、合作社;开展生产竞赛;鼓励垦荒;发放农贷,兴办水利等等。

在工业方面,建立种类齐全的工业。先后开办了炸药厂、硝盐厂、榨油厂、石灰厂、农具厂、笋干厂、制革厂、木炭厂、造纸厂、印刷厂、被服厂、制茶厂等。由于民办手工业生产迅速发展,"苏区除布匹、食盐紧缺之外,大多数生活日用品都能自己生产,有些自给有余还能提供出口,从白区换取苏区的紧缺物资"③。民国十九年(1930年)至民国二十三年(1934年),岚谷、吴屯以及洋庄的坑口等地盛产纸张,有纸槽数百个,所生产之毛边纸和草纸除了通过中共闽北分区对外贸易处运到白区,换回布匹、食盐和各种生活日用品外,还供应苏区印刷报纸、书籍之用。

在金融方面,建立苏区银行,发行货币。民国十九年(1930年)"在建阳麻沙竹鸡垅银元作坊铸造在国统区流通的假银圆"④。民国二十年(1931年)底,赣东北银行闽北分行在崇安大安街正式成立。其资金来源主要有:政府财政拨款;各种资金、税收;工农群众股金;发行公债券收入等。闽北苏区银行主要活动有:建立制币厂发行纸币;民国二十

---

① 陈家生:《闽北今昔》,上海:华东师范大学出版社,1997年,第104页。
② 福建省地方志编纂委员会编:《福建省志·商业志》,北京:中国社会科学出版社,1999年,第554页。
③ 中共南平地委党史研究室:《闽北革命史》,北京:人民出版社,1992年,第134页。
④ 建阳市地方志编纂委员会编:《建阳县志》,北京:群众出版社,1994年,第5～25页。

一年(1932年)3月,闽北分行还发行允许在苏区与非苏区贸易中流通的兑换票,票额有50元和100元2种;苏区银行办理存贷款业务;民国二十二年(1933年)初,闽北分区苏维埃在大安乡的大南坑建立闽北分区铸币厂,"从竹鸡垅请来杜潭乡、谢观飞等7名熟练的技术工人始铸银圆"。①

在财政税收方面,开征农业税和商业税。

中国共产党和苏维埃政府领导苏区人民进行根据地的经济建设,取得一定的成效,为苏区商业的发展打下了坚实的基础。

武夷山大安闽北分区苏维埃政府旧址

二、闽北苏区的"红色商帮"

(一)苏区的合作社

合作社是由苏区群众自愿集资兴办的一种集体所有制性质的经济组织。合作社资金主要来源有打土豪没收的银圆和缴来的物资、社员集股、向银行或信用社贷款等。闽北苏区合作事业始于民国十七年(1928年)9月和民国十八年(1929年)1月,中共崇安县委发动两次上梅暴动,由此诞生的"民众局"为解决农民暴动队伍生活和群众购物的需求,在暴动中心区域崇安上梅后坜村的茶场和杨家庄各办一个合作社。每个合作社工作

---

① 南平市方志编纂委员会编:《南平地区志》,北京:方志出版社,2004年,第1005页。

人员只三四人,经营的品种有盐巴、食糖、鱼干、电池等急需的日用品。初办的合作社没有吸收农民入股,资金来源于打土豪没收的银圆和缴来的物资。这年冬,崇安县洋庄乡和坑口村均办了合作社,经营的品种比上梅两个合作社增加了雨伞、橘饼等日用品,同时还收购粮食,供应红军。这两个合作社也新增一部分动员农民入股的股金(每股2元),股份不限,另一部分仍是打土豪没收归合作社所有的物资。民国十九年(1930年)夏,"逐步形成以崇安为中心,浦城西部、建阳北部、光泽等地较大范围和规模的苏区商业网"。① 合作社种类主要有消费合作社、生产合作社、粮食合作社、信用合作社等,其中以消费合作社为主。闽北苏区合作社属苏维埃政府经济部领导,商业网遍及广大农村。

1. 消费合作社

消费合作社的任务是低价供给居民日用必需品,如:米、油、盐、桂圆、冰糖、橘饼等副食品,布匹、胶鞋、煤油、电池、电筒等日用百货。服务对象主要是苏区的贫雇农、社员、军烈属、红军。凡是社员都可以向合作社出售自己生产的农副产品,购进日用生活品及生产所需的各种物品,凭证在合作社买进或卖出各种物品,均享有优待权,不受中间剥削。"社员既能行使自己的管理权,又能享受购买低于市面价格或优先购买货品的权利,盈利也能合理分红,深受群众欢迎和拥护。"② 因此,除地主、富农、反革命分子外,所在苏区群众都加入这些合作社。"闽北苏区消费合作社有分区、县、区、乡或村几级",③ 各级均设正副主任、采办、财会、营业员若干名。

2. 其他合作社

生产合作社主要负责将打铁、造纸、编竹的工人组织起来,开展生产,直接为工农业生产服务。耕牛合作社主要是将打土豪没收的牛和打仗缴来的牛归合作社所有,专门供应贫雇农、红军和政府工作人员的家属耕田用,借用者只要负担草料费用。民国二十三年(1934年)2月,"闽北分区苏维埃政府决定,各区、乡组织犁牛合作社基金不足时,准许在富农捐款中抽出十分之一,由苏区分配借给耕牛合作社买牛"。④ 肥料合作社主要经营猪、牛粪和草木灰。购买合作社是为苏区群众生产、生活或转卖需要而联合组织的,有肥料、石灰、粮食、布匹等购买合作社。贩卖合作社是专为社员代卖农产品和手工业产品,有茶油、土纸、粮食、草鞋等贩卖合作社。粮食合作社几乎每个乡都成立一个粮食合作社,具体职责与粮食调剂局的经营办法相仿。信用合作社主要是将打土豪和战争缴获的银圆存入信用社,低利贷给贫困户,帮助解决生产资金困难问题。由于部分苏区仍处在战争环境中,信用社作用未能得到充分发挥。⑤

---

① 吴剑清主编:《福建省南平地区商业志》,福建省南平地区商业局,1993年,第11页。
② 福建省地方志编纂委员会编:《福建省志·商业志》,北京:中国社会科学出版社,1999年,第554页。
③ 张金锭主编:《崇安县党史研究文论选》,厦门:鹭江出版社,1992年,第98页。
④ 南平市方志编纂委员会:《南平地区志》,北京:方志出版社,2004年,第1083页。
⑤ 南平市方志编纂委员会:《南平地区志》,北京:方志出版社,2004年,第954~955页。

各合作社都坚持"自愿、互利、民主办社"①的原则。合作社对保证军需民用起了重要作用,它促进苏区内部的商品流通,方便了群众日常生活,抵制了投机商人操纵市场,维护了苏区群众的经济利益。

(二)苏区的私商

红色政权建立之初,公营经济和合作社经济尚未发展,商品生产流通主要依赖于私人工商业。闽北苏区对私商一贯实行鼓励、保护政策。民国二十一年(1932年)1月开始实行的中华苏维埃共和国临时政府颁布的《工商投资暂行条例》规定:"无论国家的企业、矿山、森林和私人的产业,均可投资经营和承租承办;私人投资所经营之工商业,苏维埃政府在法律上许可其营业之自由。"②这年3月,闽北分区苏经济委员会发出《给白区商人们的信》,进一步吸引白区商人到苏区做生意。民国二十三年(1934年)8月28日,闽北分区苏维埃政府《关于商人自由贸易问题》布告提出:商人在遵守苏维埃的经济政策下,允许自由贸易,不得干涉贸易自由;由是工农群众可以自由贸易;对商人投机,故意抬高物价危及其基本群众生活商品供给或因红军需要,苏维埃得以禁止与规定必需物品之最高限度之价格等。③ 由于贸易政策正确,工作人员精干,讲信用,白区到苏区来做生意的商人络绎不绝。群众也为苏区商业做出了很大牺牲。民国二十二年(1933年)6月5日浦城西乡墟日,桥麦岭村的蒋春田,冒着生命危险,摸黑给浦西苏区送盐。在运送的路上,被国民党西乡的便衣抓去并杀害,陈尸西乡街头数日,以恐吓群众。但群众还是不断地千方百计向苏区送盐。民国二十三年(1934年)10月21日,浦城第四区公所报告:"近来赤匪利用穷民直往龙泉浦城交界之处挑运食盐,一面约期中途迎接,以资保护。"民国二十三年(1934年)11月23日,"红七军团在龙泉至浦城途中打下盐务站,获得食盐万斤,把储存的食盐全部分配给群众,打通了运往闽北苏区的盐路"。④

总之,以上这些"红色商帮"的商业活动活跃了苏区的商品流通,发展了苏区生产,繁荣了苏区经济,基本满足了群众生产和生活需求,巩固了红色政权,支援了革命战争,打破了国民党对苏区的经济封锁。

(三)粮食调剂局与对外贸易处

闽北苏区政府投资兴办和领导的公营商主要有粮食调剂局、对外贸易处等。

1. 粮食调剂局

粮食调剂局的任务主要是由苏维埃政府筹集一批资金,在新米登场时以高于市场价

---

① 福建省地方志编纂委员会编:《福建省志·商业志》,北京:中国社会科学出版社,1999年,第10页。
② 福建省地方志编纂委员会编:《福建省志·商业志》,北京:中国社会科学出版社,1999年,第594页。
③ 福建省地方志编纂委员会编:《福建省志·商业志》,北京:中国社会科学出版社,1999年,第594页。
④ 余奎元:《浦城苏区在中央苏区的地位和作用》,《福建党史》2010年第18期。

1/3 的价格向农民大量购进谷子,待三五个月以后谷价上涨时,再把这谷子按原价的 95%折粜还原主,既可接剂军粮,又使农民不吃亏;"在米价跌落时,调剂局拿出一笔资金向市场高价购入米谷,然后运到米贵的地方出售,以便周转粮食,平抑粮价,打击奸商"。

2. 苏区对外贸易处

(1)贸易处的设立。

对外贸易处是苏区专门经营和管理苏区和国统区之间贸易的机构。苏区为了促进对外贸易,从民国十九年(1930年)5月至民国二十三年(1934年)底,在与白区交界地区设立了多处对外贸易处,专门从事与国民党统治区的商业活动,隶属于苏区政府经济部,组成对外贸易网。输出的商品有茶叶、笋干、纸张、香菇、红菇、毛竹、木材、生猪、粮食、松香等大宗商品;输入各种急需的日用品和战略用品,有食盐、布匹、糖果、鱼、中西药材、红硝、电池、电筒、煤油、钢、铜、铁、医疗器械等。资金来源渠道主要有政府投资、银行贷款、经营者自筹和外贸利润积累等。这一时期,闽北分区苏政府还专门开办了财政干部训练班,培养了一批外贸商业骨干。对外贸易处设主任、工作人员和挑夫(专门为贸易处挑运物资的工人)。

由于国民党的封锁,贸易处处于秘密状态,如建阳县苏在白区兴田、将口两镇设立的白区贸易处,对外挂的招牌是"农副土特产货栈"。设有老板(即经理)、会计、出纳、仓管员、营业员等人员。民国二十一年(1932年)7月,浦西区苏在浦城县石陂街成立秘密贸易处,9月,又在山坳建立了苏区贸易处。民国二十二年(1933年)2月,"刘光汉和特务林呀止发觉共产党在石陂活动,将未转移的余文金、王香官、胡小呀等3人抓去,枪杀在石陂街江西会馆大坪上。不久,石陂贸易处工作结束"。①

(2)货物运输路线。

由于苏区交通不发达,贸易处货物的运输也非常困难,除了通过水路运输外,还靠人工陆路挑运。并且双方买卖秘密进行,不敢公开露面,"如被发现,以通'匪'论罪"。②

为了使对外贸易顺利进行,贸易处相继建立了几条秘密的水路和陆路交通线。水路有:第一,崇安—建阳线。崇阳溪为建溪上游溪流,水源丰富,流量大,全程60公里,流域经赤石、城村、兴田至建阳,是闽北苏区对外商业运输的主要路线。苏区的木材、粮食、茶叶、纸张等多是通过这条水路往外运销的,而食盐、日用品等也多从这条溪流运入。在这条水路运输线上有大小帆船200余艘,绝大部分由苏区外贸处掌握。他们在船工中组织了工会,专门负责出入物资的水上往返运输。第二,上饶—铅山线。这也是一条重要的水路运输线,白区大量的棉花、布匹、药品就是从这条水路运进苏区的。水路入境的口岸设有船舶检查处,交易的方式是经对方同意后进行收购,并保证商人的合法权益,如果遇苏区紧缺货物,即以苏维埃银行兑换券购买之,商人收到兑换票后,可持兑换票到贸易处购买根据地的货物,船舶检查处仅收少量的货物税即可过境。

---

① 蒋仁、余奎元编:《浦城革命老区》,内部发行,1999年,第117~118页。
② 吴剑清主编:《福建省南平地区商业志》,福建省南平地区商业局,1993年,第11页。

陆路有:第一,大安—铅山线,途经分水关、车盘、石塘至铅山。第二,大安—浦城线,途经磨石坑、坑口、岚谷、大复牌至浦城古楼等地。如民国二十一年(1932年)"运入坑口然后转运其他苏区的食盐每天达几十百把担,最多一天500担"。① 第三,白水—水吉线,途经古亭至水吉和松溪、政和等地。

(3)对外贸易的方式。

第一,派员前往白区,驻点联络进行商品交换以及采购生活必需品和军工原料。然后派专业运输队,一站一站地将商品从白区秘密运回苏区。再通过苏区消费供销社供给苏区广大干部群众。由于国民党的经济封锁,苏区商品匮乏,特别是白区实行"计口授盐",食盐很难买到,买盐成为苏区各贸易处的主要任务。民国二十二年(1933年)11月5日,崇安县苏经委会通知对外贸易处去白区采办日用品以应急用,要求在本月内应买盐2万斤,买布1000匹,油2000斤,钢铁尽量去采办,棉花2000斤。分配给各区的数量如下:"建浦区办盐1000斤,建崇区办盐2000斤,七区办盐1200斤,八区办盐500斤,九区办盐2000斤,四区办盐2000斤,一区办盐2000斤,六区办盐800斤,三区办盐1500斤,二区办盐1200斤。"②为此,各贸易处都派了专门人员到白区去采购食盐、布匹等商品,同时还组织了挑运队。民国二十二年(1933年)10月,崇安苏区对外贸易处曾多次从17个乡苏政府选调105名运输队员,为贸易处挑货。据岚谷贸易处的挑夫黄有明回忆说:"岚谷对外贸易处派人去白区采购好货物,并由采买人员进行分类、伪装,再由我们一站一站地挑回贸易处。每一挑商品送到苏区,要经过好几次改换包装,其难度是今天所不能想象的。如挑盐,要将盐分开用莲叶包好藏在肥料里或装在竹筒中,以混过敌人岗哨的检查。每一次运输须选择不同的路线走,交接点位置也不是固定的,经常变换。每次派人去白区购商品时,均按《闽北分区苏对外贸易处介绍信》规定的路线,把所购的商品,一站一站接力挑回闽北苏区首府大安。"此外,还采取去白区购物的人自筹资金,自找买商地点和接头人的方式,灵活采购所需要的商品,谁把购到的商品挑到贸易处,贸易处就及时付给货款。黄有明还回忆说:"我在贸易处时,主要是与浦城县管辖的永兴乡街上的京果杂货店的老板张发应和张金坤进行交易,他们两个均有经营食盐。我们之间均用银元交易,一块银圆买6升盐。由于敌人对食盐控制很严,如买卖食盐被发现,便会以'通匪'论罪。因此每次都要化装成江西广丰人模样,走夜路,才能把食盐安全运回苏区贸易处。有时叫两个哥哥作掩护,在靠近染溪马岭后的山窝特地盖了一个棺材厂,白天把食盐藏在棺材内,夜里再挑走。这样从永兴到岚谷需走6~7天时间。"

第二,靠进步私商代购代运。当时尽管国民党反动当局不许白区商人与苏区贸易,但有相当多的白区商人的心是向着共产党、拥护苏维埃政府的,因此他们想方设法与苏区贸易。遇有苏区对外贸易处工作人员到白区去采购,只要苏区需要的货,这些进步商人都尽量供应,有的还帮助苏区对外贸易处代购代运。如上饶永和隆布店老板吕民安采

---

① 蒋仁、余奎元:《浦城革命老区》,内部发行,1999年,第187页。
② 武夷山市委党史研究室:《崇安党史文献》,内部发行,1991年,第109页。

取各种手段与苏区贸易。他经常用预付款的办法代购布匹、药品等商品,送到上饶码头上船,再运往铅山河口。崇安苏区对外贸易处便派人事先与他联系好交货时间、地点与交接信号,然后组织人员到焦石、节妇庙、界石三地等候,船一到,对上信号,立即派人卸货;有时用"鸣枪抢货"的办法把货"抢"来。事后,吕老板则以货被共产党"抢走"为借口,蒙过国民党兵的眼睛。

第三,用兑换票与白区私商贸易。民国二十一年(1932年)3月为了发展同白区商人的贸易,"赣东北省苏区政府银行发行一种兑换票,在省苏区内通行,商人可持兑换票到对外贸易处购买苏区商品"。① 专门设立船舶检查局,凡过往商船,均应停下接受检查局人员的检查,船上如是苏区需要的货物,检查局即以兑换票照价收购,商人则持票到苏区购买他们需要的土特产商品运回白区出售。由于船舶检查局人员对白区商人友好客气,加上苏区兑换票的信用高,白区商人都很乐意和苏区做生意,互通有无。"有的商人没有兑换票,持现钞到外贸处购所需商品也受到欢迎。"②

据《武夷山市志》记载,民国二十二年(1933年),闽北苏区进口货总值为124266元,出口货总值为198755元,出超74489元。闽北对外贸易处的设立有力地推进了红、白区之间的物资交流,繁荣了苏区的商业,解决了苏区物资紧缺的问题,尤其是解决了苏区缺盐问题,取得反经济封锁斗争的胜利,有力地支援了革命战争,巩固了红色政权。民国二十四年(1935年)2月,闽北分区党政机关撤出大安,合作社、贸易处随着红军北上,红色政权搬走而解散。

总之,近代闽北商业的发展具有跌宕起伏的阶段特点,出现了一批驰骋商场、采取资本主义方式经营的新式商人,增加了更加丰富的商品种类,具备了渠道更加宽广的商业资本,改变了传统的商贸及交通格局,涉足了更加广阔的商业市场,出现了闽北苏区的"红色商帮"。然而,近代闽北商人的发展是在半殖民地半封建社会的历史条件下发生的,其发展也有很大的局限性。闽商虽然繁荣了一些城镇,而更多的地方特别是广大的农村,商业潜力远未得到挖掘,未能做到人尽其才,地尽其力,物尽其用,货畅其流。正如《民国重纂邵武县志》所云:邵武虽"物产丰足,土脉腴美,固宜取用不穷,富甲他郡。然民智未开,固步自守,以致物藏于地,货滞其流,殊为可惜"。③ 近代闽北战乱频繁,捐税苛重,吏治腐败,物价飞涨,也使闽商经营呈现不可持续发展的状态。但是,近代闽北商人已具备了体现新时代特征的开拓勇气与竞争精神,不仅能够不断学习和引进西方国家先进的技术与经营管理经验,而且能够结合闽北的实际推陈出新,并敢于与实力强大的洋商一争高低。其经营已开始由小商品生产的封建商业向资本主义大生产的近代商业转化。这是闽北商人继续向新民主主义商业和社会主义商业发展的起点,其进步意义仍十分明显。

---

① 吴剑清主编:《福建省南平地区商业志》,福建省南平地区商业局,1993年,第11页。
② 张金锭主编:《崇安党史研究文论选》,厦门:鹭江出版社,1992年,第134页。
③ 民国《重纂邵武县志》,上海:上海书店、成都:巴蜀书社、南京:江苏古籍出版社,2000年,第924页。

第五章

新中国成立后三十年间闽北商事活动

商业指以货币为媒介进行交换从而实现商品流通的经济活动。它以促进商品交换为基本职能,通过商品交换活动,实现社会资源在各个领域的合理分配,满足人们消费需求,促进社会经济健康发展。新中国成立后三十年间,闽北半殖民地半封建的旧商业被改造成为社会主义商业,并进而发展成高度集中的计划经济商业体制。通过对个体经济和私营经济的社会主义改造,使其逐步转化为社会主义的集体和国营商业;对小农经济为基础的民间商贸活动的集体化改造,形成了社会主义的合作商业。至50年代末,随着对私有制改造的基本结束和农村集体化进程的基本完成,国营和合作商业已经成为闽北商品流通的主要渠道,高度集中的计划商业体制基本形成。

第一节 所有制与管理

一、所有制实现形式

马克思说:"无论哪一个社会形态,在它们所能容纳的全部生产力发挥出来以前,是绝不会灭亡的;而新的更高的生产关系,在它存在的物质条件在旧社会的胎胞里成熟以前,是绝不会出现的。"[1]生产力决定生产关系,生产关系一定要适应生产力的发展水平。新中国成立后,随着闽北大规模经济建设的开展和实现工业化的需要,对个体经济和私营经济进行了社会主义改造,确立了新的商业所有制模式。

(一)私营商业

1949年,闽北人民政府颁布一系列财政经济政策,许多在此前已歇业的私营商户纷纷重新开业。1953年,国家陆续对粮食、食油、棉花、棉布、生猪等主要消费品和原料实

---

[1] 《马克思恩格斯选集》第2卷,北京:人民出版社,1995年,第33页。

行统购统销,私营商业有的只销不进。1956年对私有制改造前,全区私营商户8363户。私营商业有摊贩、肩贩、坐商、行商,以独资或个体方式经营。其经营行业有米业、茶业、酒业、油业、酱园业、盐业、笋业、豆腐业、京果业、烟业、药业、金银业、文具业、裁缝业、理发业、绸布业、染纺业、转运业、照相业、纸烛业、五金业、杂货业、木材业、屠宰业、旅社等30多个行业,以满足闽北人民日常生活的基本需求。1956年,闽北进行三大改造完成后,国营商业764户,公私合营1339户,合作商店2102户,合作小组2237户,私营商户只剩下847户。个体、私营商业长期受到排斥,流通渠道逐渐单一化。1966年至1976年,在"左"的错误思想指导下,个体、私营商业被取缔。

(二)公私合营商业

1955年,对资本主义工商业实行利用、限制、改造的政策,私营工商业者接受社会主义改造,各行业的私营工商业者实行公私合营。至1956年,闽北已有公私合营商业1339家,基本实现全行业公私合营。

公私合营商业由国营专业公司领导,公司代表作为公方人员进入企业,指导行政、业务等方面的工作。私方人员在接受公方代表的指导下开展工作,接受税务、工商等职能部门的领导和监督。在人事安排方面,对私营商业中的管理人员,既量才使用,又辅之以必要的照顾,安排其人员担任企业领导或管理职务。对个体劳动者的小商贩进行教育、改造,引导他们走上合作化的道路。政府根据私营业主的资金、经营形式等情况,采用不同的改造办法。对于资金较多、经营规模较大的小商贩,在自愿的基础上,由几户或十几户组成统一核算、共负盈亏的合作商店,经营的利润按比例提取公益金、分红,支付工资,留做公积金,用于扩大再生产。对资金少的摊贩,组成分散经营、各负盈亏的合作小组,充分发挥其机动灵活经营方式,方便群众的生活需要。

(三)集体商业

1956年,根据"团结、教育、改造"的方针,政府引导小商贩以及其他私营商业走合作化道路。闽北成立合作商店、合作小组共4339户,从业人员5021人,主要从事饮食、食杂、旅社、照相、理发洗染等经营。1958年,受"左"倾思想的影响,急于把私营向公有制过渡,把合作商店、合作小组并入人民公社供销合作社,有的直接转为国营商业。1964年,对合作化"利用、限制、改造",控制其业务,压缩网点。1967年,农村的合作经销店全部变成供销合作社的代购代销店。1978年后,实行"加强领导、积极扶持、统筹安排,从各个方面积极发展集体商业"的政策,重新肯定合作商店是社会主义性质的集体商业,集体商业职工是工人阶级的一部分,大力兴办集体性质的商业企业。其主要形式有:各种日用品商店、肉食品商店、食杂商店、饮食服务商店、医药商店、油库服务组、家属装卸队等。在国营和集体企业中开展"传、帮、带",使集体商业企业得到了很大的发展。

(四)国有商业

1949年8月,福建省贸易公司分别在闽北行署和建瓯行署成立第一家国营商业机构——福建省贸易总公司闽北分公司和建瓯分公司,各县相应成立支公司和营业处。贸易公司俗称一揽子公司,主要经营粮食、食盐、糖烟酒、布匹、煤油、木材及日用工业品。1952年,贸易局分出百货公司、盐业公司、花纱布公司、石油公司等。1952年至1956年,国营公司逐渐向专业化管理及经营方向发展,先后成立闽北百货分公司、闽北花纱布分公司、闽北医药公司等。各县也相应成立公司或商店。1955年始,各县先后成立专卖、食品食杂、饮食服务、水产、蔬菜、医药、五金、交电等公司、支公司或商店。1956年,鹰厦铁路建成,省商业厅在闽北与邵武两地成立百货、食品食杂、糖烟酒、文化用品、纺织品、针织品、土产、水产、燃料(石油)、五交化、医药等二级站,担负采购和供应工作。为了商品储存和调运,福建省商业厅在闽北修建冷库,在邵武成立储运分公司。期间,闽北地区二级批发机构、各县商业机构得到较快发展。1957年,零售网点达169个,人员达1368人,零售网点和从业人员大幅增加,有利于商品流通和发展。

1958年,"大跃进"违背了客观经济规律,商业局、供销社领导机构合并,国营商业与供销社商业实行政企合一,撤销了各专业公司和二级批发站,改为由当地主管部门管理。各专业二级站、公司为同级主管部门的经营部,商业经营机构先后进行多次分并调整。商业经营机构设置过粗,人员精简过多,网点分散。商品生产和流通过程,忽视价值规律,商品流通受阻。1961年,贯彻中共中央提出"调整、巩固、充实、提高"八字方针和《商业工作条例》《关于改进商业工作的若干规定》两个试行草案,调整和增设了国营商业网点。1966年至1976年,国营商业与供销社重组合并。1978年后,国营商业认真贯彻推行开放式的流通体制,对国营工业品批发企业供求办法进行改革,允许基层三级批发单位、零售企业按经济合理原则,自由选择进货和产销地、允许按批量作价和协商作价,打破工业品流通中呆板僵化模式,恢复和扶持个体和集体商业进入商品流通市场领域,调整社会商业结构,在国营商业为主导的前提下,发挥集体、个体商业的积极作用。

新中国成立后,受当时历史条件的限制,闽北商业在改造过程中理论认识不成熟,对区情的分析缺乏科学性,较少研究所有制形式与生产力发展水平是否相适应;在实践上,过分地追求所有制形式的公有化程度,在商业模式的选择过于单一,在公有制实现形式和理解上过于简单化,只注意到集体所有制和全民所有制这两种基本形式,对所有制实现形式可以多样化缺乏认识,"过急、过快、过粗、过于单一"地完成了所有制改造,以致在长时间遗留了一些问题。但是,不能因为出现这些失误而否定改造的意义。

二、商业管理

(一)管理机构

1929年至1935年,闽北苏区组织合作社,成立贸易处,其后有商会组织协调商贸活动。1949年,逐步成立商业管理机构。

1. 地区商业局

1950年,成立闽北、建瓯两个行政督察专员公署工商科。1955年,撤销工商科,分别成立闽北、建阳两个行政专员公署商业局。1956年,建阳专署并入闽北专署。1958年,专署供销社第一次并入商业局。1970年3月,闽北地区革命委员会生产指挥处商业科成立。同年9月,闽北专区移驻建阳,改称建阳地区革命委员会商业科。1972年,重新恢复商业局,全称为建阳地区行政公署商业局。1975年,地区供销社从商业局分出。

2. 地区行政性管理公司

福建省百货公司闽北分公司 1952年成立福建省百货公司闽北分公司。1966年,并入闽北专区行政公署商业局政治处。1970年,闽北地区搬迁建阳,该公司并入建阳地区商业科。1973年,从建阳地区商业科划出,成立福建省建阳地区百货分公司。该公司主要负责火柴、肥皂、胶鞋、机制纸、铝制品等几十种百货商品的计划分配方案和全区行业统计报表的汇总。

福建省纺织品公司闽北分公司 1952年成立福建省花纱布公司闽北分公司。1956年改为福建省纺织品公司闽北分公司,1958年并入闽北百货站。1972年重新恢复为福建省建阳纺织品分公司,与建阳百货分公司合署办公。1984年并入邵武纺织品站,主要负责棉花、纱锭、棉布等数十种纺织品的计划分配以及全行业统计报表的汇总。

福建省闽北文化用品分公司 1956年成立,全称为福建省文化用品公司闽北分公司,与文化用品站合署办公。1958年并入闽北百货站。

福建省闽北食品分公司 1956年成立。1970年与闽北食品食杂公司、闽北食杂站、邵武糖烟酒站合并,改为福建省闽北专区革委会生产指挥处商业科食品食杂站。1978年恢复重建,全称为福建省食品公司建阳分公司。

(二)经营管理

20世纪50年代,闽北专区商业企业内部的管理基本实行统一领导、统一管理。随着国营商业的发展,企业内部逐步建立"统一领导、分级管理、部(科、组)为基础"的管理形式。二级采购批发企业和县(市)公司一般实行站(公司)、业务科(商品部)和营业组三级管理,设有进货、保管、核算等专职人员,各尽其职。1978年,随着经济体制的改革,企业实行放小放活,从事商业活动。

1. 内部管理制度

1949年,闽北国营商业在不断摸索与总结中,逐步建立健全一套适合商业经营管理的基本管理制度,有计划、统计、财务会计、物价、储运等专业管理制度,商品购销调存、基层批发、零售企业的管理制度和管理实施细则等。1964年开始,在商业企业内部建立和推行以岗位责任制为中心的管理制度,明确划分各个岗位的责任和权限,做到权、责明晰,赏罚分明。全区各基层批发、零售企业在管理中普遍推行"七定"管理,即定经营目标、定人员、定资金、定销售额、定费用、定损耗率、定利润额,指标层层分解,任务到柜(组),责任到人。企业在整顿营业秩序,提高经营效益方面收到良好效果。1966年至1976年间,这些管理制度受到严重干扰和破坏,一些必要的规章制度被取消,导致在经营中不计成本、不讲核算,甚至出现"亏损有理"的不正常现象。

2. 服务质量管理

1949年，全区国营商业坚持文明经商、礼貌待客、优质服务的经营方针，把改善服务态度、提高服务质量作为企业经营管理的一项重要内容。1978年后，为适应"多种经济成分、多条流通渠道、多种经营方式"的流通体制格局，商业二、三级批发企业积极改进工作，为基层农村供销社、个体经营者、零售企业服务。企业举办"服务公约"、"创文明行业"等活动，主动、热情地为顾客服务，抓好内部监督、顾客监督、社会监督，端正商风、文明经营，争先创优。

(三) 票证管理

新中国成立初期，闽北由于物质紧缺，对部分重要消费品及特种商品采取凭票、券、证供应。1954年，对棉布实行统销，每人每年核发定量布票。1956年，猪肉、食糖、煤油按人定量凭证（票）供应。1958年，火柴、肥皂按户凭证供应。1959年，食盐、酒、香烟等按人定量凭证（票）供应，糕饼、米面点心收取粮票，童装等折收布票。1960年起，床单、卫生衫裤、棉毛衫裤、毛巾被、睡衣、绒衣、线毯、绒毯、浴巾等9种针棉织品折收布票。1961年，人造棉布、毛布、汗衫、背心、袜子、枕套、风雨衣、蚊帐等10种商品折收布票。1961年至1964年，每年每人发布票0.83米。发鞋面布票，城关人口每人每年0.4米，农村人口每人每年0.16米，鞋面布票每人每年1.2米。1963年，多数商品敞开供应，只有针织品、棉布、食糖、猪肉、沪产手表、缝纫机等凭票证供应，糕饼、米面点心继续收取粮票。购买棉布除需布票外，销售针棉织品折收布票。1966年至1976年，商品供应开始逐步改善。1976年，普通香烟取消凭票供应，名优香烟在重大节日期间凭票供应。1979年，禽蛋取消凭票证供应，百姓生活得到改善。

(四) 储运管理

新中国成立初期，国营商业没有自己的商品储存仓库，储备商品多为租、借民房、祠堂、庙堂等充当仓储设施。仓储安全是商业安全管理的重点，1952年开始新建国营商业的仓储。1956年鹰厦铁路建成，光泽、邵武、顺昌等地商品运输大部分由水路改公路、铁路运输。国营商业商品运输按照经济区域流通，对工业品实行跨行政区供应。为了使商品流向合理，避免迂回倒流，邵武二级站直拨供应建阳麻沙、书坊、黄坑等地方所需的工业品，并且供应三明地区将乐、建宁、泰宁等地，改变了长期以来商品运输多为肩挑、手推和骡马运输的状况。各县（市）国营商业专业公司也陆续建立自己的仓储设施。1958年闽北国营商业系统开展商品调拨及时好、商品保养好、商品堆码合理使用仓容好、部门协作好、保卫工作好、各项制度执行好等"六好"为中心内容的竞赛活动，形成一套比较完善的仓储管理制度。根据季节特点，突出重点，冬防火、夏防汛、春秋防霉变。平时定期或不定期地组织检查，发现问题及时提出整改意见，限期整改，消除隐患，确保安全。全区商业部门贯彻"以防为主，防消结合"的方针，为商业购销业务活动提供有力的保障。1965年，福建省储运公司邵武分公司成立，主要负责对部分战备库区储存和邵武各专业二级站的商品运输。同年，福建省运输公司邵武分公司成立，主要负责邵武、闽北经济区的商品运输,较好地解决了商品运输、市场供应等问题。同时,商业车队建设也取得较好的经济效益。[①]

生产决定流通,商业发展受生产影响和制约。在长达30年的计划商业体制中,商业流通在单一封闭的系统内进行。物资和消费品,由国家按照统一的计划实行收购、调拨和销售。商品严格按照一、二、三级批发流通体系实行单渠道的流通,以国营和合作商业为代表的公有制商业成为商品流通领域的唯一主体,商品的市场价格受到计划的严密控制。这个时期经济的基本特征是一种"分配型"经济,商业的主要作用是按计划将相当稀缺的社会资源均衡地分配到社会的各个方面,用以维持基本的生产活动和满足基本的生活需求。"分配型"的经济特征,使商业的主要作用是按计划对社会资源进行层层分配。在经济短缺十分严重的情况下,计划商业体制对于保障社会资源的均衡分配,维持人的基本生活,是有积极作用的。计划商业体制所形成的大规模的商品流通,使得社会流通成本大大降低,流通资源得以充分合理地运用,达到稳定市场和稳定经济的目的。然而,高度的计划商业体制同商品交换和流通的市场化要求不符,也限制了生产者根据市场需求来发展生产的积极性、主动性和创新性,从而使生产的发展受到制约,使市场机制无法成为引导和促进企业发展的基本动力,扼制消费需求发展,社会需求的规模和种类长期处于较低水平的状态。20世纪70年代,生产能力和消费需求有了很大的提高,计划商业体制的显露出各种弊端,商业体制与管理改革势在必行。

第二节 集市网点

集市是一个历史现象,是商品交换的场所。集市贸易是指在固定地点进行集中的初级贸易。参加者有小商贩以及其他的生产者和消费者。他们之间的买卖活动是在生产者之间、生产者与消费者之间进行的商品交换,是一种简单的商品流通。农村集市是国内市场体系的初级环节和市场网中最小的网点。集市贸易在闽北农村普遍存在,以满足农村生产者和消费者在生产和生活方面的需求,是城乡之间物资交流的必要环节,是社会主义市场的补充。它活跃了农村经济,促进了商品经济的发展,在经济生活中起着重要的作用。

一、集市贸易

(一)城乡集市贸易

民国时期墟市分为专业墟市和非专业墟市,延续至今。专业墟市有"牛墟"(也称"牛

[①] 南平市地方志编纂委员会:《南平地区志》(第二册),北京:方志出版社,2004年,第1014~1018页。

会")、粮市、纸市、庙会和柴头会。闽北"牛墟"有：浦城县西乡、邵武洪墩等地。邵武城区大同树林下的"牛会"在全区颇负盛名，每到会期，人们赶着耕牛成群而来，聚集会场，买卖双方自行议价交易。牛会交易市场旺季时节达千头牛，少则三四百头。牛市交易有现金买卖、以牛换牛等形式。每年八九月份，以废牛交易为主，其他月份以耕牛交易为主，牛贩多为上饶、南丰、黎川、贵溪、光泽、沿山、陈坊等地的人。

"庙会"是闽北农村集市贸易的一种形式，每年举行一次，一般为当年的秋季后进行，地点选择在规模较大且香客云集的庙宇附近举行。每逢"庙会"之际，有连续三天的香会期，举行庆丰收"排果果"等仪式，在庙的正殿里设供桌，供桌上摆满了各种鲜果及蔬菜等供品。此时商贩、农民借"庙会"之际，进行商品买卖。

"柴头会"是墟市的一种形式，在武夷山每年于春耕前的农历二月初六在城关举行一次，交易的产品有木制用具、农副土特产品、日用工业品等。会期一般为三天，交易品种多，市场热闹。"柴头会"保留至今，发展较好，便于人们了解农贸市场和农副产品交易，满足了年初人们对农副产品的生产生活需求，促进了农业生产。

非专业墟市遍及闽北各地，交易的商品不受限制。闽北墟市交易主要有稻米、木材、茶叶、香菇、笋干、毛竹、竹器、土纸、禽、肉、蛋、油、盐以及日用手工制品等各种商品，供销社农产品收购站向农民收购农产品。集市贸易作为社会主义经济的必要补充，在经济发展方面起着重要的作用。

(二)区边贸易

闽北地区的西北面与江西接壤，东北面与浙江毗连，是福建省的"北大门"，承东启西，历史上闽北与浙、赣、沪等地经济往来密切，发展省际区边之间贸易有着得天独厚的地理优势。民间区边贸易以浦城、光泽、政和为主，与其他省份的商贸往来活跃。

浦城区边贸易市场：浦城县边临闽、浙、赣3省，全县有多个乡镇与浙江的江山、丽水、遂昌、龙泉、温州以及江西的广丰、上饶等县(市)相邻，有多条公路干线贯穿全县，是省际三角地区主要农副土特产品的集散地。1949年，浦城县人民政府举办第一次全县性的区边物资交流大会，建立商贸市场。1978年，省、地有关部门高度重视，发挥浦城县特殊的地理优势，大力发展省际边界贸易，举办商品展销会，调剂商品余缺，开展物资交换和信息交流，形成了一个以国营商业为主体，工贸结合的浦城省际边贸据点。

光泽区边贸易市场：光泽县地处武夷山北段，富屯溪上游，与江西省的资溪县、黎川县、铅山县、贵溪县接壤，与江西省毗邻，边界贸易往来历史久远，早在宋代就已有相当的规模。每逢墟期，江西过境赶墟的人，占赶墟人数的40％左右。每到墟期，光泽县的城关或乡村墟市，有许多江西的农副产品销售、交换。1978年后，光泽县利用边界地理优势，使流通形式更加多样化，边界贸易市场更加活跃。

(三)物资交流会

1951年9月，闽北全区执行中共中央关于"在全国各地召开物资交流会，活跃城乡经济"的指示，成立城乡物资交流委员会。1952年，顺昌、邵武、光泽、建瓯、建阳、崇安、浦城、松溪、政和等县城与集镇相继召开物资交流大会。全区参加交流会的有30余万人，购销总额148余万元，其中收购推销农副产品价值72万元。1956年，因国营公司专业划细，商流渠道趋于固定，物资交流会日益减少，其形式亦多为展览会所替代。1978年后，闽北地区各级政府把物资交流会作为搞活流通的一种形式，各县（市）的城区、乡镇普遍定期或不定期召开物资交流大会，促进了地方经济发展。

二、批发

民国时期，闽北除官办商业机构经营食盐、食糖、粮食批发外，还有私商专营批发。私营批发有坐商和行商两种经营形式。坐商有固定经营场所，经营日常性商品批发。行商则是在购进商品后，流动性地按批量转卖。批发商一般采取"先货后款"的办法，将商品批发给当地的小商、摊贩，对经常来往的主顾采取赊销的形式。一些资本雄厚的坐商同时经营批发和零售。经商的行业主要有：粮食、酱油、糕饼、布匹、烟酒、土特产、中药材等。在闽北商行，棉布业资金最为雄厚。1949年，国营批发商业承担百货、纺织、针织、食杂、糖果、水产、文化、医药、五金、化工、交电、石油等工业品的批发业务，供应的对象主要是私营商户、供销合作社以及国营零售门市部。1953年，批发业务实行分工归口经营。国营商业经营百货、食杂、食品、烟酒专卖品、花纱布、针棉织品、文化用品、五交化等批发。1956年，鹰厦铁路通车，福建省商业厅在邵武相继建立了百货、烟酒、食盐、食品、文化、针织、纺织、电工器材、五金机械、医药、石油、土产等批发采购供应站或分运站，形成以邵武为中心的商品采购调拨经济区，承担顺昌、建阳、光泽、将乐、沙县、泰宁、建宁等地商品二级批发的调拨供应任务。1957年，省商业厅先后在闽北设立百货、文化用品、纺织、五金、医药等二级采购批发供应站，承担着闽北、古田、屏南、尤溪等县（市）的商品调拨供应。据不完全统计，1957年闽北的二级批发企业销售额达4235万元。

随着二级调拨批发站的设立，闽北各县也相应设立三级批发公司，承担着当地零售网点和农村基层供销合作社以及个体商户的商品供应。在建设城区国营商业批发网点的同时，形成了较为完善的全区工业品下乡流通网络，促进城乡物资交流。1976年，闽北地区仅商业系统二级批发企业的销售额就达2.43亿元。1978年后，闽北开始对批发体制进行改革，实行开放式的批发，发展多种经济形式并存的批发商业网，取消了商品原有的二、三级批发的常规层次和城乡分工的界限，商品批发流通不受省、地、县行政区域的限制，商品交换更加符合市场需求。

三、零售

1949年，许多在抗战时期已歇业的私营商户纷纷重新开业。1950年，国营贸易公司成立后，闽北各县设有一个综合门市部。1953年，国营贸易公司逐步由以批发为主发展到批发零售并重，各公司都成立零售门市部。1956年，国家开始对私营商业进行社会主义改造。根据"合理并迁，合理布局"的原则，对私营商业网点进行合并。私营坐商由初级形式的经销、代销发展为公私合营,个体小商贩大部分组成合作组。经过改造,社会零售商业网点的经济形式结构比例发生重大变化。1957年统计,全区零售商业网点总数139个,从业人员1368人,平均每万人口有网点1个,适应当时的国民经济发展。

1958年,商业、供销合并,撤并大量商业网点,精简出大批商业人员炼钢铁,全区商业网点大幅度锐减。1961年,国民经济调整时期,调整和增设商业网点,商业流通渠道畅通。1966年至1976年,零售网点被大幅度合并,导致市场商品流通阻滞,直接影响人民群众的生活。1978年后,商品流通体制进行改革,多种经济形式并存,大批个体、私营商户涌现。闽北各级政府十分重视网点建设,各地新建和改造一批具有一定规模、富有特色和吸引力的商业网点,新建、扩建一批大中型零售商场,新建和改造一批与人民日常生活息息相关的副食品商店,极大地改善了人民的生活。①

第三节　商品购销

计划经济时期,商业流通是在单一封闭的系统内进行的。在物质资源紧缺的情况下,计划经济有利于保障社会资源的均衡分配,降低社会流通成本,使资源得以充分合理地运用。所有物资和消费品,国家按照统一的计划实行收购、调拨和销售,商品严格按照一、二、三级批发流通体系实行单渠道的流通。公有制成为商品流通领域的唯一主体,商品的市场价格受到计划的控制。一方面计划经济体制下的商品能维持和满足当时人的生产活动和消费的基本需要,另一方面按照计划对社会资源进行层层分配,很大程度上也制约了商品市场的活力。

一、日用工业品

新中国成立初期,国家对关系国计民生的工业品分一、二类进行计划管理,凭票限量供应,闽北实行二级站调拨分配。全区日用工业品匮乏时期,部分商品实行专供。改革开放以后,日用工业品由国营商业单一经营的局面逐步被打破,形成国营、集体、个体、私营等多渠道经营,日用工业品市场日趋繁荣。

(一)百货商品

1950年,国营贸易公司虽然开始经营百货日用品批发业务,兼营少量零售。但是,市场上百货零售仍以私营经商为主。1954年后,国营商业逐渐控制大部分商品货源,私有商店基本上转向国营商业批发部门进货。1955年,国营商业实行按供应对象批发,对

---

① 南平市地方志编纂委员会:《南平地区志》(第二册),北京:方志出版社,2004年,第1020~1025页。

不享有批发权或没有营业执照的商贩一律停止批发供货。其后,国营批发商业开始设置库存商品样品柜,客户看样选购。1957年工业生产由于原料不足,商品货源减少,日用工业品供不应求,部分商品相继出现脱销。1963年后,商品供求紧张状况得到缓解。1965年,国营百货公司系统与基层供销社积极配合,组织工业品下乡,扩大城乡商品交流。1966年至1976年间,工业生产发展缓慢,商品市场渗入政治色彩,商品供应不足,某些商品被禁止出售,人们的生活需求受到影响。1978年以后,随着商品流通体制的改革,多种经济形式的共同发展,商品购销方式也发生了巨大变化,商品流通日趋活跃。

(二)文化用品

以邵武、顺昌、建阳为主的闽北地区生产的竹纸、皮纸、改良纸,其中包装纸、文化用品纸、卫生纸、点火纸等十几个品种销售量较大。经销商把收购来的文化纸,进行加工,裁成统一规格,按不同品种包装,标明产地、品名、商号、等级外销。除销往省内福州、漳州及闽北各县、市外,还销往广州、汕头、杭州、丽水、温州、南昌、武汉、长沙、烟台、天津以及东北等地,部分销往东南亚一些国家。

1950年,国营商业开始经营纸、笔、墨等文化用品。1955年,各项用纸大量增加,国营商业营销的纸张、笔和文具用品销售量大幅度增长。1957年部分文化用品出现供求紧张状况。1963年,纸张供求矛盾有所缓解。1966年至1976年,国营商业纸张供应再度出现紧张状况。1978年,工业生产持续稳步发展,货源逐步充裕,文化用品的销量不断上升,闽北纸业生产得到了发展。

(三)针纺织品

闽北针纺织品生产经营历史悠久。明清时期,邵武市和平镇生产的和平夏布闻名全国。当地所产麻纤维洁白,布匹经纬匀细,织工精致,质地柔软,畅销闽赣各地。1950年,闽北地区国营商业开始经营纺织品,经营方式以批发为主,兼营零售。1954年,国家对主要针织品实行统购统销政策,棉布实行计划供应,零售实行凭票定量供应,棉毛衫裤、卫生衫裤等商品紧俏,争购、脱销现象时有发生。1957年,市场棉布供应日渐紧张,部分针纺织品供不应求。1959年闽北对丝绸、呢绒及部分针棉织品实行划区集中供应。1960年,纺织品货源严重不足,国营商业对棉布采取紧缩供应,部分针棉织品采取凭票或凭证限量供应。1962年为回笼货币,各种纱衫、棉毛衫裤、床单、毛巾等部分针棉织品实行免收布票高价敞开供应。1965年后,随着粮棉生产恢复和发展,纺织品货源增多,销量增加,化纤织品开始问市,为纺织品市场供应增加了新品种。1970年,化纤织品逐步为消费者喜爱,销量明显增加。1975年,全区先后对涤纶、咔叽布取消布票,敞开供应,基本满足生活需要。1978年后,针纺织品货源充裕,商品供应保证了市场需求。

(四)五交化商品

1953年,国营商业开始经营五交化商品,为了方便消费者,完善售后服务工作,各地国营五交化公司成立家用电器维修服务部,对出售的家电商品,在规定的有效期内实行保修制度,五交化市场繁荣。1957年,成立国营专业公司,对五交化商品中部分二类计划商品实行按计划分配经营,三类商品由专业公司自行采购,其货源来自沈阳、广州、上海。1959对部分交电商品采取划区集中供应。1965年,五交化主要商品供应虽然有较大幅度的增加,但不能满足生产建设和市场需要,商品供求出现矛盾。1970年,国营商业增加电风扇、冰箱、收录机等家用电器,款式多样的自行车投入市场。1976年后,国营商业开始经营电视机,其销售量迅速增长,功能从单一功能到多功能,由手控到遥控,样式新颖的商品更新换代,闽北地方工业随之蓬勃发展。1978年,五金、交电、化工商品货源逐渐充实,基本保证了生产建设和市场供应。

二、农副产品

1949年后,牛、羊、猪、蛋品、家禽、蔬菜等农副产品逐步被列入国家计划,由国营食品公司和蔬菜公司统一经营管理,部分农副产品如生猪、禽蛋等曾实行凭票限量供应。1978年,国家允许集体、个体经营部分农副产品,闽北市场改变长期单一的经营体制和购销形式,农副产品列为城市的"菜篮子工程",进一步得到重视和扶持。

(一)生猪

新中国成立初期,闽北地区生猪生产建立在小农经济的基础上,生产不稳定,用于市场交换较少。1954年,闽北地区各县相继成立食品分公司,乡镇设立食品站,生猪由食品公司经营,购销开始纳入国家计划管理渠道,实行"派养派购"政策。1956年,生猪只能由国营食品公司统一收购,以"一把刀"的经营方式销售。生猪列入统一收购物资后,便停止了"派购"。1959年,国家首先从食油、生猪开始实行对农副产品的超购加价奖励,确定收购75～100公斤、100公斤以上的生猪,在收购牌价基础上分别加价3%、5%。1961年,生猪再次实行"派购"并实行奖售政策,按收购生猪毛重每50公斤奖售原粮25～30公斤。1978年,取消生猪"一把刀"的经营模式,实行"两把刀",即购一留一、先购后留的政策,凭证在指定时间内上市出售猪肉。

(二)禽、蛋

民国时期,闽北的禽、蛋消费多是自给自足,有余部分到集市上自由交易,闽江上游建瓯、邵武、顺昌等地的禽、蛋产品有时从水路销往福州。1956年由食品公司经营禽蛋业务。鹰厦铁路建设时期,建设工地驻有大量的军工、民工,大部分禽、蛋由上级计划分配调入供应。1958年,市场供应十分紧张。1964年,实行派购奖售办法,把派购任务分配到乡、村、户,集体饲养场则按分配任务交售。1978年开设抓商品基地建设,各县(市)陆续开办各种畜牧场、养鸡场等,禽蛋市场供应量增多,百姓生活得到很大的改善。

(三)蔬菜

民国时期,闽北蔬菜多由农民自产自销,城镇则由农民肩挑应市。1955年,各县先后将原来经营蔬菜的小商贩组成合作组,就地收购、销售,在蔬菜生产淡季向外购进部分咸菜供应,蔬菜购销逐步纳入国营商业。1958年,各县(市)合作社(组)蔬菜门市部逐步发展为专业的蔬菜公司,松溪、光泽等地将蔬菜经营机构设在副食品公司。1959年,蔬菜供应不足。三年自然灾害期间,蔬菜供应更加匮乏。1965年,为解决城镇居民吃菜问题,各县(市)先后成立蔬菜专业队。城郊农民的口粮采用"粮菜挂钩"的办法,以提高蔬菜供应量。1976年,由蔬菜公司专门负责菜种植计划以及对菜农的口粮计算等具体事宜。

(四)食糖

1941年前后,国民政府实行食糖专卖政策,产、制、运、销均由政府统管。闽北区内设闽赣区食糖专卖建瓯办事处、邵武营业所。新中国成立后,逐步加强对食糖的供应管理。1954年,计划调配,采取凭证、凭票定量供应。1955年,继续按人口发票定期定量供应,对从事高温、高空、井下特殊工种和病人、产妇、哺乳婴儿、归侨等特殊消费对象,增加一定数量的特需供应。1961年至1964年,食糖供应紧张矛盾有所缓解,基本保证定量供应。1965年对城镇居民的食糖则实行凭粮证供应。农业人口由国营商业按定量标准下拨给农村基层供销社供应,军队用糖凭介绍信供应。第二年,全区食糖销售4228吨。1966年至1976年,食糖恢复凭票定量供应。1979年起,糖源充裕,食糖增产,取消了红糖、白砂糖凭票供应方式,国营商业食糖销量逐年上升。

(五)酒类

1. 购销

闽北生产有白酒、黄酒、药酒等。自酿自饮的家酿酒,在农村家庭十分普遍。1952年,国营商业开始经营酒类业务,主要以经营黄酒、土烧酒为主,酒厂所生产的酒,全部交给国营商业收购。1956年,二级站成立,从省外调进白酒和果露酒以满足市场需求。1960年至1962年,酒类货源紧缺,实行定量发证和部分名酒高价供应的办法。1963年,外调进闽北酒的产、销数量增加,市场供需矛盾渐趋缓解,高价酒也恢复为平价供应。1978年,全区建立闽北、顺昌、邵武3家啤酒厂,扩建浦城、建阳、武夷山3家年产3000吨的啤酒车间,全区啤酒销售量增多。闽北酒厂生产的黄酒类产品久负盛名,是强身活血、佐餐、调料之佳品。

2. 专卖

1951年,闽北全区执行中央关于酒类实行"统一领导,分区经营,加强管理,保证税利"的专卖方针,贯彻国家颁发的《专卖事业暂行条例》和《各级专卖事业公司组织章程》,在各县建立专卖管理机构,烟酒专卖事业管理局与糖烟酒公司合署办公。1958年,除名酒、部分啤酒集中调拨外,其他酒实行当地产销。1959年,我国农业生产连续遭到自然灾害的破坏,没有粮食供应酒厂酿酒,中央号召利用代用品和野生植物制酒。建瓯酒厂为了响应号召,积极采集代用生产的原料,如:木薯、地瓜、野葡萄、山杨梅等野生植物,分别酿造土黄酒、土烧酒,保证产妇及配药特殊群体和单位的需求。同时,在采集野生植物为原料试制红酒、白酒成功后,全省酿酒专业会议在建瓯召开,交流生产经验,且举办野生植物酿酒短训班,总结推广经验。建瓯酒厂也曾参加中央全国酿酒会议,荣获奖励,所生产的白酒、黄酒等评为甲等产品。1966年至1976年,酒类专卖机构部分被取消。1978年至1979年闽北地区执行国务院批转商业部、国家计委、财政部《关于加强酒类专卖管理工作的报告》及《福建省酒类专卖管理暂行办法》,各地相继恢复酒类专卖管理机构。

三、特需供应商品

(一)侨供商品

1959年,闽北各县市商业部门先后成立侨汇商品供应商店、专柜供应侨眷、归侨和港、澳、台同胞在国内的亲属,他们可以凭侨汇券到侨供商店(专柜)选购所需要的物品。1960年,国务院制订统一的供应标准。20世纪80年代,随着商品生产的发展和市场的增多,侨汇商品供应品种逐步扩大,由原来的日用工业品,食用油、粮食、糖、烟、酒逐步发展到彩电、冰箱、黄金饰品、贵重药、进口药、摩托车和音响等,随着商品市场的日益繁荣,商品的供应能满足社会需求,侨供商品、专柜取消。

(二)劳保用品

20世纪50年代后期,闽北国营商业(主营为百货公司)开始经营部分劳保用品,实行专项计划供应。其主要品种有:棉布、工作服、手套、胶雨衣、胶鞋、防滑靴、肥皂等,供应对象主要是全民所有制的厂矿、企事业单位、邮电、交通、建筑等生产线工人。1959年,劳保商品短缺,曾出现供求紧张状况。1964年,劳保用品的计划分配根据"不同工种、不同劳动条件、不同待遇"的原则,按国家劳动部规定的发放标准进行供应。在供应中,重点保证全民所有制企业,对集体企业则参照部颁发的标准,并根据货源情况适当安排。1966年至1972年,由于放松了使用劳保用品单位管理制度,浪费现象严重,供应量大幅度上升。1973年,劳保用品分配推广"北郊经验"(即北京市北郊木材厂改革劳保用品发放管理制度的经验,先审查需用单位和人数、工种后,按部颁标准核供),劳保用品分配趋于合理,供应基本正常。①

第四节 特色商业

因地制宜地发展区域特色商业,坚持发挥区域资源比较优势,以特色产品、特色产业

---

① 南平市地方志编纂委员会:《南平地区志》(第二册),北京:方志出版社,2004年,第1027~1034页。

占领市场,适应经济发展的需要,对闽北调整产业结构,增加农民收入,振兴区域经济,促进经济可持续性发展有着十分重要的意义。

一、农副产品

闽北地区农副产品主要有木类产品、竹类产品、土产化工原料及蜂产品、茶、果、中药材、棉、烟、麻、粮油产品等,以茶、木、纸著称,远销海内外。1949年,地区内供销社把扶持农民恢复生产和发展生产,组织推销、收购和代购农副产品作为主要工作。1953年,采取与互助组、农民签订合同、存实预购、开物资交流会等形式收购推销农副产品。1954年,闽北专区供销社开展粮食预购,与农业社、互助组以及农民签订1825份合同,预购小麦336.7吨、春大豆292.95吨,早中稻2232.35吨。1955至1956年,供销社的粮食代购代销业务,油脂以及油料经营、生猪收购、中药材收购业务移归国营商业经营。1956年,毛竹、笋干、茶叶、土纸、废铜等22种主要物资列为国家计划收购物资。1961年起,对农副产品实行收购奖售政策。1962年,建立贸易货栈,开展代购代销农副产品业务。1963年,贯彻"以农为主、以副养农、综合经营"的方针,在农副产品收购上,执行"统、派、换、议、奖"等政策,使农副产品收购回升。1966年至1976年,农副产品生产有所下降。之后,农副产品生产得以恢复和发展,收购量和收购总值回升。1978年,实行农村家庭联产承包责任制,农村商品经济迅速发展。

(一)竹、笋、木

闽北地区竹类品种主要有毛竹、篙竹、杂竹等;笋类产品主要有白笋干、乌笋干等;木类产品主要有松木、杉木、木柴、木炭、杂木棍、洗衣板、菜板、水桶等。

1. 竹及制品

毛竹 1953年,地区内供销社开始经营毛竹,当年收购38.58万根毛竹。1956年,供销社全面经营毛竹,并向区、省外调运。1957年,省供销社、闽北专区供销社组织毛竹产县在闽北西芹进行"以山定价、设点收购"的试点工作,在各县开展收购工作。供销社先后在上饶、光泽、邵武、顺昌等闽北的铁路沿线站点建设货场,供储存转运竹类商品。1958年,毛竹产、购、销业务移交林业部门负责。1958年至1960年,供销社毛竹收购量大幅度上升,三年共收购2358.93万根。其中,1959年收购1142.77万根,为新中国成立以来收购最多的一年。后来,由于乱砍滥伐,竹林资源遭受严重破坏,盲目收购,造成无法运销,库存积压,毛竹收购量大幅度下降。1962年,毛竹收购实行奖售政策,奖售标准为每收购100根毛竹奖10公斤大米、0.666米棉布。1963年,奖售标准调整为每百根毛竹奖25公斤粮食、0.666米棉布,并继续推行以山定价政策,以利开发远山资源,使近山竹林得以休养生息。1964年,在竹区投资修路,有利于开发远山毛竹资源。通过实施政策,采取措施,毛竹收购量得到恢复,到1965年,收购量达537.5万根。1966年至1976年,毛竹的生产、组织和计划管理受到冲击,毛竹的年收购量徘徊在500万根左右。1976年,供销社加强毛竹商品基地建设,省、地、县供销社对建阳县黄坑乡毛竹商品基地先后共投资99.1万元,修建林区公路14公里,垦复竹山11万亩。这期间,年提供商品毛竹由20多万根增加到50万根。从1977年起,顺昌、建阳、建瓯、邵武等地供销社连续三年,每年收购毛竹100万根以上。1978年6月,崇安、浦城、顺昌、建瓯、建阳、邵武、光泽等县(市)被列为年提供100万根以上商品竹的基地县。1978年,供销社收购毛竹811.68万根。1978年后,各地自产自销毛竹数量不断增加。

笋干　闽北各县(市)均生产笋干,以顺昌、建瓯、浦城等县(市)为主要产区。笋干分为白笋干、乌笋干、烟笋干和玉兰片等品种,以白笋干居多。1952年,供销社开始经营笋干,为扶持笋干产区的生产,对笋农发放预购金。1954年,建瓯等地供销社发放预购金5.22万元,预购笋干1062.35吨。第二年,供销社收购笋干1273.45吨。1956年笋干重点产区由国营商业收购,一般产区由供销社收购。1961年,供销社笋干收购量为415.05吨。同年,笋干列为二类商品实行计划管理,笋干收购实行奖售办法。1961年,每收购50公斤笋干奖售5公斤粮食。1964年,笋干由国营商业移归供销社统一经营,对集中产区实行派购。1965年,供销社收购笋干量上升到1794.3吨。1966年至1976年,乱砍滥伐,竹林资源遭受严重破坏,笋干产量下降,供销社笋干收购量下降,1976年笋干收购量仅为950.2吨。1978年后,农村推行家庭联产承包竹山经营责任制,供销社配合有关部门调整落实山林政策,加强管理,有效地提高竹笋产量,丰富了市场。

2. 木类产品

闽北区内供销社经营的木类产品主要有:木炭、木柴、杂木棍、各种木柄、洗衣板、菜板、木桶等。

木炭　木炭是传统副业产品,闽北各县(市)均有生产。新中国成立初期,木炭主要由私商经营,供销社只经营一部分。1953年,供销社收购木炭7225吨。1954年,贯彻中央财政经济委员会关于国营商业与合作社城乡初步分工的决定,木炭划归供销社主营,由省供销社实行统一管理。1956年,供销社收购量为1.52万吨。由于汽油、柴油供应不足,汽车、轮船等也用木炭作为动力燃料,为促进收购,保障市场供应,1956年两次调高木炭收购价格。第二年,木炭收购量猛增到3.89万吨。1958年木炭收购量为2.75万吨,1960年增至5.96万吨,为新中国成立来最高收购量。1961年,对木炭生产进行限制,木炭购销趋于平稳,1961年至1970年平均年收购量为1.12万吨。1971年,为保证供应工业生产原料的需要,将木炭由三类商品提为二类商品,实行计划管理。1971年至1980年,平均年收购量为15386.5吨。

木柴　新中国成立前,木柴为个人零星买卖。1949年,供销社开始经营木柴,1953年,木柴收购量为1.049万吨。从1956年起,根据省人委决定,对木柴主要产区实行计划调拨,调整木柴收购价,每50公斤由0.65元～0.70元提高到平均0.80元。第二年,供销社收购量为4.11万吨。1959年,再次提高木柴的收购价格。1960年,供销社木柴收购量为11.64万吨,是新中国成立以来收购量最多的一年。60年代初,福州等沿海县(市)推广以煤代柴,对居民户实行定量供应,供销社木柴收购量逐年下降。1963年,把木柴列为改善经营、扭转亏损的主要商品,主产区县城以下木柴平均收购价每50公斤为0.80元。第二年,木柴收购量为56335吨。1973年,执行省革委会生产指挥部的决定,对省管主产木柴县(市)平均收购价提高至 0.85 元,当年木柴收购量为 7.97 万吨。

杂木棍 杂木棍是小规格硬杂木材,历来为农副业、手工业、轻工业、矿山等部门生产的原材料或辅助材料。从 1950 年开始,供销社就收购杂木棍调往省内沿海各县。20 世纪 60 年代初,杂木棍开始调供省外,供销社的收购量逐年增加。1967 年,杂木棍收购量为 110.38 万根。1970 年,在每年全国三类土副产品交流会上,杂木棍都作为紧俏商品与省外协作,交换闽北需要的农业生产资料、日用工业品和副食品。1973 年,杂木棍的收购量为 549.1 万根,是新中国成立以来收购量最高的年份。1979 年,为保护森林资源,杂木棍被列为省计委管理商品,对省外协作的杂木棍,由省供销社报经省政府批准,地区供销社组织安排各县(市)按规定数量进行协作经营。

(二)茶、果、菇

闽北区内的经济作物以茶、果、食用菌、中药材为最大宗,茶叶、柑橘、厚朴、泽泻在国内外市场上享有盛誉。

1. 茶叶

清代时期,崇安、政和等地的茶叶,远销英、美、德等国。民国时期,闽北的茶叶产量和出口量均居全省之冠。1950 年 2 月,中国茶叶公司福建省分公司在建瓯县设立中茶福建省分公司茶叶部。1951 年,中茶公司福建省分公司在闽北创办建瓯茶厂和政和茶厂,并统管全区茶叶购销业务。1952 年,在建阳(城关)、赤石、东平、水吉、黄坑、邵武等茶区设立茶叶收购站,直接收购茶叶。零星分散产茶县,委托供销社收购,分散边远地区,则组织当地小商贩收购。1953 年,设立建阳专区水吉茶叶指导站,直属省农业厅,对茶叶的生产、收购、销售实行统一管理。1954 年,全区建立联合收购办公室,禁止省外国营单位、私营商业进入闽北区内收购贩运茶叶,茶叶收购实行国营、集体、个体按茶类比例收购,建阳等地主产茶叶的县级供销社设供应科,代管茶叶购销业务。1955 年,贯彻全国总社和中茶公司对加强茶区市场管理的规定,严禁私营茶商进入产区收购和贩运,规定白茶由国营统购,专营的茶商小贩必须经工商行政部门审批,在当地合作社领导和组织下收购茶叶。茶农自产自销茶,由区(乡)政府出具证明,并从地域和数量上予以管理和限制。实行茶叶预购工作,对茶农发放上年茶叶实际售价的 15%～20% 无息预购金,还款从当年夏茶结束前的茶价款中扣除。1956 年,公私合营后,茶叶列入国家二类商品,统一收购,实行预购派购政策。同年,开始对茶区实行保值制,运售茶叶每 50 公斤补贴粮食 15 公斤,对超售派购任务的毛茶和荒山野茶,按售茶总值奖励 5%～10%。1957 年,国家对收购茶叶实行派购政策,规定在国家收购期间或在没有完成国家收购任务之前,任何私人不得收购和贩运,农业生产合作社和农民不得把茶叶运到市场销售。闽北专区撤销农副产品采购局,将茶叶的产、购、销工作移交给专区供销社管理经营。供销社设立茶叶管理科,管理全区茶叶的购销、调拨、加工的计划安排,协助农业部门发展茶叶生产。各县(市)相应成立茶叶管理和经营机构。1957 年,茶叶产量达 671 吨,其中,供销社收购 600.7 吨茶叶。1958 年,国务院规定茶叶为集中管理的一类商品,1959 年,改列为二类商品,由国务院确定商品购销政策,统一平衡安排,实行计划调拨供应。

1959年,成立烟麻茶经理部。1960年,烟麻茶经理部并入土产废旧物资经理部。1961年,茶叶经销先后划归闽北综合站(供销社的二级站)、闽北专区外贸站管理。1962年,执行福建省的有关规定,国营农场和集体社队所生产的茶叶,除了按规定留下自用部分外,其余的必须全部卖给茶叶公司,实行"好茶多奖、次茶少奖、粗老茶不奖"的奖售办法,每收购50公斤闽北乌龙二类茶,奖13.5公斤粮食、55公斤化肥。1963年,专区供销社茶叶科改称为福建省闽北专区外贸站茶叶科,对外为福建省茶叶进出口公司闽北分公司,主管茶叶收购、加工、样价与产品质量的监督。1969年,闽北综合站与闽北外贸站合并为闽北综合外贸站,设立茶叶科,管理茶叶业务。1973年,闽北综合外贸站解散,成立了闽北农资土产采购供应站,茶叶划归其管理。1978年,在地区供销社茶叶科的基础上成立建阳地区茶叶公司,各县(市)也相继成立茶叶公司,有42个基层茶叶收购站,收购茶叶4822.85吨。1978年后,各县(市)相继成立茶叶局,接管供销社的茶叶经营和管理机构及其业务,上报地区茶叶公司,由地区茶叶公司汇总报省供销社。

2. 柑橘

新中国成立初期,闽北地区的柑橘由国营商业、供销社、私营商业经营。市场上供应的柑橘主要从福州、闽侯等地调入。1956年,柑橘列入国家计划收购商品,由供销社统一收购、统一分配,禁止私营商贩直接向果农收购。1967年,闽北柑橘收购实行奖售办法,每收购50公斤柑橘,平均奖化肥10公斤、粮食90公斤。第二年,供销社收购量为31.55吨。1968年,停止奖励办法。1974年,恢复奖励办法,每收购50公斤柑橘按收购等级奖励化肥。1978年,全区供销社收购柑橘达2267.65吨。1979年,随着农村生产责任制的落实,果农的生产积极性被调动起来,全区柑橘产量4910吨。其中,供销社收购量为3593.55吨。柑橘主要销往山东等省。

3. 香菇

1950年,区内香菇由国营贸易公司和私营香菇行经营。1952年,供销社为国营商业代购。第二年,供销社香菇收购量为3.45吨。1956年起,香菇由供销社统一经营和管理,收购量增到301.2吨。1957年,香菇列为国家计划收购商品,由原来的供销社经营香菇业务移归国营商业统一经营,供销社为国营商业代购。1958年,供销社香菇收购量为168.3吨。1963年,香菇移交外贸部门经营,当年供销社香菇收购量为6.1吨。1971年,供销社香菇收购量为298.55吨。1976年,香菇业务重新划归供销社经营,全区供销社收购量为128.25吨,为市场提供了香菇产品。

二、日用品

1952年,闽北专区合作总社设经理部,各县合作总社设供应科,基层供销社设门市部,经营日用工业品和农副产品。经营品种主要有:煤油、火柴、肥皂、棉布、毛巾、纸、日用陶瓷、草席、胶鞋等日用生活必需品。经营部门组织召开物资交流会、下乡、零售等形式供应生活资料,以减轻私商的中间盘剥。为鼓励群众入社,保护社员的经济利益,对入社社员实行优先供应商品和优待价配售。优待后的价格一般都比当地市场价格低

10%～15%。1952年8月,崇安县合作总社分别在城关、星村、岚谷组织召开大型夏季交流会,参会的人数达49485人,交易额10.71万元。同年,8月—10月,浦城县在城区举办两次全县性物资交流大会,成交额共8.25万元。11月,闽北10个乡(镇)供销社,先后召开秋季城乡物资交流大会,交易总额为64.169万元。1953年1月,建阳县举办第二次物资交流会,3.4万人参加,交易商品70余种,成交额为23.25万元。

1954,供销社供应生活日用商品的总额为1319万元。

1955年2月,全部取消对社员优待,供销社供应价格与国营商业零售价一样,对陶瓷器、铁锅、竹筷、凉席、土纸、葵扇、雨伞、布等9类商品实行计划供货。

1956年,中药材业务统一移交国营商业经营。但是,基层供销社仍为国营商业代购。对农村私营商业社会主义改造完成后,供销社除了供应"吃、穿、用"等日常必需品外,还经营文教、卫生、体育、娱乐、建材、燃料等商品,并受新华书店委托,代经营发行农村图书业务。

1957年,供销社供应的生活资料的大部分商品销售量增长。其中,供应的棉布522.49万米、汗衫背心11.71万件、卫生衫裤11.50万件、毛巾30.61万条、草席7.11万床,纸0.08万吨、火柴1.26万件、胶鞋23.82万双、陶瓷器0.06万件、煤油0.13万吨。全年销售额3219万元,比1953年增加了1.44倍。

1958年,由于受"左"的错误思想干扰,城乡商品货源分配比例失调,农村市场经常出现日常生活消费用品脱销,供求矛盾突出,省管的18类生活消费品出现抢购的现象。

1960年,开始对主要生活资料采取凭票凭证供应和专项安排特需供应办法,以保障群众生活的基本需要。凭票供应的商品有棉花、布匹,凭证购买的商品有肥皂、毛线、火柴、煤油等。对产妇、婴儿、结婚、病号、死亡实行特需供应。

1961年,在做好计划购销工作的同时,恢复集市贸易,组织工业品下乡,开辟地方货源,扩大经营。

1962年,根据"城乡都需要的工业品优先供应农村,城乡都需要的副食品优先供应城市"的商品分配原则,积极组织工业品下乡,各县(市)供销社建立贸易货栈,各基层供销社建立农贸部,加强自营业务,缓解农村市场供求紧张状况。同年,草席、雨伞(纸伞)、陶瓷日用品、纸、铁锅等5种日用杂品列为省管二类商品,统一安排收购、调拨和供应计划,供销社销售额达4556万元,自营业务购销额达1602万元。供应棉布230.71万米、汗衫背心8.46万件、卫生衫裤2.95万件、毛巾8.75万条、胶鞋39.61万双、草席5.57万床、肥皂0.90万箱、煤油0.16万吨、火柴2.77万件、陶瓷器267.27万件、纸0.06万吨。

1963年,工业品货源增多,市场供应紧张状况逐渐扭转,凭票凭证供应的商品大部分敞开供应。

1966年至1968年,棉布、汗衫、背心、保温瓶、胶鞋、煤油等商品销售大幅下降。

1970年,农村生活消费品中自行车、缝纫机、手表等紧俏商品,采取凭票证供应、内部控制供应或批条供应。

1976年,供销社生活资料销售额为1.167亿元。

1978年,生活资料销售额为13531万元,供应棉布772万米、汗衫背心65万件、自行车9685辆、手表2.56万只、缝纫机5730台。

1978年后,农村市场开放搞活,农民的购买力增强,商品结构发生了变化,市场商品供应量大幅上升,满足了人民生活水平增长的需要。

三、食品与副食品

1952年,供销社经营食品、副食品和农副产品。其主要品种有:粮食、糖、食油、食盐、香烟、酒、调味品、干果、干菜等产品。1953年,供销社为粮食部门代购代销粮食。该年粮食减产,供应紧张。1954年,粮食实行统购统销,供销社负责按计划对农村粮油实行凭证定量供应。农业合作化高潮带动农业生产增产,农民购买力增强。但是,工农业生产的发展不能满足社会的需求,农村市场出现部分商品供不应求,部分食品、副食品只能实行定量供应,对植物油、粮食、食盐等商品供应取消对社员实行的优待价。1955年,供销社粮食代购代销业务和油脂、油料经营业务移归国营粮食部门经营。1956年,供销社的生猪收购业务移交国营食品公司经营管理。1957年,供销社糖、烟、酒供应量有较大幅度的增长。期间,供应食糖2303.3吨、酒1956.25吨、卷烟6275箱、柑橘20吨、白笋干12.2吨、香菇9.1吨、荔枝干1.2吨、桂圆干12.45吨。

1958年,受"左"的思想干扰,供销社供应的食品、副食品商品货源减少。1960年,对糖、烟、酒、禽蛋、猪肉等商品实行凭票证供应。1961年,盐业、水产品划归供销社经营。1962年,供销社成立贸易货栈,加强自营业务,经营粮食和食用油脂计划外部分的议购议销产品。为贯彻国民经济"调整、巩固、充实、提高"的方针,闽北地区加大了工农业生产的步伐,食品副食品的货源不断增多,市场供应紧张状况逐渐好转,大部分商品取消了凭票证供应。1965年,食糖、部分卷烟仍然凭票供应,农村供应的白糖改为供应红糖,农业人口由基层供销社按定量标准供应,粮油议购议销业务移交给国营粮食部门统一经营。1966年,供应食糖3188.8吨、酒2550.9吨、卷烟8355箱、柑橘252.5吨、白笋干6.3吨、香菇5.95吨、荔枝干27.3吨、桂圆干97.15吨。1966年至1976年,供销社的食品、副食品供应工作受到冲击。1970年,在农村生活消费品中,食糖、鱼、猪肉、香烟、酒等商品,采取凭票供应、内部控制供应或批条供应的办法。至1978年改革开放以来,闽北工农业生产不断扩大,商品市场日益繁荣,人民生活水平显著提高。

四、扶持经营

1949年,闽北全区供销社贯彻"发展经济,保障供给"的总方针,从资金、物资、技术、购销等方面扶持和发展多种经济。

(一)资金扶持

1949年,供销社为帮助生产纸的经营户解决生产资金困难问题,配合当地人民银行发放纸业贷款。1954年,广泛开展粮食预购,闽北9个县合作总社共预付定金17.92万元。1955年,光泽县供销社与前锋、胜利等9个农业社、8个互助组以及农民签订了31份预购合同,发放预购小麦、笋干、烟叶等6种农副产品的定金2138元。1957年,全区共发放茶叶、晒烟、黄麻、纸等农副产品预购定金49.41万元。1962年5月,崇安县供销社兴建程墩毛竹采育场等投入资金2.5万元。1964年起,采取"民办公助"方法,帮助和扶持社队修建林区公路、疏浚林区河道。1970年,省供销社下拨茶叶改进生产费用3万元,用于茶叶初制机械的革新。1976年至1980年,发放用于毛竹垦复抚育、护笋养竹、防治病虫害等生产扶持费568.27万元。1979年,省、地林业局拨给专项油桐林营造扶持费17.05万元。

(二)物资扶持

1949年,供销社与农村社队、手工业者等订立了预购合作和购销合同,收购或包购包销其产品,确保农村社队、手工业者的生产和商品的供应。1957年,全区供销社共发放茶叶优待粮243.65吨。闽北供销社组织供应各种菜种2.20吨、鸭苗8556只。建瓯供销社组织供应猪苗1.53万头。政和供销社组织供应各种种子2.27吨、鸭苗1.24万只、猪苗254头。1958年,闽北供销社组织供应猪苗2050头、兔苗150只、鸭苗2506只。1962年,建瓯供销社组织供应薏米种5827公斤、桐籽3050公斤、棉花种3760公斤、猪苗1400头等。1965年,闽北供销社组织供应薏米种子500公斤、桐籽2万公斤、棉籽6.3吨。1972年,光泽供销社无偿赠送农村社队300公斤蓖麻子、4万株棕苗。1975年,建瓯供销社供应良种猪苗1.68万头,免费供应水葫芦、水浮莲、种菌给235个养猪场,帮助社队购买饲料加工设备11台,为农民加工粉碎饲料67.5万斤,供应茶苗、柑橘种苗822.48万株以及粮种等。1976年,闽北供销社组织调剂茶籽7.85吨、茶苗126万株、黄花菜苗3.8万株、生漆树苗1.1万株、生活桐苗4.95万株、果苗3万株,从而增加了商品市场的供给。

(三)技术扶持

1952年,供销社成立业务科,扶持发展农副产品的生产。1958年,业务科协助社队改进茶叶生产方式,促进茶叶初制生产机械化,先后改造、革新37种茶叶生产技术。1964年,为扩大棉花种植面积,从江苏等地聘请技术人员驻农村生产队指导,培养种棉技术人员。其中,建瓯县供销社聘请技术人员6人,培养了109名种棉技术人员,种植棉花6071亩。1965年,闽北专区茶叶公司在建阳县鸿庇村进行手摇双锅杀菁机改制试验,减少劳动力50%,提高功效8.22倍;在顺昌县石溪进行水力打纸浆试验,解决了传统的脚踏竹料和手捞纸手工的劳动。在顺昌县郑坊公社纸厂进行圆帘网湿抄机生产毛边纸试验,解决了手抄纸的工序。1967年,建瓯供销社与农业局牵头,组织社队30多名代表前往广东等柑橘产区参观学习柑橘的生产栽培技术。1975年至1976年,业务科帮助顺昌县元坑公社红星大队和郑坊公社招山纸厂、建瓯县南雅公社大康大队、建阳县徐市公社、松溪县渭田公社角岐大队等建生产线,设计年生产能力为150吨。闽北全区组织社队干部140多人赴武平县、广西崇左等桐油产地参观学习,营造油桐林78571亩,其中千年桐60145亩。几年间,建立起建阳县莒口、樟墩,建瓯县南雅、小桥,松溪县祖墩,政和县铁山等桐油生产基地。1977年,闽北供销社组织重点产竹的社队代表40余人,到浙江省安吉县参观毛竹林抚育管理经验,组建专业性采育队34个,采育人员达1054人。建瓯县供销社配备专职生产干部54人,聘请省外柑橘、苹果、生漆等技术员17人,驻各生产基地指导生产和传授技术。1978年,全区果树专业技术人员达223人,其中本地技术人员187人,外聘技术人员36人。通过技术扶持有效地建立起部分农产品的生产基地,扩大了农业生产,拓宽了商业市场。

五、餐饮服务业

闽北饮食业发展历史久远。1949年政府对私营饮食行业采取保护政策。1955年,政府开始对私营饮食业进行社会主义改造,将饮食业坐商"联合并店",改造为公私合营企业,同时将摊贩组织起来,一部分组成合作饮食商店,一部分组成合作小组,流动摆摊经营。为了满足和适应农村墟市中农民群众和来往客的需要,供销社开始创办一些饮食服务网点,但规模较小、经营项目有限。1956年,根据上级关于加速农村私营工商业社会主义改造的指示,把私营业主组织起来走互相合作道路。部分私营业直接过渡为供销社经营,有的改造成为合营、合作小组的饭店或旅社。第二年,建瓯、崇安两县农村私营饮食服务业转入合作社61户67人,合作商店301户347人,合作小组276户282人,公私合营25户32人。在对私营饮食业进行社会主义改造的过程中,各县相继成立国营饮食服务管理机构(饮食服务公司),政府通过国营公司派出公方代表,领导和管理公私合营企业,指导工作。

1958年,在"左"的思想指导下,过快地将饮食业的公私合营模式过渡到国营模式,饮食业的人员转为国营饮食服务公司职工。同时,对相关的经营网点进行撤摊并店,整个饮食经营店由小变大,改分散为集中,由多种所有制的经营方式变为单一的公有制经营方式。私营饮食业直接过渡为国营企业,使饮食业网点减少,有的饮食业成为公共食堂,原有的特色风味小吃逐渐消失,经营品种减少。国营饮食业转而以主食预制、成批生产为主。1960年,政府对国营饮食业进行整顿,把1958年以后不宜升级的小饮食店、饮食摊点从国营和公私合营企业中退出去,重新组成饮食合作店、合作组、个体摊点。1962年,随着国民经济的好转,企业盈利逐步提高,经过调整、整顿,闽北地区饮食业得到了恢复和发展。1966年至1976年,闽北地区国营饮食店及饮食合作店或小组再次被撤并,个体饮食经营户则被取缔,工作人员到农村从事农业生产劳动。国营饮食业垄断了饮食市场。由于缺乏竞争,饮食制作强调"大众化",饮食业的经营种类以包子、馒头等面食为主,服务质量下降。这种状况一直持续到改革开放之前。1978年,实行改革开发,饮食业经营方式多样化,全区饮食业迅速恢复,小吃品种丰富多样,随着季节而变化,私营饮食行业经营方式和经营品种多样灵活,凭借良好的服务态度和熟练的烹调技巧,辛苦经营,艰苦创业,并随着市场的进一步开放,闽北的饮食业蒸蒸日上、蓬勃发展。

六、对外贸易

在宋元时代,闽北就有各种瓷器远销海外,茶叶及土特产品曾远销英国、日本、印度尼西亚等欧亚国家。新中国成立后,1954年,福建省人民政府成立了对外贸易机构。1955年,全区出口商品总额为9.03万元。1960年至1967年,外贸交易额达数百万元。1969年至1972年,外贸市场呈下滑状态。1973年,开始恢复并逐年增加。改革开放后,闽北的对外贸易出现前所未有的发展局面,对外经贸工作进入了新的阶段。日本、联邦德国、丹麦等国的客商纷至沓来,就投资、技术引进、来料加工、合作经营及进出口贸易等业务进行洽谈,签订合同。闽北对外贸易的主要出口产品有:茶叶、木材、毛竹、笋、纸、土酒、香菇、茶油、蜂蜜、薏米、莲子、樟脑、松香、药材等品种。

1. 农副产品

茶叶　茶叶是闽北地区传统大宗出口产品。乾隆年间,大白茶在政和铁山村大量繁育,政和工夫茶和银针茶也名扬中外,远销俄、美、德等国。1949年,人民政府大力扶持茶叶生产,茶叶出口业务日趋繁荣。1958年,全区出口茶叶573.75吨,以后出口量曾略有回落。1968年,茶叶出口开始回升,至今闽北茶叶远销国内外,茶叶交易市场繁荣。

香菇　香菇是闽北地区传统出口产品之一。每年冬至前,浙江龙泉、庆元等地的农民结伙到闽北深山搭棚建屋,栽培香菇。生产的香菇,转销上海、天津、广州等地,出口到香港和东南亚地区的国家。1958年,香菇出口收购业务由供销合作社移给外贸局,年出口收购量一般为30～70吨。1967至1972年,全区每年出口香菇120～200吨。

笋干　闽北地区白笋干、乌笋干出口有几百年的历史,产地分布全区各县市。1949年,笋干由供销合作社收购,供外贸部门出口。1963年,笋干由外贸部门直接经营,实行出口收购奖励政策。每年出口量在100～500吨之间。1966年,笋干出口量达760多吨,创历史之最。

莲子　莲子是闽北地区传统的出口产品。产地分布于崇安(武夷山)、浦城、建阳、建瓯、邵武、顺昌等县市,以建阳、浦城为主产地。莲子出口始于1963年。1969年至1970年曾一度中断出口。1972年,为鼓励农民多种白莲,增加出口,外贸部门除适当调高收购价格外,还规定每收购50公斤莲子,奖化肥50公斤。1981年出口量为42.3吨。1965—1983年,全区累计出口莲子268吨。

2. 土产品

松香、松节油　20世纪50年代初,松香、松节油开始外销。闽北地区年出口量在3000～6000吨。80年代后期,松香被列为二类出口商品,每年由省计委下达出口特级或一、二级松香生产计划,由省土产进出口公司统一经营。出口松香的包装铁桶由省土产进出口公司按计划调拨。

香料、香料油　1953年,上海香料厂技术人员到浦城县孙竹记化工厂(私营企业)指导,试制月桂叶油成功。1958年,开始组织月桂叶油出口,每年出口数十万元。1968年,月桂叶油出口增加到数百万元。20世纪70年代后,闽北各县相继生产出口香料、香料油。其主要品种有:合成樟脑、天然樟脑粉、樟脑油、白樟油、黄樟油、山苍子油、柠檬油、柏木油、香紫苏油、桉叶油、芳樟脑、杂樟油、松油精、芳樟醇等十几种。

木材　新中国成立初,木材出口中断。1959年恢复出口,年出口量仅数百立方米。1964年,木材出口增至数千立方米。1968年,木材出口达15136立方米,创历史最高水平。1972年至1977年,木材年出口量都在1万立方米以上。1978年后,为保护森林资源,原木出口逐步由胶合板、木筷等制成品或半成品出口替代。

厘竹　1965年,闽北竹器厂生产的厘竹,经厦门土畜产进出口公司试销美国、英国、联邦德国、日本和香港地区获得成功,开创闽北厘竹出口的先例。1973年后,顺昌、建瓯、建阳、邵武、崇安、浦城等县相继组织厘竹出口,每年出口量由几百吨增加到数千吨。到1979年,全区厘竹出口超过3000吨。期间,地区外贸公司在建瓯、建阳等地建立了厘竹出口生产基地。

纸　闽北地区纸出口贸易历史悠久。新中国成立初,纸业中断出口。1959年后,恢复土纸出口贸易。纸出口由供销部门统一组织货源,交外贸部门出口,年出口数十吨至数百吨。20世纪70年代,纸出口减少,逐步转为书写纸、新闻纸出口。1973年,闽北首次出口新闻纸。此后每年新闻纸出口量达数百吨至1000多吨。

3. 畜产品

1949年畜产品开始出口。1954年,国家对外贸易部在闽北设立中国畜产公司华东区公司闽北畜产工作组后,畜产品就一直由外贸部门专营,年出口值数十万元。1965年,国际兔毛市场活跃,外贸部门引进安哥拉良种长毛兔,首先在政和、浦城建立生产基地,逐步在各县市推广,发展养兔专业户。翌年,全区兔毛出口收购量200多公斤。1967年迅速提高到5000公斤。1979年,畜产品年出口交易额增至百万元。

4. 轻工业品

劳保手套　1966年,闽北皮革厂首家出口劳保手套1800多打。此后,劳保手套出口连年不断。1980年后,松溪、浦城、建阳、建瓯等地相继生产出口劳保手套,全区出口量由原来每年数千打增加到数万打。

皮鞋　1964年,受福州皮革厂委托,闽北皮革厂开始生产出口皮鞋。1966年,闽北皮革厂出口皮鞋2500双。1968年至1975年,闽北皮革厂中断皮鞋出口业务。1976年,闽北皮革厂恢复皮鞋出口,并逐年增加。

人造革箱　1972年,浦城县率先出口人造革箱1920只。随后,建阳县皮革厂也开始生产出口。1974年后,全区每年出口人造革箱均在1万只以上。1976年至1982年,人造革箱年出口2万只以上。

5. 工艺品

漆器　20世纪70年代,光泽县雕刻厂率先生产首饰盒和漆家具对外试销。随后,顺昌、建瓯、建阳家具厂也开始生产出口家具。

纸伞　民国期间,顺昌、建瓯生产的纸伞就销往国内外。1949年,纸伞一度中断出口。1979年,建阳纸伞厂生产的纸伞率先打入国际市场。

6. 矿产品

闽北地区矿产品出口始于1949年。1958年，首先出口水泥1000吨。20世纪60年代，顺昌出口石灰粉4300多吨，邵武出口砩石800多吨。1975年，首次出口钨砂。此后，钨砂出口逐年增加。80年代，闽北地区叶蜡石、铝锭、氧化钇、镀锡铜线、硅工业硅、锰合金、花岗石、大理石板材、石英石、瓷土、萤石粉等产品相继出口。①

第五节 "小三线"与工业品生产

20世纪60年代，美苏两国加紧对中国进行军事威胁，特别是美国支持台湾的国民党当局窜犯东南沿海地区。福建地处东南沿海，面对台湾、澎湖、金门等地，为加强战备，巩固海防，中共中央研究制订了"三五"计划，并展开"三线"的建设。福建省根据中央关于加强"三线"建设的方针，对国民经济的布局进行了重新调整和部署。1964年9月，福建省委在福州鼓山召开常委会议，对战备支前、"小三线"建设做了全面的研究部署。福州、厦门、漳州、泉州沿海地区划为第一线；鹰厦线南段，由建瓯、南平至津平、龙岩地区划为第二线；赣边区，武夷山以南、鹰厦线以西，包括长汀、连城、清流、宁化、建宁、泰宁、光泽、顺昌、建阳、松溪、政和一带划为三线。1966年，中共南平地委、人大常委，成立"小三线"办公室。南平以其特殊的地理条件，成为"小三线"建设的重点地区。大批国防和建设兵团工业在此崛起，许多上海、厦门、福州等地迁来的工厂企业与当地原有工业合并，形成机械、冶金、化工、纺织、电子等产品的生产线。南平工业也得到迅速发展，初步形成了工业生产体系。其中针纺业从无到有，机械工业规模扩大，并形成机械、造纸、针纺三足鼎立的工业新格局，成为南平工业的坚实支柱。

一、电子、机械

8400厂 8400厂是福建省电子产品生产的骨干企业，电子工业部定点生产收录机的厂家之一，建于1958年，占地面积7.2万平方米，建筑面积3.8万平方米，固定资产原值409万元。有职工400多人，其中工程技术人员61人。该厂有先进齐全的生产设备和引进的电子仪器，检测手段完备，产品设计合理。建厂以来，开发和生产的电子产品共有50多种，其中有9种获国家、部、省级奖励。生产的产品有：收录机等音响设备、真空检漏仪、航空导航产品等。

闽北电池厂 1965年10月，为适应"小三线"地区国防工业基地建设的需要，福州电池厂内迁闽北，易名闽北电池厂。电池厂占地面积2.33万平方米、建筑面积1.32万

---

① 南平市地方志编纂委员会：《南平地区志》（第二册），北京：方志出版社，2004年，第1038～1043、1068～1085页。

平方米,有固定资产24万元、职工106人、设备37台,生产R6、R14、R20型和甲、乙型电池。1975年,拥有职工114人,完成产量673.9万只,实现产值131.62万元。翌年,承担部分军用电池的生产任务,产品种类增加1倍,并且研制成功了叠层电池,填补省内这个项目的空白。1978年,有职工129人、固定资产58.93万元、设备40台,完成产量1044万只,产值204.74万元、利润9.56万元。

闽北504厂 该厂创建于1966年,为福建省半导体器件的主要生产厂家,国家电子工业器件及计算器定点生产企业。该厂厂区面积13184平方米,固定资产原值1400万元,职工500人,工程技术人员占20%,以生产PMOS、CMOS集成电路、小功率三极管、通信设备及其他配套设备为主,生产电子计算器及其整机产品为辅,产品销往全国各地,享有很高的信誉。八十年代,从国外引进一整套具有先进水平的半导体器件生产线,主要设备有:离子注入器、电子束蒸发机、光刻机、汽相淀积炉、超纯水制备设备及测试系统等,有5000平方米的超净工艺大楼。

闽北电器配件厂 电器配件厂建于1966年,有职工70人。主要生产家用换气扇、日光灯镇流器、日光灯安全支架、吊扇调速器。

闽北电缆厂 1966年,为适应"小三线"地区国防工业基地建设的需要,福州电线厂分出部分人员和设备,迁入闽北,成立闽北电缆厂,专事电线电缆生产。

闽北无线电四厂 它建于1966年,建筑面积3800平方米,生产占地面积1980平方米,固定资产220万元,有职工309人,关键设备及仪器仪表114台(套),4条生产流水线,具有年产各类电子变压器、开关电源变压器180万只的生产能力。

504厂 1966年至1971年,国务院第四机械工业部和省人民委员会,为适应"备战"需要,建设"小三线"地区国防工业基地,实现"省自为战,地区配套"的格局,决定调拨资金与设备,把通信广播工业的骨干企业8400厂和8420厂迁至闽北,创建504厂。同年7月,派17人赴上海半导体元件五厂学习技术。该厂生产3DG、3DK、3CG和3DX等系列产品,应用于航天、通信、军工产品和自动控制装置、广播电视行业,其技术标准居国内先进水平。

闽北电机厂 1966年,厦门电机厂分出部分人员和设备,迁入闽北,与福建水力发电设备厂合并,成立闽北电机厂。其生产能力和技术水平不断提高,发展成为全国中小型水轮发电机组八大定点生产企业之一。同期,水轮泵生产以闽北电机厂为主,生产的综合式水轮泵,产品畅销全国各省市自治区,并且出口越南等国。水轮发电机形成系列品种,最大单机容量达2万千瓦,电动机生产也形成规模,产品品种不断增多,JO2型系列产品投入批量生产。1971年,为适应国内水电工业的发展需要,闽北电机厂开发生产电压等级6300伏、单机容量6500千瓦的机组。1973年,电压等级和单机容量分别达到10500伏和15000千瓦,安装于华安水电站。此后,闽北电机厂的发电机生产逐步形成系列化,有8种型号26种规格产品,开发生产TFW280机座型号柴油发电机,为社会生产提供服务。

8461厂 1970年,福州照相机厂和福建师大光学仪器厂合并,1971年迁入顺昌井垄,创办了8461厂(又名福建光学仪器厂)。1973年开发生产工业电视配套系列镜头。

1976年,扩建电视光学镜头生产线,生产应用半导体制版镜头、电视摄像镜头、专用显微镜照相机及各种检测仪器等五大类、125种产品。其中大部分镜头和光学仪器生产技术达到或超过国外同类产品水平,填补了国内空白。其生产的产品远销罗马尼亚、朝鲜等国。先后有27项产品分别获得全国科学大会奖和电子工业部、福建省科技成果奖,省部优产品称号,是福建省电子工业骨干企业之一。

二、造纸业

闽北造纸厂 闽北造纸厂是全国三大新闻纸厂之一。1951年筹建,1958年投产,是以马尾松为原料,生产新闻纸为主的制浆造纸大型综合企业,占地面积69万平方米,建筑面积46万平方米,固定资产原值18482万元,有职工4842人,其中技术人员647人,四条抄纸生产线。年产新闻纸币和浆板12万吨,塔尔油、松节油万余吨。低定量胶印星光牌新闻纸创省优。

西芹造纸厂 西芹造纸厂创办于1958年,为全民所有制的小型制浆造纸企业。主要生产书写纸、纸袋纸、打字纸等等。

三、纺织业

闽北针织厂 1966年,上海勤余织造厂为支援福建"小三线"地区的工业基地建设,从上海迁至闽北,更名为闽北针织厂。时随迁职工666人、固定资产184.55万元,厂址选在南平市区东郊安丰桥畔,同年投产。该厂主要原料实行计划供应,从上海调拨,生产棉毛衫裤、针织内衣等产品,填补闽北地区针织业的空白。1967年,完成产值490万元、利润83万元、税金25万元。两年后,利润和税金分别达到158万元和34万元,丰富了国内针织市场,促进了闽北经济的发展。1970年10月,省革委会在筹建闽北纺织厂,将针织厂并入纺织厂。企业合并后,职工人数和生产能力稳步提高。10年后,年产量从337万件增至800万件。

四、建筑、化工

闽北水泥厂 该厂是福建省五十年代建成的第一家水泥厂,是省级首家产品全优企业。主要生产"五羊牌"水泥,产品曾获国家金质奖,生产"武夷牌"425R、525R普通硅酸盐水泥,获省优产品奖。目前产品50%外销。

闽北铝厂 1958年,冶金工业部和福建省基本建设规划部,拟定在闽北兴建规模为年产5万吨的电解铝厂,系全国新建的十一个重点铝厂之一,代号为613厂。1959年,省冶金工业厅委托沈阳铝镁设计院设计生产工艺。1960年,613厂正式成立,隶属省冶金工业局。第一批设计方案出台,年生产能力5万吨,企业设置动力、机修、运输、排供水、电解、阳极糊、矽铁、小铝、维修等9个车间，分别以101～109为车间代号。①

新中国成立三十年来，闽北人民团结奋斗、艰苦创业、开拓进取，商业贯彻"公私兼顾，劳资两利，城乡互助，内外交流"的政策，逐步建立国营和集体商业，顺利实现了社会主义改造。在当时生产资料匮乏，物资紧缺的条件下，商业实行高度集中的计划经济体制，合理调配资源和分配利益，对于促进闽北的工农业生产，繁荣城乡市场，活跃城乡经济，稳定物价，保障军需民用，积累社会建设资金，完成党和政府赋予商业工作的使命，做出了重要贡献，取得了很大成就。但是，受到当时历史条件的限制，在社会主义改造时期，对农业合作化及手工业和个体商业的改造工作过粗、过快，形式过于简单划一，急于求成；在经济模式的选择和理解上，只注意集体所有制和全民所有制两种形式，不利于进一步搞活商品流通，使闽北商业的发展走了弯路，长期计划经济体制使商品的供应不符合市场消费需求的变化，供求关系矛盾凸显。因此，打破高度集中的计划商业体制，发挥劳动者的主动性、积极性和创造性，拓宽商品流通渠道，促进商品市场繁荣，引导生产结构的合理调整和社会经济的健康发展，调整市场供求关系，不断满足人民日益增长的物质和文化需要，成为一项紧迫的历史任务。为了改变高度集中的计划商业体制给生产、流通和消费的发展形成的制约，充分发挥市场调节的作用，提高人民的生产、生活水平，商业改革势在必行。②

---

① 南平市地方志编纂委员会：《南平地区志》（第二册），北京：方志出版社，2004年，第1014～1018页。

② 南平市地方志编纂委员会：《南平地区志》（第二册），北京：方志出版社，2004年，第529～714页。

第六章

改革开放三十年闽北闽商的复兴

改革开放后,闽北商品经济开始复苏,集市贸易发展;各地乡镇企业兴办;边界贸易和各种专业市场兴起,有力地促进了闽北山区的商品经济发展。党的十一届三中全会后,闽北城乡进行商业体制改革,各地打破了国营独家经营的局面,集体、个体商业获得较快发展。

20世纪90年代后,随着改革开放的不断深入,闽北商业在市场经济体制下更加蓬勃发展,闽北商人和外籍商人在闽北商业活动非常活跃。21世纪以来,闽北商人积极开拓区外商品贸易市场,为闽北商品经济发展开拓了广阔的前景。在商海驰骋中,新一代闽北商人脱颖而出,并形成了自己独特的商业文化特征。

第一节 改革开放中的闽北商业

十一届三中全会后,闽北城乡墟市逐步恢复;集市贸易不断发展;各地乡镇企业兴办;工业品市场发展较快;城乡商业管理、经营体制进行一系列改革,推动了商品经济的发展。

一、改革开放格局下的商业复兴

党的十一届三中全会后,集市贸易迅速发展,成为商品流通中的不可忽视的渠道之一。

(一)农村墟市恢复

粉碎"四人帮"后,墟市逐步复苏。大的市、县一年总计有1400~1500个墟日,小的市县一年也有近1000个墟日。建瓯有14个乡镇,除河东片外,乡乡有墟;多数乡镇一乡两墟,全市有18个墟市,全年有1400个墟日。

1979年上半年,放宽对集市贸易的限制。不仅三类农副产品可以上市,完成收购任务以后的一、二类农副产品,除棉花外也可以上市;凡允许上市的农副产品,除粮、油、烤烟外,经批准均可到外地销售;社、队企业生产的工业品,在完成国家收购任务后,可以上市或到外地销售。

1985年,再度放宽集市管理,农副产品国家定购以外的部分和工业品允许自销的部分,除国家另有规定的个别产品外,都允许上市;凡允许上市的商品,国营、集体、个体商业都可以从事远途运销;农民经批准也可以从事农副产品的长途贩运。全区各处墟市得到全面恢复,同时还增加了一些新的墟场,并仍沿用原5天一墟的墟期。1994年,全区城乡陆续建起较大的农贸市场,城乡集市贸易成交额逐年上升,成为商品流通的重要组成部分。

墟市分为专业墟市和非专业墟市。专业墟市有"牛墟"(也称"牛会")、粮市、纸市、庙会和柴头会。新中国成立后,随着社会主义统一市场的形成,专业墟市大都逐逝消失,只有柴头会和非专业墟市一直保留下来,并得以发展。

1. 牛会

新中国成立前,全区有"牛墟"四处,一处在浦城县西乡,另三处都在邵武,分别在洪墩、和平与城区大同树林下,其中以大同树林下的"牛会"最为热闹,举行的次数也最多。每年自农历四月十五开始为第一次会期,以后接着每月的初一和十五日均为会期,至腊月十五日为当年最后一次,其余三处每年仅举行一次。

邵武城区大同树林下的"牛会"在全区颇负盛名。在八、九月份以废牛交易为主,其他月份以耕牛交易为主。牛贩多从上饶、南丰、黎川、贵溪以及光泽、沿山、陈坊等地把耕牛贩来,其中也有农民赶着自己养的牛来交易的。这些牛除本县农民购买耕牛和回民购买废牛外,还有本省外县的牛贩和农户前来购买。牛会交易的牛多时达千头,少时也有三四百头。交易形式多样,有现金买卖,亦有以牛易牛,各自作价找补差价。

2. 庙会

"庙会"是我区农村集市贸易的一种形式,每年举行一次,一般都在当年的秋后,在香客云集的大型庙宇附近举行。每逢"庙会"举行之际,有连续三天的香会期,举行庆丰收"排果"仪式。在庙的正殿设有宽大的供桌,供桌上摆满人们供奉的各种鲜果及蔬菜等。

3. 柴头会

"柴头会"是我区墟市的又一种形式,崇安县(今武夷山市)每年于春耕前的农历二月初六举行一次。交易的产品以农具和耕牛为主,兼有农副土特产品和日用工业品、家用电器等,在城关地区举行。会期一般为三天,以第二天为会期的高潮。

4. 其他非专业墟市

非专业墟市遍及全区各地,交易的商品类型不受限制。我区地处闽北山区,盛产的木材、毛竹、稻米、茶叶、土纸、笋干、香菇、柴炭、竹器等是墟市交易的主要品种,除此还有肉、禽、蛋、油、盐以及日用手工制品等。

(二)城乡工业品市场拓展

十一届三中全会以后,我区实行"三多一少"的流通体制。全区广泛开展区内外工商、农商、商商、商贸等各种形式的联营联销,扩大了商品市场。随着我区工业生产的发展,地方工业品的经营不断增加,形成了南平、邵武为代表的两个工业品贸易中心,产品销往全国十几个省市及省内其他市县。

1. 南平商业经济中心

1980年以来,南平经济中心开展横向经济联合,商商、工商、商贸等多种形式的联营联销。社会商业蓬勃发展,出现国营、集体、个体、经济联合体等多种经济成分并存的体系。地方工业品销售不断增加,产品销往全国十几个省市和省内其他市县。工业品市场进一步扩大,购销逐年上升。1988年底,地区行署由建阳迁回后,南平又成为闽北的政治、经济、文化中心。

2. 邵武商业经济中心

1980年以来,邵武先后建起了县前街小商品市场、五一九百货大楼,五四路商品一条街,以及新拓宽的华光路商业街。此外,邵武还是省外工业品的主要集散地,在全区的工业品市场上占重要地位,是全区商业经济的重要组成部分。

(三)兴办企业

1. 乡镇企业

1978—1984年为起步阶段。1978年,各县成立社队企业管理局,各公社也相应成立企业站,标志着南平乡镇企业进入起步阶段。1985—1990年为巩固发展阶段,形成一批乡镇骨干企业。1991—1995年为高速增长阶段。广大乡镇企业干部职工按照邓小平南方谈话精神和"三个有利于"标准,推动乡镇企业攀登一个又一个新台阶。1996—2000年为体制转变阶段。乡镇企业经营体制从承包经营向产权制度改革转变。2001—2005年项目开发阶段。2001年之后,项目开发成为推动乡镇企业发展的主要抓手。

总之,乡镇企业自1980年起,鼓励打破地区封锁,部门分割,全区乡镇企业发展联办企业和中外合资合作、独资企业。1984年,农民联户办的股份合作制企业和个体私营企业大量涌现。至1994年,全区乡镇企业有乡(镇)办集体企业、村办集体企业、联户股份制企业、个体私营企业、公司加农户企业、横向联合企业、"三资"企业。1994年,全区乡镇个体私营企业有7.31万个,从业人员15.22万人,营业收入达43.22亿元。从业人数和营业收入两项均占整个乡镇企业的三分之一以上。个体私营企业中,第三产业占52.29%,第二产业占47.71%。1994年,全区乡(镇)办企业2260个,从业人员9.85万人,年产值38.07亿元;村办企业7199户,从业人员12.25万人,年产值34亿元。

2. 横向联合企业

1980年代,地区社队企业局率先与上海县社队工业局创办全国较早跨地区的联合企业——闽沪竹木制品联合公司;其后,各县(市)采取城乡挂钩、山海协作、产品扩散、工贸联营等方式,与国内各地开办联合企业。90年代,随着乡镇企业的蓬勃发展,开始走集约化生产路子,形成规模效益,先后成立各种集团公司。至1994年底,全区组建25家具有特色规模的企业集团,联合区内外209家企业,拥有固定资产1.87亿元,年产值达3.2亿元。

3. 公司加农户企业

1990年代初,闽北出现集体与个体相结合的"公司加农户"的经济类型,是以骨干企业为龙头,带动千家万户农民脱贫致富的一种新途径。全区种植、养殖和加工业方面都有这种类型企业。政和杨源保鲜厂、建瓯小桥食用菌开发公司等,都是公司加农户的种植企业。至1994年底,全区公司加农户企业共有40多家。

4. "三资"企业

改革开放以来,闽北利用开放省的优惠政策和地区资源、劳力、土地以及接近口岸等优势,积极引进外资,发展"三资"企业。1979年10月,邵武水北乡首先以补偿贸易方式引进日本全套木筷生产线,生产日式木筷。1980年代,各县(市)引进"三资"企业达29家,利用外资451.4万美元。1990年代以来,引进外资与日俱增。1994年新引进63家,合同利用外资4075万美元,至年底,全区共引进"三资"企业123家,利用外资5788万美元。其中中外合资企业27家1267万美元,中外合作企业12家532万美元,与港澳台合资企业60家2570万美元,与港澳台合作企业24家1419万美元。

区内乡镇企业的商业贸易始于1970年代末。1978—1980年,地、县(市)两级先后成立供销公司,随后又成立建材、贸易、纸业、矿产等专业公司,为全区乡镇企业提供产前产后服务,组织大量生产所需的原辅材料,直接经营或穿针引线,提供信息,间接推销大量的乡镇企业产品。80年代后,改革开放政策逐步深入,为适应乡镇企业产品流通的需要,在"无商不活"的思想指导下,各乡镇企业管理部门如企业办、企业站或经济联合委员会将工作重点转移到流通方面。除专营销售的商业企业外,很多从事生产的工业企业和农业企业,也办成工贸结合或农工商一体化的企业。个体私营商业从摆摊零售、坐店批发,发展到创办公司,逐步形成乡(镇)、村、联户一起上的局面。至1994年,全区有各种批发、零售商贸企业共2.47万家,从业人员4.94万人,营业收入17.55亿元。其中个体企业2.34万家,从业人数4.13万人,营业收入10.92亿元。

1990年代初,水口电站建成,南平、顺昌、建瓯3县(市)沿江沿溪乡(镇)水上运输业再度兴起。1994年,区内乡镇企业水运主要集中在延平沿江乡(镇),有机动船只39艘、2889吨位。此外,还有2艘载员160人的客船来往于南平、太平之间。武夷山旅游区的星村、武夷二镇则创办两个竹筏公司,供游客游览九曲溪,共有职工126人,年营业收入311万元。

20世纪80年代后,农村汽车运输增多。至90年代,乡(镇)运输企业大量增加,不少乡(镇)成立汽车队、运输公司、联运公司、搬运队等,有的还成立汽车修配厂等。至1994年,全区有乡(镇)交通运输企业980家,其中乡村两级办的150家,联办、户办的830家,职工3892人,运输总量2.93万吨,营业收入达1.48亿元。

20世纪80年代后期,南平、建瓯、武夷山等市因库区搬迁、旧城镇改造、旅游区建设,房地产业逐渐兴起。延平的夏道、来舟、西芹、东坑等乡(镇)均创办有房地产开发公司,建瓯芝城镇的房地产开发成为该镇的支柱产业之一。

仓储业于20世纪80年代兴起。闽北乡镇企业木竹经营量大,各县(市)企业局在铁路沿线车站兴建一批货物储存转运仓库,为乡镇企业产品外运和原材料调供短期储存服务。从浙江贺村站起,包括光泽、邵武、顺昌至南平的10多个火车站点,地、县(市)二级供销公司共建立中转站机构和仓库20多个。地区建筑建材公司还在上海龙水路设有地板木储存仓库。仓储企业为数虽不多,但对乡镇企业的发展起到重要作用。

修理行业随着社会经济的发展和人们生活方式的改变逐步消失。补鞋修伞等已日渐减少,修理家用电器、自行车、摩托车等的则大量增加。

生活服务业中最普遍是理发业。全区乡(镇)理发业据不完全统计有400多家,另外也有少量洗染、摄影店等,个别地方还办有桑拿浴。文化生活服务的企业有电影院、放映队、俱乐部、旱冰场、录像厅等。为行车服务的有加油站、加水站、洗车场、停车场、补胎店,特别是补胎店,公路沿线每隔20~30公里便有一家汽车补胎店。

据统计,1994年,全区乡(镇)共有各类社会服务单位9797个,从业人员2.02万人。除房地产、仓储业及一部分文化娱乐业为集体经营外,其他绝大多数为个体劳动者所经营。

(四)乡镇企业管理与革新

1977年11月1日,正式成立建阳地区社队企业局,由地区工交、农林两组共管,时有人员5名。1978年7月,改称建阳地区人民公社企业局,并划归农口领导。1982年1月设人秘、生产、计财3个科,人员共30人。1983年11月,与地区供销合作社合并,改称建阳地区供销合作社联合社。1984年5月,撤销合并机构,恢复地区人民公社企业局。同年9月,改名建阳地区乡镇企业管理局。1989年1月,地区行署驻地迁南平,改称为南平地区乡镇企业管理局。

1. 乡镇企业经营管理

中共十一届三中全会后,全区乡镇企业开始试行各种形式的承包经营责任制。1984年,闽北乡镇企业开始实行股份合作经营。股份合作企业既包括农民联户合资新办的股份合作企业,原有乡(镇)、村集体企业改制的股份制企业,也包括中外合资、国内横向联合企业。

至1994年,全区乡镇集体企业实现承包责任制的约占总企业数的95%以上,一部分县(市)达98%。承包经营责任制的形式主要有:企业全员承包,定利润基数、超额分成,定额包干、全奖全赔,按收入比例分成,费用包干、自负盈亏,定上交管理费,租赁转让等。

1986年,国务院颁发《关于加强工业企业管理若干问题的决定》,以提高产品质量,降低物资消耗,增加经济效益等,为考核企业管理水平的主要指标,并分设国家级和省级先进4个等级,作为企业管理水平的档次标志。1990年7月,根据《福建省乡镇企业系统企业升级实施办法(试行)》,对一时达不到国家规定等级的企业,设立省级、地(市)级、县级乡镇企业过渡性台阶,使所有乡镇企业都能从各自起点走上升级轨道。1988—1994年底,全区乡镇企业分别经省、地各级有关管理部门按照规定标准、考评程序等要求认真审评,有12个企业被评为省级先进企业,有70个企业被评为省级先进乡镇企业,有33个企业被评为地区级先进企业。

2. 乡镇企业的创优达标

1989年,全区开始在规模较大的乡镇工业企业实行标准化法。每年对主要产品进行一次认真的质量监督抽查。地区乡镇企业局建立质量检测站,承担部分产品的报检质检工作。对一些没有国家、部门标准的产品,督促协助制订本企业标准。全区在建材、食品、轻工、机械、化工、电器等重要行业,制订企业标准。有的企业还制订高于现行标准的内控标准。通过加强质量管理,推动全区乡镇企业陆续出现一批名优获奖产品。至1994年,全区获国家级奖励的国优产品有1个,获部优称号的产品有6个,获省优称号的产品有10个。同时涌现一大批创新产品,经省以上鉴定的一类产品60个(其中有22个属国内首创,34个达到国内先进水平,4个为国内平均先进水平),二类产品1个,亦属国内平均先进水平。

(五)边界贸易兴起

改革开放以来,边界贸易有了很大发展。1985—1991年,浦城、光泽、邵武、武夷山、松溪、政和等边界六县(市)的边界贸易成交总额达31.01亿元。边界贸易内涵不断延伸,突出表现为五个明显变化:一是从小规模的自发边民互市转变为以国合商业为主、有一定规模的商品交易;二是从单一品种的农副产品现货交易转向多品种、现货与期货相结合的商品交易;三是从单纯的物资交换转向商品交易带动资金、技术、人才、信息全方位的边界开放与合作;四是从毗邻省之间的双向交流转向跨地区、跨省,甚至跨越国界的多向交流;五是从零星分散的简易的初级市场发展为相对集中、有较高层次、功能较为完善的批发交易市场。边界贸易已逐步成为我区地方经济发展的一个重要组成部分。为培育市场体系,适应市场经济的发展需要,1992年,南平地委、行署决定建立以浦城、武夷山、光泽、松溪、政和与浙、赣边界相联结的具有闽北特色的边界贸易走廊。

1. 浦城边界贸易市场

1985年开始,浦城每年都坚持春、秋两季举办大型边界贸易商品交流会。1990—1992年,边贸会还升格为行署与浦城县政府联合举办,规模声势进一步扩大。1992年举办的第十四届边贸交易会吸引了国内26个省市、港澳台地区及澳大利亚、日本、法国、荷兰等近4000家单位的客商8000多名,购销总额达20760万元。

为了拓展边界贸易,1987年以来,浦城与浙江江山、江西广丰、玉山联合成立了由国营商业部门组成的"闽、浙、赣"三省边界地区商业贸易促进会。建成百货、纺织、五交化、食品、副食品、服务旅游等企业集团。这些集团的各成员相互联合举办商品展销会,调剂商品余缺,同时开展物资串换和信息交流,形成了一个以国营商业为主体,工贸结合的浦城省际边贸据点。浦城还先后在广州、佛山、北京、温州、上海等地建立60多个贸易窗口,一方面将我省地方工业品、进口商品、农副土特产品向省外辐射,同时也将省内急需的紧俏物资采购回来。

改革开放以来,浦城边贸市场呈现"买全国、卖全国"的特色。边界贸易成交的商品范围十分广泛,有工业品、农副土特产品、粮油制品、中西药材、机电物资;有省内外各地新特产品,也有赣、浙、沪地的名牌产品,有进口商品和侨乡特区的"小洋货",也有地方工业品。在交易形式上,大宗商品和期货成交日趋活跃,已占成交额的一半以上。为适应日益发展的边界贸易需要,1985年以来,浦城县专门用于边贸交易的商业网点设施的建设也取得了令人瞩目的成绩。城关地区建起了商业贸易、供销、工商、烟草、乡镇企业为主的、建筑面积为16115平方米的新大楼区,成为边界贸易的活动中心。此外,全县还开辟十个边界农贸市场和粮食、木材、柰果、烟草、竹类、蔬菜等六个专业市场。

2010年11月20日,第三届浙闽赣边际县域经济协作区会议①在浦城县召开,来自浙闽赣三省边际的江山、龙泉、遂昌、广丰、玉山、浦城等六县(市)的部分党政领导及相关部门负责人共商"加快县域合作,推动跨越发展"大计。协作区六县(市)代表先后签订《浙闽赣三省边际县域经济协作区共建国家级现代林业示范区(海峡西岸现代林业合作区)意向协议》、《广丰县与浦城县关于公路交通发展合作框架协议》、《江山市与浦城县关于合力争取浦城至江山铁路项目协议》、《龙泉市与浦城县关于共同推进龙泉至浦城段(衢宁铁路与浦梅铁路连接线)铁路建设前期工作合作框架协议》,并确定浙江省龙泉市作为第四届浙闽赣边际县域经济协作区会议承办城市。

2. 光泽边界贸易市场

随着"改革、开放、搞活"方针的贯彻,商品经济的不断发展,光泽县充分利用边界地理优势,大力发展边界贸易,扩大边界贸易市场。采取巡回流动批发、送货上门以及批发价倒扣等措施,使边界贸易市场更加活跃。1992年12月,光泽县举办了首届边界贸易交易会。来自5个国家、地区和国内10个省市的500余位客商参加了边贸会;成交商品总额达1.2亿元,成为仅次于浦城的我区边界贸易重点县市。

(六)物资交流会的繁盛

党的十一届三中全会以来,发展商品经济,促进城乡内外物资交流和地方经济的发展形成气候,我区各级政府均把物资交流会作为搞活流通的一种形式,十分重视这项工作。各县市的城区、乡镇普遍定期或不定期召开物资交流大会。1986年6月,浦城召开了首届工业品贸易市场展销会。参加展销会的有闽、浙、赣、皖、苏、沪、鲁等省市共63个单位,展出商品9000多种,成交金额达153万元。1987年,建瓯在县城举办规模盛大的城乡春季商品交易大会。建瓯县商业系统参展的八个公司总成交额307.62万元,占总成交额的42.19%。1986、1987年,建阳城关在水东农贸市场召开了建阳县横向经济联系交流会。每年农闲时,建阳都召开一两次物资交流会。

1985年开始,横向经济联合方兴未艾,在我区商业主管部门的牵头下,闽、浙、赣、皖四省九地市商业局就轮流举办一年一次的四省九地市商品交流会达成协议。1986年1月,首届交流会在我区的南平市举行。参加交流会的有浙江省的金华市、衢州市、丽水地区;江西省的上饶、抚州地区、鹰潭市、景德镇市;安徽省的黄山市及福建省的南平地区。

---

① 龙泉新闻网,2010年11月21日,http://lqnews.zjol.com.cn/lqnews/system/2010/11/21/012924569.shtml。

至1992年四省九地市商品交流会已举办了八届,成交总额约4.8亿元。

二、各县市商业机构的职能转型与商业政策的变化

(一)这一时期南平及各县市的主要商业政策

中共十一届三中全会以后,经过拨乱反正,南平地区城乡进行商业体制改革,贯彻调整国民经济"八字"方针,实行对外开放、对内搞活的经济政策,经济焕发了活力,市场日益好转和发展。

1979—1980年,探索建立多种经济形式、多种经营方式、多条流通渠道、少环节的新流通体制,允许企业在当地二级站供应货源不能满足的情况下,跨县跨区采购商品;同时改革工业品统购包销、大包大揽的购销政策,分别实行统购、计划收购、订购和选购等4种商业购销方式和允许工业部门自销政策,流通开始活起来。

1981—1986年,南平地区商业体制改革,从局部试点、单项配套改革逐步转为面上实行多形式的改革探索,全区商品流通冲破固定供应区划、固定供应对象的限制,实行除计划商品外,允许批零企业按照经济合理原则,自由选点,扩大地区之间、省与省之间的商品交流。同时继续扩大产品就地直拨品种和厂店、厂司直挂范围,减少不必要的中间环节,并注意协调工商关系,发展横向经济联合,1986年在全国各地建立了150个窗口,与外地联合办厂,开店126家,有556家企业参加横向联合,其中在区内联合的有242家,在省内跨区联合的有100家,与省外联合的有197家,与港商合资合作经营的有17家。同时积极支持集体、个体商业发展,发挥他们的助手补充作用。农村工业品市场主要依靠供销社疏通工业品下乡渠道,采取下伸设点国合联营、委托代销等方法,运用主动、灵活的经营策略,采取"打进去,请进来,走出去,联起来,伸下去,争过来"的经销方式,利用签订数,采取让利多销、灵活作价、优质服务等促销手段,发展横向联系,拓宽购销渠道,密切同农村各种商业的供销关系,开拓农村工业品市场。

1989年,全区商业、饮食业、服务业网点34793个,人员66106人,平均每万人有127个网点,比1978年增长6.8倍。全区社会商品零售额19.72亿元,比1952年增长31.3倍,平均每年增长9.6%;全区商品纯购进总值(向商业系统外购进的商品总值)13.06亿元,比1952年增长43倍,平均每年增长10.2%,其中国合商业农副产品收购总值5.43亿元,比1952年增长22.7倍。值得一提的是,经过十年努力,南平地区副食品基地建设蓬勃发展,至1989年底,全区10个县、市都建立自己的商品猪基地,扭转了长期以来"吃肉靠浙江"的状况。1985年起,全区不仅实现生猪自给,每年还可外调2万余头,支援福州等兄弟地区。常年蔬菜基地已有15300亩,年提供各类鲜菜106万担,丰富了群众的菜篮子。

南平地区出口商品生产,品种由少到多,规模从小到大,出口商品结构逐步由农副土特产品为主向工矿产品为主发展。1989年,全区外贸收购总值17557.57万元,比1978年增长6.5倍,其中工矿品收购总值7391万元,比1978年增长15.1倍。工矿品出口在

外贸收购总值中的比重由过去的10%左右上升到现在的43.1%。1979年至1989年,全区累计签订利用外资合同金额1023万美元,实际利用外资360.8万美元。至1989年底,全区有"三资"企业15家,年末固定资产原值为3437.35万元。

(二)商业企业经营体制改革

1. 经营责任制

进入80年代以后,我区国营商业率先在小型零售企业以及饮食服务行业推行以改善企业经营管理为中心的经营责任制,使企业的责、权、利得到相对的结合。此后,尤其是1983年全国实行第二步利改税后,全区商业企业均不同程度实行经营责任制或目标管理责任制。

2. 租赁制

租赁制是在经营承包责任制基础上发展起来的主要针对小型零售企业的改革,其目的在于进一步搞活小型企业,提高服务质量。我区从1987年起贯彻国务院(1985)6号和福建省政府(1986)72号文件,并在全区范围内开展"改、转、租、并",促进国营小型零售企业放开经营这一工作。各县对实行"改、转、租、并"放开经营的国营小型商业企业进行逐一审批,全区实行"租赁经营"的共有313家,实行"国家所有、集体经营"的有76家,改为集体所有制的24家。

3. 承包制

1987年起,我区在全区73个大中型企业中广泛开展第一轮商业企业经营承包责任制(以下简称承包制)。第一轮承包从1987年开始,至1988年底全区73个大中型商业企业已承包69个,占企业总数94.5%,承包难度较大的食品、蔬菜、商办工业已达10个,占总数的71.4%。

部分商业企业在承包租赁基础上,采取公开招标、兼并等手段,大胆引进人才,引进管理,从而进一步完善内部经营机制,使承包制日趋完善。1991年全区商业企业第二轮承包开始,截至1991年底,全区第一轮承包商业企业中共有81家顺利进行了新一轮承包。

4. 股份制

南平五交化站是我区第一家试行股份制的商业中型企业。股份制探索始于1985年以后,我区各商业企业普遍认识到只有打破条块分割和地区封锁,实行横向经济联合,才能在竞争中得到发展,在此背景下,1986年6月13日成立横跨六个地区、二十一个县(市)公司的"福建省南平五交化经营协会"。

随着改革不断深化,"协会"的局限性日益明显,1987年1月经南平市政府批准,并于同月15日正式成立南平五交化批发股份有限公司,股份公司有国家股、企业股、个人股,三者融合的混合型所有制结构,组成了命运共同体,提高了主人翁的责任感。1988年股东红利率平均达28.81%,比上年20.9%增长39.18%,职工个人股红利率也达到28.6%。

5. 中外合资经营

1985年1月成立的福建省武夷山建大旅游服务公司是我区第一家中外合作经营企业。1992年9月成立的福建省南平建大贸易有限公司是我区第一家中外合资批零合一企业。1992年12月成立的福建省南平宏兴食品工业有限公司是我区商办工业第一家与外方合资生产并经营的商办厂。

(三)县市国营或者民营企业、乡镇企业的个案简介

1. 延平区乡镇企业

中共十一届三中全会后，特别是1983年12月，中共中央全国农村工作会议后，中共南平市委、市政府高度重视社队企业的发展，农民办企业的范围已不局限于社队两级，个体和联户办企业亦受到鼓励和支持。以过去的南平市（现延平区）为例，其社队企业蓬勃发展。当年全市农村创办个体和联户企业46家，创产值193万元。

1984年，改变政社合一的人民公社体制，建立乡（镇）人民政府；撤销生产大队，建立村民委员会。原有的社队企业归乡（镇）或村民所有。乡镇中开始出现农民联合集资或个人筹资办企业的热潮。当年，社队企业（不含延平公社企业）发展至1624家，比1978年增加793家，企业产值达7522万元，比1978年增加994万元。但此时的个体企业或联户企业均打着"社队企业"的牌子。同年9月，建阳地区在邵武召开全区乡镇企业工作会议，会后南平市（今延平区）成立乡镇企业领导小组，做出"一手抓乡办，一手抓村办，农工商一起上，乡镇企业打头阵；一手抓骨干，一手抓分散，集体个人一起上，四个轮子一起转"的重大决策，给予乡镇企业优惠政策，并多次组织外出参观学习"温州模式"、"苏南模式"、"晋江模式"和"闽南模式"，全市形成大办乡镇企业热潮。至1987年，全市（延平区）乡镇企业已发展至3876家，吸收农村富余劳力44118人，乡镇企业总产值17477万元。工业企业的发展步伐最快，1987年工业产值达9854万元，占乡镇企业总产值的56.38%；每年创造利润、积累资金1600万元，为农村公益、教育事业和以工补农提供资金550万元。乡镇企业的发展使不少农民走上富裕之路。

为扶持乡镇企业，中共南平市委、市人民政府及时做出"五少五多"（少收费多赞助、少挑剔多保护、少扯皮多帮助、少设卡多开路、少空话多服务）的决定，下发中共南平市委（1988）2号文件，端正对乡镇企业的认识，再次确认乡镇企业在农村经济中的重要地位和作用，并相继印发"五个十条"的文件。乡镇企业开始逐步走上管理上台阶、技术上水平、质量上档次、企业上规模，提高经济效益的"四上一提高"的发展轨道。

1990年，全区乡镇企业创产值44634万元，其中工业产值24096万元，实现税利同步增长，出口创汇达1919万元。涌现出一批骨干乡镇、骨干村和骨干企业。三年间，全区乡镇创办"三资企业"（外商合作、合资、独资）6家，总投资240万美元，其中利用外资105万美元，引进先进设备195台套。乡镇企业的产品质量亦不断提高，涌现出一批优质产品和新产品。全区乡镇企业共获省优产品4个、部优产品2个、全国轻工产品博览会银质奖1个。农村的竹木加工、造纸、建材、食品饮料等工业已发展成为乡镇的四大支柱行业，电力、化工、针纺、机械等工业则成为乡镇的龙头行业。

2. 南平百货采购供应站

该站成立于1956年。1979年"百纺站"撤销站制,百货业务隶属邵武百货站,称邵武百货站南平地产收购调拨组。1984年改称为邵武百货站南平经理部。1985年2月重新恢复站制,同时下放南平市商业局管理。1989年1月,随着建阳地区搬迁南平,南平百货站重归地区商业局管理至今。该站从1956年成立至1985年,其业务经营方式是以调拨为主,批发为辅。1985年后,该站采取了形式多样的经营方式,并于1990年9月建立了一个中型零售商场。

3. 建瓯市齿轮厂

1970年创建,国有企业,占地8.4万平方米,建筑面积3.38万平方米。1989年前主产品被评为省优产品,"金瓯牌"东风—12型手扶拖拉机齿轮1991年获部优产品称号,1990年被机械电子工业部评为"安全级"企业,同年评为国家二级企业。1992年被省划分企业协调小组划分为中型(二档)企业。2001年12月建瓯齿轮厂关闭,2002年解体。

4. 邵武市商业局

1985年根据地委、行署有关商业批发体制改革的决定,邵武百货站、纺织站、五交化站、糖酒医药站等二级批发站下放邵武市商业局管理。1997年,撤销市商业局,成立商业集团公司。2000年,撤销商业集团公司。2002年4月,成立邵武市经济贸易局。至2005年,机构不变。

1990年,邵武二级采购供应批发站有百货、纺织品、副食品、五交化、医药等专业公司,隶属于南平地区商业局。1992年起,国营商业安排的计划商品基本取消,该站各专业公司先后改制。至2005年,各专业公司改制完毕。

1989年4月,邵武市物资局实行政企机构分设,成立市金属材料公司、市机电设备公司、市化工建材公司、市物资再生利用公司。2001年后,物资局所属企业先后停业。至2005年底,只有市久安民爆有限责任公司和市物资再生利用公司仍在营业。

第二节 市场经济体系下闽北闽商的发展

随着改革开放的深入发展,闽北在市场经济体制的运作下,各县(市)的企业进行改制,促进了生产,焕发出勃勃生机,出现了许多驰名中外的名牌产品。闽北商品市场不断增加,并更加完善。

一、各县市构建市场经济

这一阶段,我区开始了社会主义市场经济建设的积极探索。

1990年代后,随着改革的深入,企业改制大面积展开。以光泽县为例,全县国营企业、集体企业生产经营陷入困境。2000年县政府制定《光泽县人民政府关于国有、集体工业企业改革的意见》。该县企业改革的基本原则是:按照国家"抓大放小"的改革总体思路,本着"三个有利于"原则,以企业体制创新为目标,以改革企业产权、人事、分配制度为突破口,大力实施"以退促进"战略,将国有、集体企业退出经济序列和竞争领域,转向大力发展非公有制经济,解除现有国营、集体企业职工劳动关系(合同),认真组织实施再就业,推行以劳动合同管理为主的用工制度改革,逐步形成产权多元化、企业用工合同化、企业分配多样化的格局。乡镇企业改革由各乡镇负责实施,此项工作已于2003年基本完成。企业的改制,进一步促进了生产,焕发了生机。

1. 经营体制改革

1991年1月,南平市委颁发《关于发展工业的十条规定》,按照所有权与经营权分离的原则,以承包经营的形式确定劳动者与企业的责、权、利关系,全面推行全员风险承包机制。并建立5万～10万元不等的企业承包风险金,健全双向双层承包,上下连锁制约的集体承包经营机制。

1992年3月,省股份合作制理论研讨会在延召开,这次会议对南平市的股份合作制改革起了很大的促进作用。5月,省体改委批复同意在二轻系统及街道工业企业推行新型股份合作制。当年,南平叉车总厂等35家企业率先实行风险抵押、集体承包制;南平针织总厂等企业实行了单个车间或单个工种的招标抵押承包。

1993年,市政府制发《关于国有(集体)企业实行公有民营试点的暂行办法》,对小型国有企业和部分集体企业进行公有民营改革试点。同年8月,南平双福进口汽车维修中心与市经委签订"国有民营"承包合同,自此,南平首家国有民营企业正式运转,实现所有权和经营权分离。同年11月,延平区属工业主管部门又分别与南平被单厂等9家国有(集体)企业签订"国有民营"经营合同,扩大公有民营试点,占区(市)属国有工业企业总数的14%。1994年,延平区二轻系统根据建立"产权明晰、责权明确、政企分开、管理科学"的现代企业制度的要求,组建成立了3家有限责任公司。对资不抵债、无力清偿到期债务的市民用五金厂,实施破产。

1996—1999年,由市经委下放回延平区的10家国有企业实施破产、租赁、承包等改革举措。其中,南平一印公司等7家企业对外租赁承包经营;1997年,无线电一厂关闭停产;1999年,食品厂关闭停产。同年,南平彩釉砖厂破产。

2. 产权制度改革

1991—1992年,市下文《关于进一步搞好工业企业的十二条规定》,探索股份合作制改革。实行劳动联合和资本相结合的办法,企业将一部分存量资产量化给职工,作为职工的基本股,同时职工以个人名义投资入股,按股分红、利益共享、风险共担。把原有集体企业改造成内部职工持股的股份合作制企业,从改革产权制度、明晰产权关系入手,企业设立董事会和股东代表大会。期间,市电器厂首家推行股份合作制改革,入股总额98.22万元,在实行股份合作制的五年时间内(1987—1992年),工业产值平均年递增9.3%,税利平均递增15.14%,被省二轻厅评为"深化集体企业改革先进企业"。

1994年,市下发《关于加快建立现代企业制度综合配套改革的若干意见》,采取分类指导、多种形式转建机制,鼓励有条件的国有企业逐步建立股份有限责任公司,转制成以法人持股、内部职工持股、股份合作、中外合资等多种形式的股份制经营机制。当年,成立国有股份制企业南平电缆股份有限公司、南纺股份有限公司等5家,股本共1.8亿元。同年,乡镇(街道)集体企业进行中外合资、股份合作等形式改造。

(1)新型的职工劳动关系:1996—2000年,深化企业产权制度改革,建立新型的职工劳动关系。2000年3月,省政府将延平区列为"促进国有经济布局调整,促进国有企业战略重组"试点城市之一。对资源枯竭,污染严重,产品无市场以及长期亏损、扭亏无望的企业实行关闭。是年,南平食品厂土地、厂房整体转让给南平源圣房地产公司,转让资金302万元,按"退二进三"的办法,安置分流职工274人,其中解除劳动关系173人;南平金穗化工厂变卖非经营性资产70万元,同时,省经贸委下拨化肥企业结构性调整补贴款100万元,市、区财政配套30万元,共计200万元,用于解除135名职工与企业劳动关系;10月,南平无线电一厂整体出售给省电信公司南平线务局,将出让金585万元安置分流职工397人。

2001年,南平酒厂关闭停产,厂房、土地作价300万元由市土地收储中心收购,当年与106名职工解除劳动关系。同年,南平蜂窝煤厂停产,变卖车间、厂内机械设备共64万元,与56名职工解除劳动关系;南平彩釉砖厂整体出售给南平元力活性炭公司,所得出让金260万元,用于110名职工与原企业解除劳动关系;南平火柴厂因产品市场无销路关闭停产,至2003年,火柴厂整体出让给南平市高新技术开发区,市高新技术开发区承担火柴厂280万元债务,另负企业360万元,用于安置分流职工536人。

2003年6月,西芹纸厂关闭停产,厂房、设备、土地出售给私营企业南平恒大米业公司,获出让金430万元,与312名职工解除劳动关系。至2005年底,由南平市下放回延平区的10家国有企业关闭8家,涉及职工2157人,解除劳动关系1789人。关闭成本1740万元,其中,安置费2100万元。

(2)对外租赁:1991—2005年,对外租赁国有企业2家(南平第一印刷有限公司、南平墙地砖厂)。1995年,南平墙地砖厂停产,厂房及设备全部对外租赁经营,117名职工安置在租赁企业就业。2001年,南平一印停产,变卖部分资产还债,剩余车间对外租赁,安置251名职工就业。

(3)收购:1999年,华孚电器有限公司收购南平电镀厂,投资1000万元建设集成电子生产线。2000年,鸿志兴包装彩印公司收购南平装潢厂设备,投资650万元,兴建彩印包装生产线。2001年,南平元力活性炭收购南平彩釉砖厂土地,投资600万元,兴建活性炭生产线等。

二、部分县市招商引资活动及商业贸易

(一)延平

1. 1991—2005年历年招商引资活动及商业贸易

1991年,"9·8"厦门投资贸易洽谈会(以下简称9·8贸洽会)上,延平共推荐55个项目,其中列入省库区项目10项,地区库区项目20项,首次推出金山、康乐里综合大楼

等房地产开发项目3项,承包或对外转让的企业13家,划出十里庵"花果山"等7幅国有土地实行使用权有偿转让。厦洽会累计签订投资项目14项,总投资5269.2万美元,签订协议、意向8项,利用外资413万美元,补偿贸易协议1项,总投资398万美元,利用外资分别被省和地区评为各县市区第一名。全年三资企业完成产值1亿多元,首次突破亿元大关。

1992年,走出去主动与外商对接,全年派出9批30多人前往港、澳、新加坡等地务实招商。厦洽会中签约合同23项,总投资5338.2万美元,利用外资1891.15万美元;签订协议6项,有1项升为合同,总投资2522万美元,利用外资1662.52万美元。

1994年,实施"立足港、澳、台,巩固东南亚,开拓日欧美"策略;做到"四个结合",即境外招商与境内招商相结合,集中组织与单独活动相结合,综合性与行业性相结合,招商洽谈与成果落实相结合。闽南招商,共签订合同、协议42项,总投资1.4亿元,区外资金1.02亿元。境外招商,共签订合同、协议24项,总投资6198万美元,利用外资4941万美元。"9·8"贸洽会,共签订项目28个,总投资5412万美元,利用外资4292万美元;内联项目14项,合同利用区外资金3593万元。

1996年,实施"北上南下、东进西出,全方位招商引资"、"大中小项目一起上,港台侨外都欢迎"满天星战略,新批外商投资企业27家,总投资1713万美元,合同利用外资1581万美元;实际利用外资1420万美元,比1995年增长1.4%。12月8—9日,举办撤市设区后规模最大的对外经济贸易洽谈会"96延平区山海协作洽谈会",共签约合同、协议、意向书51项,总投资额4.06亿元,引进区外资金3.11亿元。

1998年,市区两级联手,共同研究招商方案,共同合作开发,共同推出项目,精筛储备项目120项,六大类:即农业、工业、能源、旅游、房地产和企业拍卖转让。组织参加全省性招商、境外招商和山海协作招商等活动。香港、福州招商共签约合同项目11项,投资总额1074万美元,合同利用外资855万美元;98中国第二届外商投资贸易洽谈会签订合同10项,总投资1327万美元,合同利用外资1213万美元。

1999年,在"5·18"洽谈会上,签订利用外资合同12项,总投资2724万美元,合同利用外资2592万美元,签约项目有房地产开发、纺织业、石材开发、天宇天然咖啡因等;内联项目9项,合同利用外资749.61万美元,涉及项目有电力开发、速冻菜、软包装笋等;贸易成交金额219.5万美元;"5·18"项目落实率达70%以上。"9·8"第三届中国投资贸易洽谈会上,签约利用外资合同7项,总投资1235万美元,合同利用外资1100万美元。

2000年,项目策划和推介在建项目20项,在谈项目16项,意向项目9项,可推出项目18项。项目有品牌产品、特色农业、创汇农业、竹木产业、观光农业、旅游业、绿色食品等。参加闽台农业综合开发招商,"7·28"旅游招商,"9·8"国际贸易招商,全省农林产品交易会等招商活动。

2001年,"5·16"武夷国际旅游投资洽谈会签约外商投资项目5项,总投资1584万美元,合同利用外资1310万美元,欧美投资首次超过港澳台与东南亚。

2002年,"5·16"武夷国际旅游投资洽谈会共签约外商投资合同项目8项,总投资

4392万美元,合同利用外资1700万美元;协议项目3项,总投资988万美元,利用外资616万美元;意向项目1项,总投资30万美元,利用外资30万美元。

2003年,对《延平区对外招商项目册》重新策划包装,重点推出竹木加工、食品加工、旅游、矿业、针纺和园区等六大类项目,参加9场招商活动,共签约合同项目20个,总投资5496万美元,合同利用外资4462万美元;意向项目23个,总投资6.25亿元,意向外资2138.5万美元,意向内资3.63亿元。

2004年,实行专题招商、委托招商、网上招商、业主招商、交友招商等多元化招商引资形式,开通延平招商网,开展8场外出招商活动,同时派出招商小分队,到广东、闽南、浙江等地开展招商活动。8场招商活动共签约合同外资项目25项,总投资8844万美元,合同利用外资6175万美元,意向外资项目3项,总投资4930万美元;签约合同内资项目18项,总投资6.096亿元,内资意向项目12项,总投资4.94亿元。

2005年,继续以小分队招商为主,招商区域以"3省8地"为重点,即福州、泉州、厦门、温州、台州、义乌、深圳、东莞地区。"5·16"第八届武夷国际旅游投资洽谈会期间,共签约10个合同外资项目,总投资6719万美元,合同利用外资4423万美元。与台湾、香港等地客商达成6个意向外资项目,项目涉及农业、旅游、房地产和针纺等行业,总投资2600万美元。"9·8"国际贸易投资洽谈会上,推出编织服装、旅游、西区开发、工业用地等10大类71个招商项目,签约6个合同项目,合同利用外资5075万美元。

2. 延平区第一至三届项目成果对接情况

2003年,举办第一届"6·18"项目成果交易会。为促进科研成果转化为现实生产力,区政府召开了3次专题会议,成立了区项目成果推介工作领导小组,依托区发展改革局设立项目成果推介工作办公室。该届"6·18",组织24家企业参展、300多人参会,全区项目成果对接50项;征集技术需求16项。有4个项目获得省上项目成果转化资金扶持,金额达180万元。

2004年,第二届"6·18"项目成果交易会全区项目成果对接数67项,其中项目成果对接55项,技术需求对接12项;征集技术需求25个。已有31个项目动工建设,其中12个项目投产,18个协议项目提升为合同项目。项目总投资6.91亿元,已完成投资1.86亿元。

2005年,第三届"6·18"项目成果交易会上,延平区共组织120多家企业、近300人参加,共对接项目82项,比上年多15项,占全市近五分之一,总投资16.71亿元,其中项目成果64项,企业技术需求对接18项,5000万以上的重大项目成果对接8项,投资额6.46亿元。征集人才需求33人,还征集技术难题33项,比上年增加8项。有14个项目获得省"6·18"促进项目成果转化资金的扶持,扶持资金达355万元。

2005年,第三届"6·18"项目成果交易会后,区政府在上海举办"2005年延平区(上海)科技成果对接暨项目推介会",组织区有关企业参加推介会,与复旦大学、上海交大等高校、科研院所达成17项企业技术需求和项目成果对接意向,取得了很好效果。

3. 招商引资优惠政策

2001年6月5日,出台《南平市延平区人民政府关于印发〈南平市延平区鼓励开发建设工业园区暂行规定〉的通知》(延政〔2001〕综字58号)。

2002年5月14日,出台《南平市延平区人民政府关于印发南平市延平区开发建设无费工业园区的暂行规定的通知》(延政〔2002〕22号)。

2003年5月29日,出台《中共南平市延平区委南平市延平区人民政府关于印发进一步优化投资环境促进工业发展实施细则的通知》(延委〔2003〕38号)。

根据以上政策,对工业投资项目(含工业园区和园区外投资3000万元以上的项目)降低工业投资项目行政门槛。对新上企业,增资、扩建、改建项目免收森林植被区本级行政事业性收费等27项涉及市级部门的收费。优惠收取新增建设用地有偿使用、企业注册登记费等8项收费。省市中介技术服务机构收费项目按省定标准或2002年南平市场实际发生标准(两者中取低者)减半收费。同时,实行工业投资项目"综合告知承诺制"。对工业投资项目,由区工业园区管委会或延平区经济(投资)服务中心,无偿代办从企业设立到开工建设的各种证照和手续。为投资者提供93个项目的办证"一条龙"服务,提供投资前的信息、政策、程序咨询,投资过程中的"全程一站式"和"保姆式"服务,投资后的"110"式跟踪服务,对投资项目全面实行联审联办。

(二)建阳

建阳招商局成立于2006年9月。根据市委、市政府的安排外派了上海、温州、丽水、福州、厦门、广东六个驻外招商组,各组人员基本于2006年10月到位并开展工作,当年上海、温州、福州、厦门因有一定的基础,就取得了一定的成绩。2007年,共引进项目19项,合同利用资金11.88亿元,总投资2000万元以上项目17个,其中总投资亿元以上项目4个。

2008年各驻点充分发挥驻外招商机构的作用,捕捉各种投资信息,广泛推介建阳的投资环境,扩大建阳的知名度,在各驻外点的牵头下相续成立了上海、福州、厦门的建阳商会,上海还成立了党工委,这些措施都极大地增加了对外招商的力度。

2009年共引进93个项目,在项目的结构上有了较大的改善,服务行业占了一定的比例,其中旅游行业占据较大投资的比重。2010年年底,已完成54项(其中过亿项目6项),总投资52.208亿元人民币,其中房地产22亿。注册资金达14.982亿,其中生产型企业注册3亿的1个,房地产注册1.2亿1个,服务型企业注册1亿1个。

(三)顺昌

在发展对外贸易的同时,招商引资也渐见成效。据统计,1990—2005年主要年份(1991年、1992年、1996年资料不全未予统计)累计新批外商投资企业169家,实际利用外资累计14811.52万美元,其中2005年实际利用外资2175万美元,是1990年35万美元的62倍。

三、产业特色发展之路及闽北商业教育的转型发展

(一)光泽县特色产业发展之路

进入21世纪,光泽县逐步形成了四大特色产业:工艺箱包、竹木加工、矿产加工、生态食品,四大产业工业产值占全县工业总产值的95%以上。近年来,光泽县将区域功能定位为"可持续发展的特色产业生态经济区",并在特色的产业经济方面开拓,大力建设"中国生态食品城"。光泽县突出转型升级,构建生态食品城产业支撑。① 注重抓龙头、铸链条、建集群,着力提升产业的整体竞争力。一是全力扶持壮大圣农。继续举全县之力扶持圣农加快规模扩张和外延拓展,高标准编制"鸾凤河谷"发展规划,着力将"鸾凤河谷"打造成产城融合的食品城先行区。持续推动圣农产业化扩建、福安码头、冷链物流、有机肥厂、鸡血深加工等项目建设。二是培育新型食品企业。编制完善生态食品城总体规划和食品产业规划,进一步明确产业目标方向,推动食品企业专业化生产、大中小合作,加快培育食品产业集群。重点支持酒业、大米加工、矿泉水开发等规模以上企业做大做强。三是积极发展现代农业。以发展设施农业为抓手,以培育林下经济为突破口,启动圣农温室大棚蔬菜种植,发挥鸿建科技农庄、铁皮石斛种植等示范基地的辐射作用,推动烟叶、林业、竹业、现代渔业、油茶种植与加工、生态茶叶种植与加工等特色产业发展,不断增加农民收入。

当前,光泽县正着力培育以圣农肉鸡为主导,水、鱼、酒、笋、油、茶等其他特色食品产业同步发展的食品产业集群,力争到2020年全县食品加工业销售收入达到200亿元。

(二)闽北商业教育的转型发展

2007年,国家教育部批准在原南平师范高等专科学校的基础上,设立武夷学院。武夷学院是继原建阳商业学校之后,闽北在21世纪培养本科商科人才的唯一专门学校,为闽北、全省培养大量合格商科专业人才。武夷学院商学院是学校首批设置本科专业的院系之一,以经济、管理学科为基础,培养和输送商科应用型高级人才。现设有国际经济与贸易、物流管理两个本科专业,在校生一千多人。国际经济与贸易专业拟设互联网金融和跨境电子商务两个方向。

学院现有专职教师37名,其中高级职称13人(教授3人)、中级职称12人,有企业工作经历、获得经济师、会计师、物流师等实际专业技术职称的教师占48%,具有硕士、博士学位教师占82%。学院特聘中国社会科学院国际经济学专家为柔性引进教授,担任学术指导。注重教师业务能力和教学能力的提升,近年来,全院教师们完成了90余项国家及省、部级科研项目,出版教材、译著近50部,发表相关论文500余篇。

---

① 《光泽蓄势崛起中国生态食品城》,《闽北日报》2014年2月11日。

四、部分县市主要工商业、物流业平台

（一）延平

南平、福州两地市经济协作恳谈会。1995年，南平、福州两地市经济协作恳谈会在南平召开，南平、福州主要领导参加，双方本着"互惠、互利、互助、互补"的原则，在计划、农业、财贸、科技、外经贸、旅游等领域开展合作，共同发展。

延平区主要工商业、物流业平台主要有：

1. 炉下工业园

2001年，区委、区政府借助省政府要求省乡镇企业局结合小城镇建设，在全省建设50个省级乡镇企业工业园区的机遇，向省乡镇企业局申请并获得规划3000亩的炉下省级工业园区建设基地。至2005年，入园企业有13家，用地22.17公顷，总投资2.885亿元，达产后可新增产值4.96亿多元，税利6000多万元。单个项目最低投资额为800万元以上。主要产业为电线电缆、竹木加工、建材针纺、食品饲料、橡胶制品、电器制造，基本是环保轻污染企业。已投产项目6个，在建项目7个。

2. 大横绿色产业园区

大横绿色产业园区位于大横镇境内，该区规划面积1000公顷，现已开发200公顷，预留商住用地200公顷。闽北火电厂用地100公顷，可供工业开发用地500公顷，入区企业59家，可供外商进行土地开发和基础设施建设的用地主要有六块，可供开发面积277公顷。

3. 西区（来舟）工业小区

来舟工业小区于2004年3月开工，规划用地面积15.33公顷，企业用地11.6公顷，2005年6月，该工业小区转交区西区办建设管理。2005年，南平市延平区西区（来舟）工业平台已落地3个企业，能解决剩余劳动力就业1000多人，可实现工业产值1.6亿元以上。

（二）顺昌

90年代以后，全县推出"三园一走廊"。建立新屯工业园、富文工矿园、建西竹木加工园和"316"国道沿线工业走廊。各乡镇结合小城镇建设规划开始兴建工业小区，县里根据乡镇地理、资源、经济技术等特点，规划在沿316国道4镇一走廊工业开发带发展工业小区，有洋口沙墩，水南下沙，埔上口前及新源工业区，元坑谟武加工工业区等。

（三）建阳

1. 闽北产业集中区（闽北经济开发区）

2005年7月南平市政府批准设立南平市闽北产业集中区，同年成立闽北产业集中区管委会。2006年4月经国家发改委审核确认更名为福建闽北经济开发区，规划面积

5.1平方公里,主要发展机械电子产业。2006年,市政府批准成立闽北经济开发区管委会,与闽北产业集中区管委会实行"两块牌子、一套人马"的运作机制。截至目前,闽北产业集中区共入驻企业92家,竣工投产企业25家,开工建设企业46家。

2. 建阳市海西林产工贸城

建阳海西工林产贸城是闽北产业集中区的一个重要组成部分。工贸城总规划建设面积10000亩,总投资约9亿元,分两期进行建设。其中,第一期规划面积5000亩,分为生产加工、产品交易和商贸服务三个功能区,目前基础设施建设工作还在实施过程中。

(四)建瓯

近年来,建瓯物流业蓬勃发展。据不完全统计,目前,闽北地区拥有9吨以上货车万余辆,其中建瓯市就有4168辆,占40%以上,运输足迹遍布全国。中国笋竹城正在建设占地1000亩的汽车物流园,除了4S店的建设用地之外,还设置了500亩的停车场和36米宽的进园大道,正全力打造闽北地区规模最大、著名汽车品牌最多的汽车物流区,目前已经引进了20家4S专营店。

五、部分县市的著名商标、名牌产品

(一)延平

表1　1995—2005年延平区省级以上名牌产品一览表

序号	企业名称	名牌名称	级别	评定时间	产品名称
1	南平铝业股份有限公司	闽铝牌	省级	1995年	铝合金建筑型材
2	南孚电池股份有限公司	南孚牌	省级	1995年	碱锰电池
3	福建省南纸股份有限公司	星光牌	省级	1995年	新闻纸
4	南纺股份有限公司	闽牌	省级	1995年	PU革基布
5	南孚电池股份有限公司	南孚牌、EXCELL牌	中国名牌	1996年	碱锰电池
6	太阳电缆股份有限公司	太阳牌	省级	1996年	电力电缆
7	南平电机厂	ND牌	省级	1997年	水轮发电机组
8	源光亚明电器股份有限公司	南亚牌	省级	1998年	镇流器、触发器

续表

序号	企业名称	名牌名称	级别	评定时间	产品名称
9	南平大展集团公司	大雁牌	省级	1999年	胶合板
10	长富乳业集团有限公司	长富牌	省级	1999年	鲜牛奶
11	南平太阳电缆股份有限公司	太阳牌	省级	2000年	电线电缆
12	南平嘉联化工有限公司	嘉联牌	省级	2000年	白炭黑
13	南平南线电缆集团公司	南线牌	省级	2001年	电线电缆
14	南平三红电缆有限公司	三红牌	省级	2002年	电线电缆
15	华闽汽车配件有限公司	闽字牌	省级	2002年	活塞环
16	福建大乘乳业有限公司	大乘牌	省级	2000年	鲜牛奶
17	福建大禾农牧发展有限公司	和宝牌	省级	2004年	种猪、商品猪
18	福建省南平南孚电池有限公司	南孚牌	中国名牌	2005年复评	碱性电池
19	福建省南平南线电缆有限公司	南线牌	省级	2005年复评	电线电缆
20	南平华闽汽车配件工业有限公司	闽字牌	省级	2005年复评	活塞环

表2 延平区省级以上著名商标一览表

序号	企业名称	商标名称	级别	评定时间	产品名称
1	华闽汽车配件有限公司	闽字牌	省级	1990年	活塞环、活塞、缸套
2	南孚电池有限公司	南孚	省级	1998年	电池
3	南平太阳电缆股份有限公司	太阳牌	省级	1998年	电线电缆
4	南平铝业股份有限公司	闽铝牌	省级	1998年	铝型材
5	南纺股份有限公司	闽牌	省级	1999年	PU革基布

续表

序号	企业名称	商标名称	级别	评定时间	产品名称
6	源光亚明电器股份有限公司	南亚牌	省级	1999年	镇流器、电子镇流器
7	南孚电池股份有限公司	南孚	中国驰名商标	2000年	碱锰电池
8	南平水泥股份有限公司	武夷牌	省级	2000年	水泥
9	南平大展集团公司	大雁牌	省级	2000年	胶合板
10	长富乳业集团股份有限公司	长富	省级	2002年	牛奶
11	南平市三红电缆有限公司	三红牌	省级	2003年	电线电缆
12	福建三山钢铁有限公司	图形	省级	2003年	钢条
13	南平南线电缆有限公司	南线	省级	2004年	电线电缆
14	南平太阳电缆股份有限公司	太阳牌	中国驰名商标	2005年	电线电缆
15	南平金月合成革有限公司	金月及图	省级	2005年	布
16	南平市朝日电缆有限公司	朝日及图	省级	2005年	电线电缆
17	南平市新华安制衣有限公司	港菲	省级	2005年	服装

（二）顺昌

表3 顺昌重点乡企业获奖产品一览表

年份	企业名称	产品名称	获奖称号	备注
1989	顺昌县扇厂	香木扇	省级"百花奖"	
1989	洋口绣衣厂	玻璃纱绣片	省级"百花奖"	
1990	洋口钢化玻璃厂	"区域"钢化玻璃	县科委科学进步一等奖	该产品获国家专利
1990	德昌竹艺有限公司	机编竹席	县科委科学进步二等奖	项目水平国内首创
1990	德昌竹艺有限公司	机编竹席	省银质奖	福建省乡镇企业局
1990	洋口钢化玻璃厂	钢化汽车用玻璃	省优秀产品	福建省乡镇企业局

续表

年份	企业名称	产品名称	获奖称号	备注
1993	大光荣保健有限公司	冬虫夏草口服液	特别优质产品奖	省首届中外保健品营养品交易会
1994	顺昌兴昌天然保健品有限公司	桂圆人补液	中国国际饮品暨技术展览会金奖	
1994	德昌竹艺有限公司	机编竹席	省级大会最畅销品奖	省名优特产品展销会
1994	大光荣保健有限公司	冬虫夏草口服液	可信产品奖	北京保健品展销会
1999	好运楼食品有限公司	鲜汁鸡	优秀食品奖	上海国际食品博览会
2002	谢新辞	螺旋藻即溶食品	联合国金奖	

"富宝牌"商标获福建省著名商标,"富宝牌"尿素纳入国家质量技术监理局全国首批免检商品,"富宝牌"系列产品畅销省内外,有较高的知名度。

"炼石"牌通用硅酸盐水泥是福建省水泥市场龙头产品、国家免检产品、福建省名牌产品、福建省用户信得过产品、福建省用户满意产品,炼石商标是福建省著名商标。

2009年,"盾顶"商品获省著名商标称号,螺旋藻精片、螺旋藻粉被中国绿色食品中心认定为绿色食品。2010年11月,盾顶牌食用螺旋藻获"福建省名牌产品",省鱼博会水产品金奖。

"幸福来"商标具有较高的知名度和美誉度,在2007年被认定为福建省著名商标后,幸福来牌螺旋藻又评为福建省名牌产品,"幸福来及图"商标2010年被国家工商总局商标局认定为中国驰名商标。

虹润产品涉足军工、石油、化工、电力、航空等行业,覆盖国内20多个省、直辖市,产品应用于神舟飞船、嫦娥探月工程、核电等。2009年,"虹润"字号被福建省工商行政管理局授予"福建省知名字号";是福建省首批认定的23家国家级高新技术企业之一;至2010年,已获400多项国家专利和40多项国家版权,参与14项工业自动化仪表国家标准的起草。

福建省南平市榕昌化工有限公司:1985年"聚氯乙烯树脂"产品被评为省级优质产品。

福建光华玻璃有限公司:2010年被福建省政府授予"福建名牌产品"称号。同年公司的"昌光华及图"商标被福建省工商局认定为福建省著名商标。

福建省宏丰钢铁有限公司:企业产品被福建省人民政府评为"2009年福建名牌产品"。

福建省爱乐钢琴有限公司:2005年9月,伯尔斯品牌钢琴被轻工业部认定为"中国著名品牌"。2006年1月公司被中国乐器协会批准为理事单位,5月被中央音乐学院鼓浪屿钢琴学校确认为指定用琴。

升升木业有限公司：产品还被评为"福建省名牌产品"，"森竹"商标被评为"福建省著名商标"。

福建省南平金弘钢缆有限公司：2008年9月，"金弘"牌获省工商行政管理局颁发的"福建省著名商标"称号；2010年1月，获省政府颁发的"福建省名牌产品"。

（三）建瓯

铝活塞 由建瓯活塞厂（巨力活塞有限公司）生产。1982年由国家机械部评定福建牌95系列活塞为优质产品。S195柴油机铝活塞1990年由省标准计量局评为产品质量稳定产品。2002年，省著名商标认定委员会评定巨力牌为省著名商标。2005年，中国名优品牌管理推广中心评定福建巨力牌活塞为中国名优品牌。

福矛酒 建瓯黄华山酿酒有限公司1985年生产福矛酒。1992年福矛酒被评为中国文化名酒，1992年被评为全国消费者信得过优质酒，1992年在巴黎国际名优酒展中被评为金奖，是年被省政府授予福建省名酒称号。1998年，福矛春酒被评为省白酒行业优秀产品，福矛牌（窖酒）和黄华山牌（特醇、米烧）被省著名商标认定委员会评为1998年、1999年"福建省著名商标"。2005年福矛牌、黄华山牌系列产品获中国名酒品牌称号。

福建福矛酒业集团厂区

农药 1989年，建瓯化工厂生产的甲胺磷乳剂被福建省政府评为省优质产品，1992年"鹫峰"牌农药商标由著名商标委员会评为福建省著名商标。

碳化硅 1989年，建瓯化肥厂"绿碳化硅微粉"、上砂建瓯联营厂"绿碳化硅金刚砂"产品通过省级新产品鉴定，由省政府评为"省一类新产品、国内先进水平"。2002年，改制后的上砂建瓯联营厂（已更名为建瓯东方磨料有限公司）生产的产品通过ISO9001、2000质量管理体系认证。

齿轮 1990年,建瓯齿轮厂生产东风12型齿轮被国际机械部授予部优产品称号,1995—2004年建瓯齿轮厂产齿轮数均超过100万件。

人造板 1990年,建瓯人造板厂生产的松木胶合板被评为省优产品,建瓯市金田木业有限公司生产的"居多丽"、"聚多利"两个品牌实木门、实木复合套装门通过ISO9001、200质量体系认证。

表4 建瓯市知名茶企

序号	企业名称	负责人	注册资本(万元)	厂址
1	福建省建瓯市龙兴茶叶有限公司	吴光兴	420	建瓯市木西林103号
2	福建省建瓯市茗苑茶叶有限公司	邹广田	700	建瓯市古城街80号
3	建瓯市茶厂	陈国禧	870	建瓯市水南古城街24号
4	建瓯市鹭苑茶业有限公司	王贵卿	200	建瓯市朝天门237号
5	建瓯市成龙茶厂	刘成龙	65	建瓯市东峰镇兴建街31号
6	福建省建瓯市龙山茶叶有限公司	胡守久	300	建瓯市城墙街112号
7	福建省建瓯市中铭茶业有限公司	张天飞	400	建瓯市东峰镇莲花坪工业区桂林小区
8	福建省建瓯市御壶春茶业有限公司	严林华	600	建瓯市城东工业园区

(四)松溪

2007年福建亚达食品有限公司的"亚达及图"获福建省著名商标,公司生产的笋制品为福建省名牌产品,2011年获中国驰名商标;2008年松溪县湛卢宝剑厂"湛卢及图"和福建省松溪县南山炭业有限公司"溪源洞及图"获福建省著名商标;2009年福建省松溪县永顺机械有限公司"永动及图"、松溪县茶叶总站"松溪绿茶及图"和福建华韵竹木有限公司"好管家及图"获福建省著名商标;2010年福建金色年华药业有限公司"金色年华及图"和福建省松溪县龙源茶厂"绿龙及图"获福建省著名商标;2011年福建省恒信彩印包装有限公司"山人及图"、福建省松溪县和鑫食品有限公司"岩洋塔及图"和松溪县圣鼎茶具工艺厂"圣鼎"获福建省著名商标。

第三节 当代闽北闽商活动与闽商精神

闽北商人从事商业活动非常活跃。在经济实力不断增强的过程中,他们积极参与当地社会慈善公益事业,担任社会职务,表现出强烈的社会责任感。同时,闽北商人积极开拓区外商业市场,在许多大城市建立商会组织,促进闽北与经商地的商贸往来,为繁荣闽北商品经济做出了努力。在商海驰骋中新一代闽北商人形成了自己独特的商业文化特征。

一、闽北部分县市商人在区内的主要商业活动

(一)部分县市闽北商人的企业、实业、投资介绍

南平农商银行:2011年4月2日福建南平农村商业银行股份有限公司创立大会暨第一届股东大会胜利召开,这是南平地方金融发展史上的重大事件,标志着南平人民有了自己的首家"本土银行"。南平农商银行是在延平区农村信用合作联社的基础上改制而来,成长为闽江上游营业网点众多,服务范围广阔,综合实力不断增强的地方性金融机构,成为闽江河畔金融领域一颗璀璨的明珠。

蓝天(福建)实业发展有限责任公司:创建人黄文灿,公司总部设于延平区人民路嘉联商业广场。注册资本5000万元人民币,公司员工800人,是一家涵盖商业贸易、电子机械、房地产和创业投资的综合性民营企业,下辖蓝天(福建)实业投资公司、南平蓝天百货有限公司等,主要对工业、农业、广告业、酒店业、娱乐业、建筑业、房地产业、交通运输业进行投资,开展对企业管理、市场管理、物流管理等业务的咨询、策划等服务。

福建省南平洁美贸易有限公司:创建人林庆粦,公司主要从事化妆品、纸制品、日用百货、五金交电、针纺织品等的批发贸易及电子商务服务、专卖店、餐饮、地产等,与多家大型连锁零售商和代理商建立了长期稳定的合作关系,在南平各大乡镇设有聚美化妆品专业店30多家,连续多年被授予"福建省百家文明诚信企业"、"福建省诚信经营会员"、"无私奉献会员"等称号。

(二)部分县市闽北商人的主要代表人物

1. 政和

(1)茂旺茶业有限公司总经理杨茂旺。

杨茂旺,茂旺红茶创始人,现任福建茂旺茶业有限公司董事长、政和县茗佳茶厂厂长、政和县宏农茶厂厂长,2006年政和县人大代表和南平市人大代表,2009年度被评为优秀人大代表。2008年荣获政和县和南平市"十佳青年"荣誉称号,是1997年YBC创业发起人之一。他热心公益事业,2009年捐资10万元作为南平市YBC青年创业计划

发起人之一;2010年捐资捐物23万元支持希望工程;2011年关注教育事业再次捐款20万给石屯镇成长教育基金协会,并担任石屯镇成才教育基金协会副会长。

(2)白牡丹茶业有限公司总经理黄礼灼。

黄礼灼从2004年开始建立"白牡丹城",建成8800平方米标准化厂房,建设了全县最标准的品评室。黄礼灼致力基地建设,他管理下的"白牡丹"成为全县拥有基地面积最大的茶企,其欧洲标准茶叶出口备案基地3000亩,国际有机茶叶1080亩。

(3)祥福工艺有限公司总经理杨忠。

福建省祥福工艺有限公司兼总经理、政和县祥和竹木工艺品有限公司总经理。其中福建省祥福工艺有限公司被评为"县竹产业开发重点企业"和"国内最大竹茶盘加工生产企业",成为行业中名副其实的领头羊。杨忠本人曾获"南平市新长征突击手"、"南平市优秀青年农民企业家"等荣誉称号。

(4)茗匠工艺礼品有限公司总经理李启辉。

2005年,李启辉与同伴兴办茗匠公司。公司创建之初,李启辉完成两件事:一是完成了市场前期考察,确定了竹器茶具生产方向;二是赶在企业投产前注册了"茗匠"品牌,并确定了产品外包装。2005年,"茗匠"在探索中成长,当年完成产值30多万元。

(5)东平高粱酿造有限公司总经理张步瑞。

政和东平镇的东平高粱酿造公司董事长、南平诚信协会的副会长、南平市重合同守信用企业协会副会长,并连任四届南平市人大代表、省劳动模范。1988年,张步瑞回乡创业,近十年过去了,东平高粱再度焕发出品牌的光芒。现在,东平高粱已经形成了清香、浓香两大系列18个品种。福建轻工食品研究所把白酒研发基地设在了东平高粱酿造有限公司内。

(6)源鑫矿业有限公司总经理范顺生。

范顺生先后创办五家规模企业,共投资了11200万元,拥有固定资产19220多万元。2011年企业实现产值20430万元,上缴税收4160万元,企业被评为"南平市诚信促进会第一届理事会副会长单位"。他不忘回报社会与民众,多次为灾区捐款捐物,得到当地群众的高度赞赏。公司坚持"三个文明"一起抓,关爱职工,把员工视为"上帝"、厚爱一等,先后投入180多万元用于改善员工的生产生活条件,取得了经济效益和社会效益的和谐统一。

2. 浦城

(1)绿康生化有限公司总经理、省人大代表、省工商联执委赖潭平。

绿康公司成立于2003年,2012整体改制,名称叫绿康生化股份有限公司,公司的主要产品是属于生物发酵类,产品供应定位主要在解决动物肠道健康的药物添加。企业现在有4个系列的品种,一年大约三个亿的营业额。

(2)上海九闽工贸有限公司董事长、南平市政协委员、浦城上海商会会长陈意明。

陈意明于1994年办起富旺建材装饰涂料有限公司,加工经营涂料、胶水、白胶等。陈意明富裕不忘乡梓,他先后捐资300多万元用于家乡建设、教育事业。1999年春,他致力重组浦城上海商会,5月当选为第一届商会第二任会长。自同年1月浦城县政协第十届委员会起,连续3届被邀请为浦城县政协委员常委。1999年被聘请为南平市政协委员。2003年3月,被聘请为上海市闵行区政协委员。同年6月28日浦城上海商会第二届会员代表大会,又连任2届会长。后被邀请为浦城县商会名誉会长。

(3)福建仙楼竹制工艺品有限公司董事长、南平市人大代表、浦城县人大代表、县工商联副主席杨仁水。

杨仁水连续四届当选浦城县人大代表。2000年7月,在国家实行的一系列国有资产重组、改革过程中,九牧镇领导从实际出发,对九牧竹制工艺品厂进行公开拍卖,杨仁水最终以108.5万元收购了该厂,企业更名为"浦城仙楼竹制工艺品有限公司"。2003年8月,公司投资1230万元,建成了年产1万立方米的竹胶板生产线及附属产品的生产。

(4)上海福浦投资有限公司董事长、省人大代表、省工商联执委雷和孙。

雷和孙为福建省第十届人大代表,福建省工商联(总商会)九届执委,县工商联(总商会)副会长,闽北慈善事业促进会副会长,上海福浦投资发展有限公司董事长,江西福丰化工有限公司董事长,福建和顺建筑工程有限公司董事长,南平和顺房地产开发有限公司董事长,福建和顺矿业化工有限公司董事长,福建南铝碳素有限公司董事长,江西福丰房地产开发有限公司董事长。雷和孙投资6.8亿元建立华东乃至长江以南地区规模最大的氟化工生产基地。

(5)上海谷翠实业有限公司董事长、南平市人大代表钟明翠。

钟明翠女士先后当选南平市人大代表、浦城县政协委员,荣获福建省三八红旗手、浦城县十大女杰等荣誉称号。2007年6月,钟明翠接管上海美博汇,2008年春,韩国LG(D E BOM)生活健康化妆品、永金Q10化妆品等13家化妆品品牌公司已加盟美博汇。

(7)义乌钟表商行总经理、浦城县政协委员、浦城义乌商会会长魏恭孙。

魏恭孙,浦城第十二、十三届政协委员,浦城第十六届特约人大代表,义乌浦城商会党支部书记,义乌钟表协会理事,义乌浦城商会名誉会长,浙江亚模文化传播有限公司董事,义乌闽北商会会长,浙江省文化厅浙商文化促进会副会长单位,亚洲模特协会中国浙江委员会副主席,义乌市恭孙钟表有限公司董事长,浙江省文化厅浙商文化促进会副会长单位。恭孙钟表创办于1996年,是一家集生产、销售于一体的钟表生产企业。

3.武夷山

1994年,张美林创办绿洲竹业开发有限公司,带动桐木村280户800余个富余劳动力从事竹木加工贸易。十几年来,张美林坚持"名牌树企科技兴业"之路,带动农户奔小康。目前绿洲集团公司产业包括竹木制品加工、酒业、茶业等,现有员工500人,拥有4.9亿元固定资产,竹山1.9万亩,总产值3.3亿元,受益农户3500户,带动基地建设1.7万亩,使农户人均收入增加5600元。张美林目前是武夷山市唯一一位全国五一劳动奖章获得者。

(四)部分县市闽北商人的捐资助学、赈灾救济行动

20世纪80年代至90年代,闽北商人的公益捐助包括赈灾、扶老、助学、救孤、济困

等,但并无长效性机制。20世纪90年代中期以后,助学济困仍然是经常的活动,但一部分商会和企业,开始设立一些慈善机构,或与权威的慈善机构接洽,探索慈善公益行动的长效机制,将慈善捐助活动纳入制度化、常规化轨道。

1. 政和

政和县上海商会较早设立奖励基金,他们针对考上全国十所综合性名牌大学的政和籍学生,设立专门基金,给予奖励。还与政和县驻沪工作处同时成为政和一中改善教育条件的最大捐资者。政和企业集团从2000年开始,捐资帮助山西左权县的十几名辍学孩子重返学校。2004年,政和县在沪企业家资助家乡三所中学的100名贫困学生,解决了他们完成高中学业三年的学费。2005年,陈翔其出资20万元,兴建一所希望小学。

2. 邵武

2010年,邵武市遭遇特大洪灾,市工商联机关、竹制品行业协会、餐饮业商会、城区分会、家居用品协会等机构组织受灾较轻的会员紧急救援300多名四川、贵州等外地工人棉被43床,衣物食品千件;联系中行、上海商会等为张厝乡离村、九峰、祝岭等村及中小学捐助14.7万元;争取省光彩事业基金会支持,援建职业中学200万元兴建教学楼;2010年,在邵武市组织的"7·9"赈灾晚会上,会员企业慷慨解囊370.96万元;2011年同心海西春雨光彩助学活动,捐助28万元帮助百名困难学生圆读书梦。

3. 顺昌

近几年来,成立了"林永斌圆梦助学基金"、"虹润助学基金"等。据统计,仅民营企业捐助资金达368万,捐助对象达1243人。2010年特大洪灾,给顺昌县工农业生产和人民生命财产造成巨大损失。顺昌在外异地商会知情后,积极组织动员各异地商会情系家乡,奉献爱心。顺昌厦门商会、顺昌北京商会、顺昌深圳商会、上海顺昌商会,都广泛发动会员慷慨捐赠,仅异地商会捐赠款物达100多万元。

进入2000年,除了为家乡捐资助学外,闽北商人或外籍商人群体饮水思源,回馈当地或家乡主要表现在对家乡的经济发展和市镇路桥等基础设施建设方面的大量投资与捐赠举动。他们对于社会的回馈,首先起源于饮水思源的乡情、第二故乡情,然后发展到倡导共赢、共富,来达到社会和谐。

(五)外地商人在南平建立的主要商会

1. 南平市泉州商会

南平市泉州商会是在原南平市延平区泉州企业家协会基础上,于2007年冬成立的南平地区性的泉州籍个体工商户、民营企业者的商会社团组织,目前入册会员有500多人。泉州籍商人主要涉足工业、种养殖业、加工业、商贸、服务业、交通运输、房产建筑业、电讯等等行业。四年来,商会先后为教育事业、慈善事业及汶川大地震、洪水灾害等捐款,据不完全统计金额达600多万元。

2. 南平市莆田商会

于2010年12月成立,由黄文灿、林庆燊、吴选福、温庆明等莆田籍优秀企业家发起,其成员主要为在南平从事生产经营的莆田籍企业、企业家、个体工商户和热心莆田商会活动的人士,共有莆田籍民营企业200多家。莆田籍企业、企业家、个体工商户主要涉及工业、农业、商贸等多个行业,年创产值49亿元,年创税收5000多万元。

3. 南平市古田商会

南平市古田商会2005年12月27日成立,现有会员209人,会长瞿康福。商会企业主要涉及商贸、房地产、农牧业、农业科技开发、茶叶、矿业、针纺织业、百货、高科技产业、纸业贸易、娱乐等行业。商会每年都为社会公益事业出资出力,在2008年汶川大地震、南方雨雪冰冻灾害、玉树地震、南方干旱、抗洪救灾中,积极捐款捐物累计1000多万元。

二、闽北籍商人在区外的商业活动

(一)闽北籍商人在区外建立的商会及活动

1. 上海市建瓯钢材协会

2007年1月,该协会成立,名誉会长肖家守、肖家利、陈翔闭、吴文锋、杨茂钢、陈诗强、张佛全、肖建华、倪后权、刘敏、杜建发、陈才銮、叶远茂、阮善禄,会长刘光清,常务副会长陆生何、孙明、林石贵、俞培武,副会长魏兴明、陈佳定、周林、蔡林洪、黄其文、黄景峰、朱金全、肖建华、孙忠康、陈志平、肖天增、李福、张宝泉、郑花香、陈凤良、谢乐夫、蒋建平、王建民、许东明、林礼春、肖木兴、林德生、黄毅、叶林忠,高峰为秘书长。

2. 厦门市光泽经济文化促进会

2008年7月,该会成立,有会员167人。光泽籍在厦门务工、经商、办企业人士共有1万余人。会员从事的行业主要有电子信息、广告展览、服务等行业。

3. 政和上海商会

近年来,由政和上海商会会员企业创办的各类商会酒店已有200多家、近3万张床位,宾馆档次也由原来的快捷连锁店为主向星级商务酒店提升。据了解,政和上海商会会员企业已突破1000家,出现了"碧城"、"城大"等一批有一定影响的建材品牌企业以及群大、浦众等大规模综合性市场。

4. 南平市总商会上海商会

1998年12月,该会在上海成立。第一届商会理事会(1998年12月19日)会长陈翔其,副会长陈意明、宋声升、陈建华、黄建兴、杨茂钢、叶世贵,秘书长姜毅。第二届商会理事会(2005年10月8日)会长陈翔其,常务副会长宋声升、陈意明、陈建华、杨茂钢,副会长刘光清、朱金全、朱厚广、张方荣、张爱旺、陈金生、宋毓宁、郑培敏、傅章强、魏重生,秘书长叶焕。

5. 浦城上海商会

该会成立于1998年5月6日,陈昌其当选第一届会长。1999年5月8日,陈意明当选会长,这是浦城县第一个异地商会,时有会员124人。2010年9月30日,浦城上海商会召开第四届会员大会,陈意明连任会长。现有会员550人。本商会自2007年12月开始,先后创办《上海浦商》会刊和商会网站。

6. 东阳福建闽北商会[1]

2011年12月31日,东阳福建闽北商会第一届会员大会召开,成立了东阳福建闽北商会。主要涉足的商业领域有木雕、家具、房产、矿产、小商品流通、物业等,目前在东阳创业的闽北籍人士已有2000人之多。加入商会的商界人士200多人,会长葛兴友。

7. 温州市闽北商会[2]

2012年4月8日,在温州举行温州市闽北商会成立大会。目前,在温州经商兴业的闽北籍人员已超万人,产值上10亿元,上缴税收近亿元。

8. 贵州省南平商会

2012年4月28日,400多位在黔的闽北籍商界人士及嘉宾聚集在省会贵阳,庆祝贵州省南平商会成立。目前,南平在黔企业家已超过2000人,经营范围涉及房地产、矿业、建材、旅游等各行业。

9. 厦门顺昌商会

2009年7月18日,厦门顺昌商会在厦门国家会计学院召开成立。厦门顺昌商会会长章胜明,共有会员270人。

10. 松溪县上海商会

2006年12月成立,发展至今已有会员300多人,主要从事的行业有:钢材、木材、宾馆服务业、农贸等。

11. 武夷山市上海商会

2010年12月20日,在上海市成立武夷山市上海商会。商会会长章秀青先生是上海双溪投资发展有限公司董事长,商会有会员200多人,商会会员企业涉及金属钢贸、茶产业、商业地产、酒店、创投、物流、建材等行业。此外,还有武夷山市泉州商会,武夷山市莆田商会、武夷山市松溪商会、广东武夷山商会。

12. 建瓯市俄罗斯商会

自2003年以来,先后成立莫斯科闽北华人总会、闽北莫斯科侨商联合会,创办了莫斯侨商慈爱、希望基金会和建瓯激情广场,开展各项活动,为侨胞、为家乡的经济发展和社会和谐做出积极贡献。

13. 北京顺昌商会

该商会于2007年11月3日在北京成立,来自北京的顺昌籍非公经济人士代表100多人参加会议。会议选举产生了北京顺昌商会第一届理事会,北京天地普洱茶业发展有限公司董事长陈荣金当选会长,有商会会员186人。顺昌2010年"6·18"特大洪灾后,北京顺昌商会会长陈荣金带头捐款,并发动所在地的顺昌客商认捐,共捐款21万元支援顺昌灾后建设。

---

[1] 《东阳日报》,2012年1月1日,http://dyrb.zjol.com.cn/html/2012-01/01/content_69978.htm。

[2] 南平市工商联网站:http://www.npgsl.cn/html/6498/6498.html,访问时间:2012年4月13日。

14. 建阳市工商联温州商会

2001年12月28日成立建阳市温州商会。温州商会成立后，充分发挥自身的统战性、民间性和经济性三大优势，引导会员热心公益事业。

15. 北京延平商会

北京延平商会是一个由福建省南平市延平区来京工作的商业人士牵头组织的民间社团组织，于2010年12月25日成立，会长上官仁。商会企业主要从事商贸、汽贸、房地产、农牧、茶叶、餐饮、娱乐等行业。

16. 南平市延平区上海商会

延平区上海商会成立于2007年4月21日。现有会员130人，商会会长林杰。本会企业主要从事物流、制造、服务、建筑装修、建材贸易、对外贸易等行业。

17. 厦门市南平延平商会

厦门市南平延平商会成立于2009年8月8日，会长姚世俤。在厦门的延平籍企业主要涉及房地产开发、服装服饰、机床设备、机械制造、建筑工程、国内贸易、金融服务、项目产品、代理、制造业、铝业、保温、保冷、防腐、筑炉、暖通、工艺管道、水电等行业。

18. 龙岩市南平商会

龙岩市南平商会成立于2009年3月，会长周克旺。南平籍人士在龙岩市各地经商办厂、投资兴业的中小企业达数百家，主要经营南平出产的电线电缆、铝材、胶合板、木地板等，年销售额近50亿元。

(二)闽北籍商人在区外的主要代表人物

1. 建阳籍商人在区外的主要代表人物

(1)滕家述，建阳市人。1998年，滕家述组创(新加坡)南洋人才集团。南洋人才集团是新加坡政府注册以人才培养为主要业务的教育集团，集团属下有四个学院(中心)，即南洋语言学院、南洋商业学院、经纬教育中心、南洋艺术家中心。

(2)林朱庆，意大利福建华人华侨同乡总会永久名誉会长、意大利福建海外华人华侨工商总会会长、欧洲华夏集团董事长、欧洲华人报社执行社长、意大利林氏沙发贸易集团公司董事长。

(3)杨金党，旅意福建华人华侨同乡总会常务副会长。

(4)董宗理，旅意福建华人华侨同乡总会常务副会长。

(5)黄炎妹，匈牙利福建华人华侨工商业联合会常务副会长。

(6)林贵阔，西班牙中国城酒店董事长，百贸商店董事长。

(7)杨正马，西班牙中华总商会副会长，西班牙来旺进出口贸易公司董事长。

(8)王文刚，哈萨克斯坦中国商会常务副会长。

2. 政和籍商人在区外的主要代表人物

(1)陈氏五兄弟(上海陈氏集团)。陈卓林家族于1992年开始涉足地产业，先后开发雅居乐花园、雍景园等中山楼盘，随后挺进全国各房地产市场。2005年，雅居乐地产控股有限公司在香港联交所主板挂牌上市。

(2)张德柏,上海江湾万安轻纺批发市场董事长、政和上海商会会长。

(3)魏重生,上海正中木业有限公司董事长,第一、二届政和上海商会会长。

(4)严徐金,广东成通新型管业有限公司总经理,政和广东商会会长。

(5)何辉荣,北京闽鑫商务酒店总经理,政和北京商会会长。

(6)李安政,深圳"炫舞金"生产经营公司总经理,政和广东商会首届会长。

(7)夏兆坤,信山置业(厦门)有限公司总经理,政和厦门商会会长。

(8)赖国葆,马来西亚南平公会主席。

(9)杨文烯,马来西亚砂拉越南平公会永远名誉主席。

(10)朱锐,澳大利亚福泽国际服务公司董事长。

(11)陈铁群,罗马华侨华人联合总会副会长。

三、当代部分闽北商人简介

(一)光泽

傅光明,男,1953年生,江西省资溪县人,高级经济师,福建圣农发展股份有限公司创始人、董事长兼总经理,全国劳动模范,全国道德模范,全国优秀企业家,全国优秀特色社会主义建设者,全国工商业联合会农业产业商会常务理事,中国光彩事业促进会理事,福建省第十一届人民代表大会代表,福建省光彩事业促进会副会长,福建省工商业联合会副会长,南平市工商联会长,福建省畜牧协会理事,海峡西岸经济区建设突出贡献者,南平市慈善总会会长。

王伟忠,光泽人,1980年生。现为浙江月半湾服饰有限公司和浙江创杰制衣有限公司总经理,拥有固定资产和流动资金1亿多元,年销售额1.8亿元,其主打产品"贝维诗"和"她喜爱"内衣、保暖内衣系列产品,为自主品牌,其创杰制衣实现服饰从织布到终端产品一条龙生产。

陈华君,光泽县人,1979年生,2002年毕业于厦门大学电子工程系。2004年创办厦门国货股份有限公司,注册资金1亿元人民币。该公司是一家综合性的进出口企业,经营鞋类出口及石材、石油化工产品等进口贸易,2011年营业额达5亿元。

(二)延平

陈建华,1994年,陈建华选中了一个特殊的职业——制作胎毛笔,这个被人遗忘的冷门生意使她走向成功。陈建华是"中国优生科学协会理事"、"上海市卢湾区工商联执委"、"福建省南平市十大杰出青年"、"福建省青年企业家协会副会长"等。

林杰,1975年生,南平市人,上海海运学院(现上海海事大学)国航、海商法专业毕业,研究生学历,硕士学位。现任环世控股集团董事长、上海环世捷运物流有限公司董事总经理、上海延平物流有限公司总经理、上海赛孚创思化工物流有限公司法人代表、上海市福建商会副会长、南平市总商会副会长。

上官登仁，南平王台镇埂头村人，毕业于中国农业大学汽车工程系内燃机专业。现为北京南平商会创始会长。属下北京新创昌科技有限公司，代理和销售汽车检测维修设备，为汽车4S店配套检测维修设备。

姚世俤，南平夏道镇小鸠村人，是九沣（中国）集团总裁、广东闽商担保有限公司董事长。投资创办经济实体3个，在北京、上海、厦门、昆明、长沙均设有公司办事机构，业务范围遍布全国，项目涉及房地产开发、金融服务、项目产品、代理及制造业等。

魏荣炜，厦门市仁宏商贸有限公司总经理。主要从事各种保温、保冷、防腐、筑炉、暖通、工艺管道、化工建设、水电等工程。2009年魏荣炜当选为厦门市南平延平商会常务副会长。2010年回南平成立了南平市建和工程管理咨询有限公司。

邓木水，福建省服装协会副会长、厦门市纺织服装同业商会副会长、厦门市中小企业协会副会长、厦门市延平商会常务副会长，创办厦门元贝琪服饰被有限公司。2003年元贝琪服饰被评为第一届厦门十大服装品牌，2007年全国贝琪服饰网点达200多家。

郑仁灿，厦门大禾机械有限公司总经理。大禾机械公司成立于2002年，注册资金1000万元。该企业专业代理经销国内外名优机床设备的销售服务，主要代理品牌有沈阳机床、上海机床等。现已发展成为福建省规模最大、品种规格最齐全、服务体系最完整的机床销售服务企业。

(三)顺昌

谢新辞，现任福建省神六保健食品有限公司董事长。公司是螺旋藻养殖、科研、生产和销售一体化的"省级龙头企业"，下辖神六螺旋藻生物研究所，丰源、富源螺旋藻养殖场，福建绿圣生物工程有限公司，福建省百味食品有限公司和好运楼大酒店。

张长发，2001年7月至今担任福建省天泉啤酒有限公司董事长。2002年至今先后担任县、市政协委员，2005年创建老知青集团有限公司。张长发荣获中共福建省委统战部、福建省工商业联合会授予的"优秀中国特色社会主义事业建设者"荣誉称号，2004年顺昌县县委、县政府授予的"顺昌县劳动模范"荣誉称号，2005年南平市"热心公益文化事业先进个人"荣誉称号等。

章爱民，顺昌大干人，现任厦门市圣达威服饰有限公司董事长、福建省服装协会常务理事、厦门市南平商会会长。

卢璋，欧浦登（顺昌）光学有限公司董事长，卢璋先生是留学回国优秀企业家。他十分重视慈善事业，用爱心回报社会。2010年福建省教育系统关工委"爱心图书室"捐款3.5万元；2010年闽北水灾捐款37.3万元；2011年闽北顺昌扶贫助学200万元；在福州南屿、顺昌余墩、顺昌派溪建立扶贫爱心果园300亩；2011年3月捐赠25万在顺昌修乡村公路。

林忠文（原名林其文），顺昌县仁寿镇桂溪村人，现为新疆闽北商会常务会长、新疆福建企业联合会副会长。他主要从事餐饮服务业，是新疆八闽投资有限公司、新疆金银邦投资有限公司、新疆银邦电子科技有限公司、北京加拿大杨格莱国际建筑设计公司、乌鲁木齐福建大酒店（五星级）、乌鲁木齐锦绣山河花园酒楼董事长。

(四)松溪

詹有代,1969年出生,松溪县人。全国水煮笋分会副理事长,福建省水煮笋协会副理事长,南平市三届人大代表,松溪县十四、十五届人大代表,松溪县政协委员,市工商联副会长,南平市慈善总会理事。先后荣获2002—2004年度优秀中国社会主义事业建设者、中华人民共和国农业部第五届"全国乡镇企业家"、福建省劳动模范、福建省优秀青年企业家、南平市第二届优秀企业家,2005年度南平市劳动模范等荣誉称号。

邱朝敏,1976年生,2002年创办七彩传媒广告有限公司,短短三年时间,就将七彩传媒打造成京城最大户外传媒广告公司,将七彩全面发展为下属分公司达十家企业的集团化公司,涉足传媒、地产、科技、互联网、培训、建材众多行业,创造了业内广为称奇的七彩奇迹。

彭根相,1962年生。福建省松溪县恒信彩印包装有限公司董事长、松溪万家兴房地产公司总经理,福建省松溪县慈善总会理事、副会长,浙商文化促进会松溪县分会副会长。福建省著名商标"山人牌"花菇免割保湿膜,是他的科技新产品,并获国家知识产权局颁发的发明专利和实用新型专利,产品销售位居行业第一。

杨雄,福建省松溪县花桥乡人。南平市政协委员、南平市第三届诚实守信道德模范、上海企业家协会常务理事、2011年度松溪县慈善之星、松溪县工商业联合会(总商会)副主席、松溪慈善总会副会长、上海南平商会常务副会长、松溪上海商会会长、上海伍杨集团董事长。

叶海洲,1962生,周宁县人。2006年当选松溪县上海商会第一届理事会会长;2006年12月,当选福建省周宁县慈善总会副会长;2007年8月,当选福建省松溪县慈善总会副会长;2009—2010年度,被中共福建省驻上海单位委员会、福建省人民政府驻上海办事处、上海市福建商会联合评为"优秀企业家"。

(五)建瓯

杨仁慧,福建建州物产集团董事局主席兼总裁杨仁慧,获"2010福建经济年度杰出人物"称号。建州集团旗下已拥有一级投资控股企业有5家,二级投资控股企业有8家,参股企业有2家,集团先后跻身"中国民营企业500强"、"福建第三产业300大企业"、"福建省民营企业100强"之列。他是建瓯市私营企业协会副会长,建瓯市工商联(商会)副会长,建瓯市"五一劳动奖章"获得者,首届"建瓯市十大杰出青年"等。

魏安国,第十一届市政协委员、市工商联副主席、建瓯芝星活性炭有限公司董事长。公司及产品先后获得南平市政府"连续十年以上重合同、守信用企业"、福建省乡镇企业名牌产品、福建省质量管理优秀单位、福建省农行"AAA"级信用企业等殊荣。

任芝生,南平市人大代表、建瓯精工齿轮(机械)有限公司董事长。公司连年被建瓯市委、市政府列为"重点骨干企业"、"纳税大户"、"金融信用企业",被南平市评为"爱职工先进企业"和"再就业先进个人"。2006年以来企业先后被南平市政府授予"南平市明星民营企业"。任芝生2006年获南平市"五一劳动奖章"和建瓯市"优秀创新企业家"称号。

吴光兴，建瓯市政协委员、建瓯市私营企业协会副会长、建瓯市茶叶协会副会长、高级评茶师，建瓯市龙兴茶叶有限公司总经理。于1993年6月创办建瓯市龙兴茶叶有限公司，是茶叶行业省级龙头企业及省级重点骨干企业，是建瓯市第一家拥有自主经营出口权的茶业生产企业，年加工各种精制乌龙茶，被建瓯市政府授予"建瓯市明星企业"称号。

（六）邵武

饶秀萍，邵武市龙祥汽贸公司董事长。2002年成立邵武市龙祥汽贸公司和汽运公司。现建成了一家拥有汽贸、汽运、汽配、汽修等一条龙、资产超亿元的民营企业。

李小英，深圳亿美工艺厂董事长。1999年独资筹建深圳亿美工艺厂，公司生产的火鸡羽毛绒带、火鸡鸵鸟毛混合带等各种羽毛工艺品全部外销，供不应求。

洪顺金，邵武市洪顺饲料加工厂厂长，生猪养殖大户，邵武市女企业家协会第二届会长，一个从家庭妇女成长起来的女企业家。2004年，她被邵武市政府授予"劳动模范"称号，2007年被评为福建省三八红旗手，2008年又被评为福建省劳动模范。

傅香兰，邵武市和平镇坎头村南武夷进士茶厂厂长，进士茶树良种推广专业合作社理事长兼进士茶场场长。邵武市进士碎铜茶叶有限公司总经理。2007年，她的邵武南武夷进士茶厂被授予"福建省巾帼科技培训示范基地"。傅香兰也成为远近闻名依靠改良品种提高茶叶品质的带头人。

（七）浦城

周紫云，福建省紫云景苑房地产开发有限公司、浦城宏泰建筑工程有限公司董事长兼总经理、南平市人大代表、省光彩事业促进会理事、南平市慈善基金总会副会长、市诚信协会副会长、县工商联（总商会）副会长、县企业家联合会、县个私协会副会长。周紫云是浦城房地产业的领军人物。

刘伯纳，男，1950年10月出生于泰国曼谷，系泰籍华人。2001年3月出任浦城正大生化有限公司总经理。

赖潭平，任浦城绿康生物农药有限公司总经理、福建浦城绿安生物农药有限公司董事长，并当选福建省人大代表、南平市工商联合会（总商会）副会长等职，公司先后获得了"全国创建和谐劳动关系模范企业"、"国家高新技术企业"等荣誉称号。

王怡兴，上海市闸北区人大代表，浦城上海商会常务副会长。现任上海万佳投资股份有限公司董事长。该公司注册资金8000万，从事商业地产的投资、定位、招商、业态管理、持续经营以及现代服务业经营管理、投融资服务。

祝应洪，美国西海岸EMBA工商管理研究生毕业，浦城县人大特邀代表，上海市福建商会副会长，浦城上海商会常备副会长。先后创建了上海金洹投资发展有限公司和江苏淮安分公司、上海闽新贸易有限公司、江苏淮安新维房地产开发有限公司。

(八)建阳

柯维龙,1959生,祖籍江西,出生于建阳。他成立的青松化工有限公司,是我国林产化学工业龙头企业之一,也是我国最大的松节油深加工企业及全球最大的合成樟脑生产企业。公司已于2010年10月在深圳证券交易所创业板上市,股票简称"青松股份"。

李友明,福建省建阳武夷味精有限公司董事长。企业成为集农、工、贸、产、销为一体的综合经营性中型企业。李友明荣获福建省优秀共产党员,南平市先进工作者,第一、第二届"南平市杰出(优秀)青年企业家"等称号。

戴造成,高级工程师,荣获全国劳动模范,优秀企业管理者,国务院授予"享受政府特殊津贴"等国家级荣誉称号,荣获全国"五一劳动奖章",入撰《世界优秀人才大典》、《中国世纪专家》等名典。曾任中国化工学会理事,中国橡胶工业协会理事,现兼任中国科技研究交流中心研究员、(香港)世界经济研究中心研究员、全国橡胶机械标准化分技术委员会委员、全国橡胶塑料信息站高级顾问。

陈菊花,1963年生,原籍建阳市;现任福建省私营女企业家协会会长,上海陈氏家族企业集团掌门人,首任上海丽德创业园董事长。

李元兵,1996年创办成立北京创四方电子有限公司(现更名为北京新创四方电子有限公司),任法定代表人、董事长至今。为中国第一款全封闭式变压器的开创者,填补了国内空白。

(九)武夷山

江元勋,1964年生,南平市人大代表,国家高级评茶师,顶级红茶金骏眉创始人。历任正山茶业有限公司董事长兼总经理、福建省茶叶学会理事、武夷山茶学会理事、张天福茶学思想研究会会员、中国国际商会武夷山商会副会长。

张礼祥,1982年创办武夷山市祥龙纺织有限公司。该公司拥有9800余万元的总资产,该企业累计上缴国家税费近二千万元,解决社会就业人员400余人。获得武夷山市政府授予的"先进龙头企业"、南平市工商局授予的"重合同、守信用"先进单位称号。生产彩色集成木产品经有关部门专家鉴定属国内首创,企业生产产品畅销全国各地,远销东南亚国内外市场。

游永生,2004年福建省武夷山市永生茶业有限公司成立,陆续获得福建省农牧业产业化龙头企业、福建省名牌产品、福建省名牌农产品等荣誉和称号。2010年大红袍茶叶被评为上海世博会金奖,2011年被评为武夷山十佳诚信茶企。

潘邦炎,香港邦辉集团有限公司总裁、武夷山风景高尔夫俱乐部有限公司、武夷山风景房地产开发有限公司、武夷山京闽高尔夫酒店有限公司董事长,兼任福建省侨联常委、南平市侨联副主席、马尾区侨联主席、武夷山市政协常委、武夷山市侨联名誉主席,南平市慈善总会副会长、马尾区慈善总会副会长等职。

何一心,1955年生,祖籍福建福州;福建省政协委员,福州市政协常委,武夷星茶业有限公司董事长,福建省武夷山市岩茶总公司董事长,福建星联汽车配件开发有限公司总经理,星愿兰德(天津)企业有限公司董事长,天津华愿国际贸易有限公司董事长。福州海峡茶业交流协会副会长,中国茶叶流通协会副会长,武夷山市工商联主席、南平市工商联副主席。

四、当代闽北商人的独特文化与精神

(一)闽北商人从商的特质

1. 从个体素质发展看

(1)经商智慧。许多从事实业经营的传统闽北商人,原先没有任何相关的管理知识,但他们通过聘请专业人才或是自己边干边学,取得了很大的成绩。这种智慧就是中华传统文化熏陶和艰苦磨砺的质变结果。(2)从商胆略。闽北深厚的移民文化传统铸就了他们比较敢于冒险进取,善于抓住机会,开拓生存空间的理念,也培育出了敢为人先的胆略。这种胆略在个体中尤其突出,她既源于海洋文化,又是闽北人与自然环境长期博弈的实践总结。(3)人格魅力。作为"禅商"的闽商,以低调和不张扬的商业作风,诚信仁义、自强不息的内在修为等魅力,凝聚成家族、企业与环境的合力,使其事业获得不竭的发展动力。

2. 从群体共性看

闽北商人发展史既是财富积聚的过程,又是其经商智慧的积累过程。他们多数从学徒工起家,随后从事零售、中介和批发业,积累了一定商业资本后,逐步地转向工业领域。

3. 从主观作为看

(1)家族组织的财富积聚作用。一方面,家族企业的继承性,使企业行为更具长远性,避免了急功近利;另一方面,保持家族组织的完整性,有利于聚合财富,实现财富快速扩张。

(2)实业与金融并举。实业资本是财富原始积累的基础,而金融资本将对财富扩张起到加速作用。闽北商多数靠实业起家,纵然经历金融危机的沉重冲击,资产大为缩水,但其根基不倒,仍可重振雄风,这是实业资本与金融资本并举的奥妙所在。

(二)传统闽北商人的精神

1. 重商务实的生计传统

福建"八山一水一分田"的地理环境决定了闽人靠山吃山,靠海吃海,因地制宜,发展多元的生计模式,重商逐利更为人们所崇尚,形成重商务实的典型商业观。武夷山人早期万里茶路的开拓、邵武黄峭遣散子弟外出谋生即是很好的范例。随着闽北农业发展,在保证基本温饱的前提下,闽北人较之闽南商,在20世纪呈现偏安一隅、少思进取、保守不离家的传统,对原来发展起来的重商务实传统有一定制约。

2. 兼容并蓄、博采众长、善于学习的开放心态

相对于较为保守的中国北方和广袤内地民风,闽北商多具开放和向外发展的意识。

闽北作为中原文化的入闽通道,历经客家文化、农业文明、万里茶路等多元文化、文明的濡染熏陶,经过长期的文化交流和融合,闽北商把中原华夏文明和古闽越文明及外域文明很好地结合在一起,形成以中原华夏文明为主体,以儒学为核心而带有浓厚农业文明和地域特征的文化系统。这种双向贸易、移民通道、文化碰撞的结果,造就闽北文化兼容性和开放性的特点,也成就了闽北商人较强的适应性。

3. 报效桑梓、兼济天下的价值取向

闽北商以海内外为人生奋斗的舞台,他们爱拼敢赢、善观时变,在经济事业中获得成功后往往通过"报效桑梓"的途径达到对人生价值的自我肯定,将"光宗耀祖"作为自己拼搏的一种内在动力。

(三)新一代闽北商人崛起

总的说来,1990年代后,闽北商人经商群体发生较大变化:(1)从小规模企业生产向产业集团化运作转变。(2)改变家族式的管理模式,逐步推进现代企业管理制度的建立。(3)改变传统产业在劳动密集型和资金密集型偏重,转向竞争力强的技术资金密集型的现代产业。(4)重视人才的重要性。(5)由注重产品运营向注重品牌的塑造转型。(6)从独立单干向"抱团"合作经营转变。(7)充分利用经济全球化和两岸关系和平稳定的发展契机。

(四)传统闽商精神转化为新闽北商人文化元素

1. 冒险精神内涵的转化

传统闽商的冒险主要是指针对恶劣自然环境与不合理法规的试胆行为,在现代开放的市场经济与开明的法律和政治环境中,有必要将这种冒险精神转化为面对市场机会与风险的果断行动精神,勇于进入新兴市场、新领域搏击风浪的积极开拓精神。

2. 以商为本精神内涵的转化

现代商业环境要求企业不仅能制造优质的产品,善于营销,还要有很强的资本运作意识与能力,赢利不仅靠生产与贸易,也要靠资本运作。在企业文化与经营理念上的要求是既要注重生产营销,也要树立资本经营意识,既注重积累财富,又要提供运用财富的意识。

3. 拼搏精神内涵的转化

新一代闽北商应该在继承传统的闽商艰苦创业,勇于拼搏精神的同时注意克服这种个人化倾向,将个人的打拼精神转化为组织整体的打拼精神,把企业的成功建立在组织整体的拼搏精神基础上。

4. 信义精神内涵的转化

处于现代市场经济的闽北商人需要将基于人际关系的信义精神转换为一种基于契约的诚信文化,只有这种诚信文化才是真正适应现代市场经济需要的、有利于促进企业可持续发展的现代诚信文化。

5. 反哺桑梓精神内涵的转化

现代闽北商的企业文化不仅应继续强调企业赢利之后的反哺桑梓,更应该注重在经营过程中对环境、员工、社区和整个社会的责任,努力创造一种以积极承担社会基本责任为基础的感恩文化。

(五)新一代闽北商人的精神

新一代闽北商人精神继承并发展了传统闽商精神,概括为:(1)实现"爱拼"精神向"会拼"、"善拼"精神的升华。(2)倡导团队协作精神。(3)自我学习和自我提高的意识加强。(4)契约法制观念深刻。(5)擅于塑造现代企业精神。(6)自我创新精神高涨。(7)注重闽商整体形象塑造和闽商精神文化品牌传播。

青年闽北商是新时代的幸运儿,也是新时代的主力军。可以预见,在不久的将来,在福建民营经济大舞台上,从他们中将涌现出一批更有朝气、更有活力的年轻舵手,率领着更强大的福建企业舰队走向世界,走向未来。

后 记

2011年8月，在中国福建省委统战部的统一布置之下，中共南平市委统战部成立《闽商发展史·南平卷》编委会，并委托武夷文化研究院具体负责编撰工作。几年来，武夷文化研究院把这项工作作为重点来抓，按照编委会的要求，组织撰稿人员到闽北各县市召开座谈会，并进行实地考察。在此基础上，编撰人员还到福建省图书馆查阅文献，收集资料，并对闽北田野调查的资料进行核实。由于闽北情况独特，其闽商史时间跨度在全省最大，兼之史料缺乏，编撰工作难度极大，因而其中难免存在这样或那样的问题，还请专家学者和读者给予理解和指教。

在编撰《闽商发展史·南平卷》过程中，我们注意把握住闽北闽商的特点。闽北闽商既具有闽商的共性，又具有区域特性。其主要特点有四个方面：一是源远流长。史学界共认"福建文化发源于闽北"，闽北的开发历史久远，因此闽北先民开展商事活动在福建也是最早的，武夷山葫芦山和浦城猫耳垅等商代窑群遗址考古证实，夏商时期闽北人就已开始了专业化、规模化的陶器生产，从而拉开了闽商发展的序幕。闽江的源头在闽北，闽商发展史的源头也在闽北。二是延绵起伏。闽北闽商虽然起源早，但是发展过程中起起伏伏，其中最典型的是陶瓷业、茶业、米业、林产业、造纸业、冶铸业六大行业贯穿了整个历史进程，但时或高峰时或低潮，起伏延绵千年。三是山海通达。闽北地理位处山海纽结处，自古就是山海相连的商业通道，她既是八闽屏障，又是福建的水陆要道。商家往来的通道主要有三条：其一是北向，经浦城出仙霞关往浙江通中原的商路，即"浙江路"；其二是西向，经崇安出分水关往赣北通川鄂的商路，即"江右路"；其三是东向，经南平下闽江往福州通沿海的商路，被称为"黄金水道"。三条商路再辅以其他小路，使闽北东西南北各向都商路通达。四是商道儒风。闽北的文化积淀深厚，尤其是以朱熹为代表一些理学家，使闽北成为"道南理窟"、"闽都邹鲁"。商道其实是人道，闽北闽商世代相传的商道都深深地打上了理学诚信经营、义利双行、勤俭持家、和气生财的文化烙印。

通过编撰《闽商发展史·南平卷》，我们认为闽北闽商留下的特别印记，可为闽北现代商业文明提供一些可贵的启示：一是产业是商业发展的基础。"货畅其流"必须有货，历史上闽北的陶瓷业、冶铸业、林产业、茶业、米业等产业最兴盛时期，也是商品经济最发达时期。商业的发展需靠产业支撑，这些产业至今仍有广阔的前景，因此要在提升传统产业的基础上，拓宽商业发展领域，开发新的产业。二是交通是商业发展的条件。闽北的发展得益于交通也受制于交通。古代闽北商路通达，故而成为八闽的发达地区。时移事易，今天闽北的交通条件已成为现代商业发展的瓶颈，所以努力建设"铁公机"并举的立体交通网势在必行。三是开放是商业发展的动力。商品无疆，开放是商业发展的本质要求。闽北古代是中原人士入闽和闽人北上中原的交通要道，这样的开放度造就了闽北闽商。今天闽北的开放程度与沿海相差甚远，因此，扩大开放是建设闽北商业文明的当务之急。四是文化是商业发展的灵魂。文化能给予社会政治和经济以巨大影响，商业发展必须与文化结合才能创造商业文明。以南宋为例，时闽北文化昌盛，为东南文化中心，此时的闽北也是商业发展的鼎盛时期。没有文化的商人其行不远，没有文化的企业就没有灵魂，缺失文化也就缺乏竞争力。

我国自古以来"商不入志，生不立传"，因而商帮在史志中难见踪影。现在中国的发展已进入社会主义市场经济的快车道，如今已是人离不开商品，国离不开商业，应还原商帮应有的地位。编纂《闽商发展史·南平卷》，不仅填补了闽北史志的一项空白，也为闽北的闽商正了名，立了传，更为闽北建设现代商业文明提供了以史为鉴的参照。当然这只是一个开端，我们期待有更多的专家学者关注和研究闽北闽商史，让社会各界从中获得借鉴和启发。

《闽商发展史·南平卷》共分六章，具体撰写分工为：全书由吴邦才确定框架并撰写后记；第一章"先秦至汉唐时期闽北闽商的发端"由李子撰写；第二章"宋元时期闽北闽商的崛起"由路善全撰写；第三章"明清时期闽北闽商的发展"由陈利华撰写；第四章"近代闽北商人商事"由兰宗荣撰写；第五章"建国三十年闽北商事活动"由叶琪瑛撰写；第六章"改革开放三十年闽北闽商的复兴"由廖斌撰写；全卷由李子、张品端统稿。在编撰和修改过程中，得到福州大学闽商文化研究院院长苏文菁教授、福建社科院罗肇前研究员、厦门大学王日根教授的指导，在此谨表感谢！

编　者